The Review of Practical Philosophy

实践哲学评论

第2辑

主编　徐长福

本辑执行编辑　刘　宇

中山大学实践哲学研究中心　主办

·广州·

版权所有　翻印必究

图书在版编目（CIP）数据

实践哲学评论　第2辑/徐长福主编.—广州：中山大学出版社，2015.12

ISBN 978-7-306-05587-3

Ⅰ.①实… Ⅱ.①徐… Ⅲ.①实践论—文集 Ⅳ.①B023-53

中国版本图书馆CIP数据核字（2015）第003474号

出 版 人：	徐　劲
策划编辑：	曾育林
责任编辑：	曾育林
封面设计：	林绵华
责任校对：	马霄行
责任技编：	何雅涛
出版发行：	中山大学出版社
电　　话：	编辑部 020-84111996，84113349，84111997，84110779
	发行部 020-84111998，84111981，84111160
地　　址：	广州市新港西路135号
邮　　编：	510275　　　传　真：020-84036565
网　　址：	http://www.zsup.com.cn　E-mail:zdcbs@mail.sysu.edu.cn
印　刷　者：	广州中大印刷有限公司
规　　格：	787mm×1092mm　1/16　23.25印张　400千字
版次印次：	2015年12月第1版　2015年12月第1次印刷
定　　价：	40.00元

如发现本书因印装质量影响阅读，请与出版社发行部联系调换

编者的话

随着国内实践哲学研究的不断拓展和深入，学界对实践哲学学科体系及研究主题的认知也渐趋一致。从一般和特殊的角度，实践哲学可分为两个层次：元实践哲学和部门实践哲学，或曰实践哲学的元理论层面和具体领域层面。前者大致探讨实践的意义、结构、方式等一般性问题，后者主要探讨诸如政治和道德领域内的规范性和实践性问题。如果这种区分尚可接受，那么，可以说《实践哲学评论》（以下简称《评论》）第1辑偏重于实践哲学的元理论层面，尤其是"实践智慧专题"中的文章，涉及政治哲学、历史哲学、伦理学、经济学、修辞学等诸多学科，充分彰显了实践智慧作为实践哲学方法论的普适意义。本辑《评论》则明显地将重点转移到实践哲学的具体领域层面，尤其是历来作为实践哲学主要对象的政治和道德问题。在某种意义上讲，本辑的内容体现了亚里士多德的两句名言"人在本性上便是政治的动物"和"政治学（或实践哲学）的目的不是知识而是行为"。实践哲学不该只是对人类事务的静观，更应是参与和介入。

《实践哲学评论》第2辑（2015）共设《实践与政治》、《实践与道德》、《名家专论》、《经典迻译》、《异质性哲学园地》、《批评与对话》六个栏目。下面就栏目设置、稿件来源和内容要点等略作说明和介绍。

既然人在本性上是政治的动物，那么，参与政治事务以及探讨政治问题则是人之为人的应有之义。实践者参与政治必然要在自身自由意志的支配下进行实践，同时在一定的程序下结成公共意志，成为公共事务的主导者。因此，自由和民主也是政治实践的应有之义。《实践与政治》栏目中的篇章探讨了这两个主题的不同方面。徐长福追问了一个关于民主的根本性问题——为人民服务是否应以人民同意为前提？换言之，人民仅仅是政治活动服务的对象，还是应首先是政治活动的主体？社会主义革命的根本目标在于解放人民，也就是让人民获得彻底的自由。但人民的自由体现在何处呢？通过选举或其他方式表达每个人的思想和意志，还是由某个在思想和意志上更高级的群体来代表呢？如果二者的意志无法达成一致，该如何处理？这似乎也是卢梭区分公意和众意的缘由所在。当然，此文并非意在探讨这个困扰思想家许久的理论问题，而是通过梳理历史文献，客观而细致地描述了俄国十月革命期间列宁和考茨基关于上述问题截然相反的回答，彰显马克思主义对于民主的复杂态度，以及社会主义发展过程中的异质性道路。显然，此文涉及的问题和史实对于中国未来社会主义民主的建设会有诸多启示。如果说早期社会主义革命领袖对于民主的看法开出两歧的道路，那么，关于自由同样如此。与考茨基同属第二国际重要代表的卢森堡，像考茨基一样维护马克思主义创始人所珍视的人民的言论自由权及其对于社会主义国家的必要性。卢家银亦是以梳理文献的方式，客观而细致地描述出卢森堡在各种争论中关于言论自由问题的重要看法。今天的中国学者之所以如此关注思想史上的这些争论，主要是因为，在落实社会主义民主和自由的问题上，我们再次面临同样的历史语境。近几十年来，中国经济和社会的迅猛发展世界有目共睹，但这种发展与政治的发展是何关系，则引起了不同路径的解释。法国学者何重谊的文章整理出四种解释路径：自由主义的、社会主义的、文化主义的和生态主义的。解释框架的复杂性也就对西方经典现代化理论所预设的经济自由化和政治自由（民主）化的正相关关系提出反证。最终，作者指出，中国发展的根本动机是经济—资本主义的,而非政治—自由主义的。如果说上述三篇文章是着眼于历史和现实的实践来探讨自由民主问题,那么邓伟生的文章则立足于当前民主理论的前沿,细密地分析了何种民主制度有利于建立真正的平等,相比于传统的代议制民主,审议制民主更为可取。

《实践与道德》栏目共有六篇文章,其中三篇与康德相关,这体现了康德在道德哲学史上的地位,甚至可以说,现代伦理学就是康德主义和反康德主义之间的事情。德国学者艾斯勒在《康德通往定言命令之路》中勾勒出了康德如何摒弃传统"处世智慧"的伦理学,一步步走向以自由意志和义务为基础的伦理学,并最终建构出一套先天的道德形而上学体系。徐向东则从康德的道德形而上学出发,继续探讨康德学界争议不休的一个问题:纯粹实践理性如何可能是实践的。他揭示出康德将其解释为一个"理性事实"所遗留的内在困难,发展出一种共同体主义的解释,这个解释有可能进一步弥合康德主义和社群主义的分歧。西班牙学者达奇与徐向东文所见略同,也是关注纯粹的道德动机如何可能发动行动、理性与情感何以沟通的问题,但他另辟蹊径,通过发掘纽曼的"认同"概念,阐释出一种与康德不同的带有现象学色彩的道德经验学说。英国学者塞耶斯讨论了当代另一个反康德主义者麦金泰尔的现代性批判理论。他认为,麦金泰尔对启蒙、现代性、自由主义的批判固然有可取之处,但其结论过于悲观,缺乏建设性。此文可贵之处在于,作者通过深度分析自身对英国大学学科改革的经验,来说明现代性的相关价值值得在实践中充分发扬而非像麦金泰尔那样以传统取而代之。另外两篇文章延续了第1辑的主题,继续讨论实践智慧的问题。法国学者高吉兰阐释了保罗·利科对实践智慧的新解释,他认为,实践智慧经历了道德、伦理和政治三个阶段,同样反对康德的普遍主义,利科提出,实践智慧是论证伦理和审慎确信之间的反思平衡。刘海娟的文章通过细致考证塞涅卡的拉丁文文本，追溯其实践智慧概念（即明智）的语法形式和语义内涵，说明了塞涅卡的实践智慧不同于斯多亚学派所持的一般意义的实践智慧，而是具有鲜明的生活智慧的特质，从而可以归于亚里士多德主义的传统。

《名家专论》栏目刊发了国际著名古希腊哲学专家托马斯·罗宾森和中国著名的西方哲学专家黄颂杰的文章。罗宾森的文章从各种民主制形式的优劣利弊说起，通过阐释柏拉图《法律篇》中的从现代人看来可取和不可取的方面，指出后期的柏拉图实际上建构了一个更值得追求也更有机会实现的民主模式。黄颂杰的文章以极为宏观的视野，从西方哲学史上思辨与实践、思辨哲学与实践哲学之分的角度，指出虽然思辨哲学在传统上凌驾于实践哲学之上，但从马克思和尼采掀起现代实践哲学浪潮之后，思辨和实践开始进入一种多元互动的局面，这也为新型实践哲学的萌发提供了土壤。

《经典迻译》栏目选取了自由主义和社会主义两大思潮的代表人物密尔、考茨基和伯恩斯坦的经典文献。年轻时的密尔热衷于政治和公共事务的辩论，1825年曾发文为言论出版自由辩护，抨击为政府钳制言论自由服务的诽谤法，由此文可以预见经典的《论自由》中的许多观点。考茨基和伯恩斯坦是社会主义革命组织第二国际的领袖，但二者对于革命的目的和手段问题存在诸多分歧，此处选译的两篇通信直接体现了这一点，这一文献对于我们了解社会主义阵营内部思想的多元性和异质性提供了一个窗口。

《异质性哲学园地》是本书最有特色的栏目，它集中于阐释和发扬徐长福所开创的异质性哲学理论。本栏目三篇文章中的前两篇是在学理层面的澄清和阐发，第三篇是对学理的应用。赵映香的文章延续了上一辑对一阶和二阶指谓异质性的简明阐释，以图表和文字相结合的形式勾勒出三阶指谓中的异质性结构。叶甲斌的文章分析了认识个体的两个维度：普遍性和总体性，二者分别对应普遍与特殊的关系和整体与部分的关系，而由于异质性的存在，在实践中至关重要的是对超直观的总体性整体的小心处理。杨艳姗的文章是对异质性哲学分析方法的具体运用，通过分析铁路部门延长售票期政策的预期与其后果的反差，提示在公共决策实践中要杜绝同质性思维，且必须重视异质性因素的存在。

本辑的《批评与对话》栏目在一定程度上显现了设置本栏目的初衷，通过从不同视角对同一问题或文本进行辩论式的思想互动，发掘论辩对象蕴含的丰富性。本栏目共有三组文章。首先是针对于幼军的新著《求索民主政治》（以下简称《求索》），有两篇评论分别进行了肯定性和商榷性的剖析。贺来认为，尽管该书力图融合"中西马"三大传统的民主理念，素材繁多、视野宏阔，但其核心问题在于：人民主权如何能够落实？中国传统中尽管有些许民本思想，但与人民当家作主的民主实践相去甚远。而现代西方民主成熟的理论和实践作为他山之石，应是我们充分借鉴的对象。当然，马克思主义理论对西方民主弊端的批判，也为我们构建更高级民主指明了方向。中国共产党的民主实践也有正反两方面的经验，尤其是新中国成立后"左"倾思潮指导下的一系列实践，深刻戕害了民主政治建设。要想真正落实人民主权，还政于民，该书作者提出了"四大原则"和"三大突破口"，聚焦于落实民主所必需的观念变革和制度创新。最后，文章盛赞《求索》作者对中国政治现实的深刻洞察，以及在构想未来中国民主政治时所体现的高度理论责任感和思想勇气。与贺来关注《求索》的实践意义不同，程广云和戴木茅更注意该书在理论阐发上的得失。文章认为，书中对民主政治概念的界定、对"中西马"各民主理论传统的阐释、对中国民主政治实践的分析等方面，均存在不同程度的偏差。但与贺文一样，此文亦承认，《求索》一书的可贵之处在于对未来政治改革和民主建设蓝图的构想。《批评与对话》栏目第二组文章源于杨玉昌在指导哲学系学生赴监狱进行实习帮教后的反思，他认为，在对人的罪恶的认识和矫正中，传统宗教和哲学中按照从永恒世界到生成世界自上而下的建构秩序模式，和后现代思想通过肯定人的自然性自下而上解构秩序的模式，二者各有得失，合理的哲学治疗应该结合二者，建立一种建构和解构和谐互动的模式。曹坚则秉持传统基督教神学对罪的认识，认为治疗和拯救必须通过信仰借助神的力量进行规训，因为罪就来自人性对神性的违逆。在一定程度上，可以说，曹文对杨文的反论实际上退回到后者所力图超越的一种模式。本栏目最后一篇文章是黄其洪针对国内实践哲学研究领域的杂乱状况，提出必须对实践哲学范畴进行次级范畴的划分。应用不同的标准，将实践哲学这个"种"划为五个不同的"属"。通过这种划分，研究者可以明确自己的研究属于哪个具体领域，由此结束对实践哲学这个名目争议不休的局面。

最后，《实践哲学评论》第 2 辑的顺利完成，仰赖于作者、译者和编者的共同努力，这里要对所有参与者不计功利、不厌其烦的专业精神致以深深的敬意和谢意。《评论》的顺利出版，还得益于中山大学出版社的大力支持和曾育林编辑的无限信任和耐心等待。中山大学马克思主义哲学与中国现代化研究所"985"第三期项目为《评论》提供了主要的财政支持；徐长福教授主持的国家社科基金重点项目"马克思主义实践哲学的语言转向研究"（批准号：13AZX003）和 2013 年广东省高层次人才项目"马（马克思主义）、中（中国传统）、西（西方）实践哲学的比较研究"亦为《评论》的出版提供了资助，其中若干篇目直接就是这两个项目的阶段性成果。这里对上述经费的提供机构一并致以真诚的谢意。

目　录

▶ **实践与政治**

为人民服务是否应以人民同意为前提
　　——从列宁与考茨基的一场争论看马克思主义执政观的两歧
　　…………………………………………………………………徐长福（3）
中国的自由主义和现代化理论
　　——一篇比较政治哲学的论文
　　………………………［法］何重谊（Jean-Yves Heurtebise）/文
　　　　　　　　　　　　　　　　　　叶甲斌/译　林育川/校（28）
罗莎·卢森堡的言论自由观评述 ………………………卢家银（46）
政治平等与民主 …………………………………………邓伟生（63）

▶ **实践与道德**

康德通往定言命令之路
　　…………………［德］威廉·K. 艾斯勒（Wilhelm K. Essler）/文
　　　　　　　　　　　　　　　　　　　　　　　江　璐/译（91）
论康德的"理性事实"学说 ………………………………徐向东（117）
探索道德目标与动机之间的实践联系
　　………………………………［西］达奇（Ignacio Ramos）/文
　　　　　　　　　　　　　　　　　齐飞智/译　江　璐/校（134）
麦金泰尔与现代性 ……………［英］肖恩·塞耶斯（Sean Sayers）/文
　　　　　　　　　　　　　　　　　曲　轩/译　刘　宇/校（148）
对保罗·利科《作为他者的自身》第九研究"自身与实践智慧：
　　确信"的解读 …………………［法］高吉兰（Guilhem CAUSSE）/文
　　　　　　　　　　　　　　　　　刘晓雷等/译　朱　刚/校（168）
对塞涅卡"明智"概念的词源学阐释 ……………………刘海娟（185）

▶名家专论

民主和后期柏拉图 …… ［加］托马斯·罗宾森（Thomas Robinson）/文
江 璐/译 刘 宇/校（209）

思辨与实践：解读西方哲学的重要进路 ………………… 黄颂杰（221）

▶经典迻译

诽谤法与新闻出版自由
……… ［英］约翰·斯图亚特·密尔（John Stuart Mill）/文
曲 轩/译 吕春颖/校（243）

伯恩施坦与考茨基通信两封
…… ［德］伯恩斯坦（Eduard Bernsteins）、考茨基（Karl Kautsky）/文
练建玲/译 林 颐/校（260）

▶异质性哲学园地

论三阶符号指谓的结构 ……………………………… 赵映香（275）

论认识个体的两个维度 ……………………………… 叶甲斌（289）

对"铁路部门延长车票预售期"事件的异质性分析…… 杨艳姗（300）

▶批评与对话

"人民主权"如何真正落实
——读于幼军《求索民主政治》 ………………… 贺 来（311）

民主终结了吗
——评于幼军先生《求索民主政治》…… 程广云 戴木茅（321）

作为治疗的哲学
——关于"福柯研究"课监狱教学实习的理论思考
………………………………………………… 杨玉昌（325）

作为治疗的哲学
——基于神学的回应 ……………………………… 曹 坚（340）

论推进实践哲学研究的五对必要的区分 ……………… 黄其洪（346）

实践与政治

为人民服务是否应以人民同意为前提

——从列宁与考茨基的一场争论看马克思主义执政观的两歧

徐长福*

【摘要】 1917年2月（俄历），俄国爆发革命，推翻了沙皇体制，随后各派达成了召开立宪会议以决定国家未来的共识。10月25日，布尔什维克发动"十月革命"，推翻临时政府，并承诺如期举行立宪会议选举，列宁表态若败选就交权。同年11月12日，约占选民人数一半的近4500万选民参加了俄罗斯历史上第一次普选，布尔什维克只获得约25%的选票。为了避免交权，布尔什维克于立宪会议开幕日，即1918年1月5日将其强行解散，并武力镇压了各种抗议活动。列宁的理由是：民主和立宪会议是资产阶级的肮脏衬衫，专政和苏维埃才是无产阶级的整洁衣服。对此，考茨基斥之为"背信弃义"，主张"没有民主就没有社会主义"，还提出了一个尖锐的问题：如果社会主义政府在普选中失败，它究竟是应该服从人民的裁决，还是应该为保持政权而扼杀民主？换成中国式的说法就是：为人民服务是否应以人民同意为前提？这场争论开启了马克思主义执政观的两条相反的道路，对于中国当下的政治改革富有启示意义。

【关键词】 马克思主义　执政观　人民　十月革命　立宪会议　列宁　考茨基

---

* 作者简介：徐长福，中山大学马克思主义哲学与中国现代化研究所暨哲学系教授、中山大学实践哲学研究中心主任。

一、问题的提出

在中国的改革开放已取得巨大成就的今天，如何确保改革开放不半途而废、既有成就不得而复失，如何力争经济和社会发展更上层楼，如何最终使我们的民族彻底摆脱治乱循环的"周期率"而迈上长治久安的康庄大道，是一个迫切需要全社会共同深入探讨的大课题。在这个课题中，政治改革无疑是核心部分，而该由谁执政、凭什么执政则是关键问题。

半个多世纪以来，中国是一个由马克思主义政党执政的发展中国家，马克思主义是政治正当性的法定的终极理论根据。就此而言，对政治改革的思考也应以充分了解和反思马克思主义的政治观为前提，其中，尤其需要弄清楚的是马克思主义的执政观，即马克思主义对于该由谁执政、凭什么执政等问题的回答。

马克思主义的执政观源于对西方近现代主流执政观的一种反叛。最简单地说，西方近现代主流执政观可以概括为民权主义，即以国家的公民为政治权力的主体，执政者由公民授权，公民的同意是执政的前提。民权主义所反对的是传统的王权主义，后者以君主为政治权力的主体，执政权通过暴力或世袭方式获得，无须臣民同意。王权主义的理论根据是君权神授，而民权主义的理论根据则是天赋人权。然而，在马克思主义创始人看来，在资本主义制度下，劳资双方由于在经济上贫富悬殊，因而其作为公民在充当政治权力主体时的平等性只是表面的。为此，马克思主义创始人一方面用阶级观点去观察既有的政治，把民权主义解读为资本主义，把王权主义解读为封建主义；另一方面用阶级观点去规定应有的政治，把推翻资本主义之后的政治规定为无产阶级的专政，把政治发展的最终状态设想为阶级和国家的消亡。这样一来，无产阶级就被赋予了人类政治的终结者的角色——它是历史上最后一种权力主体。

但是，马克思主义创始人没有从理论上讲清楚：作为权力主体的无产阶级与实际执政的党派及个人之间究竟是什么关系？执政权是否来自无产阶级的授权？不仅如此，马克思主义的创始人也没有讲清楚：任何实际存在的社会都不只有无产阶级和资产阶级，在资产阶级被剥夺了政治权力而无产阶级成为权力主体的情况下，其他阶级，特别是人口众多的农民阶级，是否也应该拥有政治权力？或应该拥有何种政治权力？他们的权力跟执政权之间是何关系？

后来的各国马克思主义政党一定程度上回答了第二组问题，并达成了基本的共识：他们在理论上扩大了政治权力主体，把包括农民阶级在内的广大被剥削的社会阶层都纳入到了权力主体的范围，并用"人民"或"人民群众"去指称，与之相对的是用"敌人"或"阶级敌人"去指称的剥削阶级。但是，在第一组问题上，他们却不仅没有达成共识，反而因解答不同还产生了分裂甚至相互敌对。他们面对的问题是：马克思主义政党既然都承认无产阶级和广大人民是权力主体，那么他们要谋求执政地位，是否应该以无产阶级和广大人民的授权为前提？对此，以列宁为代表的共产党阵营作出了否定的回答，而以考茨基为代表的社会民主党阵营则作出了肯定的回答，马克思主义政党在执政理论和实践上由此走出了两条相反的道路。

以毛泽东为代表的中国共产党人所选择的是列宁的道路。70多年前，毛泽东发表了《为人民服务》这篇演讲。[①] 其后，"为人民服务"就成了中国共产党的执政理念，成了其执政正当性的最终依据，乃至唯一依据。这个道理说透了就是：当且仅当一个党是为人民服务的，它就（才）应该执政，以便服务人民；中国共产党是全中国唯一为人民服务的党；所以，由它执政既是天经地义的，也是别无选择的。如是，上述列宁和考茨基的分歧用中国化了的说法就可以表述为：为人民服务是否应以人民同意为前提？列宁和毛泽东这一路向上的回答是否定的，其理由是：是否为人民服务才是事情的实质，人民是否同意则是无所谓的。考茨基这一路向上的回答则相反，其理由是：人民是否同意才是事情的实质，由谁为人民服务以及服什么务要由人民来决定。

对于马克思主义执政观的上述两歧，本文不拟作理论的分析，而只拟作历史和文献的描述，并且限于描述其起始情况——俄国十月革命期间马克思主义阵营内部关于立宪会议的相关争论，重点是列宁和考茨基的争论。

[①] 参见毛泽东《毛泽东选集》第三卷，人民出版社1991年6月第2版，第1004页。

二、十月革命与立宪会议的纠结

在中国,俄国十月革命可谓尽人皆知,因为它给我们送来了马克思列宁主义,并影响了中国近百年来的历史,可是,很少有人知道跟十月革命纠结在一起的立宪会议,因为用意识形态方式所书写的历史通常都会将其略去不提。然而,马克思主义执政观的两歧就是在十月革命和立宪会议的纠结中出现的。

下面根据中外苏联史专家的叙述以摘编的方式对有关史实作一刻画。①

1917年2月23日至3月2日(俄历),沙皇制度在8天之内土崩瓦解。2月23日(即西历3月8日),彼得格勒一些企业的工人集会纪念三八妇女节,并开始罢工和游行,打出了"面包!打倒战争!打倒专制制度!"的口号,其直接原因是彼得格勒粮食供应不足,史称"面包骚动"。此后,局势出人意料地一发不可收拾。2月27日,由民主派政党和自由派政党分别发起成立了彼得格勒苏维埃和国家杜马临时委员会。3月2日,沙皇尼古拉二世被迫宣布退位。

在主要社会政治力量达成通过立宪会议来解决国家制度和其他所有迫切问题的共识之前提下,3月2日晚上,彼得格勒苏维埃执行委员会与国家杜马临时委员会成员会谈,明确了关于立宪会议法律地位的三项原则:①举行普遍的自由的选举("全民的意志");②立宪会议享有解决国家生活的主要问题包括确定国家治理形式的特别权力(在立宪会议之前"不预先解决");③只有立宪会议自己能够决定自己任务的范围和界限("俄罗斯土地的主人")。由此也明确了将要组建的政府的法

---

① 基本史实叙述主要摘编自姚海《历史性的转折:1917年俄国革命》,载沈志华主编《一个大国的崛起与崩溃——苏联历史专题研究(1917—1991)》上册,社会科学文献出版社2009年版,第11—91页。另参见姚海《俄国革命中的立宪会议问题》,载《史学集刊》,2009年第1期,第64—73页;郝宇青《解散立宪会议与俄共执政合法性危机》,载《俄罗斯中亚东欧研究》2004年第3期,第7—14页;[英]伦纳德·夏皮罗《一个英国学者笔下的苏共执政史》,徐葵、邹用九、裘因译,东方出版社1991年版;刘淑春、翟民刚、王丽华编《"十月"的选择——90年代国外学者论十月革命》,中央编译出版社1997年版;[美]路易斯·费希尔《列宁的一生》(上、下),彭卓吾译,北京图书馆出版社2002年版。

律地位以及对其活动的限制；新政府为临时政府；它将在立宪会议召开之前管理国家；它无权建立任何常设的管理制度；它应为立宪会议的召开创造条件。

3月5日，临时政府成立特别会议，起草立宪会议选举条例，并于6月底形成了草案第一部分。根据选举条例，立宪会议由居民根据普遍的、不分性别选举权平等的原则，通过直接和不记名投票、采用比例代表制选举产生的800名代表组成。年满20岁的公民和年满18岁的军人享有选举权。6月14日（西历6月27日），临时政府宣布，立宪会议的选举定于9月17日（西历9月30日）举行。8月9日（西历8月22日），临时政府决定把选举日期推迟到11月12日（西历11月25日）。

虽然临时政府为立宪会议的选举和召开做了一系列准备工作，但还是未能满足群众要求尽快召开立宪会议、解决一系列迫切问题的愿望。群众在等待中逐渐失去了希望和耐心。

布尔什维克在二月革命期间也赞成召开立宪会议的口号，曾认为全部政权归苏维埃是选举和召开立宪会议的保障，是通向立宪会议的入口。2月到10月间，布尔什维克在不断抨击临时政府拖延召开立宪会议的同时，一再承诺只有它才能保证立宪会议选举如期举行。在苏维埃第二次代表大会的文件中，很多地方提到了立宪会议：《告工人、士兵和农民书》宣布，苏维埃政权"保证按时召开立宪会议"①；土地法令具有临时性质，土地问题只有全民立宪会议才能加以通盘解决；"成立工农临时政府，在立宪会议召开以前管理国家，临时政府定名为人民委员会"②。人民委员会以列宁为首，成员都是布尔什维克。列宁在苏维埃二大上谈到立宪会议时甚至宣布，如果布尔什维克在立宪会议选举中失败的话，他们将服从"人民群众"。③

10月25日（西历11月7日），布尔什维克武力推翻了临时政府，夺取了政权。这就是在人类历史上影响深远的"十月革命"。革命后两天，10月27日，人民委员会通过决议，明确立宪会议选举在临时政府

---

① 参见《列宁全集》第三十三卷，人民出版社1985年第2版，第5页。
② 参见《列宁全集》第三十三卷，人民出版社1985年第2版，第22页。
③ 参见［英］伦纳德·夏皮罗《一个英国学者笔下的苏共党史》，徐葵、邹用九、裘因译，东方出版社1991年版，第203、205页。

所预定的 11 月 12 日进行。在公布政党候选人名单（选举是在多党派的基础上进行的）之后，选民进行了投票。根据 65 个选区的统计资料，有近 4500 万选民参加了选举（共有 79 个选区，9000 万选民）。资产阶级的主要政党——立宪民主党仅获 200 万张票，当选代表 17 人。其余的票主要投给了"以社会主义为取向"的党：以农民为群众基础的社会革命党获 1700 万张票，当选代表 370 人；以工人和士兵为群众基础的布尔什维克获 984 万张票，当选代表 175 人；孟什维克获 124 万张票，当选代表 16 人；从社会革命党分裂出来的左派社会革命党获 286 万张票，当选代表 40 人。

1918 年，社会革命党人出版了一部文集《俄国革命的一年（1917—1918 年）》，载有尼·瓦·斯维亚季茨基的一篇文章：《全俄立宪会议选举的总结（序言）》。作者列举了 79 个选区中的 54 个选区的数字。列宁在 1919 年 12 月 16 日的《立宪会议选举和无产阶级专政》一文中曾加以引用和统计分析，他说：

我们把参加立宪会议选举的三个基本党派集团合起来计算，便得出总数如下：
无产阶级的政党（布尔什维克）………………902 万 =25%
小资产阶级民主派的政党
（社会革命党人、孟什维克及其他）…………2262 万 =62%
地主和资产阶级的政党（立宪民主党人及其他）……462 万 =13%

总共 ………………………………………… 3626 万 =100% ①

据此，列宁得出了这样的结论："从这些按地区计算的数字中可以看出，在立宪会议选举时，布尔什维克是无产阶级的政党，社会革命党是农民的政党。"②

在获悉最后选举结果后，12 月 12 日（西历 12 月 25 日），列宁在《关于立宪会议的提纲》中说道："'一切权力归立宪会议'是反革命分

---

① 《列宁选集》第四卷，人民出版社 1972 年第 2 版，第 116 页。
② 同上书，第 118 页。

子的帮凶的口号,"这个口号实际上意味着为排除苏维埃政权而斗争,立宪会议如果同苏维埃政权背道而驰,那就必然注定要在政治上死亡"①。

实际上,在选举之前的11月8日,布尔什维克就讨论了驱散立宪会议的可能性问题。11月14日(西历11月27日),列宁在"关于土地问题的讲话"中说:"至于立宪会议,有一位报告人说,它的工作将以国内的民意为转移;但我要说:依靠民意吧,可是不能忘掉步枪。"②在选举期间,针对于己不利的选举形势,布尔什维克还以勒令改选等方式干预过选举。选举结束后,布尔什维克更是采取了一系列密集措施来应对败选的局面,以免向立宪会议交出政权。11月23日,人民委员会下令逮捕了全俄立宪会议筹备委员会中的立宪民主党和社会革命党成员。11月26日,在临时政府确定的立宪会议召开日期11月28日的前两天,人民委员会决定,立宪会议第一次会议召开的条件是:根据全俄选举委员会政治委员乌里茨基的邀请到达彼得格勒的全俄立宪会议代表必须多于400人,会议只能由人民委员会授权的人士宣布开幕。

11月28日是原定的立宪会议召开日期,另一个败选政党立宪民主党在彼得格勒组织了要求"全部政权归立宪会议"的示威游行。同时有约60名立宪会议代表进入会场塔夫利达宫,宣称自己为部分成员会议,以待更多代表,直到符合法定人数。当天,立宪会议中央选举委员会的工作人员拒绝在乌里茨基领导下工作。布尔什维克则一方面驱散会议,另一方面宣布立宪民主党为人民敌人的党,逮捕其领导人,事实上取缔了该党。

12月初,列宁发出暗示:要用武力来更正票箱。③ 12月20日,人民委员会颁布法令,确定1918年1月5日召开立宪会议。12月23日,人民委员会宣布在彼得格勒实行战时状态,忠于布尔什维克的部队被调入首都。1918年1月5日,即立宪会议的开幕日,彼得格勒和莫斯科发生了支持立宪会议的和平示威。游行遭到武力镇压,有人员伤亡。在

---

① 《列宁选集》第三卷,人民出版社1972年第2版,第379页。
② 《列宁全集》第三十三卷,人民出版社1985年第2版,第88页。
③ 参见[英]伦纳德·夏皮罗《一个英国学者笔下的苏共党史》,徐葵、邹用九、裘因译,东方出版社1991年版,第206页。

塔夫利达宫内,到会的立宪会议代表有 410 名,其中,社会革命党 237 名,布尔什维克 120 名,左派社会革命党 30 名,孟什维克 5 名。立宪会议在紧张的对立情绪中开幕,冲突主要在社会革命党和布尔什维克之间展开。大会多数决定不将布尔什维克党团提出的《被剥削劳动人民权利宣言》提交讨论,即拒绝按照人民委员会的要求把权力交给苏维埃和自行宣布解散立宪会议。于是,布尔什维克和左派社会革命党等党派的代表退出了会议。到 1 月 6 日凌晨 4 时,坚持留在会场的立宪会议代表被警卫队命令离开。当天,全俄中央执行委员会宣布解散立宪会议。1 月 10 日,全俄苏维埃第三次代表大会开幕,"经过小心操纵的选举"①,通过了解散立宪会议的政策。

立宪会议被驱散后,各地仍然继续不断地给立宪会议发来祝贺和支持的信件。在很多城市发生了保卫立宪会议的示威游行,在莫斯科等地的示威中有人员伤亡。尽管这类活动持续了很久,并延烧成了国内外的武装冲突,但立宪会议已经不可能死而复生了。

在十月革命之后,在苏维埃政权已经成立的情况下,仍有占全部选民约半数的近 4500 万人参加了立宪会议代表的选举,这个事实表明,至少俄国人民的半数是认可通过立宪会议的方式来解决国家面临的问题的。

有意思的是,在将近一个世纪后的 2012 年 3 月 4 日,俄罗斯举行了第六届总统大选,选民人数 1.1 亿,只比当年立宪会议选举时的选民人数多 2000 万,投票率 65%,比立宪会议的投票率倒是高出了 15 个百分点。这次选举中,统一俄罗斯党候选人普京获胜,得票率为 63%,获 4490 万张票,相当于当年立宪会议投票人数的总和;俄罗斯共产党领导人久加诺夫得票率为 17%,获 1200 万张选票,比当年布尔什维克的得票率要低,而票数则略多。

三、列宁解散立宪会议的理由

以列宁为首的布尔什维克保证召开立宪会议并承诺败选认输,可结

---

① 参见[英]伦纳德·夏皮罗《一个英国学者笔下的苏共党史》,徐葵、邹用九、裘因译,东方出版社 1991 年版,第 206 页。

果却解散立宪会议并镇压反对派,这在人类选举史上也称得上典型案例。就连马克思主义的理论权威考茨基也斥之为"背信弃义"。① 在此,我们需要了解的是列宁的理由。

列宁的基本理由可分三个层面:一是马克思主义创始人的理论,二是俄国社会民主工党的共识,三是列宁自己的特殊见解。

根据马克思主义创始人的观点,资本主义社会所取代的是私有制加专制政治的封建社会,资本主义社会本身是私有制加民主政治的社会,取代资本主义社会的是公有制加无产阶级专政的社会主义社会,作为最终形态的共产主义社会是公有制加阶级和国家消亡的社会。在这个次第演进的历史过程中,政治民主只是一个环节。

根据俄国社会民主工党1903年的党纲,该党"最近的政治任务就是推翻沙皇专制制度,建立民主共和国","召集由全民自由选举产生的立宪会议",进而是建立无产阶级专政,以实现"无产阶级的社会革命",这场革命"以生产资料和流通资料的公有制代替私有制,有计划地组织社会生产过程来保证社会全体成员的福利和全面发展,定将消灭社会的阶级划分,从而解放一切被压迫的人们,消灭社会上一部分人剥削另一部分人的一切形式"②。党纲的这些内容反映了当时信奉马克思主义的革命者对在俄国进行革命的两大步骤的共识。这跟马克思主义创始人所观察到的西欧的情况不同,在那里,资产阶级革命和无产阶级革命是在相距较远的时代分别由资产阶级和无产阶级各自去承担的,不会出现同一个革命团体把两场革命的任务一肩挑起的情况。

列宁的特殊见解在于:只要有掌权的机会,就一步到位实行无产阶级专政,而决不根据权威教条或党纲规定先把政权拱手让给搞民主政治的资产阶级或"小资产阶级"。列宁并非不懂得民主政治的重要性,但在他心目中,这种重要性仅限于充当革命夺权的手段,归根到底重要的是布尔什维克执政,因为它是无产阶级性质的专政,是消灭阶级剥削、解放被压迫人民的最重要条件。

早在1894年,列宁就以社会民主主义者的名义指出过民主的重要

---

① 王学东编:《考茨基文选》,人民出版社2008年版,第477页。
② 参见中共中央编译局译《苏联共产党代表大会、代表会议和中央全会决议汇编》(第一分册),人民出版社1964年版,第36、38、41页。

性,他说:"一般说来,俄国共产主义者,马克思主义信徒,比其他任何人都更应把自己称为**社会民主主义者**。并在自己的活动中始终不忘**民主主义**的巨大重要性。"① 1903 年,列宁更是明确地讲:"让人民自己在全俄各地选举自己的议员(代表)。让这些议员组成最高会议,去建立俄罗斯民选的统治机关,使人民不再象农奴那样由官吏和警察去摆布,保证人民享受集会自由、言论自由和出版自由的权利!这就是社会民主党人首先要求的东西。这就是他们的第一个要求——**政治自由的要求**。"② 到了 1905 年,列宁则把政治主张的落脚点干脆放到立宪会议上,他说:"社会民主党领导下的革命无产阶级要求政权完全转归立宪会议,为了实现这个目的,不仅力争普选权,不仅力争完全的鼓动自由,而且要立刻推翻沙皇政府,而代之以临时革命政府。"③

甚至到了 1916 年 8—9 月,列宁还在高度肯定民主的重要性。他说:

> 没有民主,就不可能有社会主义,这包括两个意思:①无产阶级如果不通过争取民主的斗争为社会主义革命做好准备,它就不能实现这个革命;②胜利了的社会主义如果不实行充分的民主,就不能保持它所取得的胜利,并且引导人类走向国家的消亡。④

其中,"没有民主,就不可能有社会主义"的说法跟后来考茨基的"没有民主,就没有社会主义"的说法并无实质区别,不同的是,对于这一观点,考茨基一直坚持,而列宁很快就放弃了。

1917 年 4 月,在决意暴力夺权后,列宁讲出了他对民主政治的另一套看法。其论述如下:

> 现在谈一谈最后一个问题,就是我们党的名称问题。我们党应该象马克思和恩格斯所自称的那样,叫作**共产党**。

---

① 《列宁选集》第一卷,人民出版社 1972 年第 2 版,第 70 页。
② 同上书,第 395 页。
③ 同上书,第 515 页。
④ 《列宁全集》第二十八卷,人民出版社 1990 年第 2 版,第 168 页。

"社会民主党"这个名称**在科学上**是不正确的,马克思曾经屡次——例如在 1875 年《哥达纲领批判》中——指出这一点,恩格斯在 1894 年又更通俗地重复过这一点。人类从资本主义只能直接过渡到社会主义,即过渡到生产资料公有和按劳分配。我们党看得更远些:社会主义必然会渐渐成长为共产主义,而在共产主义的旗帜上写的是:"各尽所能,按需分配"。

这就是我的第一个论据。

第二个论据:我们党的名称(社会**民主**)的后半部,在科学上也是不正确的。民主制是一种**国家**形式,而我们马克思主义者是反对**一切**国家的。

"民主"这个词用在共产党身上,不仅在科学上不正确,而且在 1917 年 3 月以后,它已成为遮住革命人民眼睛的**眼罩,妨碍**他们自由、大胆、自动地建设新的工农等等代表苏维埃,使它成为"国家"的**唯一政权**,成为**所有**国家"消亡"的前驱。①

在这里,民主已不仅被明确定位为手段,而且被定位为必须加以唾弃的过时的手段。列宁甚至说:"现在已经是丢掉肮脏的衬衫、穿起整洁的衣服的时候了。"② 所谓"整洁的衣服"就是专政。

1918 年 3 月,在解散立宪会议两个月后,列宁正式建议"更改我们党的名称,把它叫作俄国共产党,并在括号里附上布尔什维克。……工人建立了自己的国家之后,就会了解到民主主义(资产阶级民主主义)的旧概念在我国革命的发展过程中已经过时了。"③ 他得出的结论是:"共产党这个名称是唯一科学的。"④

列宁对民主政治的这种看法其实也是包括孟什维克在内的俄国社会民主工党的主流看法,列宁的看法只不过更彻底罢了。1917 年 12 月 22 日,在反击孟什维克对"布尔什维克恐怖"的攻击时,列宁长篇大论地引述了普列汉诺夫当年的主张,表明孟什维克在骨子里跟布尔什维克

---

① 《列宁选集》第三卷,人民出版社 1972 年第 2 版,第 62-64 页。
② 同上书,第 66 页。
③ 同上书,第 475 页。
④ 同上书,第 476 页。

并没有什么不同。他语含讥讽地说：

> 曾经有个时期，普列汉诺夫是社会主义者——革命社会主义的最著名的代表之一。
>
> 在那个时期（唉，那个时期已经永不复返地流逝了），普列汉诺夫就一个恰恰对我们今天的时代具有根本意义的问题发表了意见。
>
> 这发生在 1903 年，正当俄国社会民主党在第二次党代表大会上制定自己纲领的时候。
>
> 这次代表大会的记录里，保存着如下大有教益的一页，就像专门为今天而写的：
>
> "**波萨多夫斯基**：这里发表的赞成和反对修正案的那些声明，据我看来，不是枝节问题的争论，而是严重的意见分歧。毫无疑问，在下面这个基本问题上我们的意见是不一致的：**是应该认为这些或那些基本民主原则具有绝对价值，从而使我们将来的政策服从它们呢，还是所有的民主原则应该完全服从我们党的利益呢**？我坚决赞成后一种意见。在民主原则中，没有一条不应该使之服从**我们党的利益**。（喊声："人身不可侵犯也在内吗？"）对！人身不可侵犯也在内！作为一个致力于实现自己最终目的——社会革命——的革命政党，我们应当完全从尽快实现这个目的的角度，从我们党的利益的角度来对待民主原则。如果某一要求对我们不利，我们就不予采用。
>
> 因此，我反对提出的修正案，因为这些修正案将来可能限制我们的行动自由。
>
> **普列汉诺夫**：完全同意波萨多夫斯基同志的发言。对每一个民主原则都不应该孤立地、抽象地去看待，而应该把它同可以称为基本民主原则的那个原则联系起来看，这个原则就是人民的利益是最高的法律。用革命者的话来说，就是革命的胜利是最高的法律。因此，如果为了革命的胜利需要暂时限制某一个民主原则的作用，那么，不作这种限制就是犯罪。作为个人意见，我要说，甚至对于普选权原则也应当用我上面指出的那个基本民主原则的观点去看待。

可以设想，有那么一天，我们社会民主党人会反对普选权。意大利各共和国中，资产阶级曾经剥夺过属于贵族阶层的人的政治权利。革命的无产阶级可以限制上层阶级的政治权利，就像上层阶级曾经限制过革命的无产阶级的政治权利一样。这种措施是否适宜，只有根据革命的利益是最高的法律这个原则才能判断。就是在议会任期的问题上，我们也必须持有这样的观点。如果在革命热情迸发的情况下，人民选出了一个很好的议会——一种 chambre introuvable（无双的议会），那么，我们应该力求使它成长为长期的议会；如果选举结果不能令人满意，那我们就应当力求解散它，不是过两年，要是可能的话，过两周就解散它。"（《党的第二次代表大会记录》第168—169页）

对社会主义的敌人，在一段时间内不仅可以剥夺他们的人身不可侵犯的权利，不仅可以剥夺他们的出版自由，而且可以剥夺他们的普选权。不好的议会应力求在两周内将它"解散"。革命的利益，工人阶级的利益——这就是最高的法律。当普列汉诺夫是社会主义者的时候，他是这样论述的。现在叫嚷"布尔什维克恐怖"的绝大多数孟什维克，当时同普列汉诺夫一起就是这样论述的。①

上述引文表明，列宁是以"革命的利益""工人阶级的利益""被剥削劳动人民权利"等作为解散立宪会议的最终理由的。问题在于：为什么列宁会觉得选民亲自投票选出来的立宪会议不能反映他们各自的利益，反而是暴力夺权的布尔什维克才能代表这些利益呢？对此，列宁的解释是："在选举的时候，人民选举的不是表达他们的意志和愿望的人"，"立宪会议的选举不符合人民的意志和被剥削劳动阶级的利益"，"立宪会议不能正确地表达人民意志"。② 也就是说，列宁相信，布尔什维克比人民、比被剥削劳动阶级自己更懂得他们的意志和愿望，解散选民票选的立宪会议正是"执行了人民的意志"，苏维埃政权"既不要议

---

① 《列宁全集》第三十三卷，人民出版社1985年第2版，第188页。
② 同上书，第138、166、295页。

会，也不要全民投票"。①

列宁的这种论证在逻辑上有点特别，它来源于马克思主义创始人的一个理性主义信念：人类解放的头脑是哲学，无产阶级只是这种解放的心脏。② 换成通俗的话来说就是：无产阶级只能出力气，该做什么和该怎么做要由少数理论精英说了算。这种信念后来被考茨基发展成了"灌输"论，但考茨基讲灌输有一个前提，即"社会主义者不必自上而下地拯救无产阶级"③，这跟他坚定的民主思想是一致的。列宁曾非常欣赏考茨基的"灌输"论④，并对之作了极度发挥。

列宁认为，"工人群众自己决不能在他们运动进程中创造出独立的思想体系"⑤，"工人本来也不可能有社会民主主义的意识。这种意识只能从外面灌输进去。各国的历史都证明：工人阶级单靠自己本身的力量，只能形成工联主义的意识，即必须结成工会、必须同厂主斗争、必须向政府争取颁布工人所必要的某些法律等等的信念。而社会主义学说则是在由有产阶级的有教养的人即知识分子创造的哲学、历史和经济的理论中成长起来的"⑥。"阶级政治意识**只能从外面**灌输给工人，即只能从经济斗争范围外面，从工人同厂主的关系范围外面灌输给工人。"⑦ 既如此，"给我们一个革命家组织，我们就能把俄国翻转过来"，这就"绝对需要有集中化"，而不能搞"民主制的儿戏"。⑧

可见，根据列宁的观点，工人阶级和广大人民群众是不能正确理解自己的命运的，这种情况下，让真正懂得他们命运的少数人去替他们做主，就显然好过任由他们自己去盲目选举代理人。或者说，既然马克思主义是唯一正确地反映了无产阶级和人民群众利益的理论，而布尔什维克又是唯一正确的马克思主义政党，由该党执政就是唯一符合人民利益的安排，这种情况下，任何全民选举不仅不必要，而且会损害人民自身

---

① 参见《列宁全集》第三十三卷，人民出版社1985年第2版，第245、306页。
② 参见马克思《〈黑格尔法哲学批判〉导言》，载《马克思恩格斯选集》第一卷，人民出版社1995年第2版，第16页。
③ 参见王学东编：《考茨基文选》，人民出版社2008年版，第44页。
④ 同上书，第255页。
⑤ 同上书，第256页。
⑥ 同上书，第247页。
⑦ 同上书，第293页。
⑧ 同上书，第337、340、349页。

的利益。可以认为，列宁的这个理由就是他发动十月革命并解散立宪会议的理论底牌，后来也成了各国共产党依靠暴力来夺权和维权的最终理由。

不过，在列宁阐述他的理由的同时，工人、士兵和农民阶级及其代理人也以其他方式在申述着不同的理由。

1918年7月5日，在苏维埃第五次代表大会上，曾经支持布尔什维克解散立宪会议的左派社会革命党向布尔什维克发出了挑战，其首领玛利亚·斯皮里多诺娃在发言时慷慨陈词，她指责列宁背叛了农民，为了达到自己的目的，竟把农民作为一种"手段"来使用；说列宁忘记了农民的利益；还说当农民遭受屈辱、压迫和镇压的时候，"我的手就将重新拿起我当年为了被迫捍卫……而拿过的那只手枪、那个炸弹来"。①

1918年8月30日，列宁在一次演讲中批判美国的民主，同时也承认苏维埃跟农民联合有困难。当他结束讲话走向出口时，在立宪会议选举中获得多数农民选民支持的社会革命党的两个人——诺维科夫和范妮·卡普兰用暴力袭击了他，前者用一只胳膊推开了几个工人，后者突然掏出手枪，向他打了3枪。列宁身中两弹，倒在了一些石头上。②

1919年4月，康复后的列宁也听到了农民的呼声："苏维埃政权万岁，但要打倒康姆尼（即共产主义）！"并认定："这样的事不是捏造，而是来自实际生活，来自各地同志的报告。"③ 这表明，在理论上被认为是正确的共产主义政策在实践中并不受农民欢迎。

最严重的事件是：1921年2—3月，曾经作为布尔什维克夺权的支柱力量的喀琅施塔得基地的士兵和彼得格勒的工人联合举行了反抗布尔什维克政权的暴动。这些士兵和工人认为，现有的苏维埃没有反映工人和农民的意志，应立即通过无记名投票加以改选，并给予工人、农民、无政府主义者以及左翼社会主义政党以言论、出版和集会等自由。④ 也就是说，这些暴动的人民并不认为布尔什维克比他们自己更懂得他们的

---

① 参见［美］路易斯·费希尔《列宁的一生》（上），彭卓吾译，北京图书馆出版社2002年版，第391－392页。
② 同上书，第458页。
③ 参见《列宁选集》第三卷，人民出版社1972年第2版，第802页。
④ 参见沈志华主编《一个大国的崛起与崩溃——苏联历史专题研究（1917—1991）》（上册），社会科学文献出版社2009年版，第97－101页。

愿望和要求，相反，他们不惜用巨大的牺牲来昭示民主选举对于表达他们真实意志的重要性。

至于苏联后来七十多年间的风风雨雨以及最后的垮台，更是表明人民的真实意志跟布尔什维克根据理论推导所自认为代表的那种意志并不天然就是一回事。

四、考茨基跟列宁的分歧

自从列宁写了《无产阶级专政和叛徒考茨基》（1918 年 11 月 10 日写完）以后，在共产主义阵营的道统叙事中，考茨基就一直是一个以"叛徒"著称的反面角色。其实，认真读一读考茨基本人的东西，我们就会发现，他之所以批判列宁，并非因为他背叛了无产阶级，而是因为在面对马克思主义执政观所显露出来的内在理论分歧点时，他走向了列宁的反面。

考茨基是恩格斯指定的遗嘱执行人之一，是恩格斯去世后第二国际最重要的理论家。尽管考茨基的著作没有像列宁的著作那样被完整地翻译成中文，但即使仅从已翻译的《无产阶级专政》（原版于 1918 年）和《民主社会主义对抗共产主义》（写于 1932—1937 年）这两本小册子中，也足以了解到他在马克思主义执政观上的基本见解以及跟列宁的主要分歧。

考茨基和列宁的分歧起始于对马克思主义创始人关于无产阶级专政的思想的不同理解。在考茨基看来，无产阶级专政不是一种政体，而是一种状态。他说：

> 马克思在 1875 年 5 月写的批判《哥达纲领》的信件（刊载于《新时代》第 9 年卷第 1 期第 502 页起）里说：
> "在资本主义社会和共产主义社会之间，有一个从前者变为后者的革命转变时期。同这个时期相适应的也有一个政治上的过渡时期，这个时期的国家只能是**无产阶级的革命专政**。"
> 可惜，马克思没有更详细地指出他是怎样设想这个专政的。按字义来讲，专政就是取消民主。但是，当然按字义来讲，专政还意味着不受任何法律约束的个人独裁。个人独裁和专制之间的不同在于：

个人独裁不被视为经常的国家制度，而被视为是暂时的应急办法。

"无产阶级专政"这个词——也就是说不是个人专政，而是一个阶级的专政——就已经排除了这一点：即马克思在这里所说的专政是指这个词在字义上的意义而言的。

他在这里所说的不是一种**政体**，而是指一种在无产阶级夺得政权的任何地方都必然要出现的**状态**。马克思认为，英国和美国可以和平地，也即用民主方法实现过渡，单这一点就可以证明，他在这里所指的不是政体。①

考茨基还进一步引述了恩格斯的观点加以佐证，并明确了民主和专政的主次关系。他说：

> 正如恩格斯在马克思这本书（《法兰西内战》）第三版的导言中所明确指出的那样，巴黎公社就是"无产阶级专政"。
>
> 但是这个专政并不同时就是废除民主，而是以普选制为基础的最广泛地应用民主。这个政府的权力应该服从普选制。②

也确如考茨基所言，在《法兰西内战》中，马克思在称赞巴黎公社时是突出了普选的重要性的，其原话是："公社是由巴黎各区普选选出的城市代表组成的。这些代表对选民负责，随时可以撤换。其中大多数自然都是工人，或者是公认的工人阶级的代表。"③

对此，列宁则不以为然。他讽刺考茨基"在对马克思作自由主义的歪曲方面打破了世界纪录"，④并且断言："专政是直接凭借暴力而不受任何法律约束的政权。"⑤

沿着跟列宁相反的路向，考茨基确立了民主跟社会主义的不可分割的联系，并进一步把普选制跟民主紧密关联起来。他说："对我们来

---

① 王学东编：《考茨基文选》，人民出版社2008年版，第346页。
② 同上书，第347页。
③ 马克思：《法兰西内战》，载《马克思恩格斯选集》（第二卷），人民出版社1972年版，第375页。
④ 参见《列宁选集》第三卷，人民出版社1972年第2版，第628页。
⑤ 《列宁选集》第三卷，人民出版社1972年第2版，第623页。

说，没有民主的社会主义是不可思议的。我们把现代社会主义不仅理解为社会化地组织生产，而且理解为民主地组织社会。根据这个理解，对我们来说，社会主义和民主是不可分割地联系在一起的。没有民主，就没有社会主义。""在今日的社会里，除了普选制以外的任何其他种选举制都会成为荒唐可笑的事。"①

基于上述观点，考茨基否定了布尔什维克解散立宪会议的做法。他说：

> 拥护立宪会议的人既是占着这样压倒的多数，因此哪一个沙皇的将军也不会敢于起来反对立宪会议。如果他们中间任何一个人敢于冒险这样做，也会得不到追随者的。这些将军们之所以胆敢发动反革命叛乱，只是在列宁解散立宪会议**之后**，使他们得到一个恢复立宪会议权利的借口。
>
> 如果列宁没有解散立宪会议，俄国也就会免去内战及其一切的恐怖、残杀和破坏，国家将会怎样地更加富裕，社会改革的利益将会怎样地更大啊！军事—官僚的警察机构用于镇压目的方面的一切巨大开支，就能够节省下来。这些经费也就能够用于生产目的，以促进一般的福利。
>
> 这样人民就已经取得最大限度的自由，出版、集会、结社和自治的自由。在这种种条件下，群众无论在经济、物质、知识方面，一定已经迅速地提高了。工人、农民和知识分子间的相互信赖和独立思考受到这一切的鼓舞，结果就一定会实实在在地促进了社会主义生产的发展，同样也促进了一个自由、平等、博爱的国家的发展。
>
> 这个崇高的发展，在列宁命令他的军队解散立宪会议的那一天起，就戛然停止了。②

考茨基也分析了列宁解散立宪会议的直接原因。他说："照布尔什维克的看法，立宪会议只有一个大缺点：他们在会议中没有得到多

---

① 王学东编：《考茨基文选》，人民出版社 2008 年版，第 326、338 页。
② 同上书，第 429 页。

数。""为了反对任何这种民主程序，布尔什维克曾竭其全力来进行斗争，他们利用了有利的形势，解散了立宪会议。**他们的这个打击，反对的不是沙皇、贵族、资产阶级或'白卫军'的反革命，而是其他的社会主义政党，这些政党在争取工人、农民的拥护而进行的斗争中曾比布尔什维克获得更大的成就。**"①

对于解散立宪会议之后布尔什维克所建立起来的苏维埃政权，考茨基的观察是这样的："1917 年 11 月革命后，在俄国工人代表苏维埃中同社会革命党左派一起占得了多数的布尔什维克，在立宪会议解散后，竟把向来是一个**阶级**的**战斗组织**的苏维埃变成了**国家组织**。他们废除了俄国人民在三月革命中争取到的民主。因此，布尔什维克不再把自己称为社会**民主党人**。他们把自己称为**共产党人**了。"② 对于苏维埃政权的实质，考茨基的判断是："在无产阶级本身的内部，享有政治权利的、作为布尔什维克政权基础的人们的圈子愈来愈缩小了。"③ 不仅如此，"取消民主，宣布实行一个阶级的专政，这于是就替那样的专政者廓清了道路；而一个阶级的专政实际上是一党的专政，并且就像列宁自己所宣称的那样，也可能是个别人的专政"④。

至此，对于立宪会议事件，同样从马克思主义创始人的理论出发，考茨基得出了跟列宁截然不同的结论。为此，亦如列宁给他扣了一顶"叛徒"帽子一样，他也回敬了列宁一顶"宗派主义"的帽子。他说：

> 恩格斯对英国早期的马克思主义者所作的最严厉的谴责，就是他们以宗派主义的精神来运用马克思主义。如果他活着看到，一个马克思主义的学派，在夺取了国家政权之后，就把马克思主义变成国教，这个宗教的信条及其解释都受到政府的监督，对于这个宗教的批评，甚至一点点最微末的偏差，都要受到国家的严厉处罚；这样一种马克思主义，以西班牙宗教裁判的方法来实行统治，以火刑和屠杀来进行宣传，实行一种戏剧性的仪式（例如列宁尸体的防

---

① 王学东编：《考茨基文选》，人民出版社 2008 年版，第 430、431 页。
② 同上书，第 362 页。
③ 同上书，第 368 页。
④ 同上书，第 393 页。

腐保存）；这样一种马克思主义不仅仅降到了一个国教的地位，而且也降到了中世纪或东方迷信的地位；如果恩格斯活着看到这些，他该会说些什么呢？这种马克思主义就真的可以称为教条狂热主义（doctrinaire fanaticism）了。①

其实，跟列宁的这种分歧不仅仅考茨基有，卢森堡也有。在德国马克思主义阵营内部，卢森堡是左派，考茨基是中派，二人并非同路人。但是，在民主问题上，考茨基还是引用卢森堡的观点来支持自己的主张。他说："甚至罗莎·卢森堡，尽管她这样接近布尔什维克，并且一直坚持为无产阶级专政进行斗争，可是直到她最后的日子，她始终坚决相信这样一种专政必须建立在民主的基础上面。"②由此可见，相信"民主构成了建设社会主义生产方式的必不可少的基础"③称得上是当时德国多数马克思主义者的共识，这是明显不同于俄国马克思主义的地方。

当然，把民主看得比执政更重要，对马克思主义政党来说，至少会导致两种后果。其一，尽管马克思主义政党自认为比所有其他政党更能代表人民，但人民仍然可能不选它。如果那样的话，马克思主义政党除了要蒙受政治利益上的损失外，还会失去把社会发展引导到马克思主义轨道上去的历史机遇。其二，在某些极端情况下，人民甚至可能选出祸害自己的政治势力，比如纳粹（国家社会主义工人党）。这两种后果实际也都在考茨基晚年出现了。

不过，如果放宽历史观察的视野，我们也能发现，人类历史的道路从来就是多歧而曲折的，既不是马克思主义创始人所理解的那种单行道，也并非只存在列宁和考茨基所看到的两条岔路。然而，无论如何，把人民的普遍选举权放在一切政治考量的首位，是考茨基对马克思主义执政观的一个至关重要的发展。尽管考茨基在政治上没有取得列宁那样的成功，但他的"没有民主就没有社会主义"的理念推进了欧洲民主社会主义思潮，并成为欧洲社会民主党的理论基石之一，为欧洲走向高

---

① 王学东编：《考茨基文选》，人民出版社2008年版，第407页。
② 王学东编：《考茨基文选》，人民出版社2008年版，第414页。关于卢森堡本人的论述，可参见［德］罗莎·卢森堡《论俄国革命》，殷叙彝等译，载《论俄国革命·书信集》，贵州人民出版社2001年版，第31—32页。
③ 参见王学东编《考茨基文选》，人民出版社2008年版，第345页。

度繁荣和民主贡献了一份建设性的力量，真正实现了马克思主义造福人民的最终目的。

五、马克思主义执政观的两歧对当下中国的启示：为人民服务，经人民同意

归结起来，列宁和考茨基的分歧在于：他们遇到了一个马克思主义创始人未曾想到的难题，并做出了相反的解答。这个难题用考茨基的话来说就是：

> 如果在……举行普选时出现了反对社会主义政府的结果，那么这个政府究竟应该按照我们一向所要求于任何政府的那样，服从人民的裁决，同时抱着坚定的意志要在民主的基础上继续为争取政权而斗争呢，还是应该为了保持自己的政权地位而扼杀民主呢？①

对此，列宁选择了后者，并组建了共产党阵营，而考茨基认为应该选择前者，承传了民主社会主义的传统。选择后者的结果是：取得执政地位的各国共产党不顾一切地推行公有制、计划经济、政治集权和思想统一等马克思主义政策，但实际效果却远不如理论预期那么好，以至于到后来或者偃旗息鼓，或者改弦易辙。选择前者的结果是：社会民主党不得不以选民需要为导向，无法推行纯粹的马克思主义政策，也从未在任何国家获得过像共产党那样的长期执政地位，不过，选民却从其务实的政策和跟其他政党的竞争中获得了最大的实惠。

以上所述就是列宁和考茨基之争所表现出来的马克思主义执政观的两歧。今天看来，它留给中国人的启示是非常多的。

首先，它启示我们应重新审视为人民服务的理论前提。以毛泽东为代表的中国马克思主义者的执政观直接来自列宁，简言之就是：全心全意为人民服务，但不必以人民同意为前提。其表现为：中华人民共和国成立60多年来，不仅从未举行过普选，而且从未有过这方面的规划，以致人们对此都已习以为常。可问题在于：执政党有为人民服务的宗旨

---

① 王学东编：《考茨基文选》，人民出版社2008年版，第349页。

是否就足以保证其所有成员所提供的任何服务都能让人民满意？要谁服务、要什么样的服务、如何评价服务究竟应由被服务的人民说了算还是由服务人民的执政者说了算？这些问题都有待从理论上加以解决。

其次，它启示我们应深入反思为人民服务的实际效果。60多年来，从合作社到人民公社，从"大跃进"到"文化大革命"，从计划经济到计划生育，从改革开放到市场经济，所有的政策和作为都无不以为人民服务为宗旨，也无一经过人民的投票同意，其结果是：既有像改革开放那样利国利民的，也有像市场经济那样虽实绩非凡却毁誉参半的，又有像合作社、人民公社和计划经济那样让人民初则满怀憧憬继则大失所望的，还有像计划生育那样充满争议的，更有像"大跃进"和"文化大革命"那样祸国殃民的。通过分析可以发现：凡是利国利民的政策，即使任由人民投票也不会遭到否决，比如，不可设想当今中国如果全民公决的话，会把改革开放给否定掉。而凡是祸国殃民的做法，如果交由人民自由表决，则一定可以受到阻止，比如，当年要有普选制，"文化大革命"还搞得起来吗？至于那些过于复杂的事情，人民自会从自己投票的后果中去逐步学会辨识。因此，以人民同意为前提的为人民服务，比不要这个前提的为人民服务，肯定更能让人民受益。

再次，它启示我们应历史地把握人民同意的前提地位。显而易见，"为人民服务"也好，"人民同意"也好，都不是可以脱离历史时空而抽象规定的政治原则。也因为如此，我们需要确切认知人民同意成为为人民服务的前提的历史条件。在列宁和考茨基分道扬镳之初，人们普遍看好列宁之路，因为无视人民同意的布尔什维克竟然牢牢掌握了为人民服务的大权，而重视人民同意的德国社会民主党虽于一战后执政多年，但后来还是被人民所抛弃，失去了一直为人民服务的机会。不过，随着"二战"后欧洲各国社会民主党的崛起，这两条路却开始了互竞长短的过程。20世纪70年代中期，西欧的15个政府中，有7个（联邦德国、奥地利、英国、挪威、瑞典、荷兰、芬兰）由社会民主党领导，有3个（意大利、爱尔兰、瑞士）有社会民主党参政[1]，这跟同期苏联、东欧各国和中国等所构成的共产党国家的阵营可谓旗鼓相当，尚且不论前

---

[1] 参见［德］维·勃兰特、［奥］布·克赖斯基、［瑞典］欧·帕尔梅《社会民主与未来》，丁冬红、白伟译，重庆出版社1990年版，第89页。

者是团结的而后者是分裂的。竞争的结果众所周知:"苏东剧变"后,列宁之路在苏联地区和东欧各国走到了尽头,包括俄罗斯共产党在内的所有宣称为人民服务的政党都跟社会民主党一样接受了人民同意这个前提。不仅如此,在当今世界近两百个国家中,绝大多数国家的绝大多数政党不管是否宣称为人民服务,也都接受了人民同意这个前提。可见,人民同意至少在21世纪已成为执政正当性的被普遍认可的依据。

最后,它启示我们应明智地因应人民同意的现实进程。围绕十月革命和立宪会议的相关争论既是理论原则之争,更是各种现实力量之间的较量。布尔什维克当初解散立宪会议,遵循的是列宁"不能忘掉步枪"的教导,那时,的确没有什么比步枪更有力量的了。毛泽东后来讲"枪杆子里面出政权",可谓英雄所见略同。然而,世易时移,谁曾料到把步枪发展成数千枚核弹头的苏联会忽然间自动垮掉?可见,一个社会中还有比武器更加强大的力量。这种力量究竟是什么?来自哪里?这是非常值得深思的。不管怎样,在列宁解散立宪会议时,以不识字的农民为主体的"人民保持沉默"①,这种沉默就是巨大的力量——对布尔什维克不反抗就是一种支持;可是,74年后,那些沉默人民的后代都有了文化,有了跟祖辈大相径庭的生存状况和思想观念,正是他们长期积聚的不满的力量重新改变了历史。今天的中国处在一个全新的网络时代,人民的经济实力、文化素质、自主意识、参政能力和表达手段都在迅速升级,这种力量必将决定中国的未来。其实,早在改革开放之初,在论及专政和民主的关系时,邓小平就说过"没有民主就没有社会主义,就没有社会主义的现代化",跟前述列宁和考茨基的说法相似,然而其总的立场还是专政优先于民主。② 问题在于,30多年后,如果在执政观上还继续坚持专政思维,在派谁为人民服务、服什么务的事情上仍然把人民的同意排拒在外,而与此同时却还让人民相信这样做是为了更好地为他们服务,恐怕会越来越行不通了。因此,顺应时势,改造既有的执政观,不失时机地推进政治改革,从跟人民最切近的小事做起,给"为人民服务"的宗旨加上"经人民同意"这个前提,对该由谁执政、

---

① 沈志华主编:《一个大国的崛起与崩溃——苏联历史专题研究(1917—1991)》(上册),社会科学文献出版社2009年版,第88页。

② 参见《邓小平文选》第二卷,人民出版社1994年10月第2版,第168-169页。

凭什么执政的古老问题做出一个最新解答,这将是政治上最明智的抉择。

参考文献

[1] 沈志华,主编. 一个大国的崛起与崩溃——苏联历史专题研究(1917—1991)(上、中、下册)[M]. 北京:社会科学文献出版社,2009.

[2] 中共中央编译局,译. 苏联共产党代表大会、代表会议和中央全会决议汇编(第一分册)[G]. 北京:人民出版社,1964.

[3] 刘淑春,翟民刚,王丽华,编. "十月"的选择——90年代国外学者论十月革命[M]. 北京:中央编译出版社,1997.

[4] 马克思恩格斯选集(第一卷)[M]. 北京:人民出版社,1995.

[5] 马克思恩格斯选集(第二卷)[M]. 北京:人民出版社,1972.

[6] 列宁全集(第二十八卷)[M]. 2版. 北京:人民出版社,1990.

[7] 列宁全集(第三十三卷)[M]. 2版. 北京:人民出版社,1985.

[8] 列宁选集(第一至四卷)[M]. 2版. 北京:人民出版社,1972.

[9] 王学东,编. 考茨基文选[M]. 北京:人民出版社,2008.

[10] 卢森堡. 论俄国革命·书信集[M]. 殷叙彝,傅惟慈,邹颐顿,等,译,贵阳:贵州人民出版社,2001.

[11] 毛泽东选集(第三卷)[M]. 北京:人民出版社,1991.

[12] [英]伦纳德·夏皮罗. 一个英国学者笔下的苏共党史[M]. 徐葵,邹用九,裘因,译,北京:东方出版社,1991.

[13] [美]路易斯·费希尔. 列宁的一生(上、下)[M]. 彭卓吾,译,北京:北京图书馆出版社,2002.

[14] [德]维·勃兰特,[奥]布·克赖斯基,[瑞典]欧·帕尔梅. 社会民主与未来[M]. 丁冬红,白伟,译,重庆:重庆出版社,1990.

[15] 邓小平文选(第二卷)[M]. 2版. 北京:人民出版社,1994.

[16] 姚海. 俄国革命中的立宪会议问题 [J]. 史学集刊, 2009 (1).

[17] 郝宇青. 解散立宪会议与俄共执政合法性危机 [J]. 俄罗斯中亚东欧研究, 2004 (3).

项目说明：本文为2013年广东省高层次人才项目"马（马克思主义）、中（中国传统）、西（西方）实践哲学的比较研究"的阶段性成果。

中国的自由主义和现代化理论

——一篇比较政治哲学的论文

[法] 何重谊（Jean-Yves Heurtebise）/文
叶甲斌/译 林育川/校*

    本文旨在促进当前中国关于人类经济生产领域与政治实践领域之关联的讨论。笔者将从比较政治哲学的视角阐明中国的经济与政治的关联问题。

    在我看来，比较政治哲学既是比较哲学的一个特殊分支，也是政治哲学的一个特殊分支；它既是带有政治观点的比较哲学，也是从比较的视角出发的政治哲学。比较哲学从不同"文化的"背景来比较哲学的概念与观念。它的主题是解决文化定义的方法论问题。它的主要障碍是对本质主义的文化观自觉或不自觉的坚持。

    因此，当代中国对自由主义这一17世纪西欧出现的政治理论的影响的研究，自然属于比较政治哲学学科。在此，充分意识到下列事实是必要的，即问题不是简单理解"西方概念"在"中国文化"语境中的阐述，而是理解一个17世纪的概念在21世纪与世界全球化紧密联系的中国的阐述。只考虑问题的地缘因素，而不考虑它的历史因素会引起许多误解。的确，当从比较政治哲学方面构思中国的自由主义问题时，文化概念的定义显得尤为重要。正如当代人类学家所表明的那样，文化不

---

* **作者简介**：何重谊（Jean-Yves Heurtebise），台湾天主教辅仁大学副教授，法国艾克西-马赛大学（Aix-Marseille Université）CNRS-CEPERC 助理研究人员。
    译者：叶甲斌，中山大学哲学系博士研究生；校者：林育川，中山大学马克思主义哲学与中国现代化研究所暨哲学系副教授。

仅由语言和地理界限所规定，而且也受制于历史范式①：在很多方面，特别就政治经济学而言，今天欧洲人的"生活形式"（the form of life）更接近当代中国人，而非公元前5世纪的希腊人。他们能接触到网络上流传的大量信息，阅读相似的书籍，观看相似的影片和欣赏相似的音乐；他们面临着相似的空气污染和水污染的问题，相似的自然资源短缺的环境风险，相似的恐怖主义威胁，相似的社会关注问题，比如年轻人的就业及限制和老年人的卫生保健等。

应当注意的是，我们所说的是"相似的"，而非"一样的"内容与问题，因为政治体系确实是不同的。因此，我们处理这个问题的办法根植于比较政治哲学学科，因为在自由主义问题上，欧洲国家（从文化上来说，美国在某种程度上属于"欧洲"）与中国过去的文化背景以及现行的政治体制这两方面都不同。一方面，这种文化差别不应过分强调，因为自16世纪随着耶稣会的传教②，欧洲与中国就已经开始有了直接的接触和有据可寻的交流。随着从日本引入科学，从俄国引入马克思主义思想，在中国，西方文化的影响现在无处不在。另一方面，政治差别不应被低估，因为即使普遍规则，如WTO反倾销规则或《后京都环境协定》，在中国也可能会有非常不同的适用模式和非常特别的履行方式。

阐明了本文的方法论原则后，现在有必要更精确地定义中国经济与政治的关联问题，以及它与欧洲古典自由主义范式保持一致的程度和范围。首先要牢记的是，自由主义早在启蒙运动之前就至少包含两个部分：经济和政治。自由主义，作为一种经济学说，主张国家不干涉经济事务和在市场机制中不干涉是经济高效发展的条件。自由主义，作为一种政治意识形态，意味着最大程度实现社会自由的条件是要保证个人权利（以财产权为基础）不仅应当受到国家保护（法治），而且要免受国家损害（法治或司法独立）。其次，本文要阐述的具体问题是——相对于中国的发展来说——上述两类自由主义密切相关这一假设的有效性。根据古典自由主义思想，在经济自由主义（例如资本主义发展模式）

---

① Jean-Yves Heurtebise：《比较哲学与新汉学的人类学与德勒兹理论框架》，载《世界汉学》，2013，n° 11，第28－41页。

② Jean-Yves Heurtebise. "Archeology of European & French Sinology: an inquiry into cultural hybridity", *Chinese History and Society / Berliner China-Heft*, n° 46, 2015 (forthcoming).

和政治自由主义（例如民主化进程）之间存在很强的关联。在古典时期，法国启蒙哲学家伏尔泰最明确表达了这种观念："商业已使英国的公民富裕起来了，而且还帮助他们获得了自由，而这种自由又转过来扩张了商业，国家的威望就从这些方面形成壮大了。"① 在当代，西摩·马丁·李普塞特（Seymour Martin Lipset）表达了这种自由主义范式："资本主义的发展伴随着民主政治的崛起。"② 然而，中国最近30年的发展引发了李普塞特的现代化理论的有效性及其解释力限度的合法性问题。

在长篇导言之后，本文接下来将分三个部分来回答这一问题。第一部分将从定性和概念的视角理论阐述与中国近来的社会转型和经济发展相关的经济与政治之关联的问题。第二部分，通过援引中国知识界的争论，以及援引这些相互竞争的范式的主要倡导者（的观点），把这些概念差异具体化。第三部分，从定量和经验角度批判性地概述近几十年西方学者与中国学者针对上述问题给出的方案。

简而言之，在其最抽象的形式上，问题是：中国最近的发展是现代化理论（根据这种理论，自由主义经济的增长会伴随着政治的自由化）的一种证明，还是一种反驳？这个问题本身可以分成两个子问题。第一，能否说中国最近的经济发展遵循了经济自由主义的道路？如果是这样，能否说中国自由主义经济的增长将意味着或已经伴随着政治自由化？如果不是这样，那它是政治自由化缺场的原因还是结果？第二，能否说中国最近的社会变化遵循了政治自由主义的道路？如果是这样，能否说中国政治的自由化将意味着或已经伴随着自由主义经济的增长？如果不是这样，那它是自由主义经济增长缺场的原因还是结果？换言之，为了分析GDP增长与个人自由增加相关联这一假设的有效性，有必要界定中国社会转型的本质和经济发展的模式。

的确，只有当社会演变与经济发展都遵循自由主义道路时，发展与

---

① Voltaire, *Letters concerning the English Nation*, London: C. Davis, 1741, p. 56. Voltaire, *Lettres écrites de Londres sur les Anglais*, Paris: J. Des Bordes, 1735, p. 65;《Le commerce, qui a enrichi les citoyens en Angleterre, a contribué à les rendre libres, et cette liberté a étendu le commerce à son tour; de la s'est formée la grandeur de l'État》（可参照中译本［法］伏尔泰：《哲学通信》，高达观等译，上海人民出版社2005年版，第48页。——译者注）

② Seymour Martin Lipset. "The Social Requisites of Democracy Revisited", *American Sociological Review*, 1994, 59: 1-22.

自由的相关性才能得到证实。但是，这种相关性如果无法得到证实，比如社会演变遵循的是"非自由主义的民主化"（假如这个概念有某种明确的意思），这并不意味着这种假设本身是错误的。相反，如果能同时证明它以一种精确和确定的方式影响并改变了经济运作，它就可以间接证明这种假设。

此外，这个问题更为复杂，因为对于发展与自由之间的关联性问题，不仅能给出不同且矛盾的答案，而且能提出不同的阐述方式。

在此，回顾科学哲学的一些核心概念或许有所助益。从享利·庞加莱（Henri Poincaré）到托马斯·库恩（Thomas Kuhn）、保罗·费耶阿本德（Paul Feyerabend）与米歇尔·福柯（Michel Foucault），他们业已证明，科学知识不是来自于数学模型与实验程序对数据的直接处理，这种拒斥实验方法的理论并不简单地来自过往的实验，而是通过一个暗含某种特殊世界观的范式构建起来的。例如，相对论和量子论在实验上（分别在宏观和微观上）都是正确的和可证实的，但是它们意味着迥异的世界观（分别是决定论的和非决定论的），所以目前没有一种元模型（meta-model）能够把量子论与相对论的两个实在领域结合成一个连贯的宇宙。在社会科学领域更是如此。

因此，GDP增长与社会自由增加之间的关联问题，或经济发展与政治自由化之间的因果（以及相互）关联的假设，能够从不同的、相竞争的范式的视角（它们将导致对同一个问题产生不同的答案）加以理解。在此，我们将确认四种不同的社会—政治范式，亦即四种不同的理论框架，从这些不同理论框架的角度，对中国的发展与自由之间关联的社会—政治问题的阐述会有所不同。可能其他范式也会被用来阐述这个问题，然而，本文的这四种范式或许是最根本的范式。

首先，GDP增长与个人自由增加相关联，这一假设的有效性能通过自由主义社会—政治范式来评估。由于现代化理论依赖自由主义的假设，中国最近的发展会被说成证实了自由主义的范式就不足为奇了。然而，要强调的是，这种"证实"来自两种非常不同甚至对立的原因。一方面，它将确认近年来中国的经济发展和其作为WTO成员方参与开放的全球市场，有利于社会权利认同和公共自由保护等方面的重大进步；另一方面，上述确认有着微妙的差别（nuanced），如果联想到中国仍待改进（捍卫少数群体权利的法学家、律师被监禁即可表明）的自由的市民社会（建立在不可侵犯的个人权利基础之上），从自由主义角度可作如下解释，即中国经济市场尚未完全自由化，国有企业仍占主导地位。换言之，在中国，社会开放的进步与局限将关联到中国经济的资本主义自由化的同等进步与局限。

其次，GDP 增长与个人自由增加相关，这一假设的有效性能通过社会主义社会—政治范式来评估。马克思的马克思主义理论与蒲鲁东的社会主义理论被描述为反对自由主义的思想，所以中国近来的发展被认为证明了资本主义的发展和社会自由具有必然关联这一自由主义的假设是根本错误的，这毫不奇怪。一方面，中国最近的经济发展表明，"资本主义发展模式"往往伴随着自由的减少，而非自由的增加，因为它意味着工人阶级的异化、资本的集中、不平等的增加和政治—经济寡头制的教训；另一方面，可以说，中国的发展不应遵循自由主义的经济发展道路，而要实行一种纠正资本主义缺陷的社会发展模式：只有建立在共有资本之上的经济才能构成真正民主制的基础。

自由主义范式和社会主义范式，分别是发展与自由有直接因果关系这一命题的正题和反题。反题之反题可以采用这样两种可替换的范式：文化主义范式与生态学范式（the ecological paradigm）。

从文化主义范式的视角看，中国的发展不能根据自由主义加以正确理解，因为自由主义起源于西方。一方面，保守的文化主义者认为，因为自由主义根植于西方文化（希腊时期出现了理性的民主制，启蒙时期主张人类进步，新教时期支持个人实现），所以它不能用来描述中国的非自由主义的社会文化特性。另一方面，进步的文化主义者认为，中国实现"自由化"的唯一方式是在自己的文化传统中发现能为民主化创造另一种道路的概念资源。

从生态学范式视角看，需要探究的不是自由主义概念的外在起源，而是当今生态危机显现出了自由主义在实践上、物质上和自然上的局限。一方面，可以说中国的经济发展不仅揭示了社会矛盾（马克思主义视角），而且更多地揭示了自由主义发展学说在生态学上的局限：在中国，大量工业的发展成倍地提高生态威胁的等级。工业化导致环境恶化从而实际地限制了我们的基本权利（对安全水源、食物、土壤和空气的权利），因此发展与自由相关联这一假设应该重新评估。另一方面，因为中国是世界上最大的二氧化碳排放国，它 40% 的河流被重度污染，每年有 750000 人死于污染，所以中国除了走向可持续发展以外别无选择：中国的成败将对地球的其他地区产生巨大的影响。

我们确实相信，这四种范式——自由主义、社会主义、文化主义、生态学——代表了基本的论证范畴。根据这四种范式，西方或中国学者阐述的有关中国经济发展与社会变化相关联问题的命题，几乎全部都可以依此归类。

在中国，自由主义视角的支持者有朱学勤等学者。朱学勤强调推动下的市场经济与宪政民主之间的关联。他认为，缺少经济改革使政治自由雪上加霜："经济自由主义者迫切要求进一步以市场为导向的改革……20年的经济改革没有建立起对其（指经济改革）进行约束和制衡的政治审查，因此社会正义问题逐渐恶化。这些问题只有在宪政民主中，通过政治系统的改革以建立起法制来解决。"[1] 这是近代中国自由主义者（比如严复、殷海光、张君劢、胡适、陈独秀、梁启超等）与当代中国自由主义者（比如徐友渔）之间的主要差别：前者主要从社会和文化视角来看自由主义，与经济学几乎没有直接关系[2]；后者主张自由与发展之间具有逻辑上的关联[3]。张汝伦的主张也可以证实这一点。他认为"政治民主与经济民主，如鸟之双翼，车之两轮，相辅相成，缺一不可。没有经济民主，政治民主就失去了其根本意义；没有政治民主，经济民主也无法保证"[4]。这句话可以有两种不同的理解方式：

---

[1] Zhu Xueqin. "For a Chinese liberalism", Wang Chaohua, *One China, many paths*, Londres, Verso, 2003, pp. 87–107.

[2] Edmund S. K. Fung. "Were Chinese Liberals Liberal? Reflections on the Understanding of Liberalism in Modern China", *Pacific Affairs*, 2009, 81 (4): 557–576："在他们的时代，严复、张君劢、胡适和罗隆基对自由主义的理解受到了他们文化传统和西欧社会主义趋势的影响。他们发现自己身处被内战和不断的外国威胁所震动的中国。他们没有生活在全球化的时代，或者国内经济飞速发展的时代。总之，他们关心的更多的是文化、政治和社会的方面，而不是经济的方面。"

[3] Xu Youyu. "The debates between liberalism and the New Left in China since the 1990s", *Contemporary Chinese Thought*, 2003, 34 (3): 6–17.（"在某种程度上，自由主义经增加了中国话语的合法性地位。经济学家可以讨论古典自由主义经济和'看不见的手'的积极作用，批评中央计划经济的种种不足。"）

[4] Zhang Rulun. Disantiao daolu (The Third Way), in *Zhishifenzi lichang – Jijin yu baoshou zhijian de dongdang* (The positions of the intellectuals – Oscillations between radicalism and conservatism), Shidai Wenyi Chubanshe, 1999, p. 343.（可参照张汝伦《第三条道路》，见李世涛主编《知识分子立场——自由主义之争与中国思想界的分化》，时代文艺出版社1999年版，第343页。——译者注）

表达了支持中国经济向世界市场开放,或批判性提示了经济增长不能没有政治自由。① 此外,朱学勤提到的"社会正义"和张汝伦坚持的"经济民主"表明中国的多数自由主义者都是"社会自由主义者"(social liberals),并且比起自由放任型(laissez-faire)资本主义,他们更赞成福利资本主义(welfare capitalism)②。就这一点而言,晚期近代自由主义者如罗隆基、张佛泉的思想,与当代思想家辛子凌、张秋原③和谢韬所推进的"社会民主"之间存在一定的连续性。④

汪晖的评论体现了马克思主义的视角。他认为,对资本"看不见的手"的自由主义信念不是一个现实的经济机制,而是一种意识形态:"市场将以某种方式自动导向平等、公正和民主——不论是国际还是国内——这样的愿望只是另一种乌托邦。"⑤ 因此,与现代化理论假定资本的流入会自动推进民主化的浪潮相反,中国的"新左派"学者如韩毓海则认为,"资本的自由流动似乎是要强化特权阶级、奴役大众,而非扩大民主"⑥。从这个角度看,中国近来的经济发展只是(西方)市场殖民主义的外生性结果(exogenous effect)⑦:"在它所有的行为方面,包括经济的、政治的、文化的,甚至在政府行为方面,中国已完全符合资本的规定和市场的活动。"⑧ 相反地,从马克思主义—蒲鲁东式的角度来看,民主化只能作为经济发展的一种集体主义的、非自由主义的结

---

① Chen Lichuan. "The Debate Between Liberalism and Neo-Leftism at the Turn of the Century", *China Perspectives*, 2004, n° 55 (5).

② [美]艾恺(Guy S. Alitto):《世界范围内的反现代化思潮——论文化守成主义》,贵州人民出版社1991年版,第160页。

③ 张秋原,共识网知名撰稿人,主要关注社会民主等话题。——译者注

④ He Li. "The Chinese Discourse on Social Democracy", Baogang Guo, He Li, *The Chinese Labyrinth: Exploring China's Model of Development*, Lexington Books, 2012, pp. 47 – 67.

⑤ Wang Hui. *China's New Order: Society, Politics, and Economy in Transition*, Harvard University Press, 2003, p. 180.

⑥ Han Yuhai. "Is 'Capital' Equal to 'Liberalization'?", *Times of Science*, Beijing, January 3, 1999.

⑦ He Li. "Debating China's Economic Reform: New Leftists vs Liberals", *Journal of Chinese Political Science*, 2010, 15 (1): 1 – 23:"新左派认为中国卷进'全球化'导致资本主义在中国不可抑止的传播。他们主张,中国的社会问题只不过是资本主义国家曾经历过的'西方流行病'(Western epidemic)或'市场流行病'(market epidemic)。"

⑧ Wang Hui. *China's New Order: Society, Politics, and Economy in Transition*, Harvard University Press, 2003, p. 140.

果——据崔之元所说:"在1958年之后统一了管理和权力……的人民公社制度为如今的村民民主自治奠定了必要基础:土地的集体所有权的确为村民民主自治创造了有利的前提条件。"①

文化主义的视角,特别在其保守形式上②,体现在所有中国支持(已不存在的?)"亚洲价值观"的理论原则的学者身上。这一理论是1990年由新加坡政治领导人李光耀和马来西亚政治领导人马哈蒂尔·穆罕默德(Mahathir Mohamad)提出的。有趣的是,尽管有反动的语气和反西方的立场,亚洲价值观理论却可以视为西方后现代主义的副产品(被它的反现代性、反启蒙和新浪漫主义主张所限定),因为它支持"文化相对主义"(cultural relativism):普适性并不存在,价值与文化有关。更准确地说,持亚洲价值观的理论家声称普世价值(如个人自由)对于西方是相对的,而"亚洲价值观"(如家庭以及作为公民的孩子对于其作为领袖的父辈的孝行)对于东方则是绝对的。在中国,关于亚洲价值观的话语被政治领导人通过"和谐社会"的概念重新融入当代中国社会之前,新儒家思想的出现和1958年的《为中国文化敬告世界人士宣言》(以下简称《宣言》)已经有所预料。但是,这里有一个重要的区别:尽管1958年《宣言》的作者认为,"西方文化如要完成其今日欲领导世界的目标……亦有需要向东方学习者"③,但亚洲的当代领导人推动亚洲/儒家价值观意在表明(东方)世界应该摆脱西方的文化支援(patronage)。从文化主义的角度来看,现代化理论是有缺陷的,因为它没有考虑不同社会的文化背景:它假设了一个由资本的全球化机械地引起民主化的普遍过程。

更确切地说,在中国,文化主义者讨论的问题与儒家思想的遗产的性质有关,"进步的"和"保守的"文化主义者在儒家思想是否与"自

---

① Cui Zhiyuan. "Institutional Innovation and a Second Liberation of Thought", *Twenty - First Century*, 1994, n° 25: 5 - 16.

② Hoon Chang Yau, Revisiting the Asian values argument used by Asian Political leaders and its validity", *The Indonesian Quarterly*, 2004, 32 (2): 154 - 174. "悲哀的是,'亚洲价值观'论证打开了一扇为某些亚洲政府镇压少数群体,滥用人权和限制信息自由作辩护的方便大门。因此,可见当一定的价值观政治化后,就变成了政府操纵的工具。"

③ Mou Zongsan, Tang Junyi, Zhang Junmai. "A Manifesto for a Re - Appraisal of Sinology and Reconstruction of Chinese Culture 为中国文化敬告世界人士宣言", Carsun Chang (Zhang Junmai), *The Development of Neo - Confucian Thought*, Bookman Associates, 1962, pp. 455 -483.

由原则"相兼容,是否适用于中国的现代化问题上存在分歧。①② 对于进步的文化主义者来说,在中国的传统中有可能发现通向民主化的现代趋势的特征——例如金耀基(Chin Yao – chi)认为,孟子关于社会的"民本"("people is the root")③ 思想中,可以发现一种内在于文化和传统的对当代中国民主的支持:"为了更新民本(Minben)思想并为其找到一种新的存在方式,就需要传播民本思想,使其纳入西方的民主之中,同时让民主扎根于中国:这应当是现代中国知识分子的总目标。"④ 进步的文化主义者提倡把儒家思想理解为可能与社会民主相兼容的。⑤ 相反,保守的文化主义者断言,民主化的自由原则和市场经济与中国文化相互矛盾(因此不适用于中国):这种观点认为,中国传统文化的"不自由原则"根植于家族关系、生存权利和社会等级,这与基于个人自由、政治权利和平等主义政策的西方现代文化的自由原则之间相互矛盾。⑥

最后,在当代中国的发展中,发展和自由的关联问题可以从生态的角度加以阐述。自由主义者和社会主义者的争论转向了实现"社会正义"的最佳途径的问题:是通过正如中国自由主义者要求的开放市场和限制政治权力,还是通过正如中国社会主义者主张的由国家控制市场的负面影响?不过,自由主义者和社会主义者讨论了发展途径及其实现的最佳方式,而文化主义者和生态学者提出了发展的目的问题,即价值性问题。文化主义者和生态学家都强调发展模式的限度:相应于文化多样性的存在,文化主义者强调了政治自由化的限度;生态学者就地球的

---

① Albert H. Y. Chen. "Is Confucianism Compatible with liberal Constitutional democracy", *Journal of Chinese Philosophy* 34, no. 2 (2007): 195 – 216.

② Demin Duan. "Reviving the Past for the Future?: The (In) compatibility between Confucianism and Democracy in Contemporary China", *Asian Philosophy*: *An International Journal of the Philosophical Traditions of the East*, 24: 2, 2014, 147 – 157.

③ 孟子《尽心下》。"民为贵,社稷次之,君为轻。"

④ Y. – C. Chin(金耀基). Zhong Guo Min Ben Si Xiang Shi《中国民本思想史》(*The History of the Thought of Minben in China*). Law Press, 2008, p. 199.

⑤ Viren Murthy. "The Democratic Potential of Confucian Minben Thought The Democratic Potential of Confucian Minben Thought", *Asian Philosophy*: *An International Journal of the Philosophical Traditions of the East*, Volume 10, Issue 1, 2000, pp. 33 – 47.

⑥ Daniel A. Bell. *Towards Illiberal Democracy in Pacific Asia*, Macmillan Press, 1995.

有限资源和脆弱的生态系统的限制,强调了经济自由化的限度。

在中国,生态问题具有高度的政治性。因为存在着官方话语和非官方表达的二元式分裂,即中国政府精心制定了"生态文明"的标语,以表明它在处理由中国高速工业化造成的环境破坏的效用,而非官方的(被压制的)言论表达了公民和个人担忧(水、空气和土壤)污染对人类的影响。① 因此,在中国,围绕环境的可持续性的争论使人们的观点产生分歧,一些人认为中国政府高度重视环境问题,② 而另一些人则认为,没有一个强大的公民社会和独立的司法系统的出现,没有办法处理环境问题。③ 从生态的视角审视中国发展的局限,为社会—经济的现代化问题提供了一种不同于自由主义、社会主义和文化主义的解决方式。在一篇关于中国荒漠化的文章中,姜鸿(Hong Jiang)④ 清晰刻画了中国生态政策在经济、政治和文化等方面的多元含义:"中国的环境危机,其核心是一场关于政策和观念的危机。尽管不是中国政府单独制定了有害环境的政策,但是,中国通过限制言论、操纵选择而实行自上而下的控制,只会更加损害环境的可持续性。为了中国的荒漠化问题有所缓解……发展必须定义为不是单纯算术式的经济增长,而是一套把环境的可持续性作为组成部分的广泛措施。受根植于儒家思想、道教和佛教的中国传统文化以及现代生态科学的启发,新的关于尊重的价值观必须被(重新)确立起来。"⑤

根据四种基本范式(自由主义、社会主义、文化主义和生态学)的框架,对经济发展与民主化的关联问题一般的阐述,并解释这些理论范式如何体现在当代中国关于发展途径(通过市场或国家)和限度

---

① Heurtebise J‑Y. & Gaffric G. L'écologie. "Confucius et la démocratie: déconstruction de la rhétorique chinoise de《civilisation écologique》", *Ecologie et Politique*, 2013, n°48, pp. 51 – 61.

② 程伟礼,马庆等:《中国一号问题:当代中国生态文明问题研究》,学林出版社2012年版。武力:《中国的走向:生态文明体制改革》,北京时代华文书局2014年版。

③ Ho Peter, Richard Louis Edmonds. "Perspectives of Time and Change: Rethinking Embedded Environmental Activism in China", *China Information*, 21.2 (2007): 331 – 344.

④ Hong Jiang(姜鸿),美国夏威夷大学马诺分校地理学系副教授,主要研究文化人类学和中国的环境问题。——译者注

⑤ Hong Jiang. "Desertification in China, in *China's Environmental Crisis: Domestic and Global Political Impacts and Responses*", Joel Jay Kassiola, Sujian Guo eds. Palgrave Macmillan, 2010, pp. 13 – 40.

(因为文化或环境）的争论中之后，现在有必要为现代化问题的解决提供一种更偏向于定量的方法。

根据马丁·李普塞特的观点："资本主义的发展与民主的提高相关联……"①。他1959年首次提出的这个主张②被称为现代化理论。然后，它被著名的美国学者应用于中国：1991年，亨廷顿（Huntington）首次对这一假设做量化分析。他断定，一旦发展中国家的人均GDP超过3000美元，第三波民主化就将在发展中国家取得成效。③ 1995年，法兰西斯·福山（Fukuyama）断言，在日本、南韩和中国台湾，"经济的发展会引起政治的自由化"，在这一过程中中国不可能成为例外④。

此后，亨利·罗文（Henry S. Rowen）尤其关注这个问题的定量方面。1996年，他曾有过著名的断言："什么时候中国将成为一个民主国家？答案是2015年前后。"⑤ 为了支持这一假说，他指出，所有那些按照购买力平价指数（purchasing power parity, PPP）计算的人均国民生产总值（GDP）已达到每年8000美元的国家是部分自由的。2007年，他断言，2015年中国按照PPP指数计算的人均GDP将达到每年10000美元，中国将实现部分自由，2025年中国按照PPP指数计算的人均GDP会达到14000美元，那时中国将获得完全自由。⑥ 根据世界银行统计，2014年中国按照PPP指数计算人均GDP已达到了12000美元。中国很可能在2020年达到人均14000美元的水平：中国会像罗文预测的那样实现"完全自由"吗？有趣的是，罗文对中国未来民主化的预测性声明构成了美国国家情报委员会发布的2030年世界局势预测的指导

---

① Martin Seymour Lipset. "The Social Requisites of Democracy Revisited", *American Sociological Review*, 1994, 59: 1-22.

② Martin Seymour Lipset. "Some Social Requisites of Democracy: Economic Development and Political Legitimacy", *The American Political Science Review*, Vol. 53, No. 1 (Mar, 1959), 69-105.

③ Samuel Huntington. *The Third Wave: Democratization in the Late Twentieth Century* (Norman, OK: The University of Oklahoma Press, 1991), p. 63.

④ Francis Fukuyama. "Confucianism & Democracy", *Journal of Democracy*, 6.2, 20-33.

⑤ Henry S. Rowen. "The Short March: China's Road to Democracy", *The National Interest*, n° 45 (Fall 1996), pp. 61-70.

⑥ Henry S. Rowen. "When Will the Chinese People Be Free?", *Journal of Democracy*, 2007, 18 (3): 38-52.

原则:"中国在未来五年中将超过人均购买力平价(PPP)15000美元的门槛,这通常会触发民主化。"① 事实上,在《市场和民主的全球扩散》(The Global Diffusion of Markets and Democracy)一书中,西蒙斯(Simmons)、道宾(Dobbin)和加勒特(Garrett)都表明,在民主国家的扩张、金融的开放和收入的私有化之间存在一个经验性的历史关联。②

然而,(上述)关联不是因果的关系。那么,解释经济增长有利于民主化的具体机制是什么?在1994年的一篇文章中,李普塞特断言:"资本主义的发展与民主的兴起相关联,这一部分是因为它和那种强化工人阶级的阶级结构转型相联系。"③ 很明显,李普塞特提到的政治转型的社会学起源于巴林顿·摩尔(Barrington Moore)的重要著作《专制与民主的社会起源》(Social Origins of Dictatorship and Democracy)。在这本书中,摩尔宣称,"城镇居民这一充满活力的独立阶级是议会民主发展进程中不可或缺的元素",并且他还做出著名的推断:"没有中产阶级(bourgeois),就没有民主。"④ 摩尔在书中更加确切地解释了为什么类似的对社会转型的广泛压力会导致不同的政治后果,即西欧式的民主以及苏联和中国的共产主义:因为不同性质的社会分层,即一边是以资产阶级为基础的社会,另一边是以农民阶级为基础的社会。此外,李普塞特的现代化理论隐性地关联着亚伯拉罕·马斯洛(Abraham Maslow)关于需求层次的心理学理论:从满足生理需求和人身安全的欲望,到最后获得认可和自我实现的需要。因此,对经济增长将导致政治自由化的信念关联着这个假设,即生活水平的提高(显示为人均GDP的增长)将逐渐改变——特定的国家是一方面而一般的生活是另一方面——社会期望:当生存需求被满足,当物质性的舒适成为定则而没有异常,表达性的需要和个人积极地参与社会的需要就会出现,并且取代

---

① US NIC. *Global Trends 2030: Alternative Worlds*, 2012, p. 53.
② Beth A. Simmons, Frank Dobbin, Geoffrey Garrett. *The Global Diffusion of Markets and Democracy*, Harvard University Press, 2008, p. 3.
③ Martin Seymour Lipset. "The Social Requisites of Democracy Revisited", *American Sociological Review*, 1994, 59: 1–22 – we emphasize.
④ [美] 巴林顿·摩尔:《专制与民主的社会起源》,王茁、顾洁译,上海译文出版社2013年版,第433页。

为群体目标被动满足的传统需求。

然而，摩尔关于社会转型导向民主的概念与马斯洛关于需求层次的理论构成了现代化理论的隐性理论基础，它们在很大程度上有其局限。

首先，近期的研究表明，摩尔过分强调了资产阶级的角色，低估了工人阶级的角色。1993 年，于贝尔（Hubert）、鲁施迈耶（Rueschemeyer）和史蒂芬（Stephens）联系经济的发展，重新定义了社会转型和与民主化关联的性质："资本主义的发展与民主相联系，因为它改变了阶级力量的平衡，削弱了地主阶级的力量并强化了附属阶级。得益于诸如城镇化、工厂生产和新的通讯交通方式等的发展，工人和中产阶级（middle classes）——不像历史上其他的附属阶级——获得了前所未有的自组织能力。"以上引文清楚地表明，研究现代化和阶级结构之间关系的社会学家共同体很大程度上认可资本主义和民主相联系的观念。然而，通过强调工人阶级的作用及其与统治阶级的冲突，于贝尔、鲁施迈耶和史蒂芬提供了一个重要的理论补充："资产阶级（bourgeoisie）和工人阶级各自的立场表明，资本主义创造了民主化的压力，这即便对资本家（capitalists）来说也是如此，而不是资本家创造了这种压力。"通过阐明"资本主义即便对资本家来说也创造出了民主化的压力"，他们指出了作为一个过程的资本主义和作为一个社会群体的资本家之间的差异，为现代化理论提供了一个马克思主义的版本，可以帮助克服"自由主义的"和"社会主义的"视角的对立。

其次，马斯洛的需求层次理论也饱受批评。一方面，吉尔特·霍夫斯塔德（Geert Hofstede）指出，"生活质量概念的定义依赖于文化"和"研究者……过多地依赖于源自北美和在较小的程度上源自西欧的价值的'质量'定义。"另一方面，道格拉斯·肯里克（Kenrick）表明，生活水平的个别尺度（individual measure）"依赖于当前环境中的机会和威胁"——换言之，它能因为特殊的危机形势而改变，如人类的冲突和生态灾难。

简言之：首先，这个观点——资本主义引致民主化的过程被资本家自己所抵制——意味着两件事情。这两件事情有关自由主义者提出的现代化理论和"社会主义"思想家提出的批评：对于自由主义者而言，它表明，向民主的转变是经济发展和人均国民生产总值增长的自动的、必然的和自然的结果；对于"社会主义"思想家而言，它表明凶手并不是资本主义自身，而是具体政治组织模式形成的对社会成果的分配。其次，需要层次不是普遍的（依赖于文化），也不是永久的（依赖于环境），这个想法能为文化主义者和生态主义者提出的批评"西方"消费社会和工业不可持续增长成为人类生活唯一目标的观点辩护。

与天真的现代化理论的自由主义相反，亚当·普沃斯基（Przeworski）和利蒙吉（Limongi）认为，民主化的主要动力可能不是经济，而是政治："民主的出现不是经济发展的一个副产品。民主是或者不是追求自己的目标的政治行动者建立的，它在任何发展水平都能发生。"如果没有强烈的政治意图（来自劳动阶级与资本家的斗争，来自学生和知识分子追求他们的认同和自我实现，或者来自政治领袖内在地促进改革），经济发展不会自动导向民主，这是因为，正如裴敏欣（Minxin Pei）所断言的资本的租金可以用来限制通向政治自由的通道："快速的经济增长会通过提供独裁的国家更多资源，支持反对经济现代化的政治影响的努力，并实际地增强精英。"

相反，仅仅强调民主化的经济动力会导致为独裁政府辩护：在发展的初始阶段，独裁政府是促进发展的必要。因此，这并不会令人惊讶，定义民主的人均 GDP 门槛的亨廷顿，在另一篇与席尔瓦·多明格斯（Dominguez）合著的文章里声称："为了促进经济发展，必须控制政治参与，至少是暂时性的。"当涉及中国政治时，这个观点也经常提到——为了发展的缘故必须将政治权利延后。在此，值得一提的是在实际统治这个国家之前，毛泽东热情地强调民主的优先价值，以与一党统治的国民党竞争。

可能人们会反对普沃斯基和利蒙吉的观点。他们认为民主能够在发展的任何阶段发起，例如东亚"发展型国家"（developmental states）经济上的成功。然而，阿马蒂亚·森（Amyarta Sen）清楚地表明，东亚国家的成功归因于一系列的政策，这些政策的实施没有特别要求独裁主义或者民主的缺席："经济政策和环境带来的东亚经济的成功，如今能够合理地加以理解。尽管不同的经验性研究在侧重上有所不同，但是，迄今为止有一个比较一致同意的'有益政策'的总目录：包括开放竞争，利用国际市场，高水平的识字率和学校教育，成功的土地改革和投资激励的公共供给，出口和工业化。没有什么表明任何这些政策与更好的民主和实际上必须维持的独裁主义要素不相适应。这碰巧发生在韩国、新加坡和中国。"

尽管如此，这些原因看上去很清楚，试图确立民主变化的人均GDP门槛很大程度上是不合理的，因为它依赖于领袖的政治意愿——我们想说的"领袖"不仅是政治领袖，同时也指经济领袖。在《没有民主的资本主义》（Capitalism Without Democracy）一书里，蔡欣怡正确地强调了在中国民主远未被看作为发展的自然结果，而被中国的资本家认为是发展的可能阻碍："在中国，至今市场的扩展没有带来民主。我的研究显示，私营企业家不太可能要求改变政权。在北京的一个风险资本家预测，'如果中国成为一个民主政体，事情会变得混乱。我关心的是如何保持社会的稳定性以使经济继续良好发展'。"此外，如果现代化的理论假定经济发展会导向社会政治的自由主义化不正确，相反的假设，即民主不利于经济，事实上可能也是错的。为了支持这个主张，我们将提到对一个贸易市场经济和民主化联系最完整的经验研究。米尔纳（Milner）和慕克吉（Mukherjee）比较了1975年到2003年的130个国家，而后在2009年指出："相比于显示民主对于贸易开放性有强有力的正面影响这样强硬的数据结果，有关贸易开放性对民主有正面或负面影响的经验证据相对较弱。"换言之，尽管民主对于经济的自由化有正面影响，但没有明显关于经济自由化影响民主化的证据。这个结果很重要，因为它与李普塞特的现代化理论和亨廷顿的非自由的资本主义（Illiberal Capitalism）这两个相反观点都相矛盾。

然而，因为米尔纳和慕克吉的研究是统计性的（statistical），所以它未提供一个自身涉及的机制的清楚分析。张建军的《中国的市场化和民主》（Marketization and Democracy in China）有助于填补这一空白。他的著作强调资本分配的社会结构与它政治的、"民主的"或"专制的"结果有很强的关联："基于两个区域（苏南和温州）的细致分析……这份研究发现，经济发展的不同模式产生了不同的地方水平的社会和政治结构，只有其中的某个可能促进民主实践的发展……在温州，因为开放型的结构，企业家驱动的发展创造了更多的经济公平和扁平的阶层结构；然而，在苏南，因为政府在第一阶段对机会的控制和后来不平等的私有化，政府领导的发展造成了更多的不平等和两极化的阶层结构。"当资本被水平均匀地分配时，它允许公开参与的机会并创造公平竞争的条件；但当资本被垂直和不平等地分配时，它使权力集中于政治经济的精英手中,这产生了市场机会的不平衡。因此,是资本的社会结构推动经济的政治影响,不是发展自身会带来民主(这是为何在人均GDP的总量和政治自由的水平之间没有严格的关系的原因),因为发展依赖于它经由社会而形成的方式。

上述对最近研究成果的讨论可以得出一个暂时性的结论——自由的经济发展模式创造有利于自由的政治组织模式的出现,也就是"发展"造成了"自由":发展的道路越追随自由主义的理论原则,在同等信息基础上具有同样配置的行动者之间的公平竞争越能创造政治自由化的条件。这个结论可能在理论上是正确的。然而,自由主义的这个理论原则看起来与世界上经济发展的实际情况并不一致:在"市场经济"条件下,少数的强势公司(寡头)扭曲了市场的状况(例如价格垄断)和通过游说(例如通过资助政治运动)能影响国家的政策(尤其是环境的政策);在"社会主义经济"中,经济机会分配给公司之间,根据CEO与政治领袖定义的规则一致,这些政治领袖制造经济文化的偏见以支持(例如暗中补贴)国有公司(可能没有竞争力的)。

更一般地说,对市场发展与政治自由之间必要联系的假定,符合资本主义发展的某个具体历史阶段,但这个阶段的经济结构不同于现在的经济结构。当伏尔泰声称"商业已使英国的公民富裕起来了,而且还帮助了他们获得了自由……而这种自由又转过来扩张了贸易"时,他并未考虑这个事实,即英格兰国内自由经济的成功,很大程度上是由于对非西方的殖民地的剥削。然而,西方殖民的终结和亚洲经济的发展,尽管没有改变资本积累的掠夺形式——中国的发展对非洲的影响表明了这一点——但它却转变了其政治意义,因为彻底改变了经济和政治之间关系的新自由主义在1970年代出现。古典自由主义认为,只有当没有国家对市场机制进行干预时,经济发展才能成功,然而,它没有同样强调对资本不干预国家事务的相反的必要性。然后,对于国家不干预企业家以市场为导向的自由主义的必要性,转变为国家扶持经济的新自由主义的必要性(尤其通过促进增长的税收激励,以及——可能无法解决的——国家债务)。换言之,经济自由主义通过限制国家的权力创造出一个自由的空间,而新自由主义经济则创造了这样一种需求,国家自身变成了经济行动者,并起着一种全球化公司和国际企业的作用:远非减少政府的角色以支持个人的角色,这增加了国家根据全球金融规制控制每个公民的经济生活和行政机器的每一部分的必要性。亚洲发展型国家的出现,这一事实发生在历史的这一刻不是偶然的巧合,而是逻辑的必然。此外,我们清楚阐明这个假设,即经常说成是英美新保守主义领袖发明的新自由主义,可能事实上源自于东亚领袖创造的社会经济管理模式。对于这些东亚领袖来说,国家自身的优先性是经济发展(不是政治代表[political representation]或者社会正义)。

在我们看来,经济政治关系的新结构不是真的考虑中国自由主义者和"社会主义者"的讨论。一方面,自由主义者支持市场经济改革是基于古典的自由主义范式,它假定这种改革自然会引起政治改革;另一方面,汪晖的上述声明——在自身的发展中,"中国完全符合资本的规定和市场的行动"——完全忽视了中国可能是经济全球化的主要受益人。首先,在1979—2003年之间,中国是国际发展援助的第一受益国;其次,中国的崛起可能使发达经济体丧失了500万到600万个工作机会;最后,在亿万富翁方面,中国(拥有数量)现排名世界第二。此外,它造成了一个被动的中国——无助地遵从外部秩序——这样的假象(后殖民主义的民族主义),但是,中国的崛起事实上改变了和正在改变世界范围内的游戏规则。

概言之,在新自由主义规则塑造的发展之下,资本家抵抗资本主义趋向民主化压力的力量从未增强(尤其是像中国这样经济和政治的统治复杂地纠缠在一起的国家),一个历史性的转换——现代化理论和它的左翼批评家不能清楚理解。但是,尽管现代化理论有高度的推测性质,我们如何解释它对中国未来的预测性分析会有如此的影响力?也许因为在冷战"终结"之后,西方"自由主义"学者需要虚构中国经济发展必然会导致民主化的叙事,以将这个共产主义政权从地缘政治层面重新整合进世界民族大家庭(从1971年中国恢复联合国席位到2001年加入世贸组织)。这个叙事是充满各种科学客观性符号的概念性叙事(量化方式之间的数学联系),它会模糊和耽搁这种认识:这个重新整合是由经济—资本主义的动机决定的,而不是政治—自由主义的动机决定的。

致谢:上述研究受到了欧盟第七框架计划(European Union's Seventh Framework Programme)(与艾克西-马赛大学合作)根据REA赠

款协议的人才计划(居里行动计划[Marie Curie Actions])的资金支持。

Acknowledgment: The research leading to these results has received funding from the People Programme (Marie Curie Actions) of the European Union's Seventh Framework Programme (FP7/2007 – 2013) under REA grant agreement n° 317 767 – LIBEAC, Coordinated by Université d'Aix – Marseille.

罗莎·卢森堡的言论自由观评述

卢家银[*]

【摘要】 罗莎·卢森堡是德国社会民主党、第二国际的"左派"代表和国际共运史上较有争议的重要人物。尽管她长期备受质疑，但是在言论自由问题上，卢森堡与马克思、恩格斯一样，始终主张保障党内外的言论自由。与列宁形成鲜明对比的是，卢森堡不仅在工人政党夺取政权前就积极争取言论自由，而且在工人政党夺取政权后仍然反对压制和取消党内外言论自由，坚决捍卫广大党员和社会大众的基本权利，竭力恪守"自由始终是持不同思想者的自由"的理念。

【关键词】 罗莎·卢森堡　言论自由　社会民主党

一、引言

罗莎·卢森堡（Rosa Luxemburg）（1871—1919）是国际共运史上比较有争议的人物，她是德国社会民主党、第二国际的"左派"的主要代表之一和德国共产党的主要创始人。[①] 她从18岁起就参加革命斗争，23岁时参与了波兰社会民主党（Social Democracy of the Kingdom of Poland）的创建，27岁时加入德国社会民主党并参加其活动。从1893年至1918年的25年间，[②] 她曾先后与他人创办《工人事业》

---

[*] 作者简介：卢家银，博士，中山大学传播与设计学院副教授。
[①] 中共中央马恩列斯著作编译局国际共运史研究室编：《卢森堡文选》（上卷），人民出版社1984年版，第1页。
[②] 卢森堡第一次登上报刊实践舞台的时间是1893年，她同流亡瑞士的社会主义革命者利奥·约基希斯（Leo Jogiches）等创办了《工人事业》（Sprawa Robotnicza）杂志（在巴黎出版）。具体参阅 Piotr Stefan Wandycz. The lands of partitioned Poland, 1795–1918. Seattle: Univ. of Wash. Pr., 1974, p. 298.

(*SprawaRobotnicza*）杂志（在巴黎出版）、《社会民主党通讯》和《红旗报》（*Die Rote Fahne*），担任《萨克森工人报》（*Sachsische Arbeiter-zeitung*）、《莱比锡人民报》（*Leipziger Volkszeitung*）的主编，参加《前进报》（*Vorwärts*）和《新时代》（*Die NeueZeit*）的编辑工作并为之撰稿。

在从事这些报刊活动的过程中，卢森堡不同程度地涉及了党内外言论自由问题。尽管言论自由问题并不是当时党内外左、中、右三派争论的核心问题，但是是涉及政党生存和道路选择的重大问题。特别是她与俄国社会民主党布尔什维克派的论争直接涉及言论自由，影响很大。卢森堡始终反对在党内外压制和取消言论自由的做法，她认为"自由始终是持不同思想者的自由"。与列宁形成鲜明对比的是，卢森堡不仅在社会主义政党夺取政权前积极争取言论自由，而且在俄国无产阶级夺取政权后仍然坚决捍卫言论自由。本文即从她对社会主义政党夺取政权前后两个时期的主要论述入手，解读其言论自由观念。①

二、卢森堡在社会主义政党夺取政权前的主张

在社会主义政党夺取政权前，卢森堡就主张在党内外实行广泛的言论自由，反对压制自由讨论。

这首先体现在她对党内言论自由的明确要求上。1898年，初到德国的卢森堡撰文批驳伯恩施坦的"修正主义"，与伯恩施坦等人发生争论，而且针对当时军国主义的迅猛发展，她建议德国社会民主党即将召开的代表大会重点讨论该问题，主张对党的策略原则进行广泛讨论，无须担心自由讨论会损害党内团结。她在《关于斯图加特党代表大会》一文中指出："的确，有一些同志会认为，在党的代表大会上对我们策

---

① 本文所称的言论自由并不是狭义上说话的自由，而是广义范畴的言论自由。它是指社会民众按照自己意愿通过各类传播媒介搜集、传播信息和发表意见的权利。这项权利包括说话、演讲、著作、出版和艺术表达等自由。在19世纪的德国，罗莎·卢森堡等社会民主党人当时所提到的言论自由，也主要是指在各类宣传册、报纸、杂志、会议与集会上发表观点、交流意见和进行讨论的自由。所以，本文在论述上坚持尊重历史的原则，采用通用的"言论自由"的称谓，对于所涉及文献中出现的报刊自由、印刷自由和新闻出版自由等表述均保持原貌。

略的一般原则展开争论是不容许的、做不到的,甚至可能是有害的。我们认为恰恰相反,对党的策略原则进行争论是必要的、可能的和有利的,反对进行这种讨论的理由是似是而非的。"① 卢森堡认为,德国社会民主党对艺术等问题已经讨论了很久,有必要对党的基本策略问题进行争论,她在该文中写道:

> 如果说,党代表大会不是教会长老会议,不能去争论抽象问题,而是要研究斗争中的实际问题,那么,我们必须提醒大家,我们已经不只一次地摆脱了对党的代表大会的任务所持的这种狭隘观点而进行了纯粹原则的争论。社会民主党的代表大会甚至已经花很长的时间进行了关于艺术问题的辩论,要说它不应该花时间去进行基本策略问题的争论,那就是怪事了。然而我们甚至认为这种争论是直接必要的。……在某种情况下,只限于在报刊上进行讨论是不够的,因为每次都只是表达了作者的个人意见。②

并且,卢森堡认为,这种对党的策略原则的广泛辩论不仅不会损害党内团结,而且会有助于提高党的战斗力。她指出:"这一次重新探讨我们纲领的基础,也将提供一个机会,使我们党的队伍在坚持目标、加强胜利信心、提高战斗乐趣方面获得新鲜的、强大的动力。对于我们策略的一般原则进行讨论之后,我们就又要说,巨人已经接触到他的母亲,这使他产生了新的力量。"③

在此基础上,卢森堡提出党内自由讨论的范围应该从党的代表大会扩展到所有党员甚至是广大普通民众。1914 年,她在论述党的纪律时强调,言论自由不能局限在少数的文人、党的干部和议员之中。她指出:"在一个像我们党这样的民主政党中,起决定作用的不是少数几个文人、党的干部或议员的观点和意志,而是大多数无产者——这几百万人的观点和意志,他们是经过仔细审查和公开深入的讨论做出自己的决

---

① [德] 罗莎·卢森堡:《关于斯图加特党代表大会》,见中共中央马恩列斯著作编译局国际共运史研究室编《卢森堡文选》(上卷),人民出版社 1984 年版,第 38-39 页。
② 同上书,第 39 页。
③ 同上书,第 40 页。

定的。"①

同时，夺取政权前，卢森堡的言论自由观念还体现在她对社会之中言论和新闻自由的呼吁上。1914年，卢森堡就曾撰文论述过新闻自由的重要意义。她指出："今天在戒严的情况下，没有新闻自由，没有集会的权利，没有自由无阻的党的生活和公众舆论，广大党员群众根本不能表达出他们的看法。但在这样的政治状况下，个别议员可能在他们的选区之内得到信任的投票，在全国来说是微不足道的。"②

卢森堡的这种主张与当时中派和右派的观点基本类似，反映了社会民主党人夺取政权前对言论自由问题认知的一致性。卡尔·考茨基将言论与出版自由形象地比作工人阶级的"阳光"和"空气"，他在《社会革命》一书中强调了言论自由的重要性。他指出："无产阶级在其阶级斗争中赖以坚持阵地的伟大武器，就是群众组织。没有政治自由，没有结社权，没有出版自由，这种组织就不能发展；……无产阶级需要这些权利，正如需要面包、需要空气那样。它比任何别的阶级都更迫切需要这些权利。"③ 右派代表人物爱德华·伯恩施坦（Eduard Bernstein）1897年在《第二共和国是怎样崩溃的》一书中分析1848年的法国二月革命时指出："随着出版和集会自由的给予和普选权的宣布，已经在原则上宣告了无产阶级的社会解放。"④

值得注意的是，在工人政党夺取政权前，卢森堡还主张党内言论自由要有实际界限。⑤ 1899年，卢森堡在《致即将召开的党代表大会》一文中分析了党的报刊上"修正主义者"的自我解释⑥，她认为当时的

---

①② ［德］罗莎·卢森堡：《党的纪律》，见中共中央马恩列斯著作编译局国际共运史研究室编《卢森堡文选》（下卷），人民出版社1990年版，第366页。

③ ［奥］卡尔·考茨基：《社会革命》，见王学东编《考茨基文选》，人民出版社2008年版，第148页。

④ ［德］爱德华·伯恩施坦：《第二共和国是怎样崩溃的》，见殷叙彝编《伯恩施坦读本》，中央编译出版社2008年版，第99页。

⑤ 卢森堡仅强调党内言论自由要有实际界限，不能损害党的本质和生存，但未提及社会之中的言论自由是否应该有界限。至于夺取政权之后，党内外言论自由是否应该有实际界限，也未论及，而只是严厉批评了俄国布尔什维克压制和取消党内外言论自由的做法。

⑥ 主要是指1896年10月至1897年4月，伯恩施坦以《社会主义问题》为总标题在《新时代》上发表了一组文章，阐述了他的修正主义观点。在其观点遭到批评之后，伯恩施坦向德国社会民主党1898年10月的斯图加特代表大会提交了一份声明，又解释了他的修正主义理论。后来，伯恩施坦又陆续在《新时代》和《前进报》上发表文章，阐释其观点。

伯恩施坦是利用了德国社会民主党内的自由批评的惯例，在兜售其"修正主义"观点。在该文中，她将伯恩施坦类比为福尔马尔（Georg Heinrich Vollmar），认为1891年的机会主义者福尔马尔就是在"批评自由口号的名义下"，"试图把清算机会主义本身说成不正当的行为"，称"目前人们为维护伯恩施坦而唱出的曲子已经是老调了"。① 正是在这种思路下，卢森堡提出了党内的言论和新闻自由要有实际界限的观点，她写道：

> 不用说，没有一个党像社会民主党那样把自由的和不断的自我批评当作一种生存必需的条件。因为我们必须随着社会的发展而向前进，因此我们的斗争方式也不断地改变，这一过程是我们发展壮大的先决条件。但是，除了对我们拥有的理论不断地进行批评以外，没有别的办法能使我们发展壮大。只不过有一个前提是不言而喻的：只有当我们党内的自我批评正好顺着我们斗争的方向进行时，它才能达到为发展服务的目的，因此只有在这个时候它才受欢迎。一切使我们为实现最终目的而使进行的阶级斗争更有力、更彻底和目标更明确的批评，应当受到由衷的感激。但是，那种竭力把我们拉向后退，使我们完全背离阶级斗争和放弃最终目的的批评，它已不再是前进和发展的一个因素，而是崩溃和瓦解的一个因素。②

当时，卢森堡和广大的社会民主党人一样，认为党内的自由批评是党"发展壮大的先决条件"。但是，她认为党内的自由批评必须遵循一个前提，即要"顺着"党的"斗争方向"，否则党内的批评便"是崩溃和瓦解的一个因素"。如果仅从卢森堡论述的上下文来看，她提出这一观点是由于她与伯恩施坦的争论，暗示伯恩施坦的"修正主义""是崩溃和瓦解的一个因素"。对此，她在文中还作了进一步的阐述，称"如果我们以同样'愉快的'心情接受任何一种批评，既接受推动我们向

---

① ［德］罗莎·卢森堡：《致即将召开的党代表大会》，见中共中央马恩列斯著作编译局国际共运史研究室编《卢森堡文选》（上卷），人民出版社1984年版，第202页。

② 同上书，第202-203页。

目标前进的批评，也接受把我们从目标引开并把我们完全拉到另外一个阵地的批评，那么我们就不称其为目标明确的斗争政党，而是一个空谈家的集团。"① 显而易见，卢森堡是坚决反对不利于党向目标前进的批评。言下之意是，作为一个"目标明确的斗争政党"，是不欢迎伯恩施坦的"最终目的是毫不足道，运动就是一切"的对马克思主义的批评的。②

在这里，且不论伯恩施坦"修正主义"理论的对与错，如果按照实践是检验真理的标准进行分析，那么当时是很难判断"修正主义"是否"正好顺着党的斗争方向"的，同样也很难判断它究竟是把党"向前推"还是"向后拉"。那么，对于党内言论自由应该遵循什么底线的问题，恩格斯早在1893年就有过"维护共同的立场"③ 的论述，德国社会民主党1875年的党章中也有"党的地方报刊在原则问题上要遵守党纲"的规定（在第二国际时期，该规定一直未变）。④ 在当时，这种"共同的立场"和"遵守党纲"的党内自由边界是清晰的。换言之，卢森堡提出的这个界限是模糊的，不便于实际操作的。从这个意义上说，她从党内言论自由的角度对伯恩施坦提出批评，确实有些不妥。

此外，如果说卢森堡提出的上述党内言论自由界限的观点具有她鲜明的个性色彩的话，那么她对于"同一政党的成员共同活动的基础"的论述则体现了当时广大德国社会民主党人的普遍信念。1899年，卢森堡在《致即将召开的党代表大会》中写道：

> 有一点是要考虑的，那就是尽管我们十分需要自我批评的自由，并且尽管给它以广阔的活动余地，但是毕竟必须有某种最低限度的基本原则，这些基本原则构成我们的**本质**和我们的**存在**本身，并形成我们作为同一政党的成员共同活动的基础。我们不可能对于

---

① ［德］罗莎·卢森堡：《致即将召开的党代表大会》，见中共中央马恩列斯著作编译局国际共运史研究室编《卢森堡文选》（上卷），人民出版社1984年版，第203页。

② ［德］爱德华·伯恩施坦：《崩溃论和殖民政策》，见殷叙彝编《伯恩施坦读本》，中央编译出版社2008年版，第155页。

③ 《国际共产主义运动史文献》编辑委员会编译：《第二国际第二、三次代表大会文件》，中国人民大学出版社1991年版，第410页。

④ 《德国社会主义工人党纲领与组织章程》，见《德国社会民主党纲领汇编》，张世鹏译，殷叙彝校，北京大学出版社2005年版，第18页。

这些为数不多的普遍的基本原则在我们队伍**内部**使用"批评自由"的原则,因为这些基本原则既是一切活动的**前提**,因此也是我们队伍内部批评这些活动的**前提**。①

单从这段论述来看,卢森堡所指出的党内言论自由所必须遵循的这种界限当然是合理而正确的。因为社会民主党的"本质""存在"是所有党员共同活动的"基础"和"前提",当然也是保证党内言论自由的"基础"和"前提"。这在德国、法国等第二国际成员政党中是有普遍共识的。由此,卢森堡对党内言论自由的界限做了总结:"因此,对我们作为一个政党的本质自身实行批评的自由,也要有它的实际界限。构成**我们本质**的是**阶级斗争**,它不应受到党内的'自由批评'。我们不能以'批评自由'为借口,去自相残杀。"② 显然,卢森堡反对对党的本质进行自由批评,这无疑是正确的,更不能以"批评自由"为借口攻讦、破坏党的团结和统一。但是,不可否认的是,卢森堡由于其与伯恩施坦之间的激烈争论等原因,导致她在划定党内自由的边界时也未能做到完全客观、合理。

三、在社会主义政党夺取政权后的观点

在社会主义政党夺取政权后,卢森堡的观点丝毫未变。她不仅对俄国布尔什维克废除和取消言论与新闻自由的做法进行了毫不留情的批评,而且重申了言论自由对于工人政党和社会大众的重要意义。

首先,卢森堡在工人政党夺取政权后仍然坚决反对限制和取消言论自由。1917年,俄国爆发了令卢森堡非常振奋的十月革命。③ 卢森堡认为俄国布尔什维克"树立了不朽的历史功绩,第一次把社会主义的最

---

① [德]罗莎·卢森堡:《致即将召开的党代表大会》,见中共中央马恩列斯著作编译局国际共运史研究室编《卢森堡文选》(上卷),人民出版社1984年版,第203页。

② 同上书,第204页。

③ 卢森堡认为:"西方社会民主党缺乏的全部革命荣誉和革命行动能力都在布尔什维克身上体现出来了。他们的十月起义不仅确实挽救了俄国革命,而且也挽救了国际社会主义的荣誉。"具体参阅[德]罗莎·卢森堡:《论俄国革命》,见中共中央马恩列斯著作编译局国际共运史研究室编《卢森堡文选》(下卷),人民出版社1990年版,第483页。

终目的宣布为实际政治的当前纲领"①。但是,当她目睹了俄国布尔什维克(即俄共)②解散立宪会议、取消言论与新闻自由等时,随即撰文进行了批评,并提出了"自由始终是持不同思想者的自由"的观点。她在经典之作《论俄国革命》中强调:

> 只给政府的拥护者以自由,只给一个党的党员以自由——就算他们的人数很多——这不是自由。自由始终是持不同思想者的自由。这不是由于对"正义"的狂热,而是因为政治自由的一切振奋人心的、有益的、净化的作用都同这一本质相联系,如果"自由"成了特权,这一切就不起作用了。③

正如政治学者吴敏所言,卢森堡的这个观点,"一针见血地揭示了言论自由的关键和要害"④。就其核心要素而言,其首先传达的是一种反对的自由和建议的自由。这一点与约翰·密尔(John Stuart Mill)在《论自由》中的论述颇为相似。密尔在论述压制言论自由的危害性时曾指出:"假定全体人类统一执有一种意见,而仅仅一人执有相反的意见,这时,人类要使那一人沉默并不比那一人(假如他有权力的话)要使人类沉默较可算正当。"⑤ 当然,卢森堡与密尔两人进行论述的背景是不同的。就卢森堡当时分析的背景而言,她所强调的应当是俄国布尔什维克在夺取政权之后,如何实行言论和新闻自由的问题。从《论俄国革命》的上下文看,卢森堡是比较认可列宁在十月革命之前对言论自由的论述的,反对社会主义者在通过暴力革命夺取政权后压制言论

---

① [德] 罗莎·卢森堡:《论俄国革命》,见中共中央马恩列斯著作编译局国际共运史研究室编《卢森堡文选》(下卷),人民出版社1990年版,第483页。
② 俄国社会民主工党(布尔什维克),简称"俄(布)",当时是为了区别于俄国社会民主工党(孟什维克);1918年改称俄国共产党(布尔什维克),简称"俄共(布)";1925年改称苏联共产党(布尔什维克),简称"联共(布)";1952年改称苏联共产党,简称"苏共"。
③ [德] 罗莎·卢森堡:《论俄国革命》,见中共中央马恩列斯著作编译局国际共运史研究室编《卢森堡文选》(下卷),人民出版社1990年版,第500页。
④ 吴敏:《没有言论自由肯定不是社会主义》,链接为http://www.chinaelections.org/printnews.asp?newsid=108097.
⑤ [英] 约翰·密尔:《论自由》,许宝骙译,商务印书馆2006年版,第19页。

与出版自由。她认为,夺取政权后应当实行广泛的言论自由,通过民主政治训练积累经验。这样,才能在社会主义这块"处女地"上不断"纠正错误并且开辟新的道路"。

其次,卢森堡在反对取消言论自由的基础上,强调了言论自由对于俄国及新政权的重要意义。在《论俄国革命》中,她反驳了俄国布尔什维克苍白的辩解理由——"民主机构的笨重机制",从正反两个层面阐述了言论自由的重要意义:从正面来看,言论自由是健康的公共生活和公众参与的一个最重要的民主保证;从反面来看,如果取消了言论自由等,那么广大人民群众的统治是无法实现的。她在该书中写道:

> 但是问题并不仅限于立宪会议和选举权,我们还要考察取消健康的公共生活和工人群众政治积极性的一个最重要的民主保证这一问题:取消出版自由、结社和集会的权利,苏维埃政府的一切反对者被剥夺了这些自由和权利。要为这一侵犯自由和权利的行为辩护,上述托洛茨基关于民主选举产生的机构的笨重性的论据是远远不够的。相反,没有自由的、不受限制的报刊,没有不受阻碍的结社和集会活动,广大人民群众的统治恰恰是完全不能设想的,这是一个彰明较著、无可辩驳的事实。①

卢森堡认为如果限制和取消言论自由,就会阻碍创新和社会进步。她指出:"只有不受拘束的汹涌澎湃的生活才使人想出成千的新的形式,即兴而来的主意,保持创造力,自己纠正一切失误。自由受到了限制,国家的公共生活就是枯燥的、贫乏的、公式化的、没有成效的,这正是因为它通过取消民主而堵塞了一切精神财富和进步的生动活泼的泉源。"② 在卢森堡看来,言论自由对于社会主义建设具有集思广益的作用,如果压制或是取消这种自由,那么当然会无益于公众参与和社会主义的发展。所以,卢森堡认为,"全体人民群众必须参加国家的公共生

---

① [德]罗莎·卢森堡:《论俄国革命》,见中共中央马恩列斯著作编译局国际共运史研究室编《卢森堡文选》(下卷),人民出版社1990年版,第499-500页。
② 同上书,第501-502页。

活，否则社会主义就将是十几个知识分子从办公桌下令实行的，钦定的"①。如果稍加留意，即可发现，她对于言论自由、公众参与和民主之间关系的这种论述是比较正确的。正如美国政治学者卡尔·科恩（Carl Cohen）所指出的，"要是不允许听取反对意见，就不能集思广益，也就不能对问题的决定做出明智的抉择。对任何反对意见的压制必然会损害整个社会参与的深度"②。

最后，卢森堡倡导"绝对公开的监督"。这是卢森堡从另一个角度阐述言论自由对于党和政府官员以及社会主义的重要意义。1918年，针对俄国布尔什维克在夺取政权后，取消普选、解散立宪会议、封闭非布尔什维克党派报刊的做法，卢森堡指出："绝对公开的监督是必不可少的，否则交换经验就只限于新政府的官员的排他的圈子之内。腐化不可避免。"③卢森堡之所以会提出这一观点，是由于"她敏锐地意识到俄国存在着形式上的政治生活热闹，实际上社会思想单一化的危险"④。当时，卢森堡还结合列宁对于"官僚"与"腐化"的论述，进一步阐述她的主张。卢森堡在《论俄国革命》中写道："对于这一点，没有人比列宁知道得更清楚，描绘得更透彻，也没有人曾像他那样坚持不懈地反复强调，只不过他采取的手段完全错了。命令，工厂监工的独裁暴力，严酷的处罚，恐怖统治，这一切都是治标的办法。达到再生的唯一途径：公共生活本身的学校，不受限制的、最广泛的民主，公共**舆论**（原文即是黑体加粗——引者注）。恐怖统治恰恰是败坏道德的。"⑤

在卢森堡看来，类似于太阳光线的作用，"不受任何限制的政治自由"能防止"专横独断"。她曾形象指出："正像太阳光线的自由作用对于疾病传染和病原菌是最有效的净化和治疗手段一样，革命本身及其革新的原则，由革命唤起的精神生活，群众的积极性和自我责任，从而也就是作为革命形式的最广泛的政治自由，是唯一起治疗和净化作用的

---

①③ ［德］罗莎·卢森堡：《论俄国革命》，见中共中央马恩列斯著作编译局国际共运史研究室编《卢森堡文选》（下卷），人民出版社1990年版，第502页。

② ［美］卡尔·科恩：《论民主》，聂崇信、朱秀贤译，商务印书馆2007年版，第127页。

④ 陈力丹：《马克思主义新闻思想概论》，复旦大学出版社2006年版，第208页。

⑤ ［德］罗莎·卢森堡：《论俄国革命》，见中共中央马恩列斯著作编译局国际共运史研究室编《卢森堡文选》（下卷），人民出版社1990年版，第502-503页。

太阳。"① 卢森堡认为，即使在无产阶级与敌人的反革命工具进行搏斗方面实施恐怖，也会不利于社会主义。因为这种恐怖是"双刃的剑"。她在文中写道："任何持久处于攻城状态的联队都不可抗拒地会趋向专横独断，而任何一种专横独断都会对社会起腐蚀作用。无产阶级革命手中唯一有效的手段在这里也是：……只有在政治自由不受任何限制的情况下依靠高度活跃的群众生活才能长久保持。"②

基于这种分析，卢森堡又指出，如果取消了言论自由、出版自由等政治自由和权利，就如同没有了"太阳光线"或"太阳"，那么社会生活将会日趋瘫痪，后果不堪设想。她在文中如是写道：

> 随着政治生活在全国受到压制，苏维埃的生活也一定会日益陷于瘫痪。没有普选；没有不受限制的出版和集会自由；没有自由的意见交锋，任何公共机构的生命就要逐渐灭绝，就成为没有灵魂的生活，只有官僚仍是其中唯一的活动因素。公共生活逐渐沉寂，几十个具有无穷无尽的精力和无边无际的理想主义的党的领导人指挥着和统治着，在他们中间实际上是十几个杰出人物在领导，还有一批工人中的精华不时被召集来开会，聆听领袖的学说并为之鼓掌，一致同意提出来的决议，由此可见，这根本是一种小集团统治——这固然是一种专政，但不是无产阶级专政，而是一小撮政治家的专政，就是说，纯粹资产阶级意义上的专政，雅各宾派统治意义上的专政（苏维埃代表大会从三个月召开一次推迟到六个月！）不仅如此，这种情况一定会引起公共生活的野蛮化：暗杀，枪决人质，等等。这是一条极其强大的客观的规律，任何党派都摆脱不了它。③

从这段论述可以看出，在卢森堡心目中，普选权和言论自由既是健康的公共生活的重要保障，又是维持公共机构生命力的重要手段，还是无产阶级专政的基础。她认为："这一专政必须是阶级的事业，而不是

---

① ［德］罗莎·卢森堡：《论俄国革命》，见中共中央马恩列斯著作编译局国际共运史研究室编《国际共运史研究资料》（增刊）（卢森堡专辑），人民出版社1981年版，第90页。
② 同上书，第89-90页。
③ 同上书，第503-504页。

极少数领导人以阶级的名义实行的事业，这就是说，它必须处处来自群众的积极参与，处于群众的直接影响下，接受全体公众的监督，从人民群众日益发达的政治教育中产生出来。"① 显而易见，"她把无产阶级整个阶级的积极参与和对官员的监督，视为无产阶级专政的必要内涵"②。

四、卢森堡言论自由观的民主特质

从工人阶级夺取政权前，到工人阶级夺取政权后，卢森堡始终反对压制和取消言论自由，恪守"自由始终是持不同思想者的自由"的理念。总体而言，她的言论自由观具有鲜明的民主特质，是与马克思恩格斯一脉相承的。

其一，马克思也始终是将言论自由作为无产阶级的政治权利和法律权利来争取的。他称言论自由是"人类精神的特权"、"普遍的权利"和"普遍自由"，而不是"个别人物的特权"③。马克思在《第六届莱茵省议会的辩论》中论述了言论与新闻自由的重要意义："没有新闻出版自由，其他一切自由都会成为泡影。自由的每一种形式都制约着另一种形式，正像身体的这一部分制约着另一部分一样。只要某一种自由成了问题，那么，整个自由都成问题。"④ 恩格斯不仅高度认同德国社会民主党在《爱尔福特纲领》草案中，将言论自由等表述为"一切人的平等权利"的提法，而且还将言论与新闻自由称为公民的"第一个权利"⑤。1844年，他在《英国状况 英国宪法》一文中指出："每个人都可以不受阻挠地和不经国家事先许可而发表自己的意见，这也就是新闻出版自由。"⑥

其二，在政党之内，恩格斯也非常支持卢森堡、伯恩施坦等人捍卫党内言论自由的做法，并在多种场合下阐述了与卢森堡几乎一致的党内

---

① ［德］罗莎·卢森堡：《论俄国革命》，见中共中央马恩列斯著作编译局国际共运史研究室编《卢森堡文选》（下卷），人民出版社1990年版，第505页。
② 陈力丹：《马克思主义新闻思想概论》，复旦大学出版社2006年版，第209页。
③ 马克思：《第六届莱茵省议会的辩论（第一篇论文）》，见《马克思恩格斯全集》第一卷，人民出版社1995年版，第167页。
④ 同上书，第201页。
⑤⑥ 恩格斯：《英国状况 英国宪法》，见《马克思恩格斯全集》第三卷，人民出版社2002年版，第575页。

言论自由的观点（马克思在世时，尚无工人政党出现，所以他没有关于党内言论和新闻自由的论述）。1889年，当得知丹麦社会民主党将党内的反对派开除出党后，恩格斯（虽然在某些问题上并不赞同丹麦社会民主党内的反对派的观点）坚决反对丹麦社会民主党这样处理争议，在《致格尔桑·特利尔》的信中，恩格斯指出："工人运动的基础是最尖锐地批评现存社会。批评是工人运动生命的要素，工人运动本身怎么能避免批评，想要禁止争论呢？难道我们要求别人给自己以言论自由，仅仅是为了在我们自己队伍中又消灭言论自由吗？"①

其三，卢森堡的言论自由观具有鲜明的民主特质。在她从一名"新兵"成长为一名"老兵"的过程中，围绕工人运动中的许多问题，她先后与伯恩施坦、考茨基、列宁等人发生争论，但是，她始终主张言论自由，一直反对压制与取消言论自由，特别是反对者和少数派的言论自由。在对俄国革命的批评中，卢森堡将俄国布尔什维克在夺取政权后压制言论自由等做法称为"一小撮政治家的专政"和"纯粹资产阶级意义上的专政"，她认为，那种做法是不民主的，那不是无产阶级专政。对于卢森堡来说，"社会主义民主制""无非就是无产阶级专政"②。她强调："这一专政是在于运用民主的方式，而不是在于取消民主。"③在卢森堡看来，无产阶级专政"必须是阶级的事业，而不是极少数领导人以阶级的名义实行的事业"。也就是说，无产阶级专政是在"群众的积极参与"和"群众的直接影响下"，"接受全体公众的监督"的一种民主制度，言论自由和新闻自由等正是其题中应有之义。正是基于这种认识，卢森堡深入地阐述了言论自由对于公共生活和社会主义的重要意义。

当然，"卢森堡之重视民主问题，绝非从自由主义的立场出发，而是从经典马克思学说关于社会主义本质的规定出发的"④。社会主义既然本质上是广大无产阶级和人民大众实现自由与平等的理想"彼岸"，

---

① 恩格斯：《致格尔桑·特利尔》，见《马克思恩格斯全集》第三十七卷，人民出版社1971年版，第324页。

②③ ［德］罗莎·卢森堡：《论俄国革命》，见中共中央马恩列斯著作编译局国际共运史研究室编《卢森堡文选》（下卷），人民出版社1990年版，第505页。

④ 张光明：《关于罗莎·卢森堡社会主义民主观研究的几点看法》，见汪青松、罗本琦主编《世界社会主义运动与和谐社会建设——中国国际共运史学会2005年年会暨学术研讨会文集》，合肥工业大学出版社2006年版，第314–315页。

那么就不能否定自由的形式，甚至压制自由和破坏平等。其实，这正是无产阶级对资产阶级批判得最多的。正如卢森堡所解释的："我们从来不是形式民主的偶像崇拜者，这不过是说：我们始终把资产阶级民主制的社会内核同它的政治形式区别开来，我们始终揭露形式上的平等和自由的甜蜜外壳所掩盖着的社会不平等和不自由的酸涩内核——不是为了抛弃这个外壳，而是为了激励工人阶级，叫他们不要满足于外壳，却去夺取政权，以便用新的社会内容去充实这一外壳。如果无产阶级取得了政权，它应当创造社会主义民主制去代替资产阶级民主制，而不是取消一切民主制，这是无产阶级的历史使命。"① 显然，卢森堡不仅没有否认形式自由和形式民主，而且主张社会主义应该将形式自由和实质自由结合在一起。

五、集中主义的色彩

卢森堡的言论自由观除了具有民主的鲜明特征，还带有集中主义的色彩。

之所以这么说，第一是因为卢森堡并不反对集中制。与之相反，她在1904年所写的《俄国社会民主党的组织问题》中承认："强烈的集中主义特点一般说来是社会民主党所固有的。"② 虽然就此问题卢森堡曾与列宁发生争论，但是，争论的焦点不在于"要不要集中"，而是在于"集中程度的大小"和"如何集中"的问题。对于前者，二人是有共识的。对于后者，卢森堡坚决反对列宁提出的极端集中制。她认为，"社会民主党的集中制不能建立在党的战士对中央机关的盲目听话和机械服从的基础之上，另一方面，在已经由固定的党的干部组成的有阶级觉悟的无产阶级核心和它周围由阶级斗争所支配的、处于阶级觉悟提高过程之中的普通群众之间，绝对不能筑起一堵不可逾越的墙壁。"③ 在卢森堡看来，列宁所提出的集中制"就是把布朗基密谋集团的运动组

---

① ［德］罗莎·卢森堡：《论俄国革命》，见中共中央马恩列斯著作编译局国际共运史研究室编《卢森堡文选》（下卷），人民出版社1990年版，第505页。

② 同上书，第41页。

③ ［德］罗莎·卢森堡：《俄国社会民主党的组织问题》，见中共中央马恩列斯著作编译局国际共运史研究室编《卢森堡文选》（上卷），人民出版社1984年版，第503－504页。

织原则机械地搬到社会民主党的工人群众运动中来"①。针对列宁的主张,卢森堡指出:"社会民主党的集中制无非是工人阶级中有觉悟的和正在进行斗争的先锋队(与它的各个集团和各个成员相对而言)的意志的强制性综合,这也可以说是无产阶级领导阶层的'自我集中制',是无产阶级在自己的党组织内部的大多数人的统治。"② 从卢森堡的这种论述可以看出,虽然她的观点中闪耀着"代议制"光芒,但是她仍然主张社会民主党实行"集中主义"和"先锋队的意志的强制性综合"。毋庸置疑,卢森堡的这种"集中制"思想必然会影响到她的报刊思想和新闻自由理念。

第二,从卢森堡的报刊实践活动来看,她的言行也表现出了一些"集中"的倾向。其一,虽然她主张实行广泛的言论自由,但是却拒绝发表论战对手的文章。1898年,时任《萨克森工人报》主编的卢森堡与德国社会民主党国会议员格拉德瑙埃尔发生争论。争论因卢森堡撰文点名批评考茨基在《新时代》上发表伯恩施坦的文章时没有批评也没有加编者注而起,她认为那种做法在党内造成了混乱。由此,格拉德瑙埃尔撰文对卢森堡的观点进行了分析与批评。双方你来我往,当格拉德瑙埃尔第三次向《萨克森工人报》投稿论战时,"卢森堡却认为他已没有什么新的东西,论战也不可能无休止地进行下去,因而不愿再发表他的文章"③。为此,《前进报》还批评了卢森堡在言论自由问题上的前后不一。

第三,卢森堡主张党的机关报应当在争论中表明态度或立场。1899年9月底,卢森堡在《我们起指导作用的中央机关报》中批评《前进报》对"修正主义"没有表明态度,她在文中指出:"《前进报》本身的言论正好又一次证明,尽管它对争论的问题从来没有采取过明确的和公开的态度,它却是在机会主义的航道里游泳"④。卢森堡强调:"中央机关报以自己的无主见调和所有的意见分歧,用掩盖破坏原则的行为来保卫党的原则,……但是,党需要的不是一个站着不动和躺着不干的,而是一个向前进军的中央机关报。"⑤ 事实上,《前进报》的主编威廉·

---

①② [德]罗莎·卢森堡:《俄国社会民主党的组织问题》,见中共中央马恩列斯著作编译局国际共运史研究室编《卢森堡文选》(上卷),人民出版社1984年版,第504页。

③ 周懋庸:《朝气蓬勃的"新兵"——罗莎·卢森堡1898—1899年反对伯恩施坦主义的斗争》,见《国际共运史研究资料》(第3辑),人民出版社1981年版,第137页。

④⑤ [德]罗莎·卢森堡:《我们起指导作用的中央机关报》,见中共中央马恩列斯著作编译局国际共运史研究室编《卢森堡文选》(上卷),人民出版社1984年版,第216页。

李卜克内西（Wilhelm Liebknecht）早在1896年10月就曾针对同样的指责，在德国社会民主党的代表大会上说过："中央报纸属于全党，如果党内存在着不同的思潮，我认为，我作为中央机关报的总编辑无权把自己的观点作为指导思想提出来。"① 在德国社会民主党内，报刊上的讨论只要遵守党的纲领即可（这在第二国际时期德国社会民主党的章程中是有明确规定的），当时并没有"党的报刊必须在争论中表明态度"的规定。

第四，卢森堡认为党的报刊要有思想指导性。1901年8月，当海涅等人对《新时代》内容提出"片面"的质疑时，作为该刊撰稿人（1901年考茨基在奥地利舒尔茨休养）的卢森堡在答复中称："《新时代》的'片面'是事实，也就是说它和党具有同一的思想和标准、它是特别适合担负党的思想指导工作的。作为社会民主党的理论机关报，它当然应当为传播科学社会主义学说服务，而不应当为传播疏懒的大学生、提倡社会改良的教授、以摧残社会主义者为职业的人、民族社会主义的浅薄爱国者以及其他没有地盘而专靠鼓吹舰队政策、消费合作社和修正马克思混饭吃的政客们的'多方面'混乱思想服务。"②

第五，卢森堡的言论自由观念还具有不彻底的特征。尽管她对俄国布尔什维克在夺取政权后压制言论自由等做法进行了猛烈的批评，但是她又表示俄国布尔什维克的行为是"可以理解"的，她认为当时的俄国受到了世界大战等与此相关的"异常困难的可怕压力"，才采取了那种压制和取消自由的措施。在《论俄国革命》的结尾部分，她写道："俄国发生的一切都是可以理解的，是因果链中的一个不可避免的环节，它的出发点和最后促成它的事情是：德国无产阶级不起作用和德国帝国主义在俄国的占领。如果还打算期待列宁和他的同志们在这样的情况下用魔法召唤出最美好的民主制、最标准的无产阶级专政和繁荣的社会主义经济，那是对他们提出超人的要求。"③ 不可否认的是，在对俄

---

① 中国人民大学科学社会主义系编：《国际共产主义运动史文献史料选编》（第二卷），中国人民大学出版社1983年版，第214页。
② ［德］罗莎·卢森堡：《关于〈新时代〉的政治态度》，见中共中央马恩列斯著作编译局国际共运史研究室编《卢森堡文选》（上卷），人民出版社1984年版，第362页。
③ ［德］罗莎·卢森堡：《论俄国革命》，见中共中央马恩列斯著作编译局国际共运史研究室编《卢森堡文选》（下卷），人民出版社1990年版，第506页。

国革命的批评中，卢森堡很可能没有认识到言论自由等是广大公众的法定权利，更没有意识到言论自由中还包含着宽容，而只是将俄国布尔什维克对言论自由等的压制和取消视为其策略和政策上的失误。正如政治学者张光明所指出的，"她对自己所揭露的俄国革命的弊病，就仅仅看作是一种政党政权策略上和政策上的错误。从而大大削弱了她的批评的历史唯物主义分析，并使自己的批评陷入某种抽象理想主义的境地。换言之，她谴责俄国革命的错误但却又否认这些错误的原因，这在理论上无论如何是不彻底的"[1]。

总而言之，尽管卢森堡的言论自由理念带有"集中主义"的色彩，在理论上也不够彻底，但是这并不能掩盖她言论自由理念中最鲜明的民主特征。她不仅主张在夺取政权前实行言论自由，而且主张在夺取政权后更要保证言论自由。她对言论与新闻自由在工人政党和社会主义建设中的重要意义的深刻论述，至今仍具有宝贵的价值。对此，美国政治学者凯文·安德森（Kevin B. Anderson）曾指出，卢森堡"对夺取政权后的革命民主的坚持，让我们不得不面对许多至今还不能在我们这个时代找到答案的诸如自由、民主等问题……可以这样说，罗莎·卢森堡有预见性地提出了我们这个时代所需要解决的许多重大问题，她也因此成为我们思考世界历史进程时不能跳过的重要环节"[2]。的确如此，卢森堡当时所论述过的社会主义民主与自由等问题，特别是其言论自由观念，在今天看来，对于我国目前正在推进的法治国家的建设仍具启发意义。

---

[1] 张光明：《关于罗莎·卢森堡社会主义民主观研究的几点看法》，见汪青松、罗本琦主编《世界社会主义运动与和谐社会建设——中国国际共运史学会 2005 年年会暨学术研讨会文集》，合肥工业大学出版社 2006 年版，第 316－317 页。

[2] 吴昕炜：《国外学者眼中的当代马克思主义哲学问题——访凯文·B. 安德森教授》，载《哲学动态》2008 年第 8 期，第 32 页。

政治平等与民主[*]

邓伟生[**]

【摘要】 政治平等是现代社会的重要价值,但政治平等是什么,如何证成,证成后的政治平等会支持什么形式的民主制度,仍是备受争议的问题。本文首先会介绍贝兹(R. Beitz)证成政治平等原则的复杂程序论(complex proceduralism),这样证成的政治平等原则,会认为所有合乎资格的公民都有投票权或参选权只是政治平等原则的必要条件,却不是充分条件。其次,如果我们以复杂程序论作为证成政治平等的理据,那么,我们有理由支持柯亨(Joshua Cohen)所提出的"三部分政治平等原则"(three-part principle of political equality)。最后,我们尝试论证,这套政治平等原则会支持选举经费筹募制度的改革,以限制大财团或富人通过政治捐献享有更大的政治影响力,同时,它也会支持改革代议制民主,实行一种更为符合政治平等的民主,那就是审议民主。

【关键词】 政治平等 复杂程序论 三部分政治平等原则 审议民主 贝兹 柯亨

一、前言

现代西方民主社会流行的所有政治理论都承认公民应该有平等的政治权利,最能表现这点的制度设计,便是民主。现代西方民主社会奉行代议制民主,公民可以通过一人一票的选举,选出他们的代议者,出任

---

[*] 本文受惠于石元康教授的批评,谨此致谢。当然,文中如有错误,责任在我。
[**] 作者简介:邓伟生,中山大学哲学系讲师,中山大学实践哲学研究中心研究员。

国家或地区的政府领导人，出任议员代表他们立法和监督政府施政。人们采取民主的政治制度，而不是君主制度或贵族制度，是因为民主制度能更好地体现政治平等的价值。君主制度或贵族制度，都限制了社会上某类别的人出任公职的机会，人们的政治权利明显是不平等的。民主制度初出现时，只有有财产的男人有投票权，后来发展到所有男公民有投票权，再后来发展成所有公民——无论男女和是否有财产——都有投票权的普选。民主制度的这些变革和发展，都是诉诸政治平等的价值来证成的。可见，政治平等的诉求与民主制度的兴起和发展密切相关。也因为两者紧密的关系，贝兹（Charles R. Beitz）指出，任何一套关于民主的哲学理论，如果不能说明政治平等的基础和内容，它就有严重的不足和缺点，不会是一种好的民主理论。他更进一步认为，如果一个民主理论只承认形式的政治平等，没有给予均等主义的理念（egalitarian idea）以核心地位，它就不能忠实地表达民主在现代政治想象中异乎寻常的吸引力。①

贝兹认为，政治平等指的是一组应用于制度（institutions）的要求，它们使公民可以参与（participate）宪政民主（constitutional democracy）的政治决策（political decision making）。②这只是从政治平等的角色（role）指出它是什么，但政治平等原则应包括些什么实质性内容，却还没有得到清楚的说明。所有合乎资格的公民都有投票权或参选权，就足以保证他们的政治平等吗？还是要加上其他原则或限制？另外，可以怎样证成（justify）政治平等呢？如果我们接受了某种证成的方式，它又会对民主制度中至今仍然争论不休的议题有什么影响呢？本文将会探讨这些问题。

本文首先会介绍贝兹证成政治平等原则的复杂程序论（complex proceduralism），这样证成的政治平等原则，会认为所有合乎资格的公民都有投票权或参选权只是政治平等原则的必要条件，却不是充分条件。其次，如果我们接受了复杂程序论，并以它作为证成政治平等的理据，那么，我们认为，复杂程序论会支持乔舒亚·柯亨（Joshua Cohen）所提出的"三部分政治平等原则"（three-part principle of political equality）。最后，我们尝试论证，这套政治平等原则会支持选举经费筹

---

①② Charles R. Beitz. *Political Equality*, Princeton University Press, 1989, p. xi.

募制度的改革，以限制大财团或富人通过政治捐献享有更大的政治影响力，同时，它也会支持改革代议制民主，实行一种更为符合政治平等的民主，那就是审议民主。

二、证成政治平等的几种进路与贝兹的复杂程序论

政治平等是当今大家都接受的理念，但我们可以根据什么来证成它呢？由于要证成的是政治平等，我们的理据当然不能再是政治平等，否则只是原地踏步而已。所以，我们需要诉诸另外的理据，其中最重要和起着关键作用的，就是公平（fairness）。对公平的理解不同，就会有不同的政治平等理论。根据贝兹的研究，他认为当今有三种重要的政治平等理论，他分别称之为："最佳结果理论"（best result theories）、"大众意志理论"（popular will theories）、"程序理论"（procedural theories）。[①]

最佳结果理论认为，如果一种政治参与的方式，能够促成最值得欲求之结果（the most desirable results）的实现，它就是最公平的。为了说明这种理论，我们可以假设有一个社会福利函数（social welfare function），它以社会状态的可欲程度排列，目的是找到一个社会效益函数（social utility function），并以此为标准，从一个非个人的观点（impersonal point of view）衡量不同的社会事态。有了这个社会福利函数之后，最佳结果理论认为，能够极大化社会福利函数的价值的制度，就是公平的制度。

大众意志理论的基本观念是，民主制度应该实现人民的意志。公平的标准，其实就是一些条件，它们是一个制度要实现人民的意志这个目的所必须满足的。我们可以借助社会选择函数（social choice function）的概念说明这个理论。假设我们可以从不同制度或政策中做选择。由于不同的制度或政策有不同的结果，我们基于自己的判断和偏好，会做出不同的选择。基于人们的判断和偏好，社会选择函数指的就是，它能从中决定哪一个制度或政策是最好的或是得到最多人偏好的。大众意志理论认为，人们的参与是公平的，当这样做的结果会被社会选择函数所确认。

---

① Charles R. Beitz. *Political Equality*, Princeton University Press, 1989, pp. 20–23.

贝兹认为，以上两种理论，都把参与的公平条件视为衍生的事情（derivative matter），因为它们都认为政治过程只是达到最佳结果的工具。政治过程只有工具价值。与此同时，这两种理论也是结果导向的（outcome-oriented），因为它们都确认了某种结果是好的，再由此追溯怎样的参与条件才能达到它，从而决定条件是否公平。程序理论与它们不同。假设我们有一个社会决策的程序（social decision procedure），它是一套规则。这些规则组成了一个制度性机制（institutional mechanism），通过它，人们决定其社会选择。以常见的例子来说，我们可以把社会决策的程序视为一个社会的政治宪章（political constitution）。在评估政治结果的时候，程序理论不一定需要否认可能有一些独立于程序的实质性标准，但它会认为，政治结果的好坏，与社会决策的程序本身是否公平只有间接的相干性。重要的是社会决策的程序本身是否公平，只要程序本身公平，由此得到的一切结果都是公平的。贝兹承认，虽然有很多种不同的程序理论，但它们都共同接受一个观念，那就是，参与民主程序的条件本身必须是公平的。这些条件表达了人们作为平等的公民，对于政治决策都有平等的影响力。程序理论认为，参与民主的公平条件是人们的基本的旨趣（interest），不是衍生的旨趣。也就是说，政治决策的过程或民主制度本身具有内在的价值，并不只是工具。

以上三种政治平等理论，表达了三种不同的政治公平（political fairness）的观念。最佳结果理论认为对人们的利益或福祉要公平（fairness to people's interests or welfare），大众意志理论认为对人们的政治偏好（political preferences）要公平，而程序理论认为对人们本身（persons themselves），特别是对被视为平等公民（conceived as equal citizens）的人要公平。贝兹认为，它们作为政治公平的观念，都存在不少难以克服的理论困难[1]，不能证成政治平等的原则。他发展了一套新的理论。这套新理论是程序理论的一个变种，它与其他程序理论最不同的一点，是它把以结果为导向的成素加进程序理论之中。他称其理论为"复杂程序论"（complex proceduralism）[2]。

---

[1] 详细的讨论和批评，见 Charles R. Beitz. *Political Equality*, Princeton University Press, 1989, Chapter 2, 3 and 4.

[2] Charles R. Beitz. *Political Equality*, Princeton University Press, 1989, p. xiii.

复杂程序论像其他程序理论一样，认为民主程序应该把人视为平等公民来对待。但怎样才算是把人视为平等公民来对待呢？复杂程序论认为，当民主参与的条件是公平的，一个民主程序就是把人视为平等公民来对待的。问题是，怎样的条件才算公平呢？复杂程序论的答案是，如果从每一个公民的观点出发，民主参与的条件都是他能够合理地接受的，那就是公平的。公民能够合理地接受，是相当形式的陈述，为了充实它的内容，我们需要加上一些实质性的内容。贝兹认为，复杂程序论要成立，必须假定几种所有公民都会认同的旨趣（interests），一旦某个制度的参与条件违反了这些旨趣，而又存在另外一个不会如此的制度时，公民就会有合理的理由不接受它。通过以上的论述可知，复杂程序论以公民能否合理地接受来界定公平，它是把社会契约的观念应用在政治平等的问题上。就像其他契约观念的应用，它的均等主义特征表现在其核心的要求上，即参与的公平条件应该是每一个人都能够合理地接受。由于参与的公平条件要向每一个公民证成，就此而言，每个公民都拥有否决权，因此，复杂程序论确认了公民的平等地位。与其他的简单程序论不同，复杂程序论容许在某些特殊的情况下，政治公平出现程序上的不平等，还有就是，它能够说明公平的考虑还可以应用在其他的制度问题上，而不限于单纯的权力分配上。①

贝兹认为，复杂程序论的核心观念，建立于对公民身份和旨趣（interest）的认识之上。公民在一个社会中具有双重身份，公民既是国家的创造者（maker），同时也是国家管治的对象（matter or subject）。公民参与的制度应该能够向每一个公民证成。我们应该把参与的条件视为我们同意（agreement）的对象，也就是说，它们是每一个公民都能合理地接受的。任何制度如果满足了这个条件，都可以说是最深层次上的均等主义：制度能够平等地向每一个成员证成，通过这种方式，它们承认每个人作为公民的平等地位。人们能"合理地接受"这个观念，会蕴涵规范性的结果，因为它会排除掉那些不能向人们证成的制度安排，无论是政治参与还是政治决策的制度。虽然如此，这并不足以解决那些关乎民主制度的争议。常见的情况是，大家争论的不是证成的形式问题，而是内容上的问题。人们可能提出很多不同的理由来支持某种制

---

① Charles R. Beitz. *Political Equality*, Princeton University Press, 1989, pp. 23-24.

度安排，认为它应该得到大家的接受。问题是这些理由有效力吗？因此，契约式证成的形式概念需要一些补充观念，它们说明了我们可以承认的理由是哪一类，并且可以基于它们拒绝某种制度的安排。贝兹认为，在复杂程序论中，这些观念可以由公民的规约性旨趣（regulative interests of citizenship）来提供。这些规约性旨趣是民主制度下关联于公民地位的高阶旨趣（higher-order interests），最重要的几种分别是"承认的旨趣"（interest in recognition）、"公平对待的旨趣"（interest in equitable treatment）和"审思责任的旨趣"（interest in deliberative responsibility）。①

承认的旨趣涉及的价值，是一个民主制度中，程序赋予公民一种什么样的公共地位（public status）或身份（identity）。政治决策采用怎样的过程和安排，决定了公民承认其他人参与公共辩论和公共选择的条件。在最极端的例子中，当某些人完全被排除在公共角色之外，他们作为有人格者（persons）的身份就得不到公共的承认，甚至可以说他们在社会上是不存在的（socially dead）。② 当政治制度或政治决策过程的安排，体现出某些人在社会上是低人一等的，或不是那样有价值的，同样的情况也会出现。那些被视为低人一等者被人羞辱，他们会认为，既然人们认可了这种制度安排，社会上对他们的不尊重就得到正式的赞成，也就是说，他们作为公民所应该享有的平等地位没有得到公开的承认。如果一种政治制度或政治决策过程的安排会出现上述的结果，任何人都有合理的理由不接受，特别是那些被视为低人一等的人。在民主社会中，人们都相信一项基本价值，那就是，社会制度不应该不尊重某些人的利益，或较少尊重某些人。民主制度会规定公民的政治角色，这些规定应该公开承认，每个公民都有同等的个人价值（equal individual worth）。

公平对待的旨趣的基本观念是，如果一个公民的实际利益——即是说他们需要的满足和人生计划的实现——可以预见地（predictable）会受到伤害，因而被不公平地对待，并且存在另一种不会有此情况出现的安排，他们可以合理地不接受那种制度。也就是说，作为平等的公民，总是希望自己的利益受到公平的对待。一般来说，我们依赖民主制度来制衡政府权力的强迫性运用（oppressive use of state power），不过，这

---

① Charles R. Beitz. *Political Equality*, Princeton University Press, 1989, pp. 99-100.
② 同上书，p. 109.

种制衡不一定足够，我们必须加上其他的一些限制，如人权法案（bill of rights）、司法复核（judicial review）等等。如果没有这些进一步的保障，那么认为民主制度不能保证公平对待所有的公民，因而是很危险和不可以接受的，就不是完全不合理的想法。①

至于审思责任的旨趣，源自下面的一些信念。民主制度体现了一种共同的和共同地承认的价值，那就是政治议题的解决要基于公共的审思。这种审思必须在一个信息充足、各种观点可以自由地表达，并且人们可以负责任地做评估的条件下进行。这是很重要的，理由与公民身份的特征有关。公民作为公共决策的参与者和制定者，会希望他们的判断是最合理的，即是说，他们的判断建基于相关的事实，相对于其他公民所持有的相反的观念和想法，他们可以为它们辩护。如果一个人的判断不能像这样得到证成，那它们就不能与偏见区分开来，而这对于任何一个严肃对待其政治信念的人都是不可接受的。另一方面，公民作为政策的接受者，如果政策的决定是经过人们的审思的结果，人们可以基于这点对政治决策更有信心，甚至是对参与的制度本身的信心。没有这种信心，以为民主制度会产生公平的结果就只是一厢情愿而已，并且民主制度得以稳定的基础就不会牢固。②

三、政治平等的原则

如果我们都接受复杂程序论，并以它作为证成政治平等的理据，那么，我们会得到一个怎样的政治平等原则呢？所有合乎资格的公民都有投票权或参选权，就足以保证他们有政治平等了吗？还是要加上其他的原则或限制？我们认为，复杂程序论会支持乔舒亚·柯亨（Joshua Cohen）所提出的"三部分政治平等原则"（three-part principle of political equality）③。这个原则表达的是规范性民主理想（normative ideal of democracy）的一部分内容，包括以下的三个组成部分：

---

① Charles R. Beitz. *Political Equality*, Princeton University Press, 1989, pp. 110–111.
② 同上书，p. 114.
③ Joshua Cohen. "Money, Politics, Political Equality", in Alex Byrne, Robert Stalnaker and Ralph Wedgwood edited, *Fact and Value: Essays on Ethics and Metaphysics for Judith Jarvis Thomson*, The MIT Press, 2001, pp. 47–80, esp. p. 47.

1. 平等参与的权利（equal rights of participation），包括投票、结社、出任公职（office‐holding）的权利，还有政治表达的权利——这个权利反对关于表达内容或观点的限制（restrictions），也反对强加于个别人士或群体表达上的负担的限制。

2. 要求公民有同等分量的投票（equally weighted votes）。

3. 有平等机会实效地影响政治（equal opportunities for effective political influence）。这个要求会谴责在出任公职或影响政治决策上的机会不平等。

柯亨承认，对于集体决定的权威系统（authoritative system）而言，政治平等原则并不是唯一评价的规范，我们还要评价这些决定是否合乎公正原则，能否促进人们的福祉。但作者认为，除了最重要的公正原则外，政治平等原则是凌驾（override）于其他理据（considerations）之上的。①

这个三部分政治平等原则，建基于大家都很熟悉的机会平等原则之上。机会平等指的是：就人们想要得到的位置（position）或好处而言，没有人应该因为一些不相干的理由，比其他人有更大的机会（chance）。因为大家对于不相干理由的理解不同，所以对于机会平等原则有多种理解，作者采用的是罗尔斯的观念。罗尔斯对于机会平等的规定是：具有相同天赋和能力水平，并且也有相同意愿（willingness）使用它们的人，无论他们的社会地位如何，都应该有相同的成功机会。也就是说，具有相同动机和能力的人，应该有相同的机会（chances）得到那些位置或好处。②这种机会平等的想法，罗尔斯称之为"公平式机会平等"（fair equality of opportunity），把它应用到政治上，相干的位置或好处就是做出集体决定的积极公民（active citizen）。政治平等就是要求，对于有相同动机和相同能力的积极公民，就他们对于政治性集体决定的影响而言，都应该有平等的机会（chance）实效地做出影响。

柯亨对于"有平等机会实效地影响政治"（equal opportunities for ef-

---

① Joshua Cohen. "Money, Politics, Political Equality", in Alex Byrne, Robert Stalnaker and Ralph Wedgwood edited, *Fact and Value: Essays on Ethics and Metaphysics for Judith Jarvis Thomson*, The MIT Press, 2001, p. 49.

② John Rawls. *A Theory of Justice*, Harvard University Press, 2005, p. 50, p. 73.

fective political influence）原则有三点说明：其一，为什么是平等*机会*实效地影响政治？柯亨认为，这个原则要求的是平等机会实效地影响政治，而不是平等实效地影响政治。政治影响上的不平等，对于任何合理的政治平等原则来说，都是可以接受的。有些公民更有影响，可能是因为他比其他人更关心政治事务，投入了更多的时间和精力从事政治事务。这种源自人们对各种人生价值和事务重视程度的差异，会导致政治影响上的不平等，我们没有理由反对。同理，如果一个公民比其他人对政治的影响更大，是因为他的价值观和政治见解得到更多人的认同，他的政治判断得到更多人的信任，我们也没有理由反对。那么，由一个人在说服力或外表上较别人优胜，因而出现了政治影响上的不平等，我们是否有理由反对呢？柯亨认为，我们没有很强的理由反对。因为造成这种影响上的不平等的原因，都不是出自制度安排本身，也就是说在我们容许的制度范围内，我们不应该消除这些因素。我们如果要消除人们在说服力上的差异，我们就可能需要限制有说服力的人的观点，这会违反言论自由所保障的核心价值，而且这样做工作也太繁重了（burdensome）。其次，这样做也会伤害政治讨论的质素，因为无论怎样说，一个人的话是否有说服力，与他是否有能力影响政治决策是相干的。柯亨认为，着重机会平等，是基于以下的观念：我们要尊重一个人自己的行动或其他公民的深思熟虑的信念。如果我们为了政治平等而排除掉说服力等因素，是不合理的，如果一个政治平等原则有这样的要求，是可以合理地不接受的。为什么呢？因为政治平等的观念必须确保个人责任的地位（ensure a place for individual responsibility）。民主社会的成员被视为自由和平等的。作为自由人，他们对其自身的政治判断和政治行为负责。如果我们要求政治影响排除掉说服力等因素，我们就是不尊重其他公民的判断，从而否定了他们对此的责任。一旦我们接受了个人责任的观念，我们必然就会接受，一个保证公民平等机会实效地影响政治的制度，相当肯定会伴随一个现象的出现，那就是公民的政治影响力实际上会有差异或不平等。①

---

① Joshua Cohen. "Money, Politics, Political Equality", in Alex Byrne, Robert Stalnaker and Ralph Wedgwood edited, *Fact and Value: Essays on Ethics and Metaphysics for Judith Jarvis Thomson*, The MIT Press, 2001, pp. 51 - 52.

其二，为什么是平等机会实效地影响政治？柯亨认为，平等机会实效地影响政治的原则，要求公民享有平等机会实效地影响政治，而不是提供某种机会的门槛（threshold level of opportunity），无论是充分机会还是最高机会。试设想以下的情形：有一个公开的竞标（public auction），得胜者可以在电视上发表政治演说，特别是关于政治竞选的演说。这个竞标所得的收入，会拨归一个基金（fund）。基金会支持低收入公民的政治活动，例如资助他们在传媒发表政见之类的。因此，竞标得胜者（holding of auction）对政治施行影响的机会会大为增加。影响政治施行的机会是不平等的，因为只有那些有更多资源的人才能得到更大的机会影响政治。一个机会更平等的安排是用抽奖的办法，中奖者可以在电视上发表政治演说。由于所有人都有机会中奖，而不只是有资源者，这个安排下人们上电视演说的机会会更为平等。有人可能会说，平等机会并不是最合理的，因为我们可以找到一个更好的方法，就是机会的小中取大（maximin）。这样做虽然会有不平等，但只要对双方都有利（mutual benefit），它就是合理的，就如罗尔斯差异原则。柯亨反对这种观点，因为他认为，资源分配上的不平等在一个道德平等的世界中不构成问题，只有在如下情况才是合理的，即人们作为公民的平等地位已经在公共决策的制度中体现了，也就是说，政治平等已得到保证的情况下，正如罗尔斯的差异原则是在正义第一原则满足之后才被容许的。如果我们把这种不平等扩展到政治制度上，即公共决策的安排上，那么互相尊重的公共基础（public basis of mutual respect）就会不牢固。[①]

其三，为什么是平等机会实效地影响*政治*？柯亨区分了三种与政治平等有关的影响，一是选举影响，二是政治影响，三是公共影响。他认为，平等机会要求的是政治影响，而不是另外两者。选举影响太狭窄，很容易满足，如选举时每人一票即是，但如果一个制度容许一人一票，却限制了某些人创建或参与政治社团的机会，那么，这在政治上仍然是不平等的。例如，一个回教国家有普选制度，但只容许有回教信仰的人参选，或只容许支持回教信仰的政党参选。另一方面，他认为公共影响

[①] Joshua Cohen. "Money, Politics, Political Equality", in Alex Byrne, Robert Stalnaker and Ralph Wedgwood edited, *Fact and Value: Essays on Ethics and Metaphysics for Judith Jarvis Thomson*, The MIT Press, 2001, pp. 52–53.

又太宽泛了，我们不应该作这样的诠释。但有些人认为应该，因为公共意见通过立法程序后，往往会变成为法律。为此，我们似乎有理由把政治平等扩展到公共影响上。柯亨基于以下三个理由反对这种做法。①

首先，公共影响的平等机会原则内容很含糊。因为公共意见的形成一般而言是非正式的（informal），我们对此并没有一个很清晰的界定，对于它的范围也不清楚。如果我们要求人们对于公共影响的机会平等，这种影响是指一个人一生的影响呢还是某个时段的影响？是在任何公共事务上都有影响吗？如果是，那它所包括的事务就非常之多，因为公共事务不单只有政治事务，还有很多事务也是公共的，如学术、艺术等，我们也要求有平等的机会影响它们的发展吗？还有就是，我们对于公共影响是怎样产生的、它的过程究竟包括些什么还缺乏足够的知识。如果我们对于这些问题都没法解答，那么，对于平等机会施行公共影响的原则之内容，我们就会不太清楚，也就是说，不知道怎样才算是两个人有平等机会施行公共影响。柯亨承认，有实效的机会（effective chance）说服别人，跟别人讨论政治和文化问题是非常重要的，但这种机会是属于言论自由和结社自由的，因而在政治平等的第一部分已经得到保障，也受到公平资源分配的保障。他想问的问题是，对于施行公共影响，除了政治平等的第一部分外，有没有一个独立原则，它要求我们有公共影响的平等机会。换句话说，政治平等原则除了政治参与的平等权利和同等分量的投票这两个要求外，是否还包括公共影响的平等机会原则。他认为，由于这个原则本身的不清楚，我们不应该把它包括在政治平等的首要原则（first principle）之中，因为如果把一个含糊的原则包括在内，政治平等的原则就可能会导致对表达（expression）太多的限制，即会对言论自由做出过多的干涉。不过，柯亨强调，不把公共影响的平等机会原则包括在政治平等原则之内，并不表示我们就不能正当地减少公共影响上的机会不平等。我们仍然可以资助一些资源不足者，让他们加大对公共的影响。

其次，我们要求公民有平等机会实效地影响政治，其中一个理由是

---

① Joshua Cohen. "Money, Politics, Political Equality", in Alex Byrne, Robert Stalnaker and Ralph Wedgwood edited, *Fact and Value: Essays on Ethics and Metaphysics for Judith Jarvis Thomson*, The MIT Press, 2001, pp. 54 – 55.

在一个民主制度下，政府是代表所有公民的，它的决策也因为有这种民意基础而有权威性（authority），还有，它的决策也会被强制性执行。因此，我们希望能够保证政府的决策的权威性真的是源自一种制度，它视每个公民为平等的。可是，在比政治领域还要广泛的公共领域，并没有这种权威性的东西，因而要求平等的理据就不再那样强而有力了。

再者，我们要求公民有平等机会实效地影响政治，其中一个理由是，在民主制度下，作为一个整体的公民，会授予某些人有运用政治权力的正当性。我们要求公民有平等机会实效地影响政治，是因为这样才有一个看得见的和公开的办法或方式，保证社会上每一个公民都被视为平等的成员来对待，人们得到互相的尊重。由于公共影响的平等机会原则内容上的不确定，在它的意义下的相互尊重或许不一定需要确保。

四、政治平等原则与选举经费

如果我们接受柯亨的"三部分政治平等原则"是合理的，那么，对于一些争论中的民主议题，它会蕴涵些什么结论呢？我们将会讨论民主选举中的经费问题和哪一种民主制度更好的问题。不过，在讨论它们之前，我们需要对民主制度有些了解。民主制度是现今公认为较好的政治制度，至少它比君主制度或贵族制度要好，并且也是现代社会较有代表性的政治制度，因为它最能体现人人平等的价值，而它最基本的原则也是政治平等。但是，"民主"这个词本身却是一个"本质上有争议性"（essentially contested）的词，因此，人们对它的理解也各式各样。① 结合麦克弗森（C. B. MacPherson）和唐斯（Anthony Downs）列出的民主政治特征②，我们可以列出下列几点以界定现代民主政治：

  1. 政府或立法机关由直接或间接的定期的普选产生，选民一般都是从两个或两个以上的政党中选择。

---

  ① 石元康：《两种民主与两种理性》，见许纪霖主编《全球正义与文明对话》，江苏人民出版社 2004 年版，第 282—283 页。

  ② C. B. MacPherson. *The Life and Times of Liberal Democracy*, Oxford University Press, 1977, p. 7. Anthony Downs, *An Economic Theory of Democracy*, Harper & Row, 1957, pp. 23—24. 另见石元康《两种民主与两种理性》，第 290 页。

2. 人民享有足够程度的自由（言论、出版、结社、不被任意逮捕及监禁等），以便选举可以有效地被运用。

3. 在法律面前，人人享有形式上的平等。

4. 对于少数派（minorities）有某种保障。

5. 人人都享有最高度的自由，只要与其他人享有的同样自由兼容。

6. 在选举中失败的政党不会用武力及非法的手段来阻止胜出的政党组成政府。

7. 执政者除了在人们企图用武力推翻政府时，不会限制人民及其他政党从事任何政治活动。

从以上对现代民主的界定不难看出，它就是现今西方民主社会奉行的代议制民主。不少人认为，现行的代议制民主符合政治平等原则，因为它实行全民普选，以一人一票的方式产生政府领导人和立法机构的议员。另一方面，代议制民主也保证了人们有平等的结社、集会和言论自由的政治权利，而这些都是民主制度得以实施的必要条件。

一个现代的代议制民主国家，选举涉及大量的媒体宣传、广告宣传和竞选活动，所需的资源和金钱，往往以亿万计，例如，美国1996年的总统和议会选举，各政党共筹得240亿美元，这些钱也全用在了竞选上。在现今的选举中，无可否认的事实是，一个候选人能否胜出，很大程度上依赖于他能筹募到多少经费。一个候选人能筹募到多少经费，在于他的表现，特别是他的政策承诺能否吸引捐献者，能否满足捐献者的期望和要求。因此，捐献者就可以通过手上的捐献，影响选举的结果。由于竞选开支庞大，金钱对于一个政党或候选人能否最终胜出，重要性越来越大。[①]因此，政党对于那些能捐献更多选举经费的商人或团体，就要更多地关注他们的利益，虽然他们只是公民中的少数，也不是公民和民意的代表。

柯亨认为，这样的选举制度，特别是现今美国的选举制度，使某些人可以通过政治捐献影响政治，而另外的一些人则没有这种途径。这也

---

① 这些数据和经验研究的结果，见 Joshua Cohen. "Money, Politics, Political Equality", in Alex Byrne, Robert Stalnaker and Ralph Wedgwood edited, *Fact and Value: Essays on Ethics and Metaphysics for Judith Jarvis Thomson*, The MIT Press, 2001, pp. 55, 58.

是现今的代议制民主常常被人诟病的一点，即它容许大财团通过大量捐助选举经费来影响政党的政治决策，从而使到政策对他们更为有利。一个人或团体财富的多少，决定了他们影响政治的能力的大小。换句话说，有钱的人，对于政治的影响比没有钱的人大，即使他们有相同的动机和能力。有钱的人或集团较其他人对政治有更多的影响，侵犯了政治平等的原则，特别是其中的平等机会实效地影响政治的原则。[1] 另外，这种盛行于民主社会的选举经费筹募制度，由于容许某些人把经济上的权力（economic power）转化成政治上的权力，它就容许了经济上的不平等赋予某些人可以控制（control）其他人的权力，因而是可以被合理地反对的。[2]基于这种选举经费筹募制度违反了政治平等原则，我们似乎有理由改革它。柯亨赞成的竞选经费筹募制度，他称之为"自愿性公共资金计划"（voluntary public financing scheme），它的要旨是：通过公共基金提供资金给竞选者，条件是他们不筹募经费或使用私人金钱（private money）。[3]

但是，在美国改革竞选经费的运动，在20世纪中就出现过，结果却被美国最高法院否定了。美国最高法院在1976年巴克利诉瓦莱奥案（Buckley v. Valeo）的决议中，认为不能诉诸平等机会影响政治的原则来规范竞选经费制度的安排，因为这样会减少竞选演讲（electoral speech），而后者是由美国宪法第一条的言论自由所保障了的。[4]意思就是，如果我们加上政治平等的规约，会侵犯那些愿意出钱者的言论自由。反对改革者认为，公民通过捐献金钱给某一政党或候选人，其实是在表达自己的政治见解。如果我们限制他们这样做，我们相当于减少了公民自由表达政治见解的数量。我们不能因为公民有机会被某些信息误

---

[1] Joshua Cohen. "Money, Politics, Political Equality", in Alex Byrne, Robert Stalnaker and Ralph Wedgwood edited, *Fact and Value: Essays on Ethics and Metaphysics for Judith Jarvis Thomson*, The MIT Press, 2001, p. 47.

[2] Thomas Scanlon. The Diversity of Objections to Inequality, in Alex Byrne, Robert Stalnaker and Ralph Wedgwood edited, *Fact and Value: Essays on Ethics and Metaphysics for Judith Jarvis Thomson*, The MIT Press, 2001, p. 44.

[3] Joshua Cohen. "Money, Politics, Political Equality", in Alex Byrne, Robert Stalnaker and Ralph Wedgwood edited, *Fact and Value: Essays on Ethics and Metaphysics for Judith Jarvis Thomson*, The MIT Press, 2001, p. 48.

[4] 同上书，p. 47.

导,或因为某些政见已被说得太多了而限制言论的数量。政治平等原则包括了公民自由言论的权利(right of free political speech),以及与它密切相关的一个观念,那就是政治责任的观念。这部分与表达政治内容和观点的限制是不兼容的。这表达了民主制度视公民为自由的核心想法。一旦我们接受了政治责任这点,那么,对于言论数量的集体规约(collective regulation of the quantity of speech)就是与民主制度不兼容的。①

在一个民主的社会中,言论自由是其中一个最基本的价值,我们当然没有理由违反它。但正如柯亨指出的,反对者诉诸言论自由的原则来反对筹募选举经费制度的改革,看似言之成理,其实有不少困难。首先,反对者误解了改革论者的观点。改革论者并不是在讨论谁有资格决定言论的数量和什么类型的信息才足够。他们争取公民有平等机会实效地影响政治,虽然可能导致言论数量的减少,但这只是追求政治公平原则的副产品(by-product),并不蕴涵以下的观点,即立法机构或公民的多数比其他公民对于政治讯息的价值是更好的判断者。规约的目的,不是为了避免公民被信息误导,而是反对一种制度,它没有保证平等的公民对于政治影响有平等的机会,因而改革不会构成对公民自由和判断自主性的侵犯。②

其次,反对者的论证虽然依据于民主过程的价值,但它忽略了民主过程中的一个重要面向。人们不会否认,在民主过程中,公民的重要旨趣就是倾听各种政治讨论,通过正式的或非正式的讨论获得讯息,对政治议题形成自己的想法,用投票表达自己的想法,等等。但是,在民主制度下,公民同时也是行动者、参与者、演讲者,他们可能想重塑(reshape)政治讨论的议题及其结果,参加公职的选举,尝试影响候选人的政治见解,影响选举结果和选举间隔时的政治等。公民有平等机会实效地影响政治的政治平等原则,目的就是为了保证公民可以扮演这种角色,进行选举经费的规约也是为了这个目的。反对者可能说,这种想法背后,假设了一种美好人生观,并且它得到所有公民的支持。根据这

---

① Joshua Cohen. "Money, Politics, Political Equality", in Alex Byrne, Robert Stalnaker and Ralph Wedgwood edited, *Fact and Value: Essays on Ethics and Metaphysics for Judith Jarvis Thomson*, The MIT Press, 2001, pp. 70–71.

② 同上书, pp. 71–72.

种美好人生观，政治参与是美好人生的必要成素，就像亚里士多德或卢梭的理论所表现的那样。但柯亨认为，我们并不需要预设这种美好人生观，因为有很多不同的美好人生观都会赞成，人们有基本的旨趣，希望他们相信的公正原则能在社会上实行。更何况，由于政治决策影响广泛，涉及社会中的每一个成员的切身利益，他们也自然希望对此有平等机会施行影响。一个社会的集体责任（collective responsibility），就是保证公民有平等机会实效地影响政治。如果一个政治制度，它的基本组织方式是赋予经济上占优的人有更大的机会施行政治影响，那么我们要求其他公民尊重政治过程的结果就是不合理的。①

反对现今民主制度中筹募选举经费制度的一个重要理由，是它很容易出现官商勾结的问题。诉诸以往的历史，很多政策之所以不得民心，有损人民的整体利益，就是因为党派在竞选时收受了大商家或财团的巨额捐款，为了投桃报李，党派上台或执政后，采取了那些有利于大财团的政策，即使这样做会损害到弱势社群的利益或社会的整体利益。例如，为了讨好商家而减税，减税后为了维持政府的收支平衡，只好大幅缩减公共开支，包括公共建设和福利开支等。又例如，由于军火商的大量政治捐献，使得政治上鼓吹用战争手段解决国际争端的鹰派，在议会和政府中总有其代言人，往往能左右国际大局。战争对于任何国家都不见得是有利的事情，但对军火商而言，则是他们发财的好时机。柯亨没有讨论这个反对理由，因为他认为法律已经有明文禁止贪污了，并且政治捐献者也不一定谋求他们自己集团的利益。但我们认为，官商勾结的问题是值得重视的，也是反对现今筹募选举经费制度的一个重要理由。柯亨的理由并不充分，因为当政治捐献合法时，防止贪污的法律可能不适用。至于捐献者的动机，试想象如下的情况：所有大商家或财团在捐献时，都不求自身的利益，而是支持那些他们深信的政治理念，即使要牺牲他们某些利益。如果一个政治制度能保证政治捐献都是这样的，在这种情况下，我们反对政治捐献的理由将会变弱。

---

① Joshua Cohen. "Money, Politics, Political Equality", in Alex Byrne, Robert Stalnaker and Ralph Wedgwood edited, *Fact and Value: Essays on Ethics and Metaphysics for Judith Jarvis Thomson*, The MIT Press, 2001, pp. 72-73.

五、政治平等与审议民主

如果上一节的想法成立，我们有理由接受柯亨的"三部分政治平等原则"，那么，我们就有理由改革民主制度中筹募选举经费制度。但是，即使我们进行了这种改革，使人们不会因为财富的差距而出现政治的不平等，这是否就表示代议制民主是一种很好的民主制度，或者说，是一种最符合柯亨的"三部分政治平等原则"的制度呢？我们认为，代议制民主并不能很好地体现政治平等的价值。因为在代议制民主的制度下，公民一般是每四五年才行使一次选举权，在其余的时间，一切重大的政治决定和立法，都落在占公民极小部分的代议者手上。更由于政党政治的原因，代议者很多时候都由两三个政党产生，也受政党的控制。因此，代议制民主其实并没有给予公民很多的政治权力。我们认为，政治平等的权利不单是指所有公民都有投票权和参选权，它还应该包括另外的内容，即使不是更重要的也是同等重要的内容，那就是，每个合乎资格的公民都有相等的权利，就社会和政治事务做出决策。这种权利我们可以称之为"平等决策权"。由于代议制民主不能确保公民有平等的决策权，因此我们建议改革代议制民主。我们提倡的民主制度，可以称为参与式民主（participatory democracy）或审议民主（deliberative democracy）。[①]我们将会讨论的是柯亨作为其中一名重要代表的审议民主。

柯亨以下的一段话，清楚地说明了审议民主的要点：

> 审议民主的想法根植于一个民主的联合体（a democratic association）之直观理想（intuitive ideal），在其中，由彼此平等的公民通过公共论证与推理（public argument and reasoning），来证成（justification）各种协议内容以及大家联合在一起的种种条件。在那样的一个秩序中，公民们都有一种共同的承担（commitment），这就是，通过公共推理以获致有关集体选择的各种问题的解决方

[①] 陈祖为：《当代西方政治哲学新论》，见郑宇硕、罗金义编《政治学新论》，香港中文大学出版社1997年版，第99-101页。

案，并且就基本建制有提供自由的公共审议这点上，把它们视为是正当的。①

从以上引文可以看出，审议民主着重的是，从一个社会的组成原则到社会政策的决定，都希望由"平等的公民通过公共论证与推理"来决定，也就是说，通过平等的公民之间公共的辩论，诉诸说理，以理由的强弱来决定社会和政治事务。柯亨以下列五点来说明审议民主的特色：

1. 审议民主是一个一直继续进行和独立的联合体（ongoing and independent association），其成员可以期待它在无限的未来不断地进行下去。

2. 联合体之所以成为可能的那些条款和规范，既是审议得以可能的条件，也是审议的结果，因而成员愿意相信和遵从它们来行动。对于他们来说，审议后做出的决定才具正当性。

3. 审议民主是一个多元的联合体（pluralistic association）。每个成员对于自己的人生，都有其偏好、信念和理想等。他们并不相信有任何一种人生观可以凌驾于其他的人生观之上。

4. 由于民主联合体中的成员把审议程序视为正当性的来源，所以对他们来说，审议过程与民主决策结果之间的联系也必须是显而易见的。

5. 在审议民主中，各成员之间要承认彼此具有审议的能力，也就是说，他们具有参与理由的公开交换（public exchange of reasons）的能力，以及按照这种公共理性所产生的结果进行行动的能力。②

可见，审议民主最核心的观念是审议，因为所有政治组织、社会或

---

① Joshua Cohen. "Deliberation and Democratic Legitimacy" in James Bohman and William Rehg, ed., *Deliberative Democracy*, The MIT Press, 1997, pp. 67–91, esp. p. 72 译文参考了石元康《两种民主与两种理性》一文的翻译，但作了修改。

② Joshua Cohen. "Deliberation and Democratic Legitimacy", in James Bohman and William Rehg, ed., *Deliberative Democracy*, The MIT Press, 1997, pp. 72–73.

政治决策等的正当性，都奠基于它之上。换句话说，只有那些经由"平等的公民通过公共论证与推理"得出来的决定才有正当性，人们才有义务遵从它。但怎样的审议程序才是合理的呢？现今的代议民主能否称得上是一个恰当的审议程序呢？柯亨提出了构成理想的审议程序（deliberative procedure）的四个条件。它们分别是：

1. 审议是在自由的情况下进行的。
2. 审议必须以辩理的（reasoned）方式进行。
3. 参与审议者之间是平等的。每一个人都可以提出建议，也可以否定建议。
4. 审议的目的是为了达到奠基于理性上的共识（consensus）。①

我们以上讨论了柯亨的审议民主，主要集中在它背后的理念和价值。那么，在实际的制度设计上，它会蕴涵一些什么主张呢？相对于代议制民主它有些什么不同呢？我们认为可以有以下几点②：

（一）有关决策权力的分配
1. 所有重大的政治决定，应该采取全民投票的形式。
2. 一般中央政府的决策权力应该尽量下放给地区的和非政府的法定机构。
3. 经济及社会权力也应该以民主原则分配（如企业民主化、学校民主化等）。

（二）有关决策的过程
1. 所有政治决策的过程应该尽量公开，让公众有机会参与讨论，提出建议。
2. 政府要详细解释自己的建议，说明立场和理据，并响应公众的意见。如果公众经过公开讨论和审议，对政策已达成共识，政

---

① Joshua Cohen. "Deliberation and Democratic Legitimacy", in James Bohman and William Rehg, ed., *Deliberative Democracy*, The MIT Press, 1997, pp. 74–75. 另见石元康：《两种民主与两种理性》，第310页。

② 这几点取自陈祖为《当代西方政治哲学新论》，第100页，并作了适量的修改。

府和其他决策机构应该以此为依归。

（三）有关决策的目标

1. 讨论和决策应该以寻求公共利益（public interest）和公共价值（common good）为目标。

2. 公众进行审议不是一种政治力量的角力，也不是利益的现实妥协，而是为政治事务求得一个合理的解决方案。一个合理的方案必须尊重每个社会成员的平等地位和他们的利益。

如果我们接受柯亨的"三部分政治平等原则"，那么，就代议制民主和审议民主而言，哪一种更符合政治平等呢？或者换一种问法，政治平等原则会支持哪一种民主制度呢？我们认为，接受了"三部分政治平等原则"之后，一个更为合理的民主制度应该是审议民主，而不是代议制民主。理由有以下几点。

首先，审议民主能更充分地保障公民平等参与的权利。在代议制民主中，由于公民一般是每四五年才行使一次选举权，选出政府领导人和立法机构的代表，在其余的时间，一切重大的政治决定和立法，都落在这一小部分的代议者手上，因此即使那些被他们选出来代表自己的代议者已经不能代表他们的观点，他们也只能等到下一次选举时才投票反对。就此而言，公民所具有的政治权利其实很有限，他们也只有形式上的政治平等，即每四五年行使一次投票权。普通公民对于政治决策的过程和制定，在非选举期间，可以说没有什么参与权利。与此相反，在审议民主中，这种情况会得到很大的改善，因为一般公民在平时，也就是说，不限于选举期间，都可以直接参与到立法和政治决策的事务中。这是因为审议民主规定，所有重大的政治决策，都应该通过公开讨论和审议谋求共识，如果没有共识，才采取全民投票的形式。在此过程中，所有公民只要愿意都可以参与。而在代议制民主之下，即使是重大的政治决定，譬如是否发动战争或参战、是否实行全民保健计划等，一般都是由立法机构或政府中的代表来决定，普通公民根本没有投票权，无论是赞成还是反对。有人可能会说，代议民主制的代议者，无论是立法机构还是政府领导人，都是由普选产生的，他们的决定一定要得到选民的支持，否则他们就不能连任，因此，作为选民的公民，由于手中有选票，对重大的政治决定还是有参与权的，虽然可能较为间接。我们认为这种说法忽略了很重要的一点，就是有些重大的政治决定一旦做出了，如果它的后果是灾难性的或涉及社会各个部分的，事后要推翻或更正，都是极为困难甚至是不可能的，例如发动战争。即使在下一个选举中，公民可以不投票支持这些代议者，从而使他们下台，但可能木已成舟，要更正也为时已晚了。作为公民，为什么要容许这种事情发生呢？特别当他们可以在审议民主下，有权参与这些重大决定的时候。如果让公民决定是采用代议制民主还是审议民主制度，显然后者是一个更为合理的选择。

其次，审议民主更能够保证公民有平等机会实效地影响政治的原则。正如上面所说，审议民主赋予公民更多政治参与权利。有参与权才能说影响，否则说不上影响。在审议民主的制度下，每一个有动机和能力的公民，都可以参加政治决议的公开讨论，并且以他的理据说服别人接受其建议。由于在审议过程中，哪一个建议最终能够得到其他公民的认可和赞同，主要取决于建议者提供的理由是否是最强或是最好的。任何公民，只要他愿意参与政治决议的公开讨论，都有平等的机会提出建议或反对其他人的建议，从而有机会实效地影响政治决议。当然，每个人的说理能力、思考能力和说服技巧等都存在差异，但正如柯亨所说的，这些差异是政治平等原则所容许的，并且只要一个人愿意，这方面的差异可以通过个人努力学习来缩减。至于建议者的家庭背景和社会阶层是什么，他是否拥有巨额的财产，都是不相干的。基于审议民主把一些与政治决策不相干的因素，特别是那些会引致公民对政治的影响不平等的因素排除掉，所以它更符合政治平等原则。有人可能会说，在现今有普选的代议制民主中，所有符合资格的公民都有相同的投票权，而这种资格与一个公民的出身和社会阶层也是不相干的，因而代议制的民主与审议民主一样，都能保证公民的政治平等。但是，这个反驳忽略了一件十分重要的事情，就是代议制民主与审议民主赋予一般公民的政治权利是不一样。因为在审议民主中，立法和政治决策的事务都得经过公民的审议才能决定，在这种制度下，只要公民有动机，都可以参加政治决议的公开讨论，并且以他的理据说服别人接受其建议。只要他的理据更强，并且有能力说服别人接受，他就可以直接影响立法和政治决策的事务。动机和能力相等的公民，也就有相等的机会影响立法和政治决策的事务。由于审议民主赋予一般公民更多的政治权利，更多影响立法和政治决策的事务的机会，他们就享有更多的政治平等。因此，审议民主更能够保证公民有平等机会实效地影响政治。

以上我们从政治参与权和平等机会实效地影响政治两方面，论证了审议民主较代议制民主更符合"三部分政治平等原则"。以下，我们换一个角度，以审议民主与"三部分政治平等原则"背后所体现的理念更为一致，来论证它是较代议制民主更为合理的制度。

首先，审议民主更能体现公民的平等身份。如果我们借用柯亨的话说，代议制民主所表达的是一种"过分狭窄的民主观"（unduly narrow conception of democracy），对于公民在民主制度中所扮演的角色也理解得过分狭窄。他们只视公民为接收参加竞选的精英政见的听众，而完全忽略了公民作为政治行动者（political actors）的角色，也忽略了公民作为政策内容提供者（content-providers）的角色。[①]在代议制民主中，由于选举四五年才举行一次，公民只能在选举期间发挥其应有的角色和功能。在其余的时间，一切重大的政治决定和立法，都由代议者完成。在非选举期间，他们可以说大部分时间都是消极的听众，因为他们没有什么积极的行动可以采取。相反，审议民主制度下，公民同时也是积极的政治行动者、参与者、演讲者，他们可以通过公共的审议过程，重塑（reshape）政治讨论的议题及结果，影响非选举期间的政治决策等，因为审议民主要求，所有政治决策的过程应该尽量公开，让公众有机会参与讨论，提出建议，并且如果公众经过公开讨论和审议，对政策已达成共识，政府和其他决策机构应该以此为依归，因此公民即使在非选举时间，都可以行使他们的政治权利，他们也有机会影响政治决策的结果，审议民主较代议制民主能更好地体现公民作为政治行动者和政策内容提供者的角色，公民有平等机会实效地影响政治的政治平等原则目的也是为了保证公民可以扮演这种角色，而它所体现的正是公民在政治上享有平等身份和地位。

再者，审议民主背后预设的理性观，也更能体现公民的旨趣和政治事务应有的目的。在有关决策的目标上，审议民主的理念是，政治讨论

---

① Joshua Cohen. "Money, Politics, Political Equality", in Alex Byrne, Robert Stalnaker and Ralph Wedgwood edited, *Fact and Value: Essays on Ethics and Metaphysics for Judith Jarvis Thomson*, The MIT Press, 2001, p. 47.

和决策应该以寻求公共利益和公共价值为目标，并且公民进行审议不是一种政治力量的角力，也不是利益的现实妥协，而是为政治事务求得一个合理的解决方案。正如上面第二节讨论公民的审思责任的旨趣时所说的那样，公民作为公共决策的参与者和制定者，会希望他们的判断和政治建议是最合理的，即是说，他们可以为它们辩护。如果一个人的判断不能像这样得到证成，那它们就不能与偏见区分开来。由于在审议民主制度下，公民希望为政治事务求得一个合理的解决方案，而得到这个结果的唯一办法就是公民对政治事务一同进行审议，以公开讨论和论辩的方式达成共识。因此，审议民主背后预设的理性观，根据石元康教授的分析，是一种被哈贝马斯称为沟通理性（communicative rationality）的理性观，而在代议制民主下，预设的理性观则是工具理性（instrumental rationality）。①

对于代议制民主，我们认为最有代表性的理论是"经济式民主理论"（economic theory of democracy），因为它结合了麦克弗森称为保护式及均衡式的民主，并且加上了黑尔德（David Held）称为多元主义的民主。这个理论的特色是用经济行为模式中的概念架构来分析民主政体，以及在民主制度下人们的政治行为。②但如何用经济模式来分析民主制度的架构及行为呢？唐斯用经济模式将参与政治行为的人分为两类，一类是像经济行为中的消费者或买家的选民，另一类则是像供货商或卖家的政客。他们参与政治活动的目的纯粹是基于自利的动机，以极大化自己的利益为唯一的目标。根据这种自利的经济模式，选民投票支持某个候选人或某个党派，是因为他认为他们会实行的政策比别的候选人或党派的政策能给他带来更大的效益。这就像顾客买东西时，只会购买那些能为他带来的效益较大的货品或服务。经济行为的场所是市场。当人们进入市场时，他们只是纯粹的经济人，唯一的目的就是极大化自身的利益。根据经济式民主理论，政治行为的场所，如投票站、竞选运动的场合，也是一个交易的场合。公民在那里取得相关的讯息，并且表

---

① 不同民主理论预设不同的理性观，这是一个相当复杂的问题，在此无法深入讨论，可参见石元康在《两种民主与两种理性》一文中深入和详尽的讨论，我们赞成他文中的论点。
② 石元康：《两种民主与两种理性》，见许纪霖主编《全球正义与文明对话》，江苏人民出版社2004年版，第285页。

达自己的偏好,而政客则在那里宣传自己的政策。因此,就性质上而言,政治场合与商业场合没有什么不同。政客及政党参与政治并非为了实现什么政治理想,他们唯一的目的就是为了当选,也就是取得权力。唐斯指出:"政党规划出政策以期能赢得选举,而不是为了能够赢得选举以期它能够去规划政策。"①换言之,赢得选举才是政客及政党的唯一目的,其他一切都只是达成这个目的的手段。这就像资本家的唯一目的是谋利一样,哪一种投资能够赚取更多的利润,他就会从事那种投资。环顾现在民主国家的代议民主制度和政党政治,我们发现唐斯的分析可说是入木三分。

执政党所做的一切,为的就是取得连任,而在野党所做的则是为了在下次选举中获胜。在这种民主制度下,各个政党或议员争取的只是他们自身的利益,而选民通过投票所表达的,也只是他们的政治偏好。选举结果所表达的,只是偏好的总计(aggregation),正如熊彼特所说的,公共利益和普遍意志这两个古典民主理论中的概念,根本失去了意义。②如果用经济行为模式中的概念架构来分析代议制民主以及人们的政治行为是行得通并且卓有成效的,那么,这显示的正是代议制民主背后预设了的经济式的工具理性观。现在我们的问题是,审议民主预设的理性观与"三部分政治平等原则"相符合吗?正如我们上面第三节所说的,"三部分政治平等原则"的基础是复杂程序论,而复杂程序论所预设的理性观,不是工具理性,而是合理性,后者与沟通理性很接近或者可以说是基本相同的一种理性观,因为它也强调通过论辩来达成同意。因此,我们有理由说,审议民主预设的理性观与"三部分政治平等原则"是相符合的,而一旦我们接受了"三部分政治平等原则",我们就会接受审议民主,而不是代议制民主。

六、总结

从以上的讨论可以知道,复杂程序论证成的政治平等原则,会支持

---

① Anthony Downs. *An Economic Theory of Democracy*, p. 25.
② Joseph A. Schumpeter. *Capitalism, Socialism and Democracy*, Routledge, 1996, pp. 50 – 52.

改革现今民主制度中的筹募选举经费制度,并且支持以审议民主代替代议制民主。我们有理由相信,在审议民主制度下的社会,它的财富分配会较为平等。因为在审议过程中,所有人都可以提出建议,并且反驳他们认为不合理的建议。那些只会有利于社会某一阶层的建议,在道理上是很难站得住脚的。我们一旦实行审议民主的制度,富裕阶级就不再能以财富影响政治决策,使政策对他们有利。另一方面,如果我们能够确保政治平等得以实现,那么,即使经济上仍然存在不平等,也就是说,人们的财富仍有不少的差距,只要它们是在公平竞争的情况下形成的,并且这种差距不会影响到人们的政治平等,那么,财富上的不平等,就不再会那么容易引起人们的义愤,引起人们的反对。财富上的不平等,也可以转而正面地发挥其奖励和激发人们创造力的功能。

项目说明: 本文为2013年广东省高层次人才项目"马(马克思主义)、中(中国传统)、西(西方)实践哲学的比较研究"的阶段性成果。

实践与道德

康德通往定言命令之路

［德］威廉·K. 艾斯勒（Wilhelm K. Essler）/文　江璐/译*

一、前言

通过尊敬的同仁徐长福教授的努力，我有幸获邀到访世界闻名的中山大学。对此我十分感谢。

当我开始阅读并理解手边可及的伊曼努埃尔·康德的主要著作的时候，刚刚十七岁。我没有读懂，至少不是马上就读懂了，或是在所有方面都读懂了，虽然说多谢我中学老师吉尔特路德·罗兹太太的拉丁语课，我没有因为他常用的长句而遇到内容理解上的障碍。所以在阅读的同时，我就逐段逐页地在一本专门为此购买的硬抄本中做了笔记；对自己做的这些总结反复的阅读使得我逐步地看到了康德提出的重要问题。从此，我在自己做哲学的时候，虽然不是康德主义者，但起码是以康德为定位的。

我荣幸受到中山大学邀请，向诸位就康德通往定言命令的道路做个讲座，我很乐意地接受了这个邀请。因为对我而言，我自己思想发展中的一个阶段就此也得到一个圆满的总结。

---

* 作者简介：艾斯勒（Wilhelm K. Essler），德国法兰克福歌德大学教授，分析哲学、科学哲学和逻辑学领域的国际知名学者，柏拉图、亚里士多德、休谟和康德研究专家。他在古代印度哲学方面也很有造诣，出版了多部著作，在国际刊物上发表了50多篇论文，曾任知名刊物 Erkenntnis 编辑，现为多家国际刊物编委，以及斯坦福大学、波多黎各大学和武汉大学客座教授。

译者：江璐，中山大学哲学系讲师。

* * *

诸位无疑是熟悉定言命令的。不过也许你们当中有些还并不了解康德的伦理学——用他自己的话来说：他的道德哲学，他的道德形而上学——是以哪条道路发展到定言命令的。讲座时间有限，我将尝试以勾勒的方式来描绘这条道路。

就是伟大哲学家也是从头开始做哲学的，有的时候还会有些笨拙，康德也是如此。

而且，即使是伟大的思想家也是首先以前人的思想为方向的，因为他们是从那里获得知识的；另外，他们在自己对哲学问题的考虑和探讨中也并不会傲慢地把他们看来是有着深刻洞见的格言推开不顾，即便这些洞见是在很早以前就被发现了的，① 这个，也是康德的情况。

二、哥尼斯堡的伊曼努埃尔·康德

伊曼努埃尔·康德（1724—1804）是并且将一直是我们地球母亲哺育出的少数伟大伦理学家之一。

在他被任命为哥尼斯堡大学的教席教授之前，他就以大学图书馆管理员的身份在那儿工作多年了。在从事这个职业的时候，他当然是不仅仅可以每天阅读那些他之前四分之一世纪中所出版的自然科学和哲学著作，而且也可以阅读很多中世纪的著作，特别是古希腊、古罗马的著作。由于他对拉丁文的掌握就如同他对母语德语的掌握一样娴熟，而且由于流利阅读古希腊文对他来说完全没有困难，因此我们可以肯定地认为，他不仅熟识柏拉图和亚里士多德的学说，而且也熟悉那些通过第欧根尼·拉尔修的记载而得以流传的前苏格拉底哲学家们的学说，其中也包含了那些以伦理学为重点的学说，特别是恩培多克勒、德谟克利特和阿那克萨哥拉的学说。

---

① 在那些遵从"十年以前的哲学阐释已经是过时了的"这个格言的国度，也相应地没有伟大的哲学可以传承，至少是没有较重要的哲学，也就是说，可以持续十年之久的哲学。当然，也就没有哲学家会来树立这样可以延续几十年，并且在这个意义上没有时间局限的哲学了。

同样，肯定不是从德谟克利特才开始，而是在远古的时候，在所有大陆上，就都有了这么一个设想：每一个人在其环境中的生命历程与星座在其变换的环境中的运程之间，有着某一种契合。因为地面上的事件应该与天上的情况结合在一起。① 所以，谁要是一般来说具有物理知识，特别是宇宙论的知识，他也就获得了手段来了解自身，使得自己在身体言行和精神行动中融入天穹秩序之中，由此，也就拥有了此天穹秩序本身具有的不可动摇性，即心神安定（Ataraxia），于此一同获得及保持了幸福（Eudaimonía），也就是拥有了幸福。② 由此，他也就有办法让这灵魂上的幸福存有也作用到身体上，特别是作用到面容上，就像德谟克利特曾做到的那样。

三、亚里士多德的伦理学

康德在他的主要著作《纯粹理性批判》的最后结尾部分，把"幸福"这个概念置于他伦理学的中心地位。按照记载，这个概念在古代印度最早是在释迦牟尼佛③那里，在古代中国是最早由孔子④相应地详细讨论过的，而在古希腊是最早在亚里士多德的《尼各马可伦理学》中被主题化的。从《尼各马可伦理学》这部著作中，可以粗略地用我的话来概括出在康德最先的伦理学构建中或许对他有启发的那些方面：

≫伦理学要阐明的目的是：
(a) 人之善的目的在于何处；
(b) 抵达这个目的的道路是何样的；
(c) 以何种态度必须来走这条道路。

走这条道路在于行动，因为人是通过在思考、言语和作为的这些行

---

① 在柏拉图的《蒂迈欧篇》中也提到过，虽然有些扭曲。虽然康德早就不提倡这个意见了，然而，在他那儿，还是可以见到这个观点的影子，这在他《实践理性批判》的"结论"中可以见到："有两样东西，人们越是经常持久地对之凝神思索，它们就越是给内心充满常新而日增的惊奇和敬畏：我头上的星空和我心中的道德律。"（AA 5：161）

② 这个希腊文的表达："ey‐daimon‐ía"一直是以德语中的"Glück‐selig‐keit"（幸福）来翻译的，这并不是从康德开始才这样的。其他的翻译还有"Frohsinn"（高兴）、"Heiteres Gemüt"（愉悦的心情）、"Gutmütigkeit"（好心情）、"Gutherzigkeit"（好心）等等。

③ 释迦牟尼（即悉达多·乔达摩，公元前563—前493年）的《增支部》，见附录3。

④ 孔子的《论语》，见附录5。

动中的训练为善，而成为善人的。

人以他所有的行动追求着一个善，不管他的行动是有益的、没用的，或是有害的。这里，他追求一个善是为了（a）以这个善来达到另外一个善①，或是（b）因为这个善本身而追求它的。当这个还不是最高目标时，他迟早都会把这个目标作为获得最高善的手段。

最高的善是 Eudaimonía，**即幸福**：它是每一个行动的最高和最终的目标，并且，它不是实现另外一个目标的手段：人所追求的这种幸福是为了幸福本身，这种追求是灵魂 Psyché（≈ 精神）② 朝向幸福的定位。

这样，幸福也就是自足的。这种自足的幸福也就通过以下三点而变得完美：①灵魂（Psyché）的行动运用了努斯（Noús【≈ 理性】）；②这是以从认知和美德上来说完美的方式完成的；③整个人生都是这样度过的，而且遗留身后的那一切也是这样（比如在其著作中）。

以这种方式，在**理论家的生活**中，可以获得自足和完美的幸福。而在**实践家的生活**中，也达到了这个目标的那些不甚完美的方面，这也就对应①、②和③这些阶段。≪

四、康德进入伦理学的第一个着手点

就像康德在一处提到过的，他从能干的英国水手那儿获得了关于古印度和古中国哲学的知识，然而，具体他所获得的是哪些知识，我们也就只能猜测了：具体来看，虽然是分别可以做很合理贴近的猜测，但这无法进一步核实。

至于伦理学的基础，以他的话来说，也就是说道德哲学的奠基，或是伦理的奠基的问题，他首次在《关于自然神学和道德之原则的明确性研究》（Untersuchung über die Deutlichkeit der Grundsätze der natürlichen Theologie und der Moral）（1763）中具体讨论过；这里，他简短而又小心地对他当时思想的阐述读上去像是他那部本身详细的文章的一个碍事

---

① 如此的善或是外在的益（比如身世、荣誉、财富、继承），或是身体上的益（比如健康、强壮、美貌），或是灵魂上的益（比如正义和其他德性）。

② 从古希腊表达的意义来看，对希腊文"Psyché"的确切德语翻译，既不是"Psyche"也不是"Seele"（灵魂），用"Geist einschließlich Gemüt"（包括心灵的精神）这个词组更加贴近原义。

的附录一样：总共二十六页长的文章中只有最后三页是讨论应然（Sollen）这个概念的，用他的话来说，即与责任①（Verbindlichkeit）相关的难点。同时，他哲学态度上的转折在这儿是显而易见的：前面的二十三页还统统体现的是他从莱布尼兹和沃尔夫那儿继承得来的理性主义观点，最后的三页却显示出他在伦理学领域上已经是——用他的话来说——从教条性的沉睡中觉醒了，而这是被哈奇森（Francis Hutcheson）②所唤醒的。

因为通过读此人的著作，康德认识到了这几点：

（a）思考真的能力，是认知。

（b）感受善的能力，是情感。③

这里，认知和情感不可混淆起来，或是甚至被互换，后者是对某个感知的评价，而感知自身却是带来认知的。

康德发展**伦理学**（或以他的话来说：**道德学说**）的第一个出发点就与他当时以"处世智慧"为名的所有学说都已经不一样了，他的出发点是：对一个以伦理为定位的人来说，**有约束性的**（verbindlich）是什么，这个人的**责任**（Verbindlichkeiten）包含了什么，他**应该**干什么，这些，可以用以下我的话来总结④：

≫善是**应该的**；实现善（也就是说，在思想中、言语和行动中的行善），这是被要求的。然而，这里"应然"这个概念的内容如何，也就像是在比如"我们应该做这个，而不应该做那个"的此类判断中"应该"这个表达该如何依照伦理学而得以正确使用的问题一样，还没有得到解释，也不是完全可以洞见的。这儿要区分的是对"应然"的两种使用方式：

---

① 译者注：对"Verbindlichkeit"一词的翻译汉语学术界并不统一，有人也译作"义务"，或是"约束性"。

② 此处请参见附录1中的文字。

③ 康德在此很清楚地意识到应然并非可以从存有中推导出来，而存有也并非可以从应然中推导出来。并且在这个方面，他也远远超越了他同时代的哲学家，那些人还在使用欺骗性的辩证。

④ 虽然这个例子像是他随手拈来的那样，但这儿所影射的是亚里士多德的伦理学，不能忽视这一点。康德关于在思想、言语和作为中伦理意义上完美的行动的奠基之最早的出发点，是对亚里士多德形而上学中各部分的继续发展。但很快，他就超越了那位伟大的哲学家，而转向那些亚里士多德还不知道的伦理学奠基的问题。

(1)"我们必须做**这个**（以此来作为手段），为的是要取得**那个**（作为目的）!"

(2)"我们必须做**这个**（作为目的）!"

由于在（1）的句子范式中的前面那个分句"我们必须做这个"并不是个道德命令，又由于它在内容上与"应该要做这个!"，也就是说与"值得推荐做这个!"是同义的，所以，这句话是一个经验性的规则；因为这里对"应该"的应用在后面跟随的从句中加上了一个要求，即"……为了取得那个!"。我们可以把这应用在这个例子上，即"为了获得**幸福**（=如果我们要获得**幸福**的话），应该执行这些和这些行动!"

与句子范式（2）相对应的命令有这么一个形式，即"我们应该努力追求和实现完美!"，或是"我们应该按上帝的旨意行动!"这样的一个命令虽然没有牵涉到一个其他的目的，而且按这个命令的行动只是一个要求，然而，却无从证明它，既不能够通过在命令中出现的概念来证明，也不能够通过结合在命令中所提到的东西来证明。所以，也无可得知应然的**质料**条件是如何制定并能够得到证明的。然而，可以得到证明的是一切应然的**形式**条件，在下面一对句子中可以得到总结：

- "实现你力所能及的最完美!"
- "不要做那些阻碍实现你力所能及的最完美的状况的事!"

然而"最完美的"这个概念，换言之，"至善"的概念，既不简单也不清楚。所以，在伦理领域，知性的任务是把这个概念分解成它最基本的组成部分，使之变得明了，也就是这样：指明这个概念是如何与对至善的单纯感受相对应的。

假设这个在某时已完成，然而，还是不可能从这个概念中推导出诸如"这是善的!"[①] 此类简单目的来。因为，这样的一个判断是对快感[②]这种感觉（用我的话来说：即幸福之感）的意识，在设想到（一个变量）"这个"（这儿）所指的对象的时候所产生的直接的效果。

---

① 从对"因果性"这个概念哲学上正确的分析中，也无法推导出这个判断："这是那个物体的因果作用。"

② "快感"这个表达在这儿是以"幸福之感"的意义使用的，就像在亚里士多德、亚里斯提卜（Aristippos）和他们的学说继承人那里使用的一样，这在第欧根尼·拉尔修那里有记载。

所以说，每一个由意识所**直接**设想为**善**的行动，也就是说每一个如此也就不再是服务于另一个目的的行动，就是一个**质料**原则；而其要求，也就是这个原则的**应然**，这里是无从证明的。

每一个行动都必须和这两个不受经验制约（或说，与这些绝对的、与这些定言）的命令相吻合；而在这样的行动之描述并不与绝对命令相矛盾的时候，这个条件也就得到满足了。这些命令的职能是作为行动的规范原则，从而也就是作为受经验制约的命令所描述的行为形式之规范原则。≪

五、康德的第二个出发点

康德给所有伦理学之先天成分加以奠基的第二个出发点，是在他的主要著作《纯粹理性批判》（1781）的结尾部分提出来的。

乍一看，这个伦理学好像同样是以他的认知论为基础的，因为他把这个伦理学描述为他的认知论的逻辑性延伸。仔细观察之后却可发现，这个伦理学其实是与他的认知论分道扬镳的，而非其延伸。①

关于意志和决断自由的概念该如何合理理解的问题，康德在他这部主要著作的多处分别予以讨论，这个概念必须这样来理解，即它不与因果这一范畴相矛盾。在他结尾的那一部分，即"先验方法论"中，他讨论了与此相关的问题，而且首次以连贯的方式进行了讨论，并且为他后来的《道德形而上学》埋下了伏笔。

他在**这里**把"幸福"（即希腊文中的"Eudaimonía"②）这个概念发展成为他伦理学的核心，无疑，他受到了亚里士多德《尼各马可伦理学》的启发。但是，如果他对此没有做出重要和具有决定性的补充的话，他也就不是康德了。

---

① 在这请参见附录2和附录3中的复述，也参见我在复述前面加上的文字。

② 这个希腊文的表达："ey–daimon–ía"一直是以德语中的"Glück–selig–keit"（幸福）来翻译的，这并不是从康德开始才这样的。其他的翻译还有"Frohsinn"（高兴）、"Heiteres Gemüt"（愉悦的心情）、"Gutmütigkeit"（好心情）、"Gutherzigkeit"（好心）等等。这个概念在意思上，是与梵文的"prīti"同义的。亚里士多德的父亲是马其顿国王菲利普的御医，而这位国王统治的时候，马其顿一直是波斯王国的附属国。如果说父与子没有听说过塔克西拉和那儿的天衣教派，这就随你自己相不相信了。

(a) **自由意志**。

不过,他首先划好了他所要展示的纯粹实践理性①的范围,用我的话来复述,也就是说:

≫理性应用的最高目的在于(a)为意志自由提供依据、(b)为灵魂不死提供依据、(c)为上帝的存在提供依据,这也就是最高和最终的目的,就算是这个目的没有达到或是也许根本无法达到。

理论(=思辨)理性没有能力取得这些证明和依据;而且就算它能够,此处获得的结果对它来说也是毫无价值的。然而,这些结果对实践理性来说,是有非常大的价值的,而且,对实践理性来说,也就应该提供依据说明它是否能够用它的与行动相关的手段提供这样的证明和依据。

确切地说,通过意志的自由而成为可能,并且由此依照这决断的自由也可以实现的那一切,是**实践性**的。

当且仅当意志在其决断中不受欲望,如欲求、恨所驱动,而是让理性理由来引导自身时,它是**自由的**。②

当然,就像经常发生的那样,这种由理性引导的状况是受到经验性影响的制约的。但是,这并不改变如下的情况,即在意志决定并非被感性所驱动而是由理性所引导的时候,这个决定也就是自由的,就是说不是由感性的欲望所驱动的,而是此时克服了感性的冲动,这个决定则是经过深思熟虑的,也就不可能受第三者的支配。

人是能够做这样的自由决定的,个人的经历显明了这一点:人做决定的时候,至少是有的时候,并不是依照当时给予他最大快感的那个选项来行动的,而是依照以后某时应该或至少是有可能给他们带来益处的那个选项而行动的。

这样进行的自由意志的行动也就制定了一个原因,因此自然在显象

---

① 从这儿起,他把纯粹(=先验地运作的)理性分成了纯粹思辨(=理论)理性和纯粹实践理性。

② 至于动物,康德还禁锢在他那个时代的思想中:以此看来,动物是受到感性驱动的,而人则是不同程度受到理性引导的。在今日,屠宰动物的人也还是这么看的,甚至包括大部分哲学家也是如此。然而,如果我们把那些没有羽毛却有宽指甲的两条腿生物看作是动物,而大象、海豚和狗等则看作是人的话,那么"动物是受感性驱动的,而人是受理性引导的"这句话,可以成立。

世界中有这样或那样的因果效应。

自由意志的执行之必要条件是**经验性**的，而用实践律法来描述这些条件也就是经验性的法则。所以说，纯粹实践理性是无法制定这些法则的，因为实践判断并不是以逻辑演绎的方式从先天原则里可以推导出来的。

实践理性：①把这些经验的法则统一成了**明智**的准规（＝系统）；②把人之禀好中给予人的诸多单个目标整合为**一个统一**的目的，即**幸福**；③统一了为了达到这个目标而需要的**手段**，明智要用到这些手段。

明智的规则不是先天的法则，而是**经验的法则**，而且作为这样的法则，也是**客观的法则**。由于它们包含了**指示**，它们是**命令**。它们表达的**不是**事实如何，而是事实**应该**如何，就算是这个应该实现的事实也许从不会变成现实。但是它们所描绘的是在想要接近（人的实践）理性之纯粹应用的最终（＝最高）目的的时候，或是希望要达到这个目的的时候，该如何行动。≪

（b）获得幸福的资格。

这样，康德在"我们的理性之纯粹应用的最终目的"一节中，最先定下了他所要树立的伦理学的框架。紧接着，他又加上了一节，其中他推倒了幸福的至高地位，而现在他赋予幸福的地位则是达到最高目的的中期目标。"论至善这个理想：作为纯粹理性最终目标的规定根据"这一节我稍微简略地复述如下，作为康德的第三个出发点①：

≫人之理性，包括理论和实践理性的所有旨趣，都可以用以下三个问题概括：

1）"我能认知到什么？"

2）"我能做些什么？"

3）"我可以期望什么？"

第一个问题是理论性的。要回答它，可以依照柏拉图关于"知识"的概念，用这句话："当那以内心或外在言语表述的判断形式所表达出

---

① 这第三个出发点可以独立于第二个出发点来阅读和理解。这也就让人不得不猜测康德或许是在第一个出发点被送去付印之后，先发展和撰写了这个出发点。这也就解释了在这两段之间会有单个的不相符的地方。在两个多世纪之前，对已经排了版的文字加以改动，是麻烦和昂贵的。

来的那些为真的时候，并且这些是可以以先天的形式加以证明的，那么，在这里，并且只有在这种情况下，所说的那些就是知识。"所以，这是一个认知论的问题，而不是伦理学的问题。

第二个问题涉及的是关于明智的学说，这样，也就涉及了以经验为定位的实践理性，然而却不涉及纯粹实践理性。

相反，第三个问题从幸福这个概念出发而提到了最高的善：

所有期望都是以**幸福**为目标的：

- **知识**牵涉到的是理论性的一切，而且牵涉到自然法规。同时也预期，因为发生了某一个事件，也就有某一个物实存（并且作为世界以外的原因而起着效应）。

- **期望**牵涉到的是实践和道德法规，同时也预期，因为**应该**发生某件事件，所以有某物**实存**（并且此物作为世界以外的原因而起着效应）。

幸福是对人之禀好的满足，这不仅是指禀好的多样，也指满足的各种不同程度，以及满足的时间长短。这里，要区分以下这些：

- 出于幸福这个动机的实践律法是**实用性**的。这个律法基础在经验上可探求和以经验为奠基的规定上，这个规定不仅仅关系到个人的禀好，也关系到那些经验上需理清的外在因素。

- 而出于**有资格**获得幸福这个动机的实践律法，则是**道德性**的。这个律法抽象而不顾那些禀好和首先与这些禀好相联系的自然法规，它只涉及一个具有理性的生物之意志自由，以及那些使得这种自由与获得幸福一致的条件，自由在这里是符合此类道德律法的。

确定认可的是，有此类纯粹道德律法的存在。这不仅由伦理学家的证明指明，而且特别是每一个人的道德判断也指明了这一点，只要那人当下想起他自己的道德判断的话。

从这个认可中也就得出，这些**道德律法**是**交互主体间有效的**，并且在这个意义上，是**客观有效的**。在一个道德的世界里，它们不仅仅是客观有效的律令，而且也是客观有效地对事实的描述；在一个可以设想的世界中，其中具有理性的生物毫无保留地克服了他们的主观禀好以及缺陷，比如说意志的薄弱或是不正直，那么，这些生物在其思想、言语和行动中，完全是按照此类道德律法而行的。

对此类实践律法的遵循，主观上是在准则上发生的。这里，准则处在一条此类律法中，而后者对具有理性的人来说，是一条主观的原则，并且因此也就对这个生物而言，是规定他行动的主观根据。

就算是我们人类显象世界还远远没有达到道德世界的程度，然而这些道德律法也可通过实践它们的那些人，对显象世界产生因果的效应。由此，这些律法也使得这个感性的世界至少是在小小的程度上，更加接近那个道德世界和道德世界中的居民，即那些由道德律法引导并依此，其自由意志与自己和每一个其他生物的自由都一致的理性生物，他们如此行动，是因为他们让自己的行为准则依照下面的实践理性之先天原则来定位：

- "做能使得你有资格获得幸福的事！"

当然，马上接着要问的是，一个具有理性并且有资格获得幸福的生物，通过这样的行为是否也的确得到了幸福并且变得幸福？然而，在这个显象世界中，使得自己有资格获得幸福的这一不可放松的努力，却并不是以必定的方式与幸福的到来连接在一起的。不过，在一个道德世界中，就像实践理性示意的那样，道德行为是一定与幸福携手共进的，而这并不需要通过对幸福的展望来驱动人道德的行动，否则这个行动就会变得不自由，以至于人丢失了赢得自由的资格。

在一个一贯道德的世界之中，意志自由的实行就已经随同此时发生的对能按道德律法行动的自由的认识一起，是其自身之福祉（wohlfahrt）以及其他同一世界之生物之福祉的发起者，有了福祉，也就有了幸福。因为在道德世界中，所有这些都是**确实**发生的，而在我们的世界中，这些是应该发生的，因为并不总是确实发生的。

与此相对，在我们当前的显象世界中，并没有确保依照能获得幸福之资格的行动随之即会带来幸福。因为在显象世界中，并不是所有的理性生物都依照能使之有资格获得幸福的规则而行动的。不过，实践理性使得人具有如此的期待，因为它把获得幸福的资格与获得幸福结合在了一起。因为，既不是说没有先前所赢得的获得幸福的资格，幸福即可出现，也不是说赢得获得幸福的资格就是最高的目标了，并不需要幸福随之出现。这样，在一个道德世界中，最高目标就是这两者的结合。

期望按照个人行动中所表现出来的获得幸福的资格而也以相应的程

度获得幸福，是在如下条件下得到根据的，也就是当且仅当①有依照道德律法而发布命令②的最高理性存在（努斯③）以及它同时也是（显象）世界（之外的）原因④的时候：通过此最高理性，即通过这个最高的智性，也就得以保证道德上自我完善之中的生物在身体死亡之后，在这样一个道德世界之中能够获得完美，以此，也就是获得了幸福的资格，即获得了幸福本身。

这个理想在这个显象世界之中，至少是可以被认识到的。因为，感性只是显示给我们一个先后次序，然而却没有显示因果秩序，没有显示目的性的那一切的乙为了甲的秩序。所以说，理论（=思辨）理性也就不可明察由这个最高理性所制定的目的性。

一个**最高智性**的理念则是关于至善的理想，更确切地来说是**原初的至善之理想**，任何一个另外的至善，都仅是一个**演绎而来的至善之理想**罢了。≪

(c) 通往形而上学。

从《纯粹理性批判》起，康德在他的著作中以两种方式使用"形而上学"这个词：

1）依照其分析性的使用，按"先验分析论"中的用法，这儿所指的"形而上学"，在于指出一门所给的知识学科之先验的原则；

2）按照辩证性的用法，即依照"先验辩证论"⑤的用法，这里所

---

① 这个"当且仅当"绝非是已经有了合法依据的。不过有那些具有内在逻辑的学说，比如佛教的学说——用皮埃尔·西蒙·拉普拉斯的话来说——没有假设神，也可以成立。参见附录4。

② 按照康德的看法，这种道德律法在涉及世界之外的最高理性之下，才以一种给予人许诺和警告的训诫的形式出现，在此之前，这种律法只不过是个美好的想法罢了。

③ 这个词汇与阿那克萨哥拉用词惊人的相似。柏拉图或是没有那么强的思考力来正确理解苏格拉底的学说，或者他没有意图要重视地体现这个学说：也就是那要在因果性中寻找努斯的意义和目的的洞见。

④ 原因这个概念是与在显象世界中的因果性相区分的概念，因为否则的话，发起者就必须是显象世界中的对象。

⑤ 康德既不在柏拉图的意义上，也不是在黑格尔的意义上使用"辩证"这个概念的。他是大致接着亚里士多德那相应的暗示来使用这个词的：对亚里士多德来说，分析性的辩论是逻辑上成立的推论，这些推论不需要间接的论证，在这种推论中，并不需要假设相反的结论为真，而倒推出来其荒谬之处。康德的用法，也就是他在纯粹理性之二律背反那一部分中的用法，也许可以这样来理解：如果假设的那些在批判中展现出来时超出理性之界限的，那么如此的假设，则会引起这样或那样的矛盾。

指的"形而上学"在于对可思考和可表述的一切之界限的超越,也包含从而出现的各种矛盾。

在他的《纯粹理性批判》之结尾部分,康德还没有预告要写**对实践理性的批判**,他此时应该还没有想到这个,① 不过他已经预告了关于**自然的形而上学**以及**道德之形而上学**;没有几年之后,他就提出了这两门科目的形而上原则——即其形而上学基础,而后面一个形而上学,他加上了"奠基"这个提示。

只有在第一眼印象下,在《道德形而上学之奠基》中所讲述的伦理学方案才显得是对他在《纯粹理性批判》中"先验方法论"中所插入的伦理学草案的详细说明。然而在这里,他完成了以下这个决定性的进一步发展:

"幸福"这个概念不是纯粹(=不是先天)的概念,而是一个经验的概念,它作为内感的概念性工具,囊括了心灵状态,也包括了内在的感性所与。所以,这个概念虽然可以在明智学说中出现,然而却不可以在对所有道德行动之严格的先天性哲学奠基中出现,这也适用于其他的经验性概念。

这儿,这个明了的哲学思考的副效应(或许是故意要有这个效应的)是,关于灵魂不死和上帝存在的问题(不管这儿上帝是如何被理解的)就变得与伦理学奠基无关了。

六、道德的形而上学

《道德形而上学之奠基》这部著作像是三篇先后撰写、独立成章,之后再汇集起来的文集,并且又加上了个前言。这篇前言以我的话来复述有如下内容:

≫假言命令被设想为是引向道德之善的,这些命令应该符合道德律法,也就是说,它们不可以违背这样的道德律法。然而,这还不足以满足道德上的善,道德上的善还应该要因为它本身而得以实现。因为对禀好、需要和欲望的考虑,都会完全摧毁它的纯粹性,也就完全摧毁了它

---

① 后来他把"纯粹理性批判"这个概念与"纯粹思辨(=理论)理性批判"看作为同等的,同样,把"实践理性批判"与"纯粹实践理性批判"看作为同等的。

的道德价值。

(a) 纯粹意志。

所以，这个道德的善，是由纯粹意志维持的。纯粹意志与人之交互影响的欲求和追求不同，它为了不受制于这样被驱动的地位，而完全局限在纯粹理性上，并由其渗透。①

道德形而上学的宗旨是研究一个这样的纯粹意志的理念和原则，而非人之意愿和发自于人性条件之下的行动，因为，这是心理学和人学的任务。所以，这里的道德形而上学也就在于找出并规定道德的最高原则。

纯粹实践理性的批判也就得阐明纯粹实践理性对最高原则以及包含在其中的概念加以规定的可能性和界限。≪

这个靠自己的情况，即这种不受制于心理学和神学的自主，② 之所以值得努力达到，是因为道德的行动不是为了什么好处才发生的，换句话来说：因为每一个出于外在或内在好处而发生的行动不是（只）在善的意志中，而是恰恰在这个好处之中寻求其价值的（而且偶然也甚至赢得它，如果对此的经验条件是有利的话）。这样，也就可以以简略的形式，用我的话来复述康德在《道德形而上学》中是如何导出定言命令的：

≫赢得了的幸福，在自身看来，还并不是道德上为善的，因为在获得权力和荣誉的时候，也会获得幸福，或是在有满足感的时候，比如健康和感觉良好的时候。（只有在限制在人证明自身是有资格获得幸福的时候，这样获得的幸福才是为善的。）

另外，幸福亦可通过直觉而获得，特别是因为直觉根本上比理性更迅速，而且能够比理性更加稳定地取得其效应。人越是追求享受以及与此相连的幸福，这种满足感也就会越多地流失。

在道德的方面，不应该是禀好和欲望，而应该是（一个具有理性的生物的）理性来对其意志施加影响，因为这样，而且也只有这样，

---

① 按照康德的说法，这样的道德律法只有在与世界之外的这样一个最高理性联系在一起时，也就是说许诺着惩罚和恩许的那种理性，才会成为一种训诫。在此之前，这种律法则只是一个美好的思想。

② 这儿，康德使得他的伦理学不用考虑关于灵魂和上帝的学说的地位就可以要求同等有效。撇除这一点来看，康德仍然坚持一个（异端）上帝概念。

才会在这个生物身上，引发出一个**本身**就为善的意志。而通过自然本能，所有其他的目的都会远为更好地被引发。

（b）**实践理性**。

意志在于有能力按设想来行动，① 更确切地说来：按那种关于在行动中应该考虑到的律法关联的设想来行动。这种考虑需要理性，所以，意志也就是以行动为目的的理性，简略地说，**即实践理性**。

这里，意志不在于单单的愿望，而是在于调动所有的可用资源和手段（即精神、语言②和身体的所有可用资源。意志当然并不是无条件的价值，而且常常还并不是价值。然而，善的意志，则自身即为价值，如此也就是不受他者规定，而是自己规定自己的价值。）

（**理性**自身是客观的。但是，具有理性的生物是以不同的范围来通达理性的，而且，这些生物也会让理性以不同的程度和规格，来对自己施加影响。）舒服的、不舒服的东西，都会对意志有影响，这却是出于主观原因而发生的（即通过情感值，不同的感受在不同的人身上以及在不同的时间，会引发出不同的情感值）。

在理性以不受限制的方式来引导和规定意志的情况下，这样的意志也就是一种能力，即会在不同的未来行动之中，来选择理性不受制于所有欲望和好恶而认识到为**实践性必需**的那个行动，或是简短地说来，即选择理性认识到为**必需的**，或更加简短地说为**善**的那个行动。

（c）**善的意志和义务**。

唯独**善的意志**③才是没有任何限制条件地为善的。人们常常举例说的**德性**，比如（勇敢，或者）节制，或是自我控制，或是可以没有感情冲动地辩论，这些都是在**某一个方面**为**善**的，然而**在另一方面则不善**：当它们受到一个善的意志的引导的时候，它们则是善的，而如果受到一个不为善的意志之引导，则不是善的。

这样，善的意志在自身也已经是一种价值，而这是没有限制的，也

---

① 这是康德的"意志"概念，而不是**亚瑟·叔本华**的！

② 我坚定认为，康德没有忽视柏拉图关于"思想"的定义，即"思考是灵魂与自己的对话"，我估计这是源于普罗泰戈拉。在这个意义上所理解的"精神"首要是包括了情感状况和（直觉）的动因，而"语言"首要包括推论性的思想（和言论）。

③ 就像前面提到的那样，我认为在这里，康德对善的意志这个概念的理解是，一个善的意志首先是有一个纯粹的意志为基础，并且最终是与后者同一的。

不受制于它的效应是否后来显出是有益或是无用的这个问题。

即便**变得有资格获得幸福的过程**，也是奠基在**善**的**意志**的作用上的，这样也就导致了后者是**前者**的道德条件。

这儿，有效的是这**第一条原理**："善的意志不是通过禀好或是欲望或是受动的手段来起作用的，而是在它使用一切手段的资源的时候，就包含了**义务**（Plicht）。"①

这个义务大多不时地就要面对这些或那些主观限制或阻碍，并受其制约，这个事实并不影响善的意志的标志性价值。

这里，义务从根本上就是与自私的目的有区分的，而且也与遵循某种指令有区分，而且，这个义务的**表现是**，道德的行动并不是基于禀好和冲动的，而是基于（自由选择和自由承担的）义务。

在这些章节里可以读到，训诫人应该做的有爱邻人甚至爱自己的敌人。这里，毫无疑问，爱并不是一种禀好，因为是无法训诫人要有某种禀好的，这是由于禀好是被动情绪性的（＝借着情感的因果性而强迫出现和感受到的），这样，也就不是实践性的（＝不是由理性理由而引导到行动的）。训诫人要做的，只可能是那些不是由于特别禀好所驱而使得人想要做的，或是反之，没有特别的厌恶使人逃避的那些事情。

第二条原理是："出于义务的行动之价值不在于人履行这个义务的目的，而在于人决定选择这个义务时所依照的准则。所以说，义务既不是受制于其效应，也不受制于欲望的对象，而是取决于引导这个行动的原则。"

接着这两条原理的是**第三条原理**："义务是出于对（道德）律法之敬重而做某种行动的要求（＝必要性）。"

理性命令我敬重普遍律法，因为这个律法描述了**自身为善的意志**，其价值也就是高于一切的。因为，（实践）理性命令这个意志不要考虑任何欲望和禀好，这针对的是认为幸福在于满足所有禀好和欲望的这种

---

① 或许"承诺"（Verpflichtung）或"符合理性的承诺""有理性所引导的承诺"在内容上比"义务"要更加准确。因为自己所施加给自己的责任完全可以和愉悦联系在一起，而高贵的意念中，也会包含着幸福。这里绝对不是指日常生活中"坚持执行义务"或是"不乐意地满足他的义务"的意思，更不用说和军队里所说的义务不是一码事了，比如："这是他不得已的义务和责任。"

看法。①

如果说，这个行动是发自于禀好和欲求的，那么在禀好和欲求驱动面前，是没有什么敬重可言的，就算是在禀好和欲求有时被认可的情况下。

然而，善的意志是客观地——因为是受理性引导的——以这个道德律法为定位的，而敬重则是这个善的意志之主观伴随者。这个敬重并不是善的意志的原因，而是从善的意志发出，并且与之相随的效应。由于受理性引导的道德律法规定了善的意志，因此也规定了对善的意志的意识，而这个意识也就在这个律法面前有着敬重。② ≪

(d) 黄金律。

这也就是康德对他所找到的定言命令导论的核心。这个无条件的也之所以不受限制的命令应该被看作是对那源自古老的道德行为原理的辩论型细化和发展，这个原理在德语中是通过这个谚语确切地得以描述的，而这个谚语，是作为**黄金律**为人所知的，即：

"你不想别人加于你身上的，也就别对别人做！"

毫无疑问，这个道德命令可以追溯到远古时期了，而毫无疑问地，在五个大洲，祭司们都传授过这一条道理。

哲学史家最早是在释迦牟尼佛的训导和孔子的《论语》中找到这一条**博爱原则**的。后来也在德谟克利特的作品中找到，这位来自古希腊北部"笑着的"③的哲学家在东方长期旅行中获得了哲学和自然科学的训练，虽然我们不知道他去了哪儿、走了多远，不过可以猜测，他至少是到了波斯王国的边境，一直到了塔克西拉。

因讲稿时间的限制，借至此康德自己研讨出来的有关实践理性的概

---

① 康德原来所高度推崇的幸福从这开始也就瓦解了。
② 这个，即在《道德形而上学》的第一部分之结尾部分，是否是康德后来在写第二部分的时候才附加到第一部分的，还是康德在写第一部分的时候就已经考虑到了定言命令，虽然他还不是想得很清楚，而且他是否因此蹒跚地（指的是他的表述）走向定言命令的呢，这我还没法断定。第二部分他是以对第一部分毫无必要的冗长的总结来开始的，这样就出现了这么一个印象，即他把第一部分的文字又一次对照着他现在看得更清楚的定言命令，而重新表述了一遍。
③ 译者注：古希腊的同代人已经给德谟克利特冠以"笑着的"（德：lachend，英：laughing）的称号，可能是因为他的家乡阿布德拉有"愚人城"之誉，也有可能是由于他关于情感要开朗乐观的学说而给他冠以这个称呼的。

念性工具，可以把他对定言命令①的阐述在下面简短地用我的话来复述：

≫准则，如同已经说过的那样，是**主观**的行动原则，也就是说，是主体行动时依据的原则，即理性按主体的条件，常常是主体的无知或是禀好所规定的规则。

相反，**律法**则是客观的原则，也就是说，对每一个具有理性的生物都有效的原则，即每个人都必须依照它来行动的原则，这样，也就是命令。

这条②（道德）律法描述了道德上为善的行动的律法性：

1）此律法性只涉及行动者的善的意愿，所以也就不顾及效果；

2）此律法性不受行动者或其行动处境的限制（所以也就不是假言的，而是定言的）；

3）此律法性涉及行动者完全受到理性引导的意志，而且此意志没有掺入欲望和冲动。

在意志的准则被升华到了普遍律法的地位，而且在任何情况下都不会与自身矛盾的情况下，**意志**是**善**的，否则，它就既不善也不恶。

而且，**意志**是**自由**的，或换种说法，是**自主**的，因为意志在做决定的时候，不受任何禀好的影响，否则的话，（在或小或大的范围里）它就是不自由的或是他律的。③

这种律法性通过作为意志基本原则的这条律法获得了表述，即我必须自始至终如此行动，以此，我也能够使想要我行动的准则符合普遍的律法立法，这样，也就不会出现冲突和矛盾，随即，也就是善的。④ 由于这条律法必须是普遍的，所以主观的禀好就得与它隔离开来。按照符合这条律法的准则而行动的意志，则是自由的意志，是自主的意志。⑤ 由于这个不考虑任何特殊情况的普遍性，而这个普遍性却又是每一个人

---

① 从现在起，康德就只说有一个，即那个，定言命令。

② 从第二部分开始，康德才开始在大多情况下以单数的形式，使用"道德律法"这个概念，而不是像以前那样，大多是以复数的形式使用它！

③ 这是在一个善的，却或许并非完全自由的意志和一个自由的，然而却由于一个削弱的理性不时会有错误引导而之所以就不是完全善的意志之间精确和细微的区别。

④ 只有在一个完美运行的理性那里，自由的意志才会成为一个善的意志。

⑤ 只有通过囊括所有具有普遍性的（主观）准则中所包含的一切，并且在自己的决定中考虑到这一切的那种理性，善的意志才会变成自由的意志。

的律令之准绳，因此在这条律法之外，也就没有其他任何的东西可以被看作是另外一个定言命令了。

(e) **定言命令**。

纯粹实践理性的基本原则，或是说，**定言命令**，是这样的：①

- "如此行动，以至于你的意志的准则每时每刻同时也能被看作是一个普遍立法的原则！"

由于这是对每个人、对每个具有理性的生物的要求，所以也就可以这样来解读：

- "每一个人都应该如此行动，以至于他的意志的准则每时每刻同时也能被看作是一个普遍立法的原则！"

而这又是要这样来理解的：

- "每人都应该如此行动，以至于他意志的准则每时每刻都同时可以被看作是一个普遍立法的原则！"

由于应然与负有义务是一回事，所以还有下面这么两种对定言命令不同的读法：

- "每一个人都有义务如此来行动，以至于他的意志之准则每时每刻同时都能被看作为一个普遍立法的原则！"
- "每一个人的义务是，如此来行动，以至于他的意志之准则每时每刻同时都能被看作为一个普遍立法的原则！"②

这儿的"如此来行动"当然是以"一贯如此来行动"来理解，所以，"这样来行动"也是以"一贯这样来行动"来理解，也就是说，里面蕴涵有一个普遍化的时间概念。

(f) **圣人**。

如果就像圣人的情况那样，理性不断地规定着一个具有理性生物的意志，那么，这个生物在客观上所认识到的是他必须做的行动同时也就是主观必须做的。他的意志也就是在不同的未来行动选择之中，只选择

---

① 我在这儿沿用《实践理性批判》中的表述，不过把"作为普遍律法成立"替换成了"作为一个普遍立法之原则而成立"。因为一个普遍立法的要素一般都必须比准则更加详细和更加深入，参见康德的《道德形而上学》第一章。

② 谁要是不想错误理解康德的概念"义务"，那么他也就必须特别在这样的关联下，把这个概念的应用与"应然"这个概念联系在一起。另外，康德个人根本就不是一个让人不悦的人。

以及实施那一个理性认为是**必须**（=**实践上必要**）的，因此也是**善**的（作为**实践上善**的）行动。这样的一个生物的意志本身就是善的，而且在这个意义上，也就是圣洁的。一个生物，当其意志从所有他律条件中被解放出来，也就自由的时候，他也就不需要任何道德上的命令了。他也不再按道德命令行动了。因为他的行动已经借着他理性引导的意志而满足了这个命令。①

如果说，一个具有理性生物的意志相反并不是完全由（实践）理性所规定的，因为他还受到冲动和类似的主观条件的制约，而且因为他还不是完全自主，而是至少部分还受到了他律的影响，而且这往往是常态，那么，他也就需要这样的命令、这样的要求，这些是用来坚定理性的。如果偶尔某个行动是出于一个并不是受到理性引导的意志而发生的，而这个行动同时也会以同样的方式由一个受到理性引导的意志加以实现，那么，这个行动仍然是偶然的，而并不是出于一个善的意志，因为作为主观原因的冲动和客观的理性理由并不一致。

（g）**义务、尊严、完美**。

义务是一个并非完全自由的，从而是他律的意志的客观必要性，这样一个意志的客观必要性不是那种主观的必要性，因为它是一种经过理性引导的要求，义务按客观普遍立法的原则来定位意志的行动准则。

这儿有时会一起出现的**惬意**却只是借着感受仅仅作为主观原因来影响（一个非圣人的）意志，这些感受是对惬意的感受值。

一个意志完全为善和（成为）圣洁并由此圣洁的生物的**尊严和崇高**是从道德律的尊严和崇高中导出的：该生物完全遵循此道德律，并且他在遵循的时候，此道德律丝毫不费劲地引导着他的意志，因为此生物的意志此时是与道德律融合为一体了，成为一个整体，他变得**完美**了。②

---

① 按佛教的说法，他成为一个阿罗汉，成为一个圣人，成为一个其意志同时为自由和善的人，也就成为一个获得救赎的生灵。可以确定地认为，从圣彼得堡出发的商人向康德报道过关于卡尔梅克人的信息，而能干的英国水手也向他报道过关于僧伽罗人和缅甸人的消息，这样他也获得了关于西藏以及佛教的知识论和伦理学的知识。他获得的报道有多少以及多详细，这是无证可循的。

② 这里康德回溯到"（道德）完美"这个概念，在他最早着手创立伦理学的时候，他就以这个概念为基础。

在道德的诸理性根据中,"生物之完美意志"这么一个伦理概念仍然还是比"神至善至美的意志"这个神学概念更好以及更实用,虽然从它本身来说,它的含义还没有完全得到确定,这个,**不仅仅**是因为我们不可能设想神之完美性,所以得从"生物之完美意志"这个概念,或是从"道德"这个高雅概念中推导出来"神至善至美的意志"这个概念,而且也**首先**是因为**一则**我们在反过来推导的时候必须要用后面一个概念来解释前面一个,同时,也要以前面一个概念来解释后一个概念,从而造成了一个拙劣的循环论证,而**二则**因为我们也必须把还没有得到解释的那个"神至善至美的意志"的概念当作伦理系统的基础,而此概念是出自荣耀和统治的概念之特性的,而这些概念是和权力以及复仇这些让人畏惧的设想联系在一起的,这样的一种系统却是恰恰和道德相反了。≪

一个生物之意志在当且仅当他获得了完美的自由的时候是完美的,而这儿的意思就是:当他的抉择不再是受感性引起的、不是他律所规定的,而是自主地在理性的法庭面前赢得并获得依据的时候。简短地来说,也就是当这些抉择不再是由感性所规定,而是由理性来奠基的时候。

这就是康德伦理学,即他的道德形而上学的核心内容。并且,与此一同,他的名字跨越了所有政治界限成为不朽。其他每一个值得严肃对待的伦理学都特别提到他的伦理学,不管是约翰·罗尔斯的社会伦理学还是于尔根·哈贝马斯的商谈伦理学,或是哈贝马斯任何那些想与康德伦理学作区分而创建出一个不同的伦理学的尝试,这些尝试大多是无望的。

七、康德的《实践理性批判》

康德在他最后的一部大型著作《道德形而上学》中成熟发展了他的个人伦理学。那儿,他也一起讨论了社会伦理学的基础。他都给予两者诸多的典型例子;[①] 这样,他就将纯粹的伦理学(先验性讨论的伦理学,即道德学说)和实用伦理学(经验性讨论的道德学说,即明智学

---

① 并不是他所有的例子都具有逻辑强制性。

说）结合在一起了。①

（a）同一和唯一的理性。

康德如果没有思考过纯粹实践理性之界限和可能性的话，那他就不是他自己了。他首先是在他的《道德形而上学的奠基》之第三篇中讨论了这一点，当然也在他的伟大著作《实践理性批判》里面讨论过。这个批判的哲学背景以及在这个背景下突显出来的、一定程度上让人吃惊的结果，可以如下以我的复述勾勒出来：

≫不是有两个理性，而只是有一个理性，而这同一个理性可以在理论（＝思辨）或（也）是在实践的方面，来观察和判断，也就是说，作为理论和实践理性。不过，实践理性是跨界的，这儿指的实践理性即在实践应用中的理性，并于此一同，也就是说在判断其应用中的理性，或是说在实际方面来看的理性，因为探寻所期望的对象的过程，不是发生在内感或外感的领域之外的：由理性所引导的世界（＝知性世界，智性世界）对每一个具有理性的生物来说，是与感性世界紧密连接在一起的，只要这个生物还没有完全脱离随同感性一起存在的好恶禀性。

显象是通过某些物自体触动了或是说激触了我们的感性，而显现给理论理性的，同时，这样触动或是激触了的感性力量则作为这个或那个显现给意识，无论如何即：作为显象而显现。诸物自体却只被意识理解为理念，而不是作为感性可捕获的。这个理念是人经验界限中的**一个**，处在人之经验之外。≪

（b）自我意识和自我。

这两个界限中的**另外一个**，即在人理性之外对经验加以限制的界限，是在理论理性之中，这个界限在于从先验统觉中所得出的理念，而这个先验统觉却是一切经验都不可通达的，即制定认知的自我意识。

为了让这个制定认知的自我意识能够确定在时间中发生的变化，它

---

① 后天的程式和经验有关，而先天的则不然（译者注：由于中文中无法区分"empirisch"和"Erfahrung"，前者为"经验的"，后者为"经验"，而德文词组"empirische Erfahrung"则会成为"经验性的经验"，完全就是个在汉语中有语病的表达，所以用同义词"后天的"来替代"empirisch"，而且也正好可以与句中提到的"先天"对应，不造成意思上的改变）。

自身却不可以在时间中有变化。① 它是在"我在"② 这个观念中起到作用的，这个观念不受制于时间。"我在"这个先验统觉的观念，易言之，即先验自我的观念，必须能够加入到每一个认知中，那么，这些认知就算是在时间中获得的，但作为认知，也不受制于时间。而受制于时间的则是经验自我，即作为自身主体外在和内在显象的总体，被给予理论理性和先验统觉的那一切，而理论理性又是建基在先验统觉之上的。

虽然只有一个理性，然而具有理性的生物在理性中以不同的范围和程度分有理性，这不仅仅是在生物之种类不同的情况下是这样，而且在同一类的生物中亦是如此。

考虑到一个生物能够以多大的范围和以多深的程度生成并发展理性，并且在自身巩固和加强理性，依照这一点，理性给自己建造了一个自由空间，一个自我规定的领域，即自主的领域。这个自我规定当然不是通过启动制造偶然的机制来实现的，而是通过反思，在意识中实现的，以观念的形式，来映照可能性，以此来实现自我规定。

一个具有理性的生物的自我，即道德律的承载者，当被理解为理念的时候，它的自我在于对知性世界的理解，也就是对理性所引导的世界的理解。由于只有一个理性，这个自我并不是不同于制定认知的自我意识，两者只不过是同一个在我们的经验之外的道德和感性认知之界限的不同方面。通过理性在一个个人中的统一，出现了理念性的知性世界与现实的显象世界之间的连接，而且恰恰是通过这个理性，或更加确切地说，通过这个理性的客观性，那由此理性所传达的道德律也就赢得了其客观性。

(c) **因果性、自律、理性。**

然而理性本身并不是显象世界的对象，只有理性运作的效果以内在的显象形式，对我们来说才是可以通达的。这些显象却如同其他所有的显象一样，受因果这个范畴的制约。假如有人能够认识到他的实践理性是借着哪些内显象而显现给他的，而且同时也向他显现出来内在的自由

---

① 这儿康德延续的是柏拉图在他的对话《克拉底鲁篇》结尾处已经阐述过的思路。

② 这里乍一看康德好像借用了笛卡尔的基本思想。然而，这里的决定性区分在于，康德**不是**在一种实在意义下来理解"我在"的，而是在**观念性的意义**下来理解的：对他来说，这个不可把握的**先验自我**是一个引导认知的理念，而**并非**是经验性的或是先验的**现实**。

空间，那么，他就会把这个（内在）的理性显现设想为在时间中发生的内在状态之因果链。

(d) **纯粹实践理性的批判**。

这个因果性和自由之间的**实践辩证**需要对**纯粹实践理性的批判**。此批判应该阐明纯粹实践理性的可能性以及界限。

纯粹实践理性的可能性之所以被给予，是因为具有理性的生物有可能在每次行动的时候，都不是被感性所规定，而是通过理性的引导规划其行动的，这样，也就使得其意志为自由和自主的。

简要地说来，这也就是纯粹实践理性之**先验分析**之结论。

纯粹实践理性的界限也就处在纯粹实践理性本身的面前：自主性，也就是说自由地受理性引导的力量，是所有道德之绝对的前提。虽然当我们反思和反省的时候，在我们内心无法感知到这个自由的空间，然而此空间却可以以一种不确定的方式来感受：这个纯粹理性作用的空间既不是由作为认知而具有理论目的的理性，也不是由具有实践目的的理性来描述的。因为如果这个空间是可以描述的，那它则作为显象得以描述，那么，它就会被置于因果这一范畴的秩序之下，那么，就会出现辩证，也就是，出现矛盾。

自主，即意志转向理性所引导的抉择的自由，在显象世界中是找不到的，所以，它也就无法通过范畴以及显象世界的概念来描述。然而，从另一方面来看，因果这一范畴也没有超越显象世界，它不涉及物自体，也就不涉及自我。所以说，自主在知性世界中是如何运作的，这是无法用显象世界的概念来确定的，所以，也就无法得以认知。

八、对无法认知这一点的可认知性

唯一能够被描述的，是这个：**对此无法认知这一点的可认识性**。①

这个简要地说来，是纯粹实践理性之**先验辩证论**的结论。

在我之中，理论理性的运作显示给我的是我和动物一样，是一个无

---

① 这里让人想起艾菲索斯的赫拉克利特的一段话："灵魂（Psyché）是不可测的：你不可能找到它的边际，就算你每种方法都试过了：它的底是这么深的。"在认知中起作用的灵魂并不能够（作为整体）把握自身或是认识自身。

边无际的巨大宇宙中小小行星上面的一个渺小一点,对宇宙的探索,在远古时期就以星象学的形式开始了。① 这个探索展示给我的,是我在与宇宙秩序之不可概览的长久历史相比之下我的短暂性。实践理性的运作借着道德律的价值和它在我自我规定的意志中的运作,展示给我道德之无限,这个道德是不限制在有限的个人和他有限的生命上面的。

谁要是感受到了这一点,他的智慧总结起来也就可以如此表达:

●有两种东西,我对它们的思考越是深沉和持久,它们在我心灵中唤起的惊奇和敬畏就会越历久弥新,一个是我们头上浩瀚的星空,另一个就是我们心中的道德律。≪

在东京的哲学堂公园里,有六幢庙宇般的房屋。其中的一幢是哲学殿堂,这个殿堂献给了四位伟大的智者,他们是:孔夫子,释迦牟尼佛,苏格拉底,伊曼努埃尔·康德。

九、结语

我放在法语引号(≫≪)中的文字不是康德言语逐字逐句的摘录,而大部分是我自己对他的叙述的自由简短复述,这些复述的语言拉丁文味就不像康德原文那么重了。

在接下来的附录中(见中山大学哲学系实践哲学中心的网页),我

---

① 首先是斯多亚学派流传给我们的"与宇宙和谐地生活"(= ομολογουμένως τη φύσει ζην)的原则肯定是非常古老的。在古印度语中,要睡觉时保持一定姿态的建议,是这个古老原则可见的留存影响。在前苏格拉底哲学家那儿,也可以认出这个原则,并且甚至在柏拉图的《蒂迈欧篇》中,这个原则也得到了坚持,所以,在他看来,也需要先探索宇宙。何时某些游牧的人类群体在定居下来之前,就以某种方式使用自然所给予的定点来确定过星空中天体的位置,这当然是无从考证的了。我们拥有下面那些出自人类定居之后的阶段的考证:早在公元前9000时,杰里科的塔就和至点时太阳的位置精确联系在一起了。公元前4900年左右萨克斯-安哈尔特州的戈瑟克的圆形墓葬无疑不仅仅是太阳崇拜的地方,而且也被这个崇拜的祭司和数学家们当作太阳观察点来使用。公元前3100年左右爱尔兰的纽格兰奇的丘陵墓葬和冬天太阳至点直接有关,就连我们这些外行也能清楚看出。按我们有的记载,最早在公元前2620年苏美尔人就设计出了星相图。萨克森-安哈尔特州的内布拉出自公元前2100年到公元前1900年之间的天象盘对着布罗肯山的方向,也是作为天文图而设计的。加泰罗尼亚的石塔以及巴利阿里群岛上的那些拥有精巧设计的光井也是能够被认出是用来确定太阳位置并以此来确定季节时日的建筑。公元前660年,出现了迦勒底古巴比伦人制定的日历,这个日历让人惊异地准确确定了星辰,以及预算了月食和日食的日子。

摘录收集了有关文本出处,这些出处就像上文的脚注中的评注和提示一样,希望能促使感兴趣的读者通过自主的继续研究,进入比我在上文中所勾勒到的那些内容更广的领域。

论康德的"理性事实"学说

徐向东*

【摘要】 在《道德形而上学基础》第三部分,康德试图通过诉诸超验自由的观念为他所寻求的"至高无上的道德原则"(即绝对命令)提供一个演绎,但是,在这部著作结束之际,康德似乎意识到他的尝试不太可能取得成功,因为"任何人类理性都完全不能说明纯粹理性……本身如何能够是实践的"。在《实践理性批判》中,通过把人类行动者对道德法则的意识理解为理性的一个"事实",康德试图为他在《道德形而上学基础》中留下的疑虑给出一个说法。但是,在康德学界,如何理解这个主张长期以来一直是一个争论焦点。通过考察康德的有关主张和论证,本文试图表明,在康德这里,道德意识本质上就是对一个伦理共同体的意识,而在这样一个共同体中,每个人对自己的目的的追求都能与其他人对他们各自的目的的追求相和谐。

【关键词】 演绎 道德见识 理性的事实 普遍幸福 自主性

康德的道德形而上学的核心基础无疑是"纯粹理性能够是实践的"这一思想。为了把这个思想确立起来,康德引入了理性的自发性学说,把理性与超验自由的概念联系起来。在其思想发展的某个阶段,康德试图通过把理性的理论运用和实践运用相类比来论证超验自由的可能性,而这种来自自发性的论证就是立足于那个类比。至少在18世纪70年代,康德曾经认为,如果理性在理论领域中具有了把感觉组织成为客观知识的构成性职能,那么理性在实践领域中也具有类似职能,即在杂乱无章的感性欲望中确立起一种秩序。把道德从**理论理性**中推演出来的尝

---

* 作者简介:徐向东,浙江大学人文学院哲学系教授。

试,尽管听起来很有吸引力,最终却失败了。这种尝试之所以失败,正如迪特尔·亨利希已经充分地表明的,是因为这种演绎所立足的那个类比(在知性的职能和绝对命令之间的类比)崩溃了。[①]在这篇文章中,我将不重复亨利希的论证,仅仅满足于勾画一些本质要点,目的在于揭示这种失败对于我们恰当地理解实践理性及其来源的含义。特别是,本文希望表明,在康德这里,道德意识本质上就是对一个伦理共同体的意识,而在这样一个共同体中,每个人对自己的目的的追求都能与其他人对他们各自的目的的追求相和谐。

一

当康德试图把道德从理论理性中推演出来时,他的思想起点就是这样一个信念:他在《纯粹理性批判》中对"理性"所达到的那种理解,允许他表明理性怎么能够与意志的动机力量产生一种直接联系。康德之前的哲学家(例如英国的道德感理论家)倾向于认为,理性的职能只在于把概念和判断之间的关系确立起来,其本身对意志没有动机上的影响。康德试图把道德从理论理性中推演出来,其主要的目的就是要回应这种观点。于是康德就雄心勃勃地试图表明,理性本身既是道德的理论依据又是道德的动机来源。按照亨利希的观点,康德的这一尝试可以被划分为两种类型:直接演绎和间接演绎。直接演绎旨在表明,理论理性,当被应用于与行动有关的问题时,必定既展示了道德见识(moral insight)所需要的那种确认,又展示了意志的动机力量。间接演绎则试图从自由的预设中引出道德见识的本质方面,而在康德看来,这个预设的必然性及其辩护只能由理论理性来阐明。

康德的直接演绎之所以会失败,是因为这种演绎只是立足于与知性所具有的那种统一功能的类比,因此就没有注意到**道德见识**的特性。例如,不道德不可能只是理性在逻辑上的不一致性的问题。思想的内在一致性,只要不对意志施加任何影响,就可以是一种不依赖于道德关注的东西。因此,"道德法则必须约束意志的准则"这一绝对要求就不能被

[①] Dieter Henrich. "The Concept of Moral Insight and Kant's Doctrine of the Fact of Reason", in Dieter Henrich, *The Unity of Reason: Essays on Kant's Philosophy*, pp. 55–88.

视为对思想的一致性或连贯性的要求。换句话说，我们不能把对道德要求的服从简单地看作是理论上的合理性或不合理性的问题。因此，康德所提出的那种类比（与理论理性的类比）也不能使我们确信：每当我们的感性欲望与道德法则发生冲突时，我们就**应当**使我们的意志屈从于道德法则。这样一个"应当"不是也不可能是由理论理性的任何推理活动来达到的。例如，有可能的是，任何理论论证都不会说服我把一个推理规则接受为"正确"推理的前提。①现在，假设有人要求我在两个可供取舍的推理规则之间进行选择，并告诉我其中一个规则是错误的，那么既然理论论证并没有说服我接受一个规则，我就会认为，没有理论上有说服力的理由强制我接受一个被认为是正确的规则。但是，确实有一种方式表明我对推理规则的信念是错的，因此我必须放弃我的信念。如果我确实依靠实际上是错误的推理规则来形成有关的事实信念，那么当我按照这些信念（加上有关的欲望）来行动时，我的行动就有很高的可能性会遭受挫败。在这种情况下，我们大概可以恰当地认为，正是我的理性反思帮助我看到了接受哪一个规则是合理的。但是，在一个根本的意义上，对推理规则的理性评价并不接着取决于理论理性，因为只有通过那些原来外在于理论理性的影响因素，理论理性才能学会审视我的信念或欲望的一致性。因此，任何实践意义上的见识，比如说道德意义上的"应当"，不可能引自于理性的任何一种理论运用。不过，值得强调的是，不应该把我们从这个例子中引出的要点与一些理论家从类似例子中引出的一个要点混淆起来，即道德要求是无条件的。②为了论证这一主张，这些理论家试图表明我们也必须无条件地接受某些推理规则，但是在我看来，对道德要求的无条件性的这种类比论证并不令人信服。

相比较而论，间接演绎对康德来说似乎更有希望，因为自由的概念毕竟是一个具有某些实践含义的概念。但是，只要康德试图采用自由的概念来支持他对道德法则的演绎，我们不久就会很清楚地看到，这种演绎不仅不是严格意义上的演绎，而且其中所使用的自由概念也不符合他

---

① 对这一点的一个有趣论证，参见 Simon Blackburn（1995），"Practical Tortoise Raising", *Mind* 104: 695–711。

② 例如 Peter Railton. "On the Hypothetical and Non–Hypothetical in Reasoning about Belief and Action", in Garrett Cullity and Berys Gaut (eds.), *Ethics and Practical Reason*, pp. 53–80.

的核心主张,即道德法则是绝对的,或者必须被看作是绝对的。对自由的激情,正如康德自己认识到的,在人所具有的一切自然倾向中是最强的;我们强烈地感觉到我们需要摆脱因为其他人的存在而强加到我们身上的一切约束,因为不管我们在其他方面多么幸运,受制于他人的意志通常足以剥夺我们的幸福。然而,康德也清楚地意识到,没有任何承诺的自由将是自然界中可以设想的最危险的力量,因为人很容易滥用自己的自由,而对自由的滥用甚至到了这样的程度:假若对一个人的不公正行为没有任何外在约束,甚至外在的自由对他来说也变得不可能。正如康德自己所说:

> 如果人是生活在同类的其他成员中,人就是一个**需要一个主人的动物**,因为在与同类的其他成员生活在一起时他肯定会滥用他的自由。即使人,作为一种理性的被造物,欲望一个对其他人的自由加以限制的法则,但是他仍然被他的那种自我寻求的动物倾向所误导,只要能够摆脱那个法则他就会摆脱那个法则。因此,人就需要一个**主人**来打破他的自我意志,强迫他遵守一个使每一个人都可以得到自由的普遍有效的意志。①

康德由此断言,自由的合规律性是善的最高条件。但是,如果我们只是因为害怕那种没有管制的自由才想要去调节自由,那么我们为了摆脱那种恐惧而想要施加于自己的自由的规则,用康德的话说,就不再是纯粹理性的一个**命令**了。因为,当自由的规则被解释为我们出于对安全的考虑而采纳的一个实用命令时,它在康德的意义上就是一个假言命令而不是一个绝对命令。在这种情况下,康德对自由的诉诸就不会满足理性的自主性要求,即理性本身必须能够决定意志。如果理性是通过某种不是自身的东西来决定意志的,那么它就仍然是工具性的:它自身并不产生一个绝对的"应当"。②对康德所采取的其他尝试的考察最终也会得

---

① Kant. "*Idea for a Universal History with a Cosmopolitan Purpose*", in *Kant: Political Writings*, p. 46.
② 当然,如果对自由的规则的采纳确实在人们对那种没有管制的自由的恐惧中有点根据,那么在康德所说的"美德的责任"和"正义的责任"之间做出一个截然分明的区分可能就是不合适的(就这两种责任的来源而论)。

出同样的结论。例如，他试图通过诉诸"值得幸福"这一思想把道德见识的情感效应从理性对无规律性的抵抗中推演出来。然而，在这种情形中，假若只有当我们也相信由上帝来规定的一种世界秩序时，道德作为"值得幸福"的思想才能对我们的行动产生动机影响，那么，若没有这样一个信念，按照道德要求来行动的那种必然性就仍然是空洞的。而且，如果我们需要依靠那种信仰来确信道德行动在一个不完全理性的世界中具有后果上的公正性，①那么不仅道德意识已经首先被预设，而且道德行动对康德来说也就变成了他律的。事实上，康德很清楚，仅靠一种信仰活动是绝对不能把义务造就出来的。相反，在他看来，只有当义务已经是真实的时候，这样一种信仰才能在实际生活中发挥作用。实际上，他后来甚至认为道德信仰绝不能充当道德法则的基础，例如，他写道："如果道德法则为了把我们置于它的义务下而需要上帝和一个未来的生活，那么把这样一种需要建立在能够满足它的那种东西的实在性中就毫无意义。"②

不过，有趣的是，尽管康德自己认为他实施间接演绎的尝试并不成功，但这种尝试仍然抓住了我们对道德动机所持有的一些强有力的直观认识。对于康德自己来说，这种尝试基本上是因为两个缘由而失败的：第一，它使道德法则变成假设性的了，即不是引自于纯粹实践理性；第二，它求助于这样一个演绎被假设要确立起来的东西，即道德意识。然而，我们不是不可以合理地提出一个问题，那就是：为了把道德的理性必然性确立起来，实践理性就必须是"纯粹的"吗？康德声称理性的"纯粹性"就在于其绝对自发性：理性必须是这样，以至于无须通过诉诸任何经验条件，它就能够凭借自身的力量而激发意志。然而，为了说明理性**如何**能够是自发的，我们好像确实需要某些其他东西。"值得幸福"的思想很可能就是这样一个东西，尽管它是理性通过诉诸经验性的人类条件而得到的。所以，只要康德假设纯粹理性必须具有绝对的自发性，那么他就要么没有办法说明道德兴趣的真正可能性，要么就不得

---

① 然而，很有可能的是（正如康德通过至善的观念可能已经认识到的），我们或许无须诉诸上帝（的观念）来保证这样一种希望，因为一个世界主义的正义观大概也能起到康德在这里赋予上帝的那种作用。

② 转引自 Dieter Henrich, *The Unity of Reason*, p. 79。

不承认：至少在人类的情形中，理性必须依靠某个**实践性的**诱因作为其自发性的起点。

与理论理性的类比无助于康德论证纯粹理性的自发性。康德确实观察到，甚至连理论理性也不可能被定义，除非它被设想为本身就是自发的，因此被设想为超验自由。对于康德来说，进行思想的自我必须被设想为自发的，因为若没有某种原始的自发性，思想主体就无法把它的表达组织和统一起来。因此，先验地思考的能力是所有其他现象的可能性的唯一条件。然而，康德不久就认识到，把知性的自发性学说扩展到或运用到实践领域的努力必定会失败，因为这个策略忽视了一个重要事实：概念与实在在认知中的关系完全不同于它们在道德中的关系。① 在认知中，一个给定的实在是由概念来决定的，而在实践领域中，因为一个观念在理性中有其起源，这样一个观念就是一个特殊的实在即善良意志的根据，善良意志使自己对立于妨碍它去实现其目标的一切力量和动力，因此就已经是一种实在和实现。因此，我们就不应该把思想的自发性与意志克服和限制自然倾向的自由混淆起来，因为如果思想尚未以某种方式与人类行动的领域相联系，那么它就不包含自我实现的要求，因此就与实在没有真正的对立。这样，不仅"纯粹实践理性"这一概念不能被理解为理论理性的自发性的一个含义，而且，理论理性的自发性，就它有任何实践上的相关性而论，也取决于实践理性的自发性。理论理性，若没有设法变成实践性的，就不能在行动中起到任何作用。但是，如果理性为了变成实践性的而需要某种不属于自身的东西，那么就有一个问题变得很不清楚：已经具有实践性的那个理性在什么意义上是"纯粹的"？不过，应该注意的是，仅仅是相对于那种试图把道德法则推演出来的努力来说，与理论理性的类比才是失败的。在康德伦理学中，意志所意愿的东西与善良意志的关系，实际上可以比作他的知识论中对象与知性的关系，因为，在这两种情形中，不论是我们对现象的知识，还是我们对善的知识，其内容都是来自于意识进行综合统一的那种功能，或者说来自于理性的普遍性。它们之间的差别主要在于这一事

---

① 在《实践理性批判》中，在标题为"纯粹实践理性的原则的演绎"那一节中，康德自己对这个区分提出了详细说明。也见 Dieter Henrich. "Ethics of Autonomy", in Dieter Henrich, *The Unity of Reason*, pp. 89–122, especially pp. 104–108.

实：甚至善良意志所意愿的那种善，也只有在对一个在经验上受到影响的意志的内容进行普遍化的基础上，才能获得它的意义。因此，只有当普遍化原则已经被确立起来之后，与理论理性的类比才能得到维护。然而，这个原则本质上是与道德意识相联系的，而康德又假设道德意识是不能从理论理性中推演出来的。换句话说，只有当道德意识已经被预设的时候，这个类比才成立，而且，正是因为这一缘故，我们不能认为这个类比构成了道德法则的演绎基础。这样康德就得到了如下结论：在他的超验观念论体系中，纯粹理性的自发性必须被看作是一个逻辑上不可阐明的事实。既然这种自发性对于康德来说是不可阐明的，他也就把道德意识（即对"我们生活在道德法则之下"这一事实的意识）处理为一个"理性的事实"，正如他所说的：

> 在理性的理论运用中，只有经验能够为我们假设［基本的能力或官能的可能性是不可设想的，但又不是被任意捏造出来的］提供辩护。但是，这种替代，即引用经验证明来取代那种来自先验认知的根源的演绎，就理性的纯粹实践的能力而言，在这里也被否认掉了。因为，为了从经验中引出其实在性的证据而需要的一切东西，就其可能性的根据而言，也必须依赖于经验的原则，而纯粹的但却是实践的理性，就这个概念的本质来说，不可能被认为具有这种依赖性。而且，道德法则就好像是作为纯粹理性的一个事实而被给出的，而这样一个事实是我们先验地意识到的，并具有绝对的确定性，即使我们可以承认我们不能在经验中发现严格遵守它的任何例子。因此，道德法则的客观实在性是不能用任何演绎、用理论理性的任何努力（不管是思辨性的还是在经验上得到支持的）来证明的，于是，即使有人想否认它的绝对确定性，他也不能采取那种用经验来确认、因此用后验的方式来证明的做法。①

在《实践理性批判》中，康德称为一个"理性的事实"的那种东西究竟是道德法则本身，还是我们对"生活在某个道德原则之下"这一事实的意识，这是一个有争议的问题。我倾向于认为后一种理解更符

---

① Kant. *Critique of Practical Reason*, 5: 47.

合康德的文本以及他原来要对道德法则实施演绎的意图。在谈到"理性的事实"这个说法时，康德并没有把道德法则和我们对它的意识区分开来，大概是因为道德意识，在被处理为一个"理性的事实"时，也获得了它的普遍性，因此在某种意义上就等同于对道德法则的认识。不过，假设道德意识在认识论上先于对任何特定的道德原则的慎思似乎更加合理。① 不管怎样，假设我们认为康德所说的"理性的事实"就是指道德意识，那么我们就可以鉴定出他把道德意识称为一个"事实"的两个含义。首先，既然我们不可能从一切思想活动的那种原初的确定性中——也就是说，从对自我的意识中——来说明道德义务，道德意识就必须被接受为一个纯粹的事实。不过，值得注意的是，道德意识不可能在如下意义上被看作一个事实：它要么是经验的对象，要么是理性的对象。正如康德所说：

> 对[道德法则]这个根本法则的意识可以被称为一个理性的事实，因为一个人不能从理性先前具有的材料中把它推究出来，比如说，不能从对自由的意识中把它推究出来（因为这种意识不是被预先给予我们的），因为它是作为一个先验综合命题而自为地把自身强加于我们的，而这样一个命题不是立足于任何直观（不管是纯粹的还是经验的），即使在已经预设意志的自由的情况下它就变成了分析的。②

具体地说，道德意识不是经验的对象，因为道德要求所具有的那种"必须要做"的特性——道德被认为所具有的那个最本质的特点——只能出现在道德见识中，因为道德法则本来就被假设是调节和规范一切欲望和嗜好的根据。道德意识不是理性的对象，因为在康德看来，它就是使理性变得具有自发性的东西。康德把道德意识表征为一个理性的事实，只是因为它是理性**直接**给予我们的一个"资料"，而且是自为地而不是通过任何理性的推导把自己施加于我们的。其次，通过把道德意识

---

① 对这个争论的有关讨论，参见 Henry Allison. *Kant's Transcendental Idealism*, pp. 231 – 233。

② Kant. *Critique of Practical Reason*, 5：31.

描绘为一个理性的事实,康德或许是在强调他试图赋予道德意识的那种普遍性和必然性,因为对于他来说,凡是普遍的和必然的东西都只能由理性来把握。因此,唯有通过**假设**道德意识是一个理性的事实,康德才能断言道德法则的绝对性。与康德原来的意图(对道德法则实施一个严格演绎)相比,这显然是一个很弱的结论。

二

那么,"理性的事实"学说到底具有什么含义呢?首先,我们可以注意的是,对于康德来说,把道德意识分析为理性的一个事实,在某些关键的方面实际上类似于把自由的观念确立为理性的调节原则。在康德看来,自由不是被证明出来的,而是被显示出来的。类似地,道德意识本身是在我们的选择活动中被展现出来的。与知性的类比把康德引向了这一主张:为了试图理解我们的道德经验,我们就必须假设道德意识。但是,如果我们解除了康德的伦理理论的形而上学伪装,我们就可以更加合情合理地把道德意识处理为一个休谟意义上的自然信念,因为它实际上是这样一种东西:它既不是通过经验而呈现给我们的,也不是通过理性而呈现给我们的,而是我们的生活实践所需要的一个实践预设。下面这段话或许为这种解释提供了一些支持:

> 我们是通过理性而意识到我们的一切准则都要服从的一条法则,就好像一种自然秩序必须同时从我们的意志中产生出来一样。因此,这条法则必定是这样一个自然的观念——那个自然不是在经验上被给予的,而是通过自由而变得可能的,因此是一个被我们赋予了客观实在性(至少在一个实践的方面)的超感性的自然,因为我们把它看作是我们作为纯粹理性的存在者而具有的意志的对象。①

进一步说,如果道德意识必须被视为理性的一个事实,那么实践自由和超验自由之间的联系,就比康德在试图对道德法则实施一个演绎的

---

① Kant. *Critique of Practical Reason*, 5: 44.

时候所设想的要清楚得多。我们有很好的理由对超验自由的概念提出一种"非超验化"的理解，把它鉴定为道德自主性。理性只有通过道德意识才能变成自主的。但是，既然道德意识是在我们对选择的感性经验中被显示出来的，那么把它与我们的感性本质分离开来就是一件很荒谬的事情。如果我们承认这种联系，并放弃对道德法则实施一种严格演绎的尝试（或者换句话说，把道德意识接受为一个事实），那么，通过表明我们怎么能够反思性地认同道德意识，我们大概就可以说明我们如何能够具有道德动机。然而，一旦康德试图实施这样一个严格演绎，这种尝试也就会极大地妨碍他认识到：在他那里，实际上有一些概念资源可以供他说明我们怎么能够按照道德动机来行动。为了便于论证，我将假设我们可以把道德动机的问题简化为这样一个问题：一个理性的行动者怎么能够也把自己看作是知性世界的成员，并在合适的条件下把自己提升进入那个世界？为了对这个问题提出一个尝试性的回答，让我考虑两个主要的、相互关联的道德诱因：自由和幸福。

康德确实试图通过引入"知性世界是感性世界的决定根据"这一思想来说明道德动机。但是，他对这个思想的论证完全来自前面提到的那个类比，而这种做法并不充分适合于他的目的。因为，尽管理论理性寻求思想的一致性和连贯性，但是，除非我们已经把思想和认知的一致性看作一项道德责任，否则当我们把思想搞乱时，我们就不会感到有罪。因此我们就不能把道德自我在对其确定性的寻求中所预设的那种自由指派给思想的主体。道德自我不是在理论理性的任何思辨性的活动中被发现的，而是在一个行动者的活动中体现出来的，而且这样一个行动者还必须与其他行动者处于某些类型的关系中。思想自由与道德自由的本质差别向我们提供了一些线索，使我们可以设想道德动机的可能性。纯粹实践理性，若不已经包含任何实践性的见识作为其构成要素，就不能决定意志。这样一个见识取决于行动者对善的认识，而这种认识就构成了他选择的根据。因此，任何理性选择活动都必须以对善的认识和确认为起点。此外，虽然善可以成为理性反思的对象，并因此而进入反思过程中，但我们在道德见识中对它的确认是独立于反思过程的，就好像那种确认被设想为我们所感觉到的一种回应。立足于反思的理性选择就构成了一种形式的自我理解。

对于一个人类行动者来说，理性选择取决于他对一个问题的思考和认识，即什么东西对他来说是好的、有价值的或值得想望的，即使后面那种东西无须是他的直接欲望（或者最强的欲望）的对象。因此我们可以合理地假设，人类行动者能够按照他们的那种自我施加的幸福原则来选择实现自己的感性欲望。康德实际上能够同意这一点，并把它归因于这一事实：人首先是具有各种感性需要的被造物，正如他所说，"就人属于感性世界而言，人是具有需要的存在者，就此而论，人的理性肯定具有一个来自于人的感性方面的使命，即关注感性方面的利益，为了此生的幸福而形成实践准则，并且只要可能，也为了来生的幸福而形成实践准则，这项使命是人无法拒绝的"①。不过，康德也立即指出，感性需要的满足必须被恰当地加以限制，因为，只要幸福被理解为一个人对自己的欲望满足的自我确认，幸福的原则就"并没有把同样的实践规则规定到一切理性存在者"②。在康德看来，幸福的概念意味着我们不可能把一切欲望和愿望统一在一个聚集体中，因为不仅任何程度的满足都会超越自身，把新的欲望创造出来，而且我们的行动的感性动机会互相发生冲突，以至于一个行动的实现必然会妨碍另一个行动的实现。即使康德对幸福的理解仍然是一种享乐主义的理解，没有充分注意到我们实际上无须用这种方式来设想幸福，但他正确地认识到，为了调节我们各自对幸福的追求并使所有这样的追求变得和谐，就必须存在某些规则，正如他很好地总结的那样：

> 自然似乎已经使我们根本上屈从于感性需要并为了满足这种需要而行动。然而，为了使我们对幸福的盲目欲望不会把我们引向不同的方向，我们的知性也必须把某些普遍的规则表达出来，以便我们可以按照这些规则来组织、限制和统一我们追求幸福的努力。既然幸福的驱动力通常是相互矛盾的，就需要这样一个判断，它只是通过纯粹意志来设想规则，没有任何偏见，并且远离一切自然倾向。这些规则对所有的行动和所有的人来说都是有效的，其目的是要使得一个人与自己、与其他人保持最大的和谐。③

---

① Kant. *Critique of Practical Reason*, 5: 61, cf. 5: 25.
② Kant. *Critique of Practical Reason*, 5: 36.
③ 转引自 Dieter Henrich. *The Unity of Reason*, p. 78。

在这段话中，康德似乎提出了一个普遍幸福的观念，即"每一个人对幸福的追求都要符合其他人对幸福的追求"这一思想。但是，值得注意的是，如果康德确实试图把道德从普遍幸福的概念中推演出来，那么这种演绎就不是理论演绎的一个例子，因为这个幸福概念是实践性的而不是理论性的。① 只有在我们的活动中，而且只有通过我们的活动，我们才能设想、体验和实现我们的幸福。既然追求幸福就是一种实践活动，那么我们就可以在实践上来反思我们自己对幸福的追求。我们对幸福所做出的一切判断不是对一个在理论上进行思辨的自我的判断，而是对我们的活动的判断。但是，只有当一个人能够合理地指望所有其他人在对各自的幸福的追求中都遵守某些规则时，他对自己幸福的那种**经过理性调节**的追求才能在感性的兴趣中激发某种快乐。换句话说，在我们对幸福的追求中，我们有兴趣服从那种对有关行动进行调节的规则，只要服从这种规则比不服从这种规则有望使我们获得更大的幸福。如果这一点得不到保证，那么就没有特别有力的理由使一个人确信他应该优先考虑普遍幸福，而不是他的那种自我设想的幸福。接受这个条件并不是不合理的。而且，作为现实的人类行动者，我们宁愿相信这种展望是由一个合理地设计出来的伦理共同体来保证的，而不是由上帝来保证的。即使这样一个伦理共同体（比如说康德所谓的"目的王国"）仍然是一个理想，但它是我们可以合理地指望能够得到实现的理想。在这种自我设想的幸福和我们对这样一个伦理共同体的期望之间，是可以存在着复杂的相互作用的，而我们的道德动机就可以在这种互动中逐渐成形。实际上，我们的幸福观念是可以由这种展望来重新塑造的，而道德美德也可以用我们对这样一个理想的伦理共同体的信念来加以说明。这种解释其实很符合康德在《道德形而上学基础》中的深思熟虑的思想：

   一个知性世界（我们作为理性存在者所属的那样一个世界）的观念……**从一个理性信念的目的来看**，仍然是一个有用的、可允许的观念，虽然一切知识都触及不到它的边界。这个观念，通过一个普遍的目的王国（理性存在者的王国）这一辉煌的理想，使我们对道德法则产生了一种活生生的兴趣，即使只有当我们按照自由

---

① 对这一点的详细说明，参见 Dieter Henrich, *The Unity of Reason*, pp. 77-80.

的准则来小心引导自己,就好像那些准则是自然规律的时候,我们才能属于这样一个王国。①

对于自由的概念,我们也可以提出一个类似说明。正如我们已经看到的,康德的自由概念在其最原始的形式上不是摆脱自然规律的必然化的概念。一旦人已经学会把世界表达给自己,能够为自己设定目的,人也就逐渐获得了自由。只要选择变得可能,自由也就突显出来了。然而,任何选择总是按照某个特定的目的来进行的。由此可以推出,对人来说,自由并非没有自身的目的,因为人的自由绝不是动物的自由。如果对自由的原初意识确实是与"不受自然界的盲目力量所支配"这一思想相联系,那么我们大概就可以合理地假设:自由是为了使人的个性和潜力得到最充分的实现这一目的而被赋予人类的。当康德把自由看作是所有人类激情中最强的激情时,他肯定就是这样来理解自由的。然而,如果人的自由本质上是与选择能力相联系的,那么自由的恰当行使就不可能是无规律的,因为选择至少预设了行动者对一个问题的理解和认识,那就是:什么东西对他来说是好的或者将是好的?另一方面,对于人类行动者来说,自由也必须被同时看作是一条**规则**。我们至少可以提出两个主要的理由来说明这一点。首先,一旦人们已经认识到了社会生活的必要性或必然性,他们就总是需要依靠彼此的存在和活动来满足自己的需要或者实现自己的目的。因此,虽然自由表面上看是在行动者的自我决定的选择中得到表示和体现出来的,但它的行使如果是在一个自我封闭的个体那里就没有什么意义。或者换句话说,一旦我们把自己与其他人分离开来,自由对我们来说也就失去了价值和意义。唯有通过与其他人处于一种他们的意志无法加以抵抗的关系中,我们才能获得自由,反之亦然。其次,在康德看来,我们**天生**就生活在一种相互对抗中,每时每刻都预料到别人会抵抗我们的欲望。这样,我们对自由的自然激情就必然演变为剥夺他人自由的欲望。因此,可以设想的是,使我们能够真正获得自由的条件也就是能够使得对自由的一切追求都变得和谐的条件。但是,如果自由对于充分地突现我们的个性和潜力是必要的,那么一个充分理性的人类行动者就会想要遵守制约着这种和谐的规

---

① Kant. *Groundwork*, 4: 462 – 463(我的强调)。

则。当然，这个事实本身并不足以表明这种服从必定是义不容辞的，也许只有当我们也把我们对他人的责任看作是完善自己的个性的一个必要条件时，这种服从才是义不容辞的。不管怎样，对人的自由的这种理解有助于说明为什么我们能够具有服从道德规则的兴趣以及如何能够具有这样一种兴趣。

三

康德把道德要求表征为绝对命令的做法在某些方面是会令人误解的，因为道德行动的履行确实取决于某些目的。只有当康德已经表明，人类行动者，作为**人类**行动者，不仅应当在乎或持有那些目的，而且认为这样做是一件具有内在价值的事情时，道德要求也许在这个意义上才是无条件的。当然，康德确实对"**人类**行动者"这一概念提出了一种规范性的描述，因为他希望在道德和人格之间建立一种很强的联系，正如他所说："没有任何人完全没有道德感觉，因为要是一个人完全缺乏对道德感觉的接受能力，他就已经在道德上死了；如果道德生命力不再能够激发这种感觉，那么人性就会消解为单纯的动物性，就会与其他自然存在物不可逆地混杂在一起。"① 不过，坦率地说，我自己并不很清楚如何理解这样一个二阶的"应当"，因为至少只有当我们已经通过我们的生活经验发现我们确实应该持有那些目的时，我们才能自觉地接受道德对我们的意志的动机影响。这就是说，我们需要把道德的动机力量看作是与我们对那些目的及其价值的认识协同存在的。正是在这样一个意义上，我们可以认为，任何一种约定的道德，比如说在我们目前的生活实践中所流行的道德，若要影响我们的意志，就必须得到一种反思认同。

从康德对道德意识的理解（即把道德意识理解为理性的一个事实）中，我们也可以看到同样的思想。尽管康德把道德意识表征为一个事实，但是，在对幸福的自我追求是人性中的一个自然事实的意义上，康德并不把道德意识看作一个"自然的"事实。其中的理由我相信是这样的：他认为道德超越了单纯的人性，而人性对他来说只不过是那种以

---

① Kant. *The Metaphysics of Morals*, 6: 400.

理性的手段来寻求自爱的倾向。①不过，康德认为这种倾向不仅自身是好的，而且也是"根植于一个实际上具有实践性的理性中"。但是，就这种倾向与实践理性的关系而论，它只是"屈从于其他诱因"，尤其是那种想在其他人眼中显得有价值的诱因。然而，社会对抗，加上由此在人类个体那里产生出来的不平等，就是很多邪恶的根源，尽管在康德看来它也是一切好东西的根源。②所以，如果我们确实能够成为具有道德意识和道德良知的人，那不可能只是因为我们被赋予了理性，因为理性实际上可以被用来服务于其他目的，甚至也许是非道德的目的。在这里，我们可以把康德对理性的理解与卢梭对理性的理解做个比较。对于卢梭来说，理性根本上是一种激情，而激情则作为一种没有受到控制的不确定的力量支配着人类生活。一旦人已经通过理性的发明从自然状态中被释放出来，理性也就被用来扩展人的欲望，并使人的欲望变得日益复杂。结果，理性的发明就反而倾向于对人类生活造成一种异化，使人类生活处于自我奴役的状态。康德当然发现了卢梭对人类理性提出的这种黑暗图景，但是，通过假设人类理性能够在自我完善的理想中实现其"辩证"转化，康德试图转化人类理性。自我完善的理想本质上是一个道德理想。于是，在康德的深思熟虑的思想中，只有通过永远追求自我完善的道德理想，理性才能变成自主的。③具体地说，在康德看来，只有当理性以这样一种方式来追求和实现自己的目的，以至于它充分符合其他人的类似追求时，它才能获得自主性。这当然就是康德在谈到道德的时候想要说的东西。因此，道德意识本质上就是对一个伦理共同体的意识，而在这样一个共同体中，每个人对自己的目的的追求都能与其他人对他们各自的目的的追求相和谐。

由此可见，康德对道德所实施的这种辩护，尽管从根本上说是立足于自主性的观念，但实际上是共同体导向的。不过，这或许并不意味着康德是当今意义上的社群主义者，也不表明康德会把一个伦理共同体看作是强制性地施加于我们的，因为在他看来，"既然一个伦理共同体的

---

① 参见 Kant. *Religion within the Boundaries of Mere Reason*, 6：27。

② 参见 Kant. "*Conjectures on the Beginning of Human History*", in *Kant：Political Writings*, especially pp. 226 – 228。

③ 对康德的"理性的动力学"的一个深入探讨，参见 Richard L. Velkley. *Freedom and the End of Reason：On the Moral Foundation of Kant's Critical Philosophy*。

概念就意味着摆脱强制,那么政治共同体要强制其公民进入一个伦理共同体就变成了一个矛盾"①。因此,如果我们能够在道德上被激发起来行动,那我们也是被寻求人性的自我完善的动机激发起来这样做的。这个动机在人类生活中确实不是可有可无的,因为我们的经验欲望的基本原则就是所谓的"不可完全社会化的社会性",即在那种相互需要和相互依赖的环境中的社会对抗。我们需要道德理性,因为我们感觉到我们需要纠正那种"被自然地赋予的理性"——那种只是按照自爱的准则从感性动机中进行选择的能力。换句话说,理性的实践性和自主性的根源就是在其公共运用中。在康德的伦理框架中,自我本质上是公共的,即使它同时也能够是自主的。

参考文献

[1] ALLISON H. *Kant's Transcendental Idealism*. New Haven: Yale University Press, 1983.

[2] BLACKBURN S. Practical Tortoise Raising. *Mind* 104, 1995: 695-711.

[3] HENRICH D. *The Unity of Reason: Essays on Kant's Philosophy*. Cambridge, MA: Harvard University Press, 1994.

[4] KANT I. *Critique of Practical Reason*. translated by Werner S. Pluhar. Indianapolis: Hackett Publishing Company, 2002.

[5] KANT I. *Groundwork of the Metaphysics of Morals*. edited and translated by Mary Gregor and Jens Timmermann. Cambridge: Cambridge University Press, 2011.

[6] KANT I. *Idea for a Universal History with a Cosmopolitan Purpose*. edited by H. S. Reiss. *Kant: Political Writings*. Cambridge: Cambridge University Press, 1991.

[7] KANT I. *Religion within the Boundaries of Mere Reason and Other Writings*. translated by Allen Wood and George Di Giovanni. Cambridge: Cambridge University Press, 1998.

[8] KANT I. *The Metaphysics of Morals*. translated by Mary Gregor.

---

① Kant. *Religion within the Boundaries of Mere Reason*, 6: 95.

Cambridge: Cambridge University Press, 1991.

[9] RAILTON P. On the Hypothetical and Non – Hypothetical in Reasoning about Belief and Action. Garrett Cullity, Berys Gaut, eds. *Ethics and Practical Reason* . Oxford: Clarendon Press, 2003, pp. 53 – 80.

[10] VELKLEY R L. *Freedom and the End of Reason: On the Moral Foundation of Kant's Critical Philosophy* . Chicago: The University of Chicago Press, 1989.

探索道德目标与动机之间的实践联系

［西］达奇（Ignacio Ramos）／文　齐飞智／译　江璐／校*

【摘要】本文首先描绘了一种"行动问题"，即这样一种亟待解决的疑难目标：道德主体（moral agent）能够有效地将他所欲求和决定的事情投入实践。本文批判了某种忽略了人类行为的戏剧性维度的人文主义：行为总是以某种方式受情绪影响的。本文的第三部分则在接受人类行为的目的意识和情绪性维度这个双重层面的情况下，指出坚持探索个人的道德行为如何产生的必要性。人类行为要求将这两个方面视为属于同一种现象学体验。尤其是就历史和实践哲学而言，其中——以近代术语表述为——"（道德）理性与情感（激情）的冲突"阻碍了一种令人满意的综合。奥维德惆怅地承认："我明白哪样作法比较好些，我也赞成那样做，但是我听从的却是坏办法。"当代这样的"动机问题"不断地对道德哲学提出挑战。包括纽曼枢机关于"理论上的和真正的认同"在内的思考都在正确方向上寻求对于道德目的和动机之间的实践联系的真正领会：这种思考不会使得道德情感和道德理性相互对立。

【关键词】道德目的　动机问题　情绪　人文主义　道德行为的戏剧性维度　叙述性　情感　激情与理性的冲突　康德主义传统　真正的认同

---

* 作者简介：达奇（Ignacio Ramos），德国法兰克福歌德大学哲学博士，现供职于北京中国学中心，研究兴趣为人文主义中的人类主体和精神性概念。

译者：齐飞智，中山大学哲学系博士生；校者：江璐，中山大学哲学系讲师。

引言:"投入实践"的问题

> 我看到什么是善,也赞同善,但我却在作恶。
> ——奥维德:《变形记》第7章第20-21页

我一开始上大学哲学导论课的时候就注意到一种被称为"行动问题"的东西。"行动问题"指的是如何能将在思考某些认知为道德上为之奋斗的东西中投入实践的问题。我意识到在哲学讨论中,人们常常获得的是一些欲求(desiderata),常常获得普遍行为的方案、观念、可取的经验或行为……然而,这些论述几乎不可能进一步涉及个体应该怎样或可以怎样去实践。哲学家们似乎将实现道德目的的任务交给了那些受到鼓动而去追求这样的目的的人的天赋和努力,即交给了善良的愿望。这一任务也似乎是交给了多少可预见的历史文化进程的发展,或是简单地给予了那些掌握这个世界的权力的人。然而,在这我却发现,就关于哪些习性、哪些征象以及哪些"实在的可能性条件"能够使得行为主体得以有效地达到他所意图的目的这个问题而言,缺乏一个哲学性的反思。换句话说:如果关于那欲求的目标(这些目标可能出自对义务的寻求,或是出于对愉悦或命令的寻求,或是出于对觉悟的追求,诸如此类),一切都妥当了,那么现在,怎样获得和从哪里达到完成这种事业的力量、清晰性和鼓舞?在此,所寻求的不仅仅是一种转瞬即逝的力量,这力量或许标识着个人的卓越,然而长期来看却是无用的和短暂的;所寻求的更是一种智性活动的坚定磐石,从而也是在时间的流逝中的持久的磐石,是个人的习性与义务的磐石。总而言之,如果存在这样一种东西的话,我的目标在于哲学地达到那种现象学的要点,使智性活动与意愿行为的推动力可靠地同时从那里发出。

有许多关于伦理学的交谈方式。在伦理学的论述框架下,这篇文章找到了这样一种关于伦理学的交谈方式,即伦理学关注理性行为,在历史和人类群体中能够发现并描述目的,并且最终实现目的。本文于此想要以道德行为刚刚开始的那一时刻作为方向性的指引。我认为这一时刻不可避免地与感知、理解和情绪的原初现象学时刻相结合,甚至就是由之组成的。因此,道德似乎就是以这样的一种联合方式产生于我们每一个人。

正是出于这样的考虑，类似纽曼枢机那样的思考所关注的不仅仅是"正义的（目的/行为）"，并且也关注正义的道德行为之执行所必需的那个人类学力量。参考并讨论这样的论述是有益的。然而，在那之前，应该更深入地考量行为问题的几个维度。

一、老问题的新面孔：动机问题

在道德哲学的发展中，当尝试同时思考并表达理性和情感性的元素时，便会出现一个古典的问题。或许我们在这里面对的是典型的实践哲学难题，在近代性中称为理性与激情的冲突。对于本文背景的相当重要的考察在于当今的社会处境之中，至少是在于所谓的"现代社会"之中。同样的问题经过伪装之后依旧存在：关于动机问题，更确切地说是关于非动机或去动机的问题。

在现代的诸种社会形态中，肯定有很多人已经准备坚持这样一种立场：分析到最后是个体自身的利益推动了这个世界。这对他们来说不仅是一个事实，而且他们对此也加以现实主义的认可。但这依然无外乎是一种悖谬，在个人的利益增长并获得更多的合法性，甚至成为解释当今社会现实的根本观念的同时，我所指的"动机问题"就会愈发突出、愈发显露、愈发普遍并且愈发不可理解。"我缺乏动机"在明显完全不同的发话者那儿越来越成为普遍的"主旋律"：商人、体育和电视明星、艺术家、社会代理人、精神领袖、普通工人、家长和教师、教授和学生、孩童和小学生——即便孩童和小学生无法解释自己，但他们的老师常常会对他们做出这样的结论。

这种动机问题向来棘手，至少在西方哲学当中，特别是在"动机"（motivation）被理解为它在通常意义上的心理学化的同义词——"激情"（passion）这个经典概念的时候。的确，比起"动机"一词所表达的那种与人类行为相关的积极的激动或冲动来说，"激情"概念的意义范围更广。在当代用语中，也应该将诸如"动力"（drive）、"感情"（affection）以及"情绪"（emotion）整合在一起，组成含义丰富、历史悠久的"激情"。或许"激情"一词不再流行，却青睐其他哲学领域中的概念的主要因素在"怀疑派"（马克思、尼采、弗洛伊德、后现代解构主义者）中的爆发：从那时起，在"情感或者激情"的广阔领域中，我们似乎可以更精确地区分哪一部分属于个体能够自觉并自愿占据的"动机"的范围。其他的领域则表明作用于个体以及推动个体的事实之中的力量，然而他却没有任何可能来完全降服或压制这些力量。关于这个第二人类"本能"领域的道德哲学讨论确实需要特别的处理。事实上关于后面这个主题的著述真的是不少。然而与之相对，本文关注激情领域中自觉和自愿的部分，即动机。有趣的是，在哲学中关于这个问题的讨论相对更少。

二、如何正确理解行动问题

现代社会中个人和社会的道德目的的形成和提出传统上起源于人文主义潮流。在西方世界，人文主义从法国大革命以来就宣称他们有权设立道德生活的本质，以来对抗宗教权威对道德的滥用。

在文化和知识精英的领域中，"人文主义"（humanism）一词常常用来标识可接受的伦理行为的标准方式，如应该捍卫和践行的最低价值之集合，这些价值通常是以一种道义论的方式宣扬出来的；"人文主义"甚至被用来标志以所有人的平等和自由的观念为基础的基本平等。因此，这个概念也就被一组伦理学原则所同化，这些原则被构想为是以"好的生活"为目标的或者仅仅以人与社会之间的足够的和谐为目标的，这符合文化的历史发展。这里所要分析的问题，它事实上是如今首要的社会道德问题，即如此的道德原则构想具有仅仅停留于文字上的风险。而以下的问题仍然没有得到回答：即"美好生活"得以实现的力量从何而来？以及从道德哲学的视角应该怎样思考这个问题？除了在那些想要被人认真对待的演讲中传播优良博爱感之外，在这样的论述语境中很少提供一个把这些原则在存在意义上具体化的线索。公共对话越来越无法表达和理解道德品格之缓慢却戏剧性地形成的现实，即一个要建立在信念和善良愿望水准上的品格，但它同时也能够将信念和好的愿望清晰地表述为责任与义务，有时需要个人付出很大的代价。

关于激情—理性关系这一经典问题的概览

我认为当人类行为的戏剧性和悲剧性层面被忽视的时候，人文主义理想本身则表现出无能。对这个戏剧性层面来说，"动机问题"或许是它在我们时代最为典型和显著的体现。为了更好地理解这个问题在道德史上的根源，这里可以做一个简短的综述。

在古代，几乎所有的哲学流派都将自己调整为一种对情感或者激情（πάθος）问题——更好地说我遭受（πάσχω）——的这种或那种的回应：斯多葛派——"愿意的人，命运领着走；不愿意的人，命运拖着走"——以及伊壁鸠鲁派就是以一种非常直接的方式这么做的。苏格拉底饮鸩而死，带着这样的信念："在人生中必定要遭受的恶中，死亡并非是最坏的。"而柏拉图的全部哲学体系都旨在为这一关系到舍生取义的重要论证给出令人信服的答案。在伟大的希腊诗人当中，悲剧这种文学类型从傲慢（ὕβρις）所带来的冲突中获取灵感。傲慢被认为是一种骄傲和不节制的罪过，因此它作为剧情中某个角色的固执，通常是伴随着一种毫无意义、招致惩罚的激情。有很多理由可以挑起这样的固执：不恰当地寻求权力，轻视诸神和传统，以及诸如此类。在东方，有可能见到如佛教这样广泛传播的教义将其最终的期望寄托于达到涅槃（Nirvana），其最接近的含义是"灭度"，也就是对存在之渴求之寂灭；在个人短暂并且缺乏真实存在的个体性中消除受苦和有害的信念。

就像任何一个真实的存在性问题那样，这个关于行动的问题有可能会按不同的概念、体系、世界观而获得不同的表现形式。关于理性的情感的含混角色不仅存在于如马基雅维利这样的政治作家的思想中，也存在于更加纯粹的哲学作者的思想中，如笛卡尔。在西方世界，文艺复兴以来，有可能从根本上认识到了这个几乎不可解决的问题的两个相对的概念，理性和激情的关系问题被交给了近代的人类学思想。一方面，在康德那里作为范式的概念——虽然其根源来自斯多葛学派——不可挽回地分开了依据纯粹理论理性的行为和依据激情和利益的行为。另一方面，则是设想在情感（激情）和面对现实之可理喻性的理性思索过程之间，存在着一种亲密的和无所不在的不可分离性。这是某种解释学源流（伽达默尔、海德格尔，甚至于哈贝马斯）中的一支，总体上是属于经验主义和怀疑主义学派的，迄今为止在前识（pre-judiced）知识的概念上达到了它的顶峰。

将情绪整合进基于康德式的道德推理框架中是否可能？

以上对人文主义思潮的批判是在于它发展为一种过于道义论与理想主义的方式，却没有足够深入把握作为它们宣言之中主题的道德性对象。近现代人文主义传统根源可以追溯到伊曼努埃尔·康德的著作的那个潮流之中。我已指出，动机的缺乏和怀疑态度是首要的道德问题，那么它们是否是由康德作品与其传统中的道德哲学前设所引起的呢？

在我看来，康德认为，义务产生在进行理性抉择的道德良知中，这个解释给予了道德问题一个正确的方向：的确有一种不同于"行为源于自身利益"的可靠哲学理论。然而，尽管康德的综合（synthesis）有着诸多优点，但还是缺少一种本质要素，这就使道德推理陷入空洞而缺乏实践性的危险，或是更危险的东西：那永远无法消灭的唯意志论。在理解道德行为时，唯意志论常常从一个地方或是另一个地方渗漏出来。本质要素无外乎是在知觉活动中明见性的呈现，所以，也是情绪要素的呈现，并且是由现象学的哲学源流所宣称的基本对象所构成的。弗兰兹·布伦塔诺（Franz Brentano）已经指出并批判了康德理论中在这方面的缺失。的确，心灵的明见性和感动应该从知觉活动中去认识，甚至是在道德推理中得以认识。

应该记起来的是，根据康德的哲学框架，只要他将情感（激情）仅仅作为内在动力，那么情感就仅仅是一种驱动力，打上了不可磨灭的物质性的印痕，一种"不自由且被强迫的必然性"的印痕，那种把自己强加于他者的势力的印痕。因此，从抉择过程和道德行为中应该避免的意义上说，属于"情感"的是应该被纯化的维度。再者，康德认为，只要还有那么一丝没有平静下来、有可能还会让主体心动的激情，就会使得道德抉择的善变得无效。照这种想法，被康德的形而上学推测所包围住的人，慑于他的道德律，在最好的情况下，显得是个站在深渊边缘的本体，对于他来说，那些关于敢跳下去的人的叙事和随后见证说值得这样做的话都毫无意义。然而，在这里需要注意的是，为了在康德的作品中达到这样的发展，问题就已然以一种有趣的新的表达方式表达出来了。理性和情感的对立，或是理性（Vernunft）和行为的动机（驱动力）（Triebfedern）的对立，即便是纯粹的和可感知的、不纯粹的之间的两极分化，也仍然指向纯粹实践理性内部的一种具体的感觉。义务

（das Sollen/die Pflicht）在每个道德主体的心中引起强制（Nötigung），从而产生一种情感。因此，在道德抉择的范围内，可以说有着情感倾向（Neigungen）——这对康德来说虽然总是他律的和不符合理性的。此外，也可以说有种"冲动或理性倾向"，这从来没有被经验为动机（动力），而是一种敬畏之感，如同可感知到的道德律的强制的表象。在朝向道德的智性活动的中间动态过程中，这种充分的情绪性状态所对应的感情难道不应该被识别出来吗？

必须承认的是在康德式的道德推理中，人们肯定会发现缺少某种明见性的要素，不管这对于哲学阐释来说要多复杂。这个要素应该能够包括觉察的判决性的特点以及其他认同情绪。在不如三大批判和《道德形而上学原理》那样著名的文本中康德自己似乎暗示，一个完全没有任何激情或经验性感动的而且事实上没有源于宗教的经验性运动的行动模式是具有缺陷的。可惜无法从康德更为重要的著作中推论出这一点来。

本文试图指明和证实的那个"道德目的和达到这个目的所可能的动机之间的实践联系"，那个统一的现象学实在性，可以被设想为凸显出某些特性，即主体性和个人经验性、判决性和情绪性、无条件的明见性和被行为主体所接受的特性、行动之推动能力，甚至经由叙事性而达成的可交流性。这样，纽曼枢机（John Henry Cardinal Newman）的敏锐著作《认同的规律》（*A Grammar of Assent*）中"真正的认同"概念在很大程度上展现了这些探索。在我看来，这位英国作家的论题如今具有值得关注的哲学潜质。

朝向道德目的与动机之间的实践联系的思考：纽曼枢机关于深化情绪在以目的为定位的实践经验（Erlebnis）中的地位的建议

康德的研究没有能够追踪道德律的特殊经验（Erlebnis）内在的情绪维度之发展，也就是关于何为正义的不可贿赂的内在感觉。我认为在康德失败的地方，纽曼枢机做出了有意思的贡献，尤其是通过他对"认同"概念的理解。纽曼常常讲到认同行为的生动、敏锐、强大和热切："认同是行为的必要原则，它唤醒情绪，情绪推动我们行动。"在这种唤醒中，心灵的想象功能扮演了重要而有益的角色。纽曼关于行动问题的研究中,将激情元素放在了前台,即便他还是不敢设想一个完全统一的现象学实例,即时间上同时的那种统一,其中情绪和感知层面是并存的:"那么,真正的认同,或者可能被称之为信念——就其本身而言——并不导向行动。但是它存在于表达具体物的心灵意象中,后者在情感和激情上,具有具体物体一般的作用力。认同就是靠着这样的方法间接地变得实际有效。"

纽曼的"认同"概念包含了康德的确信概念。后者代表了"定言令式"在心灵中触发的感觉。纽曼假设这种确信是一种意向性(道德)生命的显然事实:"它是如何产生我们能感受到的确信这一问题并不是我可以研究决定的;对我而言,感觉到确信已经够了。"纽曼认为没有任何确信练习的生活就好像有人没有道德意识一样不可能。就好像呼吸一样,出于确信的行为和出于有意识的行为被描述为自由的以及依靠自由意志的。纽曼就这样将确信定义为对于一个被认为真实的命题的有意识并经过深思熟虑的认同:"确信的特征在于其客体是真理,是被认为真实的命题。"另外,纽曼认为这种确信是不致缺损的:"假定所有的规律都是普遍的,尤其是那些与心灵有关的规律,我发现至少不致缺损性可以用来作为一种对确信的否定测试,或是说,作为一种不可缺少的条件,这样,无论谁在某个观点上失去信心,也就意味着他对这一观点是不确定的。"简而言之,与康德的道德律类似,纽曼的认同特征也是无条件的,这符合它的意向性—现象学经验特征。

然而,与康德不同的是,纽曼在相辅相成的含义上将确信相对化。一方面,他剥夺了它必要的永真特征。这里应该注意到纽曼的"不致缺损性"和"永真"之间非常重要的区别:"我们必须想起,确信明显是在推理之后的一种深思熟虑的认同。如果我的确信是经不起推敲而无根据的,那么是推理的错误,而不是我的认同……推理中的错误是教训和警示,不是要放弃推理,而是要非常谨慎地推理。"的确,即便没有一种为了辨别而采用的先验检测(a priori test),确信和自己的良知都有可能被证明是错误的。纽曼敢于说出"无根据的认同和确信"的可能性,以及"道德推理中可能发生的错误",也就迈出了重要的一步,完成了——在我看来是改进了——康德的道德解释。这一步将"真理"的应用包含在道德推理之中,而康德却在那里止步于"实践理性的信仰"(Praktischer Vernunftglaube)。康德或许会宣称:在道德实践中,我们应该将自己视为被义务强制的自由行为人。而在同样的地方，纽曼可能会说：不要忘了，义务的内容不只是否定性的命令，而典型的强制感（Nötigung）以敬畏和恐惧为标志；义务也可以被理解为一个具体的积极的命令，这样，也就变成行动者自身的命令并积极地去爱它——这是典型的"真正认同"（real assent）的感觉。

纽曼的认同概念将康德体系中的确信相对化的第二种方法就是刚刚提到的引入真理的参照。因为这种方法使得确信依靠某种"客观的参照物"，而不仅仅是一种理性的假定，并且朝着这种"客观的参照物"，道德行为受到推动。因此，纽曼的理论中道德推理的目标本质上可以用发展的概念来理解：目标应该使人"主观化"某些"客观的"事物，即便此时在他的意识中，这个事物还未作为对象呈现给他。在康德的理论中，关于如何（不）去行动的纯粹的明晰性是无条件的和确定无疑的，然而对于纽曼而言，这却是一个明晰性的增长问题。足够明白的是，纽曼枢机也承认在实践理性的现象学经验中有着无可争辩的确信的因素。但是这个因素应该理解为"随着逐渐显露的经验，保持忠实"。

纽曼的"理论上的"（notional）和"真正的认同"概念代表了这个过程所描绘的桥梁的两端。恰当的道德推理意味着不断地从仅仅理论上的认同到真正认同的进程。对于纽曼而言认同在其有能力为真理的程度上是"真正的"。真理总是作为具体事物被把握，因此成为道德力量和动机的源泉，因为"人的本性更易于受具体事物影响，而非抽象事物"。纽曼似乎相信，靠着这些真正的认同，道德生活是可能的。在这种道德生活中，深层动机是一个感觉上的真实存在，这种感觉是对一个更高的计划的服从，而对它的全部委身将带来这一动机的实现。从而，那个使得建立在真实认同之行动上的生活叙事成为可能的客观而可靠的真实存在是以心灵为其作用对象的，而在纽曼看来，基督教天启（Christian Revelation）中的例子就是典型的生活论述，但不止这些，这个真实存在：

> 既通过智性也通过想象，影响着心灵，在此，它通过各种叙事、论证创建自己的真实性，这些论证之多而不可胜数；之深而不可言表；之强而不可拒绝……它一个接一个地对我们讲述，我们也一个接一个地接受它，就仿佛与我们相对应的极相似的东西，像我

们一样真实。

纽曼的思想与康德的道德传统之间的差别现在清楚了。康德式的道德推理并不关注个人生活中"道德经验"的一种存在主义式的长期的意义丰富的进程，而仅仅关注在每一个道德抉择中对义务感的忠诚。因此，康德没有考虑到在生命叙事之中道德行动会有何种叙述性地位和作用。无怪乎在这种传统下会出现一种只关心原则的空洞的人文主义，缺乏个人叙事的本质性的戏剧维度。而在纽曼和他的思想中，建立一种道德理解的不断发展的过程理论贯穿他的一生。纽曼在他曾经工作的大学以及他的文化环境中遭到很多的反对，因为他本人的宗教和社会观点也处在不断发展的过程之中。

结　语

> "Video meliora proboque, deteriora sequor"
> （我看到什么是善，也赞同善，但我却在作恶。）

除了本文提供的文化和社会学观点以及针对康德传统的质疑，这些哲学思考可以视为一个初步的尝试，想要阐明事实之中主体存在的现象学基础——换言之，感觉——与其聪明的伦理表演维度之间的联系。在这个问题上，纽曼枢机的思考是一个启发，他的现象学虽然有所欠缺，但这些思考关注感知行为与针对一个有效行动的动机和动力之维度间的联系，而这一有效行动是与感知的内容和形式相一致的。这些思考的目的在于为说明具体的感知行为中的意志与情绪维度预备道路。

在我看来，思考道德感知的动机—受到激发—行为（motivation-stirring-acts）时，有两个主要的挑战：

第一个挑战在于思考这样的现象学统一体，在这样的统一体中，不可将原初的智性事件——可以称为感觉或知觉——不可还原地与道德事件相分离，而应将这两者作为同时发生的事实（至少在根基上，因为道德推理总是包括一种感知觉之后的思考过程）。

第二个挑战是要用哲学的方式来描述出这些道德感知行为是具有直接经验性的，并就此给它们提供依据，……而这种经验在其感知性的自我给予中，也具有一种标识性。也就是说，它应该能够做某种东西的符号，此物遥远、间接，而经验主体要越出自身来认识它，或者更确切地说，也就是这样一个东西：经验中的个人必须要以激越的方式来接受它。这种接受就成了行动的有力动机或是一个自身能够激发一系列来源于之前行动的行动。这里关于真理的棘手问题就出现了，即我的内在的感觉（知觉）世界和意义世界（亦即允许我阐释事实的命题世界）的关系问题；甚至更多，如前者领域和世界本身的关系问题。

　　无论如何，我们遭遇存在与事实之间的关系的解释，并且在同样令人眩晕的困难程度上，致力于寻找和确认一种在人类世界支持其认知活动的力量。或许，将这种探索与过去世代中的一个重要人物的探索联系加以等同，是没有错的，也就是帕斯卡（Pascal），他自问哪些真理会推动心灵。也就是说，询问到底是哪些具体的真理、理解，甚至感觉，当它们这样被经验到的时候，会迫使道德主体以一种与它们相一致的方式行动？如果是如同那位著名的西班牙哲学家米格尔·加西亚-巴罗（Miguel García - Baró）所说的那样："有着这样的情况，其中，意义（即我们所经验的意义）会确证无疑地把我们带到任何感觉都可以呈现给我们的那些东西那里。"那会怎样呢？

参考文献

　　[1] DICCIONARIO DE FILOSOFÍA. Ferrater Mora. Alianza, BARCELONA, 1981.

　　[2] DORIS JOHN, THE MORAL PSYCHOLOGY RESEARCH GROUP (eds.). *The Moral Psychology Handbook*. Oxford：OxfordUniversity Press.

　　[3] O SCHROEDER TIMOTHY, ROSKIES ADINA, NICHOLS SHAUN (2010). Moral Motivation, 72 - 110.

　　[4] O STICH STEPHEN, DORIS, JOHN M, ROEDDER ERICA, (2010). Altruism, 147 - 205.

　　[5] EUROPEAN AND WORLD VALUES SURVEYS FOUR WAVE INTEGRATED DATA FILE, 1981 - 2004, v. 20060423, 2006. The European Values Study Foundation (www.europeanvalues.nl) and World Values Survey Association (www.worldvaluessurvey.org).

[6] ARENDT HANNAH. *The Human Condition.* Chicago: University of Chicago Press, 1998.

[7] BELL DANIEL. *Las contradicciones culturales del capitalismo.* Alianza, Madrid, 1977.

[8] BENNER ERICA. *Machiavelli's Ethics.* New Jersey: Princeton University Press, 2009.

[9] BLONDEL MAURICE. *L'action. Essai d'une critique de la vie et d'une science de la pratique.* Quadrigue, Paris 1993 (original 1893).

[10] BRENTANO FRANZ. *Versuch über die Erkenntnis.* the bilingual publication. *Breve esbozo de una teoría general del conocimiento* (Opuscula philosophica 1), Madrid, 2001.

[11] BRUAIRE CLAUDE. *Pour la métaphysique.* Communio Fayard, Paris, 1980.

[12] CABADA CASTRO, MANUEL. *El humanismo premarxista de Ludwig Feuerbach.* BAC., Madrid, 1975.

[13] O ID. *Feuerbach y Kant: dos actitudes antropológicas.* Madrid: Universidad P. Comillas, 1980.

[14] CARDINAL NEWMAN, JOHN HENRY. *An Essay in Aid of A Grammar of Assent.* Oxford: Clarendon Press, 1985.

[15] O ID. *An Essay on the Development of Christian Doctrine.* Longmans. London: Green & Co., 1909.

[16] O ÍD. *Apologia pro vita sua.* London: Fontana Books, 1962.

[17] CASTELLS MANUEL. *La Era de la Información: Economía, Sociedad y Cultura.* Vol. I "La Sociedad Red", Vol. II "El Poder de la Identidad", Vol. III "Fin de Milenio", Alianza, Madrid, 1998, 1999, 2000.

[18] DAWKINS RICHARD. *The God Delusion.* Boston: Houghton Mifflin, 2006.

[19] DELEUZE GILLES. *A Filosofia Crítica de Kant.* Ed. 70. Lisboa, 1994.

[20] DESCARTES RENÉ. *Die Leidenschaften der Seele (Französisch – Deutsch).* Hamburg: Meiner Verlag, 1996.

[21] FREUD SIGMUND. *Das Ich und das Es und andere Abhandlun-*

gen. Marixverlag, Wiesbaden, 2010.

[22] GARCÍA - BARÓ MIGUEL. *Introducción a la teoría de la verdad*. Síntesis, Madrid, 1999.

[23] GERMINO DANTE. *Machiavelli to Marx: Modern western political thought*. Chicago: University of Chicago Press, 1972.

[24] HORTAL AUGUSTO. *Ética. Los autores y sus circunstancias*. Madrid: Universidad P. Comillas, 1994.

[25] HUSSERL EDMUND. *Logische Untersuchungen*. Akademie, Berlin, 2008.

[26] KANT IMMANUEL. *Anthropologie in pragmatischer Hinsicht* (1798). VII. Band der Akademie - Ausgabe, Berlin, 1907.

[27] O ID. *Grundlegung zur Methaphysik der Sitten* (1785). 4. Band der Akademie - Ausgabe, Berlin, 1968.

[28] O ID. *Die Metaphysik der Sitten* (1797). Tome VI of the Akademie - Ausgabe, Berlin, 1968.

[29] O ID. *Crítica da facultade de julgar*. Introdução de António Marques, Tradução e notas de António Marques e Valério Rohden, Imprensa Nacional - Casa da Moeda, Lousã, 1992.

[30] O ID. *Crítica de la razón pura*. Alfaguara, Madrid, 1994.

[31] KELLY PAUL. *Liberalism*. Cambridge: Polity Press, 2005.

[32] LYOTARD, JEAN - FRANÇOIS. *O Inumano*, Considerações sobre o tempo. Estampa, Lisboa, 1988.

[33] MACHIAVELLI NICCOLÒ. *The Art of War*. Wilder Publications, Radford, 2007.

[34] NIETZSCHE FRIEDRICH. *Zur Genealogie der Moral*. SCHLECHTA, K. (Hg.) *Werke in drei Bänden*. Hanser, München, 1954, 761 -900.

[35] PLATO. *Apology of Socrates*. D. Appleton and Company, 1860.

[36] RICOEUR PAUL. *De l'interprétation: essai sur Freud*. Éditions du Seuil, Paris, 1965.

[37] RORTY RICHARD. *Contingency, Irony and Solidarity*. Cambridge: Cambridge University Press, 1989.

[38] SCHEIBLER INGRID H. *Gadamer: Between Heidegger and Habermas*. Lanham (MD): Rowman & Littlefield Publishers, 2000.

[39] SENECA LUCIUS ANNAEUS. *Ad Lucilium epistulae morales* (107, 11, 5), Tomus II. Oxford: Oxford University Press, 1965.

[40] WENZEL KNUT. *Glaube in Vermittlung. Theologische Hermeneutik nach Paul Ricoeur*. Herder, Freiburg, 2008.

[41] ODERO JOSÉ MIGUEL. Actualidad del concepto kantiano de 《religión》. *Ilu (revista de ciencias de las religiones)*, 1, 1996, 105 – 124.

[42] RICOEUR PAUL. La fonction herméneutique de la distanciation (1975). *Du texte à l'action: Essais d'herméneutique*, II, Éditions du Seuil, Paris, 1986, 101 – 117.

[43] TRAIGER SAUL. Reason Unhinged: Passion and Precipice from Montaigne to Hume. JENKINS, Joyce, WHITING, Jennifer, WILLIAMS, Christopher (eds.). *Persons and Passions: Essays in Honor of Annette Baier*. Chicago: University of Notre Dame Press, 2005.

[44] PASCAL BLAISE. [2014 – 01 – 26]. http://www.penseesdepascal.fr.

[45] ROBINSON BRUCE A. *Do "God" and "Christianity" have a place in the European Union Constitution?*. [2003 – 05 – 29] http://www.religioustolerance.org/const_eu.htm.

[46] THE ECONOMIST. *Nearly 1 billion people have been taken out of extreme poverty in 20 years. The world should aim to do the same again*. http://www.economist.com/news/leaders/21578665-nearly-1-billion-people-have-been-taken-out-extreme-poverty-20-years-world-should-aim?frsc = dg | a.

[47] U.N. HIGH LEVEL PANEL ON GLOBAL SUSTAINABILITY. *Resilient People, Resilient Planet*, New York 2012. http://www.un.org/gsp/sites/default/files/attachments/GSP_Report_web_final.pdf.

麦金泰尔与现代性*

[英] 肖恩·塞耶斯（Sean Sayers） / 文 曲轩 / 译 刘宇 / 校**

【摘要】 麦金泰尔认为，现代性的出现导致了社会生活与价值观念的碎片化和区隔化（compartmentalization）。笔者通过本文论证的是，现代性也包含了对新的社会关系和新的自由价值的创造。麦金泰尔的批判没有公平地对待这些变化中的复杂性和矛盾性。笔者通过讨论现代大学的宽容（tolerance）与发展的概念，包括英国大学中的 RAE/REF 所带来的影响，来论证这一点。麦金泰尔对"启蒙方案"（enlightenment project）的批判，及其对回归以更早期的亚里士多德主义模型为道德和社会思想之基的尝试，也产生了类似的问题。相对于拒绝现代性和启蒙观念，笔者认为，我们应该肯定其中关于自由、平等和共同体的核心价值，并在现代世界中争取实现它们。一幅更为适当的现代性图景会提供一些依据，以质疑麦金泰尔对上述做法之可能性的悲观态度。

【关键词】 麦金泰尔 现代性 道德 伦理学 道德争论 区隔化 宽容 大学 RAE

在这个时代，英语世界的许多专业哲学家都几乎放弃了尝试对现代世界进行广泛的批判性思考，麦金泰尔的作品却富有挑衅意味，显得不

---

* 本文作为会议论文，递交于 2007 年 7 月在伦敦城市大学举办的"阿拉斯代尔·麦金泰尔之革命式的亚里士多德主义：伦理学、反抗与乌托邦"会议。

** 作者简介：肖恩·塞耶斯（Sean Sayers），英国肯特大学（University of Kent）哲学系荣休教授，国际著名马克思主义学者，研究领域主要为社会哲学、伦理学、政治哲学等，曾出版 Marxism and Human Nature 等有影响的著作，并主编多种刊物，还曾是著名左派杂志 Radical Philosophy 的创始人。

译者：曲轩，中山大学哲学系博士研究生；校者：刘宇，西南大学马克思主义学院副教授。

合时宜，也因此大受欢迎。其内容非常广泛而发人深思。麦金泰尔被描述为一位"革命的亚里士多德主义者"（revolutionary Aristotelian）①，但这只说明了其完整形象的一部分。他的作品不仅从马克思和亚里士多德那里汲取了思想资源，而且也把分析哲学、科学哲学以及托马斯主义作为其思想来源，所有这些结合在一起构成了对现代性处境的一个批判性回应。这引发了相关领域的思想家之间的重要争论。

毁掉这一局面是令人遗憾的。但通过本文，笔者将批判麦金泰尔的现代性图景（picture of modernity），论证这些不同的脉络是不可能被令人满意地结合起来的："革命的亚里士多德主义"是一个失当的混合体。

一

麦金泰尔在伦理学和社会哲学方面核心的哲学著作受到一个议题的驱动，这一议题可以回溯至 20 世纪 50 年代那些孕育了新左派的争论，麦金泰尔是其中重要的参与者。②

当时的共产主义运动致力于苏维埃事业，处于支配地位的是凯斯特勒（Koestler）在《正午的黑暗》（*Darkness at Noon*）中所刻画的那种工具主义的道德思考。③ 服务于运动的任何行动都依据"以目的来证明手段的正当性"而被证成。许多左派不再相信共产主义事业可以由此被证成，他们转而认为苏维埃式的共产主义在道德上和政治上破产了。新左派中最有影响的回应是重申非工具式的马克思主义伦理理想。受康

---

① 由奈特（Kelvin Knight）原创，被麦金泰尔引用。Alasdair MacIntyre. "Politics, Philosophy and the Common Good", *The Macintyre Reader*, ed. Kelvin Knight, Polity Press, 1998, p. 235.；同时参见 Kelvin Knight. *Aristotelian Philosophy*: *Ethics and Politics from Aristotle to Macintyre*, Polity Press, 2007, pp. 102 – 221.

② Paul Blackledge. "Freedom, Desire and Revolution: Alasdair Macintyre's Early Marxist Ethics", *History of Political Thought* 26, no. 4 (2005): 700ff.；Paul Blackledge "Alasdair Macintyre: Marxism and Politics", *Studies in Marxism* 11, no. pp. 95 – 116 (2007).

③ Arthur Koestler, *Darkness at Noon*, Harmondsworth: Penguin Press, 1946. 这些问题也被生动地呈现于 Jean – Paul Sartre, *Les Mains Sales*, trans. K. Black, Methuen Press, 1961; S. de Beauvoir, *The Mandarins*, trans. L. M. Friedman, Collins Press, 1957; M. Merleau – Ponty, *Humanism and Terror*: *An Essay on the Communist Problem*, Beacon Press, 1969; S. Lukes, *Marxism and Morality*, Oxford University Press, 1985.

德思想的启发，他们兴起了一种马克思主义人道主义的思考。①

麦金泰尔的回应是与众不同的。② 他既不接受共产主义正统的工具主义，也反对代之以新左派康德式的人道主义。他认为，在二者之间做出选择并没有稳固的根基，而且会导致一系列无休止的道德争论。出现这种情况是因为两条路径都割裂了价值与事实，割裂了伦理学与社会实践，因此也就打掉了当道德分歧有待解决之时存在共识所必需的基础。麦金泰尔却认为，我们必须以一个假定为起点，即"包括现代自由主义的道德在内的一切道德，不论它声称有多大的普适性，都只属于某些个别的社会群体"③。

在随后的著作中，麦金泰尔扩展了这一图景。他把左派的这种处境看作是关于现代世界中更为广泛的道德困境的一幅缩略图。因为现代性创造了条件，使许多彼此不同的、相互冲突的又被普遍持有的道德立场得以存在，却也使得它们彼此争论不休。

麦金泰尔的长期计划是把这一道德条件作为现代性的特征来进行描述和解释。他通过比较现代化之前的社会处境来实现这一计划。这一主题首先在《伦理学简史》（*Short History of Ethics*）中被概括出来，在《追寻美德》（*After Virtue*）中得到更为充分的阐述，并在后续的著作更进一步展开。④

论述始于现代化之前的古希腊世界。那时，人们生活在相对紧密而统一的共同体中，所围绕的中心是对社会的角色和责任的共同认识，以及裁定道德争论所依据的共同价值标准。为了描述这样的社会，麦金泰尔发展了一个"实践"的概念。身处一个"实践"的参与者们分享相

---

① 西方的汤普森（E. P. Thompson）和弗洛姆（Erich Fromm），以及东欧的科拉克夫斯基（Kolakowski）和沙夫（Schaff）等思想家对其有所推进。参见 L. Kolakowski. *Main Currents in Marxism*, trans. P. S. Falla, Oxford University Press, 1978, volume 3.

② Alasdair MacIntyre. "Notes from the Moral Wilderness – 1", *The New Reasoner*, no. 7 (1958 – 9); Alasdair MacIntyre. "Notes from the Moral Wilderness – 2", *The New Reasoner*, no. 8 (1959).

③ Alasdair MacIntyre. "An Interview with Giovanna Borradori", *The Macintyre Reader*, ed. Kelvin Knight. , Polity Press, 1998, p. 258. 这一观点是其早期马克思主义的一份遗产，正如他在这次采访中所承认的，并且贯串了麦金泰尔哲学生涯的始终。

④ 特别是 Alasdair MacIntyre. *Whose Justice? Which Rationality?*, Duckworth, 1988; Alasdair MacIntyre. "Ethics and Politics", Selected Essays, V. 2, Cambridge University Press, 2006.

同的价值观念，这些价值观构成了这个"实践"，并明确了内在于这个实践本身的诸善（goods）。存在于这类共同体中的道德价值观在德性（the virtues）的观念中被具体化，并被理解为追求这种内在善的卓越能力。做一个有德性的人即是很好地完成其社会角色。通过这种方式，价值观念在本质上与其所扎根的社会关系相关联。①

对于麦金泰尔来说，亚里士多德是关于这类实践的最伟大的理论家。他把古希腊城邦的理想辩护为一个理性的政治共同体，道德分歧在其中可以通过理性的讨论得到解决。他所创建的有关道德和政治的思考传统，伴随着种种变动与调适继续作为中心而存在，直到现代伊始。②

然而，在现代世界中，固化的、给定的社会角色和共有的期待已被消解。共同体已分裂成碎片。伴随着社会秩序中的这些变化，道德在现代生活中的作用发生了一种根本性变革。不再存在一套共识可以为解决道德分歧提供基础。

启蒙运动包含着对亚里士多德主义的否定，不仅在自然科学方面，而且在伦理学和社会思想方面。启蒙思想家试图用一些思想体系来替代以内含共识的实践为基础的亚里士多德的德性伦理学，在这些思想体系中，价值观念的正当性只是通过对普遍理性的使用而被证成。麦金泰尔认为这一计划"失败了"。③ 前现代的社会秩序已被摧毁，随之也毁掉了曾因共识和共同价值观而存在的社会基础。现代世界中的我们仅仅保存了理性道德争论的语言和观念，却丧失了其存在于更广阔社会中的社会基础：道德分歧无法得到解决。

在《追寻美德》（*After Virtue*）中，麦金泰尔把现代性刻画为更早期的共同体被碎片化的结果。④ 旧有的社会秩序已被消解为一种由互不相连的原子式个体所构成的大众。然而在之后的许多作品中，他对现代

---

① 在荷马、柏拉图和亚里士多德的著作中发展了略微不同的美德观念，正如 Alasdair MacIntyre. *A Short History of Ethics*, Routledge & Kegan Paul, 1967. 中所描述的。

② Alasdair MacIntyre. "A Partial Response to My Critics", John Horton and Susan Mendus, ed. *After Macintyre: Critical Perspectives on the Work of Alasdair Macintyre*, Polity Press, 1994, p. 288.

③ Alasdair MacIntyre. "Some Enlightenment Projects Reconsidered", *Ethics and Politics: Selected Essays, Volume 2*, Cambridge University Press, 2006.

④ Alasdair MacIntyre. *After Virtue: A Study in Moral Theory*, Duckworth, 1981.

的社会关系做出了一种更为丰富而复杂的解释。即便如此,他仍然认为不存在共同的理解或价值观的整全语境,不存在整全的共同体。现代社会包含一系列被区隔化的子群,分别有着各自单独的角色和价值观。在不同境遇下的、与不同的群体相关联的现代个体,会有着彼此没有任何本质性联系的不同的价值观和标准。①

这些被区隔的群体很少构成麦金泰尔意义上的"实践",或配得上"共同体"的称号。他们缺乏任何关于价值的共识,没有对内在的善或德性的共同概念。他们在相当程度上被外在目的所支配,特别是赚钱的目的——这一外在目的的优越之处在于它是一种普遍的目的,并非特别地针对任何一种个别实践。② 他们是在市场和现代民族国家那势不可挡的政治权力影响下的牺牲品。这些都越来越成为现代生活的统治性力量。因此,在现代世界中,很少带有对内在善的共同承诺的真正实践,这种实践方式四面受敌,只能在有限而孤立的活动领域中得以维持。麦金泰尔所赞赏的例子包括渔船船员的小团体、家庭农场以及学者的学术共同体。③ 但在多数的生活领域中,金钱和权力发挥着主导性影响,强加着一种外在善和工具性价值的管制。

该怎么办呢?尽管麦金泰尔对现代性有深刻的批判,但他对未来改善的可能性一点都不乐观。然而,他也并非如其常常被指责的那样是一个保守主义者。尽管其理性共同体的理想来源于亚里士多德,并建基于一种来自古希腊城邦的共同体观念,但这并不表明他在著作中认为,我们可以或者应该转向那种生活方式。因此,他对我们的现代性困境给出了一种极其悲观的解释。④

---

① 麦金泰尔主要以有关方式的差异性为例,即出于保险的目的而珍视生活的方式和在家庭中的方式,见 MacIntyre. *Ethics and Politics*, 183ff, 96ff. 。关于对现代生活的区隔性的发人深省的辩护性思想,见 Stanley Fish. "Should Our Lives Be Unified?", *New York Times*, 18 February 2007。

② 关于牟利方面,请比较 Plato. *The Republic*, trans. H. D. P. Lee, 2nd revised ed., Harmondsworth: Penguin, 1987, Book I. ,在 G. W. F. Hegel. *Elements of the Philosophy of Right*,. trans. H. B. Nisbet, Cambridge University Press, 1991. 中视金钱为市民社会中的一个普遍性目标。

③ MacIntyre. *Ethics and Politics*, p. 156; MacIntyre. "A Partial Response to My Critics", pp. 288, 302.

④ MacIntyre. *After Virtue: A Study in Moral Theory*, ch. 18; Marx W. Wartofsky. "Virtue Lost or Understanding Macintyre", in *Inquiry* 27 (1984); Alasdair MacIntyre. "*After Virtue* and Marxism: A Response to Wartofsky", in *Inquiry* 27 (1984).

二

尽管麦金泰尔以这种方式根本性地批判了现代性,但却很难看出这一亚里士多德主义的印记如何可能被妥当地描述为任何意义上的"革命者"。① 麦金泰尔描述自己的哲学是一种"乌托邦主义"的形式。② 有人认为其中暗示着一种"预示的"(prefigurative)政治学形式。③ 然而,考虑到麦金泰尔的悲观主义,我们并不清楚它如何可能是乌托邦的或可以预示着什么。

不过,暂不考虑关于革命性的依据问题,我们该如何评价麦金泰尔对现代性的道德困境的批判呢?它奠基于道德价值观与这些价值标准的形成所处的社会境况相联系这一前提。它为批判现代性和理解现代自由的价值观提供了一种有启发的、有价值的解决方法。因为麦金泰尔认为,这些价值观也是出现在自由主义现代性的个别的社会关系之中的。④

但是,麦金泰尔对自由主义现代性和现代道德困境的特殊理解是更成问题的。笔者将论证他对现代性的发展的描绘是片面的。他把现代性视作一种纯粹消极的现象,作为早期统一的共同体形式和以之为基础的道德秩序解体后的结果。诸美德的道德体系(the morality of the virtues)赖以存在的共同实践,被市场纯粹外在的、工具性的思考方式所替代。正如麦金泰尔所见,从道德层面来看,现代性就是一个纯粹消极的、具有破坏性的现象。

对现代性的这一呈现是有问题的。现代性的影响比这里显现的更为复杂而矛盾。拥有共识的前现代的共同体的解体,实际上只是这一过程

---

①② 在本文所提交的大会上,麦金泰尔将其哲学描述为"当下的乌托邦主义",其对乌托邦主义的辩护另见 Alasdair MacIntyre. *Three Rival Versions of Moral Enquiry*: *Encyclopaedia*, *Genealogy*, *and Tradition*, Gifford Lectures (1988), Duckworth, 1990, pp. 234 – 235。部分与会者认为这隐含着一种政治学的"预示性"形式。但考虑到麦金泰尔的悲观主义,关于当下会有什么预示则并不明晰。

③ 2007 年 7 月在伦敦城市大学举办的"阿拉斯代尔·麦金泰尔之革命式的亚里士多德主义:伦理学、反抗与乌托邦"会议中的讨论。

④ MacIntyre. "An Interview with Giovanna Borradori", p. 258. 前有引用,第 144 页。

的一个方面。这些进展同时还有积极的一面。现代性的出现也包括对新的社会和道德秩序的建构。它不能被理解为一个纯粹消极的、碎片化的、解构的过程。它还包括对社会关系的新形式及其所关联的新的自由主义价值观的建构：关于自由、平等、个体性和宽容的价值观。它涉及一种社会秩序的发展，这种秩序对许多生活领域的差异性相对地更加宽容，这是一个拥有更多个性和自由的世界。

麦金泰尔认为，传统社会关系的解体和消失创造了与一切共有关系和价值观相分离的现代原子式个体。事情看上去的确如此。正如马克思所言："在这个自由竞争的（现代）社会，个体从自然纽带等等之中分离出来，而这些自然纽带在更早的历史时期使人依附于一个确定而有限的人类聚合体。"然而，马克思还继续论证了这些表现是需要被质疑的。因为，现代社会实际上是一种高度发达而复杂的社会秩序，而非如麦金泰尔所想的，只是社会关系破碎和解体的结果。

> 我是越往前追溯历史，个人，从而也是进行生产的个人，就越表现为不独立，从属于一个较大的整体……只有到了十八世纪，在"市民社会"中，社会联系的各种形式，对个人来说，才只是表现为达到他私人目的的手段，才表现为外在的必然性。但是，产生这种鼓励个人的观点的时代，正是具有迄今为止最发达的社会关系……的时代。人是最名副其实的政治动物，不仅是一种合群的动物，而且是只有在社会中才能独立的动物。①

个体性的现代形式及其所关联的自由观，是自由现代性世界的产物，是自由市场（如资本主义）和自由国家的世界的产物。②

正如麦金泰尔所正确强调的，马克思当然也论证了，这些势力同时也约束了自由，扼杀了其所创造的那些个体性形式。但笔者现在所论证的是，它们的影响不完全是消极的。除非其影响的矛盾特性得到理解，

---

① Karl Marx. *Grundrisse*, trans. Martin Nicolaus, Penguin Press, 1973, pp. 83 - 84. （译文参见《马克思恩格斯全集》第四十六卷，人民出版社，1975年版，第21页。）

② Sean Sayers. "Individual and Society in Marx and Hegel", in *Science & Society* 71, no. 1 (2007).

否则就不可能恰当地对其加以认识或批判。

三

有人认为麦金泰尔也承认这些论点，他实际上并非如笔者所指责的那样以纯粹消极的方式，仅仅视自由现代性为对社会关系和共享价值观的缺失。例如，麦金泰尔明确地承认自由主义自身就是一种道德"传统"，在其中，存在一种同意和共识的尺度（a measure of agreement and shared assumptions），这至少在观念上应该能够为讨论与争执提供一个框架，由此发展一种共同的价值传统。奈特（Kelvin Knight）在对麦金泰尔哲学的解读中很好地指出了这一点：

> 自由主义，起初以普遍化理性的名义挑战传统的权威，现在它自己又变成一种传统。是理性论证的传统使得国家制度和资本主义合法化，转而又被它们支撑着……我们不是生活在传统本身的碎片化之后，而是在一种具体社会传统的支配地位被另一种所替代之后。①

然而，就这一点而言，麦金泰尔也将信将疑。尽管他承认自由主义是一种"传统"，但他又视其为一种"不连贯的"传统，正如奈特继而补充到的②——在这种传统中，共同价值是缺失的，道德争论是无尽的，因其源于一种碎片化的、区隔化的社会秩序。

麦金泰尔将自由现代性描述为由一系列"对不一致的一致性"（agreement to disagree）所构成的。③ 考虑到其中的两个方面都被恰当地认识到了，这一描述已足够精确。然而，麦金泰尔的重点明显更多的是在现代生活中的分歧和差异上，而较少被放在这一描述也认识到的一致性上。认为现代性包括一套"对不一致的一致性"就暗示了一种一般的

---

①② Kelvin Knight. "Editor's Introduction", *The Macintyre Reader*, Kelvin Knight, ed, Polity Press, 1998, p. 21.

③ Alasdair MacIntyre. *The Tasks of Philosophy*, Selected Essays: V. 1, Cambridge University Press, 2006, pp. 205 – 223; MacIntyre. "A Partial Response to My Critics", p. 292.

关系结构，个体自由及其所产生的差异性都被容纳其中。这就是显得消极的自由现代性的碎片化和区隔化的积极方面。①

需要补充的是，即使在最为自由的社会中，对"不一致的一致性"也是在限度之内进行的，并且仅适用于一些个别的问题。此外，这些限度并非轮廓鲜明的、有定论的，而是存有争议的。关于这些限度如何可能被具体化地讨论，已成为有关道德和政治思想的自由传统的核心，正如麦金泰尔所意识到的：② 对此类问题的不同解答已经在社群主义者与自由主义者之间、资本主义与社会主义的支持者之间划出了界限。但是，这种碎片化和区隔化——分歧和缺乏共识可能在自由和私人领域蔓延——是自由主义现代性的一个本质特征。自由和对分歧的容纳是重要而有价值的，这已在这种自由传统中得到广泛认同。③ 也就是说，在自由传统中被广泛认同的是，麦金泰尔所批判的区隔化反而应该受到珍视和保护。④

这就是构成有关宽容的价值观念（the value of tolerance）的东西，这一价值观在自由主义的社会思想中已经扮演了核心角色。关于这一价值观，麦金泰尔在近期的一篇文章中有发人深省的讨论。⑤ 他阐明了自己也重视宽容，并认同一般的自由观，认为对于宽容的一些限制是有必要的。⑥ 然而，对于麦金泰尔来说，宽容成为一种美德主要是因为它深化了理性的讨论，其限度应该据此而设。因而他坚持认为，宽容应该次于培养"共同认识"的目标。⑦

在《三种对立的道德探究观》（*Three Rival Versions of Moral Enquiry*）

---

① 相较于黑格尔对市民社会的论述，见 Hegel. *Elements of the Philosophy of Right*, pp. 220 – 239.

② MacIntyre. "A Partial Response to My Critics", p. 292. 在社群主义者和自由主义者之间，在资本主义和社会主义的支持者之间，以其各自对这些问题的不同回答而区分。

③ 这些价值观也得到共产主义和马克思主义的认同和辩护，请见下文。

④ 密尔关于个体自由的私人领域的观点是区隔化的一种形式（J. S. Mill. "On Liberty", Mary Warnock, ed. *Utilitarianism and Other Writings*, London：Fontana，1962），另见 Fish. "Should Our Lives Be Unified?".

⑤ Alasdair MacIntyre. "Toleration and the Goods of Conflict", *Ethics and Politics*：*Selected Essays*, *Volume 2*, Cambridge University Press, 2006.

⑥ 在自由主义传统中，对其定位的问题已成为争论的一个焦点。

⑦ MacIntyre. "Toleration and the Goods of Conflict", p. 223.

中，麦金泰尔在对大学的讨论中提出了他的构想。① 在19世纪的改革之前，大学的资格认定受制于道德和宗教方面的验查，在其中排除天主教、犹太教、不可知论者等等，并施以某种道德和宗教的一致性。"前自由主义的近代大学是一种有着被迫一致性的大学"②。相较之下，如今没有了一致性，大学已经成为"对无限的分歧有着制度性宽容"③ 的地方。麦金泰尔反而要提倡将大学作为一个讨论区（forum），在其中，质询的不同传统将被要求在彼此之间展开争辩，以通过理性的争论来消解其差异性。他所设想的是"大学作为一个限制分歧、强制参与争执的地方，在其中，高等教育的一个核心职责应当是激发学生参与到争执中……最基本的那种道德的和神学的分歧被给予信任"④。

这种自由概念颇为不同寻常。它提倡宽容，因而可能存在**差异**的空间、**非讨论**的范围和**私密**的领域，也可以被视作"区隔"，其中的不同个体和群体都可以持有自己的观点，以自己的方式寻求自己的实践，而**不必**以他人的价值观或认识来证明正当性，或必须与这些保持一致。对于麦金泰尔来说，这是对社会的碎片化的一种认可；与自由主义者不同的是，麦金泰尔对"共同认识"和理性解决差异的坚持，十分容易导向不宽容。从一个视角看到的现代性的碎片化和区隔化，换个视角看就是对差异的宽容。这只是同一硬币不同的两面，对同一社会现象不同的理解方式。

四

笔者已在论证现代社会并非只是碎片化的结果，它有着自己积极而与众不同的结构。类似地，现代自由的个体并非只是一个原子，更是特殊社会条件的产物。自由主义价值观也一样。

从洛克到康德的启蒙派自由主义哲学家认为，他们在致力于创建一种社会形式，其中的经济关系建基于一致的意见和共同的契约之上，并

---

① MacIntyre. *Three Rival Versions of Moral Enquiry: Encyclopaedia, Genealogy, and Tradition*, chapter X. 感谢 Alex Bavister - Gould 让笔者注意到了两文之间的关联性。
② 同上书，第230页。
③ 同上书，第225页。
④ 同上书，第230-231页。

被一个自由民主的国家所统治，国家的权威建基于自由的同意。这将通向关于自由、平等的价值观的实现，以及一种自由而平等的共同体，其中的道德纷争能够通过理性的讨论和争论得以解决。

显而易见，这些期望没有在现代的自由主义社会中得到兑现。现代社会陷入重重矛盾，受困于无法以纯粹理性或哲学方式解决的现实的道德政治分歧。① 由此看来，麦金泰尔说启蒙方案"失败了"是正确的。对现代的自由主义社会的构建确实没有保证关于自由、平等和共同体的启蒙价值观。显然，这些价值观似乎无法像启蒙哲学家们期望的那样仅靠理性来实现。依据他们的策略所创造的世界并非一个理性的世界，而是麦金泰尔和马克思所描绘的那种现代个人主义的、区隔化的社会。

在这种社会中，正如麦金泰尔所言，共同体已被破坏，生活的各个方面都越发地被金钱和政治权力所支配。② 这些措辞有点含糊，但其所指却足够清晰。马克思将其更为明确地描述为资本主义（例如自由市场的统治）和支持它的政治权力形式：资产阶级国家。

对于麦金泰尔而言，市场和国家是纯粹强制性的、消极的力量，消灭了存在理性共同体的可能性，而只有在这种共同体中，关于那些德性的观念才能幸存。如我们所见，他相信这种共同体只能存在于小块被围困的飞地中，从而避免受到金钱和权力颠覆、摧毁的威胁。

这种理解道出了一些真理，但还是太过片面：事情并非如麦金泰尔所呈现的那么消极。现代性的影响比麦金泰尔所认可的更为复杂和矛盾。③ 麦金泰尔通过与前现代的共同体相比较来描述现代社会。前现代的共同体可能是包含着麦金泰尔所称赞的共同的价值观和共识。但它们绝大部分还是贵族制的、等级制的社会秩序。市场的出现强加了一种工具性的视野，但也意味着从早期社会的隶属和特权关系中解放出来。市场比起它所取代的东西，更具有一种平均主义的（equalitarian）影响。它引入了一种允许一定程度的自治和个体性的社会关系体系。相较于前现代世界的情况，它在一些重要的方面构成了进步。

然而这并非故事的结局。尽管现代性有解放的、平等主义的方面，

---

① MacIntyre. "Politics, Philosophy and the Common Good", p. 243.

② MacIntyre. *Ethics and Politics*, pp. 149, 213.

③ Sean Sayers. *Marxism and Human Nature*, Routledge Press, 1998, pp. 79 - 91.

特别是在与前现代的情况作比较时,但自由主义社会也确实没能兑现启蒙设计者们的期许。随着市场和自由国家的势力的增加,自由主义社会越来越限制真正的自由,并否定其所创造的各种形式的平等。

从这点来看,麦金泰尔是正确的,自由现代性的市场和政治权力统治形式已越来越成为现代世界中的恶性力量,它正全面渗透并败坏着人们的生活,腐化和摧毁残存的公共实践、信任关系和共同认识。然而,这不必然意味着实现自由主义价值观的希望就应该被否决,或启蒙方案就应该作为败笔被整个抛弃。相反,孕育了关于自由和平等的设计的自由现代性虽然终没能为那些价值观的实现提供条件,但那些价值观和抱负却仍然被保留着。启蒙方案尚未完成。做出这些判断应有的立足点不是前现代的亚里士多德式的共同体观念,而是内在于当下的实现那些价值观的可能性。①

五

为了阐明前述一些较为抽象和笼统的观点,笔者将聚焦具体实例加以说明:学术共同体。对于麦金泰尔来说,这是一个基本的实例,是可以并且经常被内在于学术生活实践本身的共识和价值观所支配的生活领域。② 在笔者看来,麦金泰尔把学术界视作一个"学者的共同体"的图景似乎太过理想化。至少在笔者的记忆范围内,情况并不像那样。近些年的学术界越来越被工具价值观以及金钱和权力的外在利诱所威胁,这一点毋庸置疑。

人们对于这一威胁有目共睹,自 1992 年以来通过"研究评估实践"(the Research Assessment Exercise – RAE)强行向英国大学推行的体制,在 2008 年被"研究之优秀框架"(the Research Excellence Framework – REF)所取代。③ 这明显是试图在研究资金领域构建人为的市场

---

① Sean Sayers. *Marxism and Human Nature*, Routledge Press, 1998, pp. 111 – 148.
② MacIntyre. *Ethics and Politics*, pp. 185 – 186.
③ RAE 和 REF 是自 1992 年以来,英国大学为分配国家资助资金而采用的机制。研究"成果"(如出版物)、外在的研究补助和每一个多人参与的部门活动都大量地被"专家"组评定等级。目的在于根据已产出成果的水准为配置资金提供标准。原则上似乎是公平而合理的,但实际并非如此,见 Sean Sayers. "Who Are My Peers? The Research Assessment Exercise in Philosophy", *Radical Philosophy*, no. 83 (1997).

条件。结果，相较于拥有 REF 评定的好名次、获得外在的资助和其他"受尊重的表示"、获得提升等等这些外在的目的，由思考和写作构成的学术工作已被无情地列为次要的。麦金泰尔所批判的金钱和权力对现代生活的宰制方式完全适用于此。然而，还要退一步思考，麦金泰尔的哲学实际上在多大程度上为理解和批判英国大学的现状提供了令人满意的基础。

正如麦金泰尔的解决途径所暗示的，与 RAE 和 REF 相关联的价值观需要在它们发展时所处的社会和经济条件的这个背景中来理解。RAE 和 REF 基本上就是大学经费的分配机制。① 1992 年引进的科研等级评定体制所取代的原有安排是这样的，即政府资金通过一个由"精英名士"组成的非经选举的群体分配给大学，这一群体被称为大学资助委员会（UGC）。这一委员会以一种不透明的、非责任性的方式运转。这一体制基于"信任"（trust）。其假定是存在"共同的价值观"和"共同的认识"。当大学部门（the university sector）较小且相对单一时，这一体制曾运行得相当好。这种情况一直保持到 20 世纪 60 年代晚期。直到那时，哲学在英国的大学里是一个较小的且相对统一的学科，同时还非常地狭窄而有限。它完全被主要关注知识论、伦理学和逻辑学的分析方法所主导。大陆哲学、批判性社会思想以及像政治哲学和美学这样的领域被边缘化，并几乎被排除在外。尽管这种情况仍然没有受到挑战，但关于学科中什么是重要的以及应该如何分配资金的方面，可能或者依然存在着很大程度上的认同，并且充分信任像 UGC 这样的非责任性团体会令人满意地完成任务。

随着 20 世纪 60 年代大学部门迅速扩大，这一体制所承受的压力也越来越大。像哲学等学科也扩大了，吸引了更多样化的教师，他们很多都是 20 世纪 60 年代激进时期的学生。分析的正统开始受到挑战。这一学科开始碎片化为不同的思想，诸多研究进路获得了追随者和所需要的认同。亲切友好的小规模的学术共同体被打破。或许这在某些方面看是令人遗憾的，但笔者认为不需要把太多时间花在对这一终结的惋惜上。如果对其他的思想和方法的自由探索变得可能，就必须挑战被束缚在一

---

① 特指"研究"资助，但需要创建关于"研究"资助所独有的元素的这一观点，是随 RAE 被引进的诸多机制的一种产物。

个有限而偏狭的分析正统之上的英国哲学。[①]

　　大学部门在20世纪60年代的快速扩张和分裂使其很快在70年代就遇到了资助大幅削减的问题。需要一种手段来配置越发稀缺的资源，这种手段要比UGC的舒适机构给大学部门带来更多的权威和信任。RAE被设计以实现这一角色。意图是为研究的质量评定提供一个量化的、"客观的"尺度，从而提供一个更加透明开放的基础，由此可以确定资金配置。如果他们的工作确实有足够的"质量"，所有机构中的个人和部门——精英和非精英——同样都能获得研究经费。

　　整个RAE的运作就是在装模作样。对哲学工作"质量"的判断无法以这种方式而成为"客观的"，也不能简化为一种定量的尺度。随着这一学科变得更加碎片化，评价过程就必然更为复杂，但同时也变得更不可信。最后，研究等级的评定所依赖的判断是由那些未经选举的小群体做出的，他们构成了不同的学科"专家组"，但这些群体却常常代表不了其所负责的学科。然而，对于这一荒谬而棘手且代价高昂的运作，其结果却完全不出所料，即把可用的资金集中于一个由特权机构组成的已定的小群体[②]。换句话说，尽管比起旧有的UGC，它稍微更显透明和平等，但实际上这一研究等级评定体制只是与UGC有着不同的外观而已，其机制却与它非常相似。

　　另外，这一体制给整个学术共同体的智识生活（intellectual life）带来了另一些不期而至却更为有害的扭曲性影响。它鼓励人为地、片面地注重所谓的"研究"（如出版和越来越多的研究资助），以致损害教学。研究成为以列入REF为目标的一种工具性活动，教学——大学的本质活动——被贬值和边缘化。而且，整个体制造成一种灾难性的保守性影响，阻碍了一切创新的、冒险的、批判的或被认为是"边缘性的"工作，因为从事这些工作的人会担心在REF的评定中得不到好名次。这些压力意味着学院里的哲学工作，不再是在麦金泰尔意义上的体现和表达着学者思想的内在美的一个"实践"，而已变成以追逐REF评级和研究资助的外在利益为目的的活动，所有这些都发生在一种人为造就的

　　[①] *Radical Philosophy*杂志，在其中发挥了一定的作用，该杂志创刊于1972年，笔者是创刊人之一。

　　[②] 即所谓的"罗素小组"。

市场的背景中。①

麦金泰尔对现代性的批判极好地描述了这一情况。他的哲学为有力地谴责被带进学术生活的工具主义提供了基础。然而，它却并非同样有助于力图去理解这种情况真正的复杂之处，或思考如何可能改善这种情况。麦金泰尔的理想是由真学者组成的清高的小群体，追求着智识生活的内在善，在金钱和权力的侵蚀面前洁身自好，但这些都无济于事。学术共同体并非如此。或许从来未曾如此过。无论如何，它也没能保有一块飞地，免于现代世界的种种压力。

此外，从很多重要的层面来看，这都不足为惜。现代性的压力并非全然有害。它们也创造了多样性得以存在的条件。对不同路径的包容意味着学科已经变得碎片化和区隔化，但一厢情愿地怀旧也是错误的。研究等级评定的管理体制已经不得不承认哲学工作的多样性，这一多样性以 UGC 时代的旧有"共识"所不认可的方式发展着。②

当然，我并非意在暗示 REF 有利于文化生活。情况远非如此。但我力图呈现的是，那些势力所造成的影响比麦金泰尔的哲学所认为的要更加复杂、更显矛盾性。对不同的路径所必须包容的自由，同时受到其内在的齐一性压力的严重威胁。当麦金泰尔说现代大学是"关于认同的无限缺失"之地时，上述情况却没有被充分地描述到。③

麦金泰尔认为，大学可能成为一个在相互竞争的传统之间展开讨论和论证的一个舞台。在观念上这是可能达到的，并且存在一种统一的知识界共同体，在其中，不同的研究路径参与到一个共同的争论中。然而，创建这种有"共识"的共同体已被证明是非常困难的，至少在哲学领域是如此。在缺失这种共同体的情况下，多样性和自由只能通过学科的区隔化来获得，不同的传统共存于相互敌对的、非沟通的孤立状

---

① 讽刺的是，在出版界真正的市场——对学术著作的销售——仅仅取决于售卖者的考虑，而非出自一个精英团队的认可，对于哲学的新发展，现在这一市场已被证明明显地更为开放、更加进步，且对此有所回应，见 Sayers. Who Are My Peers? The Research Assessment Exercise in Philosophy.

② 感谢 Jan Derry 和 Andrew Chitty，与他们的讨论特别有助于笔者完成对这条论证的构思。

③ MacIntyre. *Three Rival Versions of Moral Enquiry*: *Encyclopaedia*, *Genealogy*, *and Tradition*, p. 225.

态中。

相较于麦金泰尔对免受现代性压力的小块飞地的构想,这或许看上去没多大不同。但笔者论证的是,麦金泰尔关于现代性的构思根本就是错误的。因为正是现代性的内在力量,首先为诸多路径和那些飞地所包含的多样性创造了条件。

六

这个问题的实际意义在于,需要维护在体制内追求批判性工作的自由,以及在其可能被拓展之处,如果必要的话,可以创造和保护一个供其推行的区隔化的空间。麦金泰尔对此极其悲观。他认为这几乎没什么前景,在现代世界不可能变好。在当下或未来的社会里实现自由、平等或共同体的任何希望都是幻想。鼓舞着激进自由主义、社会主义和共产主义的那些理想都已破灭。市场和国家已成为主宰,并在现代生活中造成全面的腐蚀性影响。道德价值观只能在小块的飞地中得到保留和辩护,免受市场和国家的影响,在那里才可能存在共识和对价值的理性慎思。①

导致麦金泰尔得出这些结论的是他批判市场和国家的影响。这些批判往往与社会主义相关联,但也广泛地被许多自由派和某些激进派所认同。然而,这类批判通常对自由现代性的问题有一种不同的回应。他们不情愿放弃启蒙方案,并以麦金泰尔所倡导的方式完全拒绝自由现代性。相反,他们仍然执着于启蒙运动的核心愿望。但和麦金泰尔一样,他们也认为市场和资本主义国家已成为阻碍其实现愿望的主要势力。为了保护并扩展启蒙的自由主义价值观,他们坚持市场和国家必须受到约束并置于社会控制之下。因为这些价值观现在只能通过经济的、社会的和政治的转型来实现,这些将会使我们超越自由市场资本主义和传统自由主义所构想的范围。

尽管青年麦金泰尔在左派很活跃的时候曾对这些观点抱有些许同情,但仅此而已。现在他坚信改善是不可能的。随着苏维埃共产主义的

---

① MacIntyre. *Ethics and Politics*, pp. 247–250; MacIntyre. "Politics, Philosophy and the Common Good", pp. 156–157, 85.

失败,对社会主义的一切希望以及随之而来的对激进社会变革的期待,都已被驳倒并且不足为信:"马克思主义的政治已经失败。"① 他的假设似乎是,苏联体制以及20世纪争来争去的其他马克思主义形式,是共产主义政治仅有的可能形式,而如今的马克思主义最终沦为一种政治势力。从这一角度看他似乎同意这种观点,即随着苏联式共产主义的垮台,我们走到了"历史的终结"。这导致了弥漫在麦金泰尔思想里的深深的悲观主义。我们能做的只是顺从现状,在可能存在的小块封闭飞地中维护道德价值观。

笔者已然论证,至少在学术界,就算这一最低限度的辩护计划也是种误解。维护旧的"学者共同体"来反对市场和国家的势力,是不可能的,甚至这是否值得追求都很可疑。学术界已经变得碎片化、区隔化,但这不是麦金泰尔的悲观主义的理由。因为正是这种区隔化,为大学里的批判和激进的思想创造了空间。这种空间仍然存在,即使是在研究等级评定的框架下。对此,麦金泰尔所做的和此次会议的召开实际上都是小小的证明。这些批判性工作的机会需要得到维护和拓展,而非否定和弃绝。

与此相仿,在更广阔的政治领域也有理由认为,麦金泰尔把苏联体制的失败和其他地方的共产主义运动的瓦解作为无路可走的最终证明,是错误的。当代世界被各种冲突和矛盾撕裂着,骚动而不安。没有足够的理由认为承载着资本主义和自由主义民主的历史走到了尽头。如果人类尚未先行自我摧毁,变革就不仅是可能的,而且也是很有希望的。

不过,尽管骚动和危机或许会导致变革,但它们并不足以带来一个更好的世界。因此,具有意志和能力来构建一个全新好秩序的人类主体也是必需的。目前还鲜有此种迹象出现。马克思曾寄希望通过发达工业社会中的工人阶级以获得更好的未来,但如今他们已逐渐萎缩,似乎注定无法完成其任务。无论如何,资本主义现在是一个全球性的体制。激进的变革显得似乎更有可能在第三世界发生,而且会以一种不同于经典马克思主义所设想的方式发生。近来有些人,如哈特(Hardt)和奈格

---

① MacIntyre. *Ethics and Politics*, p. 153. 另见 "*After Virtue* and Marxism: A Response to Wartofsky", *After Virtue: A Study in Moral Theory*, p. 244; Knight. "Editor's Introduction", p. 20; MacIntyre *Ethics and Politics*, p. 156.

里（Negri）指望那些无依无靠的底层人构成的无组织的"多数"，来担当革命主体的角色。① 这种力量的种子或许就存在于他们当中，但如果他们要担起这一角色，就必须变得更团结、更自觉，并更好地组织起来。迄今为止这种迹象微乎其微。尽管如此，全世界的人都想要一种优于全球资本主义可以提供给人们的生活方式，这无疑是可能的。似乎有理由认为，这些期待将迟早导致更有影响的反对力量的出现：或许在欠发达国家中，或许也会通过其固有的环境灾难所带来的必要性。沿着这些线索，笔者认为我们可以看到一个比麦金泰尔的悲观主义更有希望且更为合理的远景。

参考文献

［1］ BLACKLEDGE PAUL. Alasdair Macintyre：Marxism and Politics. *Studies in Marxism* 11, no. pp. 95 – 116 (2007)：696 – 720.

［2］ BLACKLEDGE P. Freedom, Desire and Revolution：Alasdair Macintyre's Early Marxist Ethics. *History of Political Thought* 26, no. 2005 (4)：696 – 720.

［3］ DE BEAUVOIR S. *The Mandarins*. Translated by L. M. Friedman. London：Collins Press, 1957.

［4］ FISH STANLEY. "Should Our Lives Be Unified?". *New York Times*, 18 February 2007.

［5］ HARDT MICHAEL, ANTONIO NEGRI. *Empire*. Cambridge, Mass., Boston：Harvard University Press, 2000.

［6］ HARDT M. *Multitude*：*War and Democracy in the Age of Empire*. London：Hamish Hamilton Press, 2005.

［7］ HEGEL G. W. F. *Elements of the Philosophy of Right*. Translated by H. B. Nisbet. Cambridge：Cambridge University Press, 1991.

［8］ KNIGHT KELVIN. *Aristotelian Philosophy*：*Ethics and Politics from Aristotle to Macintyre*. Cambridge：Polity Press, 2007.

---

① Michael Hardt, Antonio Negri. *Empire*, Cambridge, Mass., Harvard University Press, 2000；Michael Hardt, Antonio Negri. *Multitude*：*War and Democracy in the Age of Empire*, Hamish Hamilton, 2005.

[9] KNIGHT K. Editor's Introduction. edited by Kelvin Knight. *The Macintyre Reader*. Cambridge: Polity Press, 1998.

[10] KOESTLER ARTHUR. *Darkness at Noon*. Harmondsworth: Penguin Press, 1946.

[11] KOLAKOWSKI L. *Main Currents in Marxism*. Translated by P. S. Falla, 3 vols. Oxford: Oxford University Press, 1978.

[12] LUKES S. *Marxism and Morality*. Oxford: Oxford University Press, 1985.

[13] MACINTYRE ALASDAIR. *After Virtue: A Study in Moral Theory*. London: Duckworth Press, 1981.

[14] MACINTYRE A. *Ethics and Politics*. Selected Essays, V. 2. Cambridge: Cambridge University Press, 2006.

[15] MACINTYRE A. An Interview with Giovanna Borradori. edited by Kelvin Knight. *The Macintyre Reader*, Cambridge: Polity Press, 1998: pp. 255 – 266.

[16] MACINTYRE A. Notes from the Moral Wilderness – 1. *The New Reasoner*, no. 7 (1958 –9): 90 –100.

[17] MACINTYRE A. Notes from the Moral Wilderness – 2. *The New Reasoner*, no. 8 (1959): 89 –97.

[18] MACINTYRE A. A Partial Response to My Critics. edited by John Horton, Susan Mendus. *After Macintyre: Critical Perspectives on the Work of Alasdair Macintyre*. Cambridge: Polity Press, 1994: pp. 283 – 303.

[19] MACINTYRE A. Politics, Philosophy and the Common Good. edited by Kelvin Knight. *The Macintyre Reader*. Cambridge: Polity Press, 1998: pp. 235 –252.

[20] MACINTYRE A. *A Short History of Ethics*. London: Routledge & Kegan Paul Press, 1967.

[21] MACINTYRE A. Some Enlightenment Projects Reconsidered. *Ethics and Politics: Selected Essays*, Volume 2. Cambridge: Cambridge University Press, 2006: pp. 172 – 185.

[22] MACINTYRE A. *The Tasks of Philosophy*. Selected Essays: V. 1. Cambridge: Cambridge University Press, 2006.

[23] MACINTYRE A. *Three Rival Versions of Moral Enquiry*: *Encyclopaedia*, *Genealogy*, *and Tradition*. Gifford Lectures, 1988. London: Duckworth, 1990.

[24] MACINTYRE A. Toleration and the Goods of Conflict. *Ethics and Politics*: *Selected Essays*, *Volume* 2. Cambridge: Cambridge University Press, 2006: pp. 205 – 223.

[25] MACINTYRE A. *Whose Justice? Which Rationality?* . London: Duckworth Press, 1988.

[26] MARX KARL. *Grundrisse*. Translated by Martin Nicolaus. Harmondsworth: Penguin Press, 1973.

[27] MERLEAU – PONTY M. *Humanism and Terror*: *An Essay on the Communist Problem*. Boston: Beacon Press, 1969.

[28] MILL J. S. On Liberty. edited by Mary Warnock. *Utilitarianism and Other Writings*. London: Fontana, 1962.

[29] PLATO. *The Republic*. Translated by H. D. P. Lee. 2nd revised ed. Harmondsworth: Penguin Press, 1987.

[30] SARTRE JEAN – PAUL. *Les Mains Sales*. Translated by K. Black. London: Methuen Press, 1961.

[31] SAYERS SEAN. Individual and Society in Marx and Hegel. *Science & Society* 71, no. 1 (2007): 84 – 102.

[32] SAYERS S. *Marxism and Human Nature*. London: Routledge Press, 1998.

[33] Who Are My Peers? The Research Assessment Exercise in Philosophy. *Radical Philosophy*, no. 83 (1997): 2 – 5.

对保罗·利科《作为他者的自身》第九研究"自身与实践智慧：确信"的解读

[法] 高吉兰（Guilhem CAUSSE）/文
刘晓雷等/译　朱刚/校

【摘要】 在《作为他者的自身》第九研究中，保罗·利科发展了他的实践智慧概念。实践智慧是经历了伦理、道德和政治的旅途的第三个步骤。要成为有实践智慧的人（phronimos），他首先要经过"朴素的实践智慧（phronesis）"，按照其对"善的生活"——这种"善的生活"是"在公正的制度内与他人一起并为了他人"的——的愿望来确定行动的方向。第二步是伦理确信的对峙，即对关于普遍性的道德考验的确信与对道德的固有冲突的确信之间的对峙。通过公开辩论、友好讨论和共同确信，考验得以通过，冲突也得到了切实的解决：这就是实践智慧。在本文中，我们将按照利科的论证，显示他的条件：一起生活的意愿和可支配性。宽恕将显现为实践智慧的基本条件。

【关键词】 保罗·利科　实践智慧　审慎确信　批判的关怀　可支配性　宽恕

---

* 论文英文题目为：*A reading of "The Self and Practical Wisdom – Conviction" in Paul Ricoeur, Oneself as Another, 9ᵗʰ Study*.

** 作者简介：高吉兰（Guilhem CAUSSE）系法国巴黎塞夫尔中心哲学学院博士，中山大学访问学者，研究方向为保罗·利科思想。译者：刘晓雷、叶甲斌、肖蓉、蔡玉冰，中山大学哲学系博士生；赵若文，中山大学哲学系硕士生。校者：朱刚，中山大学哲学系教授。

一、《作为他者的自身》的背景

传记

保罗·利科于 1913 年 2 月 27 日，出生在瓦朗斯的一个工薪阶层家庭，但他很快就变成了孤儿。他的母亲在他出生后六个月过世了，他的父亲于 1915 年阵亡。之后他和姐姐被其祖父母抚养，随后又被一位阿姨抚养。他在雷恩学习哲学，写了一篇关于莱切尔（Lachalier）和拉缪（Lagneau）的上帝问题的硕士论文（法国反思哲学的传统）。

1934 年，他在巴黎索邦大学学习，在那里他遇见了加布里埃尔·马塞尔，与让·保罗·萨特进行了对话，并且第一次接触到胡塞尔的著作。1935 年，他成为一名教授，并在科尔马和洛里昂教书。同年，他的姐姐去世（由于肺结核），而他与西蒙娜结婚。

1940 年保罗·利科被征召入伍，后被俘，一直被囚禁到 1945 年。他读了雅斯贝尔斯和海德格尔的著作，并推进了题为"意愿者与非意愿者"（*The Voluntary and the Involuntary*）的博士论文。他在狱卒的视线之外翻译胡塞尔的著作，用《观念Ⅰ》这本书的空白处进行着他的翻译工作。

1947 年至 1948 年，利科是《精神》杂志编委会的一员。在任职于斯特拉斯堡大学几年之后，1956 年，他被任命为巴黎索邦大学哲学概论教授。从 1965 年到 1970 年间，他每一年要花半年时间在美国芝加哥大学。他与盎格鲁－撒克逊分析哲学（英美分析哲学）进行了对话。1986 年，在他写作《作为他者的自身》的这一年，因其儿子奥利维尔的惨死而悲伤不已。

2005 年，他在沙特奈·马拉布里（巴黎附近）的家中去世，享年 92 岁。

《作为他者的自身》

1986 年，利科在爱丁堡大学（苏格兰）所做的吉福德讲座奠定了这项研究的基础。在此书中，保罗·利科在美国分析哲学（第一项研究到第四项研究：行动之描述）和大陆道德哲学（第七项研究到第九项研究）之间进行了一个对话。而解释学（第五项研究和第六项研究）

调和了这一对话。这最后两项研究集中在利科解释学工作的成果上：《隐喻的规则》和《时间与叙事》。后一本书的一个主要概念是叙事同一性，这将成为实践智慧的基石。

叙事同一性（narrative identity）

怎样来界定"叙事同一性"？简而言之，叙事唤起了叙述一个人生活的可能性。并且，"同一性"在这一时间性的维度中，乃是性格（character）与承诺（promise）的辩证法：性格显现于经验性的持恒（empirical perseverance）和自身恒定（self-constancy）之间的重叠，而"承诺"显现于它们的分离。

经验性持恒乃是自身在时间中能够保持不变的任何东西。它乃是通过时间而认识某人的经验可能性。自身恒定乃是指当某人问"你在哪里"的时候能够回答"我在这里"的能力。如果某人回答"我在这里"时我们能认识此人，则此人的同一性乃是他的**性格**。而当回答伴随惊讶而来：即我不认识那个正在回答者，则此人的同一性就是**承诺**。我只是在信任与承诺中认识他。在时间中的同一性作为辩证法，正是存在于这两个极端之间，这种同一性乃是通过叙事——特别是生活的叙事——而被接纳和建构起来的。

经过道德而从伦理到实践智慧

实践智慧乃是经过三个阶段而发展起来（对应于此书的最后三项研究）：伦理、道德和实践。对于利科而言，何谓伦理与道德？

> 一个来自希腊文，另一个出自拉丁文；两者都以双重含义而与道德的直觉观念相关。我们将力图分析这一双重含义，**一个被认为是善的，另一个把自己当作义务**。按照惯例，我把伦理术语保留给完美生活的目标，而用道德术语来把这一目标和同时以普遍性要求和约束效果为特征的"各种规范"连接起来。（《作为他者的自身》第170页）（参见中译本①第253页，译者注）

---

① ［法］保罗·利科：《作为一个他者的自身》，佘碧平译，商务印书馆2013年版。以下简称"中译本"。——译者注

伦理和道德涉及两位作者，即亚里士多德和康德，他们在利科心中代表了两种理解行动的观点。

从目标与规范之间的这一区分中，我们不难认识到两种传统之间的对立，一个是亚里士多德的遗产，其中伦理以其**目的论**观点为特征，另一个是康德的遗产，其中道德通过规范的义务特性也即**义务论**的观点来界定。（同上）

实践智慧的核心是一种伦理意图。

"伦理意向"的**目的在于在公正的制度内与他人一起并且为使他人过上"善的生活"**。（170）（参见中译本第419页，译者注）

为了成为实践智慧，这一伦理意向需要通过道德测试以及适当的道德冲突。

二、对第九研究的解读

对于保罗·利科而言，**实践智慧是一种确信**，它建立在伦理直觉基础之上。这种伦理直觉经受了道德义务所产生的冲突。

义务道德造成了各种冲突情况，在此，实践智慧只能在道德境遇判断的范围内，求助于源初的伦理直觉，除此之外，别无资源。（240）（参见中译本第351页，译者注）

对于利科来说，一方面，存在一些为道德所固有的冲突和法律之间的冲突。实践智慧无法从高于道德的视角被考虑，只能返回到伦理直觉。另一方面，当面对紧张和冲突时，有些人更愿意拒斥道德。但是利科认为，这种对道德的拒斥是一种解决办法。因为对于他来说，道德是测试我们倾向的唯一方法。那些由形式主义所产生的冲突无法避免。只有通过实际解决这些冲突，确信才会成为实践智慧。

"插曲——行动的悲剧——再次为奥利维耶①而作"

道德冲突是哲学中的难点。在古代,允许将这些冲突表达出来的希腊悲剧(索福克勒斯的《安提戈涅》②)是一种悲剧智慧。哲学不得不听从悲剧智慧,以便找到一种实践性的而非理论性的答案:实践智慧。

> 从这种不合时宜的冲突,不仅在我们的心灵幻想方面,而且在实践理性自身的狂妄中所产生的幻想方面,我们期待这种冲击能够唤醒我们的怀疑。(241)(参见中译本第352-353页,译者注)

道德将我们从心灵的幻象中唤醒。但是实践理性有其自身的幻象:悲剧可以把我们从道德的幻象中唤醒。

悲剧不仅以行动作为主题,而且拥有超越行动、先于行动的精神力量和古老能量。安提戈涅给她兄弟一个坟墓的义务,已经不仅仅是家庭和兄弟的责任问题。它与为家族之神的服务深深地联系在一起。克瑞翁禁止〔安提戈涅〕埋葬〔兄弟〕的义务,超出了城邦的权利。这与宗教意义上的敌友区分相联系。安提戈涅和克瑞翁的动机包含道德和宗教的情感。两个方面混淆得难解难分。

净化通过表达恐惧和同情来宣泄情感。这为道德打开了一个缺口,由此,悲剧在道德冲突方面给我们以教导,因为道德冲突与之相同。

> 人类经验的对抗性基础,在此,我们见证了男人和女人,老人和青年,社会和个人,生人和死者,人和神之间无止境的对抗。人是在经历这些持续的冲突的漫长旅程中,经过一番艰苦的尝试之后才重新对自己有了认识,这些冲突的普遍性是与它们的特殊定位密不可分,后者总是不可超越的。(243)(参见中译本第355页,译者注)

---

① 利科的一个儿子,死于1986年。
② Sophocles. *Antigone*, trans. Elizabeth Wyckoff, ed. David Grene and Richmond Lattimore *Greek Tragedies*, vol. 1, University of Chicago Press, 1960.

在利科的论证中，他从希腊悲剧走向黑格尔的解释。在《精神现象学》①中，黑格尔察觉到了行动的悲剧缘起。对克瑞翁来说，正义只是统治和被统治的技艺。对安提戈涅来说，正义是对她父亲错误的制裁。这两个观点都是极端的和狭隘的，且回避了它们自己动因的内在冲突。利科认为，我们更倾向于选择安提戈涅，因为她表达了政治统治的限度，并呼吁要深思熟虑。这个教训正是在呼吁一个"好的推敲"。哲学并不是通过对悲剧揭示的难题提供某种解决，而是通过寻找"能够最好地回应悲剧智慧的实践智慧"来进行回应（247）（参见中译本第361页，译者注）。确信紧随净化而来，它预设着对不可避免的道德生活的冲突的承认。

对黑格尔来说，悲剧是冲突的一个阶段。有意识的判断和拙劣行为之间的调和只有在过程的最后才会出现。

> 这种调和取决于每一方放弃各自的偏见并拥有真正被对方认同的宽恕的价值。(248)（参见中译本第362页，译者注）

> 在悲剧中，为了使其为之服务的各种伦理力量继续存在，特定存在（主角）的消失是需要付出的全部代价。因此，戏剧中的各位英雄——牺牲者并未从"自身的确定性"中受益，而且，这种自身的确定性是牵涉到自身意识的教育过程的视域。(248)（参见中译本第362-363页，译者注）

对利科而言，安提戈涅之死标志着这一冲突不存在理论解决方案。因为，只考虑到单边主义的性格是不够的：冲突来自比道德原则的片面性更深层的地方。实践智慧将必须处理不相容的道德准则制造出的冲突。

1. 制度与冲突：从正义到公平

利科受到悲剧智慧的启发，陈述他的哲学反思。对他而言，伦理回应三个领域中的道德冲突——自身、人的多样性以及制度——这些领域已经在第七研究中被区分出来。他从转化自黑格尔的**伦理生活**（ethical life）概念的这最后一个开始。

---

① G. W. F. Hegel. *Phenomenology of Spirit*, trans. A. V. Miller, Clarendon Press, 1977.

因此,"**伦理生活**"并不是指优越于伦理和道德的第三诉求,而是指实践智慧得以运用的一个地方。也即,为了使正义真正配得上公正这一称号,实践智慧必须经历作为制度中介的等级制。(250)(参见中译本第365页,译者注)

新的**伦理生活**,不属于政治哲学,而仍然是伦理的:"我们的问题不是在道德哲学之上加上一种政治哲学,而是确定与'**政治实践**'相应的自身性的新特征。"(250)

制度冲突首先是一个关于正义的冲突。正义(第八研究)的统治带来了冲突的可能性,因为"正义"这个词可以有两个不同的含义:"份额"(无利害关系双方的个人利益)和"分配"(合作的纽带)。冲突产生于我们从程序前进到用来分配的事物的多样性时。物品的多样性以及对其评价产生了多元的"正义领域"①。例如:社会身份领域、福利保障领域、商品与货币领域以及职业领域。冲突在它们当中产生。

黑格尔②赋予了国家在不同领域之间进行划界和确立优先性的能力。于他而言,正义被权利和**伦理生活**所超越。**伦理生活**是有机纽带,它超越了理性独立个体之间的外部契约(权利)。但对利科而言,**伦理生活**超越**道德**不是因为某种精神,而是因为它与制度的联系,而制度不是来源于个人,它来源于先前的制度。然而赋予制度以精神性和自身知识就是另外一回事了。根据利科的观点,黑格尔对那忽视了**伦理生活**的**道德**的批判是正确的,但是"二十世纪的骇人事件"走了一条相反的路:

当一个民族的精神堕落到了滋养一种致死的"伦理生活"时,那么最终精神一旦逃离了那现存的罪恶制度,它的避难所就是在极少数恐惧和腐败都无法达到的个体的道德良知之中。(256)(参见中译本第373页,译者注)

对于政治冲突具体形式的考察,使得黑格尔式的国家不再神秘。对

---

① M. Walzer. *Spheres of Justice: A Defence of Pluralism and Equality*, Basic Books, 1983.
② G. W. F. Hegel. *Philosophy of Right*, trans. T. M. Knox, Clarendon Press, 1952.

于利科而言，**权力**与求生欲望联系在一起并与之共同行动：它通常是政治领域被遗忘的资源。**统治**是覆盖着权力的等级结构的形式。权力和统治被区分开来，而统治被置于权力的控制之下。国家的辩证形式标志着统治和权力之间的区别①。在这样的国家中，出现了三个层次的矛盾：①在关于首要物品之优先性的日常讨论中出现；②作为一种有关良好政府之目的的长期辩论而出现；③与关于宪政国家合法化危机的问题一起出现。

第一个层次出现在一个法治国家的日常讨论当中，在审议关于首要物品的优先性问题时。决议并非共识，而是一个被多数人和规则所允许的政治决定。每一个决议，之后都可以根据相同的程序撤销。这是一种日常的政治智慧。

第二个层次出现在关于一个"良好"政府的目的的长期辩论中。例如安全、繁荣、自由、平等、团结……哲学此时的工作是针对宣传者的随意性，澄清这些概念的含义。对一个"好"的宪法的选择，由于总是偶然的并出于不透明的动机，这就要求有一种长期的实践智慧，这种实践智慧基于对制定宪法的党派以及他们在做选择时刻的正义感的确信。

第三个层次出现在对一个处于危机时刻的宪政国家的合法化过程中。民主可以处理这一危机，其特征是关于什么是人②这一根本冲突的制度化：共同生存的意愿超越了通过一个非历史的社会契约的虚构设计所产生的这一无规定性。但是，这种虚构仍然留在"成功地经历了**启蒙**的批判考验的被重新解释过的犹太传统、希腊传统与基督教传统的形式"的背景上。宽恕和多元论是这些传统的内在信念，是可以在危机时被唤醒的力量。亚里士多德在公平和正义之间做了区分：公平是"对法律由于其普遍性而具有的缺陷的修正"（《尼各马可伦理学》）③。

当正义感遍历正义**法则**的应用所带来的各种艰辛与冲突后，公

---

① 政治（le politique）是由统治和权力之间的差距构成的，在此基础上，可以将政治（la politique）定义为"一种有组织的、关于政治权力分配的做法，更适合被称为统治"。

② C. Lefort. *Democracy and Political Theory*, University of Minessota Press, 1988.

③ Aristotle. *Ethica Nichomiachea*, trans. W. D. Ross, ed. Richard McKeon *The Basic Works of Aristotle*, Random House, 1941, book 5; 1137b19 – 27; 1137b31 – 1138a3.

平就是它的另一个名称。(262)（参见中译本第382页，译者注）

公平于正义而言，正如权力对于政治领域而言一样：是危机时刻的一种资源。

在制度领域，实践智慧出现在赋予首要物品以优先性的日常政治决定中，出现在对于一个好宪法的长期选择中，以及作为一种超正义的公平资源而出现在危机时刻（正义诸领域之间的冲突）中。

2. 尊重与冲突：从人类到个人

在人的多样性领域，伦理回应了人性（普遍主义的观点）与个人（多元论观点）之间的区分所造成的冲突。这一冲突来自于对康德的第二个绝对命令（把每个人自己和他人当作一个目的本身，而不只是作为一件工具）的运用。冲突之所以可能，其原因在于人性的普遍观念和人作为目的本身的多元理念之间存在差异。在某些情况下，当个人的他异性与普遍观念不能相容的时候，就会产生冲突。

康德仅考虑了从准则到法则的上升路径：在这条路径上没有冲突。这条路径有两个检查步骤：它是否以一个普遍的形式提出？这是否有内在矛盾？例如：一个虚假承诺是"行动者与自身相一致"这一规则的例外。但是康德并不考虑其他人：对他人的错误做法，似乎只能表现为从准则到行动。

对于下降路径，同样有两个检查步骤。例如：①承诺是一种价值：一个人必须信守他的承诺；②承诺是一种话语行动：A 在 Y 情况下，有义务为 B 做 X。就话语行动而言，我们不知道自己为什么必须信守承诺。忠诚的价值涉及他人与被承诺者，但是也涉及证人、语言体制和社会契约。但是他异性也是承诺者的同一性的一个内在维度。有了承诺，我们就处于叙事同一性的中心。

承诺不仅是一个坚定的意愿，而且意味着把自身在时间中的恒定性变成了同一性的最高表达。自身恒定性有一个二元结构：他人的期望和自身回应它的愿望，即使在这个第一阶段：我绝不承诺他人不期望的事情。同样，随着外部障碍的出现，我自己的愿望也可以改变。承诺的基础不是欲望的恒定，即使承诺不能没有它：根本愿望[1]是忠诚于他人，

---

[1] G. Marcel. *Being and Having: An Existentialist Diary*, Peter Smith, 1976.

这种忠诚是可支配性（availability）。

通过可支配性，自身恒定性向金规则开放（**一个人应该像自己希望别人对待自己的方式那样对待别人**），回应了他人的期望。法律通过赋予他人以求索的权利而认可承诺。在权利层面，关心（互惠）被消除掉了。责任作为期望（你可以指望我）将道德与自身恒定的关心联结了起来。不遵守承诺是对他者的期望和居中调节的信任制度的双重背叛。

在人的多样性领域，"实践智慧就在于发明一种行为，它将最能满足关心所要求的例外，又最少可能违背法则"。（269）（参见中译本第392页，译者注）实践智慧在此的条件是可支配性。这仅仅是一个一般定义。利科随后给出了两个例子，在生命的终点和起点，从而开启了一条通向更实际的定义之路。

生命的终点：我们是否必须告诉垂死者真相？答案在两种极端的态度之间：说出真相，而不管垂死者是否有能力接受它，或者由于认为他人无法接受而撒谎。实践智慧需要的是对幸福与痛苦的关系进行沉思。幸福有两种含义：物质利益的享受和在自由人之间给予与接受的乐趣。从第二个意义上来讲，幸福与痛苦就不再是矛盾的。"不让病人遭受折磨"并不等同于说谎的义务。实践智慧是要同情那些太虚弱而无法听取真话的人，或者创造性地发现一种交流的方式。

生命的起点：实践智慧必须追问发展阶段，因为身份（identity/同一性）包含个性，而不能归结为相同性（sameness）。尊严（存在方式）是不能与对待存在者的方式相分离的。在母亲与婴儿的前语言交换关系背景下，科学可以描述发育阶段，但只有道德发明才可以鉴别权利（不受折磨、保护、尊重）和对国家的义务。综合文化特征来判断，胎儿的权利必须被区别对待并循序渐进。

三个共同特征的呈现：①相反的地位呼求相同的尊重原则；②同意在被允许与被禁止之间寻找"中间地带"；③采取决策者和明智的男女之建议。

尊重，当它本身就是冲突之源时，指的是关心。

> 它经历了尊重的道德条件与尊重引发的冲突的双重考验。这种批判的关心就是实践智慧在人际关系领域里的表现形式。（273）

（参见中译本第 399 页，译者注）

在人的多元性领域中，实践智慧是批判地关心。由尊重而产生的冲突，可以通过诉求互惠而解决。互惠原则是对纵向冲突的折衷回应，它采取的形式乃是关心。快乐——通往慈悲和创造性——和尊严是一种与可支配性相联系的情感和价值。在多元性领域中，可支配性表达了共同生活的愿望。而且，作为身份（identity/同一性）的基石，可支配性为这一愿望提供资源。

3. 自律和冲突：从普遍性到多元性

在普遍自我的领域中，伦理学通过参考"最源初的伦理确认"（274）（参见中译本第 399 页，译者注）而回应那在规则（普遍的）与语境（历史的与社群的）之间浮现出来的冲突。这并不是一个新的冲突，而是先前冲突的最高形式。

康德赋予自律原则相对于人的多样性和制度正义的优先性，解决了这个冲突。但是这个自律存在着疑难，它将会受到三重影响。普遍性的断言构成了康德形式主义的核心。但是这一自律相对于人的多样性和制度正义的优先性将会被质疑，因为康德所说的自律呈现出了三个困境（第八研究）：①自由受到它赋予它自身的法则的影响；②理性被作为动机的尊重所影响；③理性在根本上被向恶的趋势影响。

利科回应康德说：一方面，考虑到门徒与大师的关系，而不仅仅是奴隶与主人的关系，则自律是与互惠相关联的。对于康德来说，自律是指自己对判断负责，而不是服从他人的判断。而如果我们要区分出两个大师的形象：一个是面对奴隶的支配者，另一个是面对学生的正义大师，我们就将认识到，自律是与互惠相关联的。

另一方面，普遍性是一致的，它不仅是对无矛盾情形的保存，同时也是涉及对偏见的批判的建构。康德式的普遍化标准是准则的内在无矛盾。但是一个道德体系的融贯性是很丰富的：它也是从原则推导出来的义务的融贯性。**司法推理**提出了一种更具建设性的融贯性概念。一项没有任何先前决定（棘手的案例）的控告是与新原则下的先例相关联的。以前案例中所赋予的合理确信与这一新案例中所赋予的合理确信之间的冲突是可能的。前提是，融贯性不只是要去保存，还要去建构。道德体系不是法律体系,但是法律的融贯性会指向道德的融贯性。① 差别与先前情况有关:在一个道德体系中,先前的情况不是一个明确的基点,而是道德确信和暴力行为的混合。为避免遗忘普遍性的诉求,必须引入对偏见的批判。

利科沿着这条上升的道路,追随着康德和他的门徒阿佩尔与哈贝马斯。在此背景下,全部冲突都会与**现实化**(actualization)的下降道路一同出现。阿佩尔和哈贝马斯②形式上的交往道德是针对怀疑主义而进行的对交往可能性的辩护。然而,它并不能掩饰与**现实化**相关的冲突。危险在于,在专注于辩护之际会忘记现实化以及与其相关的冲突和实践智慧。只有在要求普遍性的背景下,真正的冲突才有可能出现。

沿着现实化之路,"由正义的程序性理念和抽象人性概念引发的冲突"并不新颖,但只有涉及历史与文化层面的冲突,才能达到最高点。制度冲突的出现与赋予不同范围以优先性的权力分配问题有关(三个层次的讨论),与终极目的的更少规定和选择的更多历史特征相关。在人际关系领域,对法律的尊重和对人的尊重的冲突变成了普遍性和"艰难地寻求解决方案"之间的冲突。语境主义与普遍主义冲突的焦点,出现在普遍自我领域,即"由一种正义的程序概念和一种为所有人共有的抽象的人性概念所引发的各种冲突"(285)(参见中译本第415页,译者注)。

既不是普遍主义的,也不是语境主义的,出自有关论证伦理之新构想的解决方案,涉及的是确信。语境主义者的反对是不现实的,它基于对文化的人种学理解,强调差异,远离源自启蒙的理解形式,即"以理性与自由的方式所进行的教育"。(286)(参见中译本第416页,译者注)但是必须批评康德对于情感的拒斥,他对快乐和幸福未加区分。对利科而言,喜悦(joy)是实践智慧的一种关键的情感,它与可支配性和共同生活的愿望相联系。在这最后的冲突中,喜悦作为一种情绪而

---

① A. Donagan. *The Theory of Morality*, University of Chicago Press, 1977; follows R. Dworkin. *Taking Rights Seriously*, Harvard University Press, 1977.

② K. - O. Apel. *Sur le problème d'une fondation rationnelle de l'éthique à l'âge de la science*; *L'a priori de la communauté communicationnelle et les fondements de l'éthique*, trans. R. Lellouche and I. Presses Universitaires de Lille, 1987; J. Habermas. *Moral Consciousness and Communicative Action*, trans. Christian Lenhardt, Shierry Weber Nicholson, MIT Press, 1990.

与具体情况联系着,仍然是洞察力的关键。

哈贝马斯对于习俗的拒斥也来自于同样的倾向,即认为过去是由权威主宰的,而不是由公共讨论决定的。对利科而言,实践智慧的关键是共同生活的愿望强于统治他人的愿望的可能性。对他来说,如果用由论证与信念构成的辩证关系替换**论证**与**惯例**的辩证关系,则对于论证伦理的新的阐述是可能的。

在现实化之路上,论证讲述生活故事(**叙事同一性的关键**)以便"理解希望共同生活意味着什么",并从内部批判确信,把这些确信带往**审慎确信**。在现实化之路上,为了"在一切论证形成之前,理解共同生活的意愿意味着什么"(288)(参见中译本第418页,译者注)并与之相联系,论证讲述生活故事并引发了敬仰、排斥或好奇心。论证从确信的核心出发批判传统使它们达到了"审慎确信"的水平。最后一个问题是"普遍性要求与对影响它的语境限制的承认之间的这种反思平衡"(288)(参见中译本第418-419页,译者注)。

在我们看来,这些确信是从更为基本的意义上被考虑的:它确证了共同生活的愿望,尽管有那些容易使某人自己与他人相互反对的冲突。而如果冲突已经存在,这一愿望也可以与宽恕相联结。宽恕所采用的形式是共同生存的意愿,尽管有背叛与摧毁。审慎确信建基在宽恕之上。利科在该文中并未详述这个要点。稍后,利科在《记忆、历史和遗忘》的"结尾"① 中做了这项工作。

回到利科的文本,只有通过确信,才能表明对于与实践(从实践到生活计划②、生活故事③、完整的生活)相关之物品的评判立场,因

---

① P. Ricoeur. *Memory*, *History*, *Forgetting*, trans. Kathleen Blamey, David Pellauer, University of Chicago Press, 2004, p. 489.

② 保罗·利科跟从伽达默尔说道:"被我们称为生活计划的行动的各种外形,就是源于我们在各种遥远理想之间来回摇摆(而这是现在必须澄清的),以及在实践的层面上对这种生活计划的选择的好处与不当性的权衡。伽达默尔就是在此意义上解释了亚里士多德的'审慎'。"利科指的是 H.-G. Gadamer. "The Hermeneutic Relevance of Aristotle", *Truth and Method*, Crossroad, 1986, pt. 2, chap. 2, sec. 2 (b), pp. 278-289.

③ 在《讲故事的人》("*The Storyteller*")(*Illuminations*, Schoken Books, 1969)中,瓦尔特·本雅明说:"这样,在其最原始的形式,在史诗中依然清晰可辨,而在小说中已经处于毁灭进程,讲故事的艺术就是交流经验的艺术,根据经验,它不意味着科学观察,而是意味着实践智慧的流行运动。"(OA, p. 164)

为所有的讨论最后都是关于"在各种公正制度里实现一种与他人一起并为了他人的完善生活"（288—289）（参见中译本第419页，译者注）。义务论和目的论之间最高也最脆弱的节点出现在"**论证伦理与审慎确信之间的反思平衡中**"（289）（参见中译本第419页，译者注）。

人权：尽管得到了各国的认可，但是仍然有人觉得它仅仅是西方文化史的成果。为了解决这个悖论：

> 一方面，必须坚持附属于某些交织着普遍与历史的价值的普遍论断；另一方面，必须把这种论断交付讨论，当然这种讨论不是在一种形式层面上，而是在嵌入**具体生活方式**中的**确信**层面上。（289）（参见中译本第420页，译者注）

每一方都必须认识到其他文化中所包含的潜在普遍性。经过讨论，可以使被断言的普遍性成为公认的普遍性。

在其最高和最脆弱的节点上，实践智慧是"**论证伦理与审慎确信之间的反思平衡**"，它将被断言的普遍性转变为被认可的普遍性。实践智慧的条件是比冲突、叛逆、破坏更强烈的共同生存的愿望，是建立在宽恕基础上的愿望。

结语：谁是有实践智慧的人？

（1）这个其行动具有实践智慧的人是谁？谁是有实践智慧的人？**有实践智慧的人**是**能够归责的**（imputable），他"能够穿过行动的各种伦理—道德规定的完整过程，在这一过程的终点处，自重成为确信"（参见中译本第426页，译者注），他可以颂扬和责备。

> **可归责性**（Imputability）就是在判定行动是好的、公正的、符合义务的、按义务来做的、在冲突情况下是最聪明的伦理谓词和道德谓词的条件下，把行动归因于它的行动者。（292）（参见中译本第423-424页，译者注）

当一个行动"能够穿过行动的各种伦理—道德规定的完整过程，

在这一过程的终点处,自重成为确信",这个行动就是能够负责的。可归责性预设了一个可以被颂扬和责备的行动者。

(2) 考虑到时间,**有实践智慧的人是能够负责的**。从未来看,责任就是去承担一个人行动的后果。在民法中,责任变成了修复因他而造成的损害的义务;在刑法中,它则变成要承受惩罚的义务①。但是,这仍然是一个道德责任。(汉斯·约纳斯②) 从过去看,责任是假定过去影响我们,但不完全出自我们的工作:过去的责任被看作**欠债**。③ 从现在看(与自身性和相同性的辩证法的厚度一起),责任是同意"[自己]被当作与昨日做事之人、明日做事之人相同的今日之人"(295)(参见中译本第 429 页,译者注)。性格提供人的连续性,但是当这个人不再可辨认时,自身恒定性就被"一个道德主体所接受,这个道德主体要求被视为与他或她似乎变成的那个他者相同的人"④(参见中译本第 429 页,译者注)。在这一点上,我们的所有行动像被写入一本书里一样,外在于自己,带着"展现让自身成为自身之敌人的命运"⑤(参见中译本第 430 页,译者注)。

(3) **有实践智慧的人**,在反思他的旅途时,将经历到**承认**。⑥ "承

---

① 同意制裁是宽恕罪恶的第一步。但是,对于受害者而言,这是寻求他人审慎教育的行动。参见 G. Causse. *Le geste du pardon* (*the gesture of forgiveness*), *Parcours philosophique en débat avec Paul Ricoeur*, Paris: Kimé, 2014.

② H. Jonas. *The Imperative of Responsibility: In Search of an Ethics for the Technological Age*, University of Chicago Press, 1984.

③ "宽恕具有解离负担有罪债务的影响" (P. Ricoeur. *Memory, History, Forgetting, ibid.*, p. 489)。我们的补充:对于受害者而言,新的身体和社会条件将负担起债务。

④ 受害者的同一性是承诺,即他的被毁坏而变得无法识别的特质。对于另一个相信他所说的话的存在,这就是承诺。对于罪犯来说,他的行为使他变得无法识别,即使他的身体依然是相同的。他的同一性是这样的承诺,即希望有人说:"你比你表现得更好。"(MHF, p. 493)

⑤ 宽恕可以在解除内疚债务的同一个运动中,将自身的这个敌人变成朋友。但是,直到有一个人明确表示宽恕之前,这种转变都只能是一种希望。虽然对于受害者而言,宽恕首先表现为不以暴易暴的可能性。

⑥ 保罗·利科的最后一本书"*The Course of Recognition*"(Trans. David Pellauer, Harvard University Press, 2005),将承认分析为主动(客观鉴定,自我反思)和被动(抗争与"国家和平"的辩证法)。"国家和平"是感恩的时刻,是最基本的认识形式。给出的例子是"宽恕的姿态……指德国总理威利·勃兰特在悼念华沙浩劫受难者的纪念碑前下跪"(CR, p. 244-245)。宽恕是指在那一刻,我们可以停下来,回头看我们的生活,并将它当作一个有意义的整体:那里,宽恕从开始、个人、人际交往和体制等维度被看作谨慎的工作。

认就是在把自重带入关心,并把关心带入正义的运动中的自反的自身结构。"(296)

有实践智慧的人像一个处在一段旅途尽头而又处在另一段旅途前夕的人。反思这一旅途,他将之视为是**有实践智慧的**(深思熟虑的确信、批判性的关心、平等),认为他自己是可归咎的、有责任的和可支配的。在服从**力量**(共同生存的愿望)的制度中,**实践智慧**是人类化和**有实践智慧的人**之间的一条路,是众人之间的人。**实践智慧**的第一个形式是要成为**有实践智慧的人**的承诺,它的最后一种形式是一件礼物(明智的人和公正的制度)。

我们已经发现,即使利科没有明确这一观点,但是**有实践智慧的人**的条件,在空间、时间和冲突当中,都是宽恕。在普遍自我领域以及其他两个领域,宽恕都可以被看作实践智慧的条件。事实上,宽恕赋予了共同生存(实践智慧在制度领域的条件)的愿望以力量,尽管有叛逆和破坏,并且支撑可支配性(实践智慧在多数人领域的条件),尽管有要承受或施行的暴力。

参考文献

[1] RICOEUR P. *Oneself as Another* (*Soi - même comme un autre*). trans. Kathleen Blamey. Chicago and London: University of Chicago Press, 1992.

[2] RICOEUR P. *Memory, History, Forgetting*. trans. Kathleen Blamey, David Pellauer. Chicago and London: University of Chicago Press, 2004: p. 489.

[3] RICOEUR P. *The Course of Recognition*. trans. David Pellauer. Cambride, Massachussets, London, England: Harvard University Press, 2005.

[4] APEL K - O. *Sur le problème d'une fondation rationnelle de l'éthique à l'âge de la science*: *L'a priori de la communauté communicationnelle et les fondements de l'éthique*. trans. R. Lellouche, I. Mittmann. Lille: Presses Universitaires de Lille, 1987.

[5] ARISTOTLE. *Ethica Nichomiachea*. trans. W. D. Ross, *ed.* Richard McKeon. *The Basic Works of Aristotle*. New York: Random

House, 1941.

[6] CAUSSE G. *Le geste du pardon* (*the gesture of forgiveness*), *Parcours philosophique en débat avec Paul Ricoeur*. Paris: Kimé, 2014.

[7] DONAGAN A. *The Theory of Morality*. Chicago: University of Chicago Press, 1977.

[8] DWORKIN R. *Taking Rights Seriously*. Boston: Harvard University Press, 1977.

[9] GADAMER, H - G. *Truth and Method*. New York: Crossroad, 1986.

[10] HABERMAS J. *Moral Consciousness and Communicative Action*. trans. Christian Lenhardt, Shierry Weber Nicholson. Cambridge: MIT Press, 1990.

[11] HEGEL G W F. *Phenomenology of Spirit*. trans. A. V. Miller. Oxford: Clarendon Press, 1977.

[12] JONAS H. *The Imperative of Responsibility: In Search of an Ethics for the Technological Age*. Chicago: University of Chicago Press, 1984.

[13] LEFORT C. *Democracy and Political Theory*. Minneapolis: University of Minessota Press, 1988.

[14] MARCEL G. *Being and Having: An Existentialist Diary*. Gloucester, Mass. : Peter Smith, 1976.

[15] SOPHOCLES. *Antigone*. trans. Elizabeth Wyckoff, ed. David Grene, Richmond Lattimore. *Greek Tragedies*, vol. 1. Chicago: University of Chicago Press, 1960.

[16] WALZER M. *Spheres of Justice: A Defence of Pluralism and Equality*. New York: Basic Books, 1983.

对塞涅卡"明智"概念的词源学阐释

刘海娟*

【摘要】塞涅卡作为晚期斯多亚学派的重要代表人物,对于早中期斯多亚学派的哲学思想具有一定的承继性。但他也开创了新局面,即生活哲学的转向。但塞涅卡的"明智"概念既不属于传统苏格拉底和柏拉图的理智主义传统,也不属于亚里士多德的实践智慧独立于智慧之外的传统,更不同于早中期斯多亚学派的明智观点。为此,本文从词源学的角度,追溯和阐释塞涅卡"明智"概念呈现出 prudentia or providentia 的语法形式,具有"神意""预见"到"明智"转化的语义内涵,并根据明智在文本中的具体运用和界定,以塞涅卡的生活哲学的转向和应用伦理学的导向为理论论据,证实了塞涅卡所界定的明智具有"生活智慧"的特质,从而回应了塞涅卡明智概念的传统归属问题。

【关键词】 明智　生活哲学　神意　预见　生活智慧

卢西乌斯·安涅乌斯·塞涅卡（Lucius Annaeus Seneca, B. C. 4—A. D. 65）是晚期斯多亚学派的三大重要代表人物之一[①],也有学者将其称为"罗马的斯多亚学派",因为其"宣讲的对象是罗马版图内的罗马人,而弘扬的内容也是面向大众的斯多亚主义'生活的哲学'"[②]。塞

---

* 作者简介：刘海娟,深圳大学社会科学学院见习讲师,中山大学哲学系伦理学博士,中山大学中国公益慈善研究院兼职研究员,主要研究方向为公益慈善伦理、斯多亚学派伦理思想。

① 另外两位晚期斯多亚学派的重要代表人物是爱比克泰德（Epictetus, A. D. 55 - A. D. 135）、马可·奥勒留（Marcus Aurelius, A. D. 121 - A. D. 180）。

② ［古罗马］塞涅卡（Lucius Annaeus Seneca）：《道德和政治论文集》,［美］约翰·M. 库伯、［英］J. F. 普罗科佩编译,袁瑜琤译,北京大学出版社 2010 年版,第 8 页。

涅卡是以伦理学者的身份著书立说的，这也与其现实中担任古罗马君王尼禄的道德顾问密切相关。他对于哲学问题的探讨，不像早中期斯多亚学派那样较为关注逻辑学、物理学、认识论等问题，他很少顾及上述问题。即便如此，塞涅卡关于道德哲学的基本问题，其出发点仍是地地道道的斯多亚学派的立场，其伦理思想的核心体现了对基督教神学、新斯多亚学派哲学运动的承继。尤其是波特拉克（Petrach，1304—1374）曾借鉴塞涅卡式的斯多亚学派哲学思想，创建了他自己的生活哲学。其中，塞涅卡关于"明智"的思想，是其生活哲学的重要内容，贯穿于其相关的道德散文、道德书信之中，也是其伦理学的思想核心。

对于明智思想传统的研究，徐长福教授曾提出："在'phronesis'一词的理解和使用上就有两种传统：一是从苏格拉底、柏拉图经斯多亚派到康德的传统，其特点是否定或贬低与sophia完全有别的phronesis；一是从亚里士多德经阿奎那等到伽达默尔的传统，其特点是肯定跟sophia完全有别的phronesis，伊壁鸠鲁派和维柯很靠近这一传统。"① 在此基础上，刘宇在其《实践智慧的概念史研究》一书中详细分析了斯多亚学派的明智思想，并提出早中期斯多亚学派承接了古希腊苏格拉底以及柏拉图"好玄思轻实践"的传统，其明智思想有着强烈的理智主义色彩，它指作为一种预见能力与神意从而丧失了亚里士多德明智传统的筹划力和行动力。因此，早中期斯多亚学派"将希腊的实践智慧思想片面化了，将含义丰富的实践智慧归结为对处境的理解和对未来的预见，也就变成单一的理智能力"②。他也强调，塞涅卡的明智思想很明显回到了苏格拉底和柏拉图那里，因为塞涅卡提出"人若不能根据对整个自然计划的认识以及对诸神生活的认识，不知道人的本性是否与宇宙相和谐这个问题的答案，就不可能正确地论断事物是善是恶"③。

实际上，塞涅卡作为晚期斯多亚学派的重要代表人物，对于早中期斯多亚学派的哲学思想具有一定的承继性。但他也开创了新局面，即生活哲学的转向和应用伦理学的诉求。所以当"有的学者批判说，斯多

---

① 徐长福：《实践智慧：是什么与为什么——对亚里士多德的"实践智慧"概念的阐释》，载《哲学动态》2005年第4期。
② 刘宇：《实践智慧的概念史研究》，重庆出版社2013年版，第183页。
③ 同上书，第178页。

亚学派发展到中期和罗马时期，已经偏离它的学术论旨和正统，但这个说法有很大的夸张成分。塞涅卡以及后来的其他作者，实际上并没有扔掉传统斯多亚学派伦理学、心理学、神学或自然哲学的任何精髓。但是他们的确拓展了论题，开创了新局面"①。因此，对塞涅卡明智思想的传统归属并不能因其归属于斯多亚学派而一概而论。这里主要依据塞涅卡各类文献中所涉及的"明智"概念的研究，从词源学的追溯，明确塞涅卡"明智"一词的语法、语义和语用三个层面的意蕴，以此明确塞涅卡明智概念的传统归属问题。之所以选择语法、语义和语用三个方面进行词源追溯，源于对塞涅卡"明智"概念的文本解析，这种文本解析是以语词的形式、内涵和语境为核心的。也就是说，其语用层面主要是为了回应概念的形式意蕴，语义层面是为了明确概念的内涵意蕴，语用层面则是为了明晰概念的语境意蕴。这三个层面其实也回应了塞涅卡关于明智思想的三个问题，即塞涅卡用什么词（语法形式，包括词性和词形）来表达明智？塞涅卡所言的明智为何意（语义内涵）？塞涅卡所运用的明智的核心意蕴（语用特质）是什么？本文正是通过这种词源学的追溯，来明确塞涅卡明智概念的表述和界定，并解答塞涅卡明智概念的传统归属问题。

一、prudentia or providentia：塞涅卡明智概念的语法形式

关于明智，常见的表达有希腊语 phronesis，拉丁语 prudentia，德语 Klugheit，英文 prudence、practical wisdom。塞涅卡用拉丁语进行写作，著作颇丰，大概可以将其文本分为几类：124 封道德书信（Ad Lucilium Epistulae Morales）、道德散文（Moral Essays）②、告慰书（De Consolatio-

---

① ［古罗马］塞涅卡（Lucius Annaeus Seneca）:《道德和政治论文集》,［美］约翰·M. 库伯、［英］J. F. 普罗科佩编译，袁瑜琤译，北京大学出版社 2010 年版，第 8 页。
② 塞涅卡的道德散文包括:《论愤怒》（De Ira）、《论仁慈》（De Clementia）、《论幸福生活》（De Vita Beata）、《论闲暇》（De Otio）、《论生命的短促》（De Brevitate Vitae）、《论贤哲的坚强》（De Constantia）、《论天意》（De Providentia）、《善施论》（De beneficiis）、《论心灵的宁静》（De Tranquillitate Animi）等。

ne)①、悲剧（Tragedies）② 等。为了弄清楚塞涅卡用什么词来表达明智，需要回到文献著作中，探索和分析塞涅卡文本中所涉及的关于明智概念的语法形式，具体而言就是分析其词形、词性与词格。根据统计结果，塞涅卡的文献著作中共出现了 88 次"明智"，共有两种形式：prudentia 与 providentia，具体有 19 种不同的词格，三类词性的变化：**首先，明智的名词变格**。根据拉丁语的语法分析，这两个词属于阴性名词③，因其词语末尾字母为 a，所以符合名词的第一变格或 a 变格④。由此可以推断 prudentia 与 providentia 的单数和复数的六种格式（见表 1）。

表 1　名词的变格

	单 数		复 数	
主格	prudentia	providentia	prudentiae	providentiae
属格	prudentiae	providentiae	prudentiārum	providentiārum

---

① 塞涅卡的告慰书包括：《致玛西娅的告慰书》（De Consolatione ad Marciam）、《致波里比乌斯的告慰书》（De Consolatione ad Polybium）、《致母亲赫尔维亚的告慰书》（De Consolatione ad Helvium）。

② 塞涅卡的悲剧有几部：Medea, Phaedra, Hercules [Oetaeus], Agamemnon, OedipusThyestes, Octavia, Phoenissae。除以上四类著作之外，还包含两本文献《自然问题》（QUAESTIONES NATURALES）和 APOCOLOCYNTOSIS。

③ "拉丁语名词有性、数、格 3 个语法范畴。性分为阳、阴、中性。数有单数、复数，没有双数。格有 6 个：主格、属格、与格、宾格、离格和呼格。离格（亦译夺格）是由以前的离格、工具格和位格合并而成的。"参见信德麟主编《拉丁语和希腊语》，外语教学与研究出版社，2007 年版。另外，在拉丁语中，男性名称词尾多为 - us，女性名称则多是 - a。因此，拉丁语的名词也有阳性（masculinum 缩写为 m）、阴性（femininum 缩写为 f）和中性（neutrum），一般而言，阳性的典型词尾是 - us，阴性的词尾为 - a，中性的词尾是 - um。但也有少数阳性名词例外。参见［奥］雷立伯（Leopold Leeb）《简明拉丁语教程》，商务印书馆 2012 年版，第 33 页。

④ 拉丁语的名词在具体六格运用中形式多变，但也有一定规律性。一般而言，根据名词词干的结尾不同将其划分为五种变格法，第 I 变格法（又称 A 变格），词干结尾常为 - a，单数属格词尾为 - ae；第 II 变格法（又称 O 变格），词干结尾为 - o，单数属格词尾为 - i；第 III 变格法（又称 I 变格），词干结尾为 - 辅音或 i，单数属格词尾 - is；第 IV 变格法（又称 U 变格），词干结尾为 - u，单数属格词尾 - us；第 V 变格法（又称 E 变格），词干结尾为 - e，单数属格词尾 - ei。参见信德麟主编《拉丁语和希腊语》，外语教学与研究出版社 2007 年版，第 31 - 48 页。

续上表

	单　　数		复　　数	
与格	prudentiae	providentiae	prudentiīs	providentiīs
宾格	prudentiam	providentiam	prudentiās	providentiās
夺格	prudentiā	providentiā	prudentiīs	providentiīs

其次，明智的形容词变格和副词词格。根据查尔顿·T. 刘易斯（Charlton T. Lewis）主编的《基础拉丁语词典》（An Elementary Latin Dictionary）记载，prudentia 相对应的形容词是 prudens，副词是 prudenter，而 providentia 相对应的形容词是 providens，副词是 providenter。[①] 根据拉丁语语法分析，拉丁语的形容词变格方式有两种：第一种形容词变格法根据所修饰的名词词性来确定，包括 -us，-a，-um 三种类型的形容词变格，其符合名词的第一变格法（A 变格）和第二变格法（O 变格），因为第一变格法的名词大部分是阴性，而第二变格法是阳性或中性，所以第一变格法的名词词尾也是第一种形容词的阴性词尾，而第二变格法的名词词尾也是第一种形容词的阳性或中性词尾。实际上，第一种形容词变格必须和它修饰的名词同时变格。但形容词的词尾不一定会和它修饰的名词的词尾一样。这是因为名词的第一变格包含一些例外情况，比如阳性名词 poeta（诗人），而修饰 poeta 的形容词则采取名词第二变格的词尾。第二种形容词变格法与第一种变格法不同，包括除了 -us，-a，-um 三种类型之外的其他形容词的变格。一方面，第二种形容词变格法的词尾变化采取的是名词的第三变格法；另一方面，因为名词的第三变格法不会对词性做太大区分，所以第二种形容词变格法也不会区分词性。最后，符合第二种形容词变格法的形容词都是"i-词干"，所以变格时需要在适当的地方加"i"[②]。正是依据此，prudens 与 providens 的变格法不符合第一种形容词的变格法，而是第二种形容词

---

① 参见 ed. Charlton T. Lewis. *Elementary Latin Dictionary*, Oxford University Press, 1977, pp. 668 – 669, 670.

② 参见 http: //zh. wikipedia. org/wiki/% E6% 8B% 89% E4% B8% 81% E8% AF% AD% E8% AF% AD% E6% B3% 95 以及［奥］雷立伯（Leopold Leeb）：《简明拉丁语教程》，商务印书馆 2012 年版，第 11 – 12 页。

的变格法。由此可推断出这两个形容词的变格形式如下（见表2）：

表2　形容词的变格

	单　　数		复　　数	
主格	prudens	providens	prudentes	providentes
属格	prudentis	providentis	prudentium	providentium
与格	prudenti	providenti	prudentibus	providentibus
宾格	prudentem	providentem	prudentes/prudentis	providentes/providentis
夺格	prudenti	providenti	prudentibus	providentibus

另外，由形容词到副词的变格，一般遵循属于第一种形容词变格法的形容词的副词词尾常常为 – e，属于第二种形容词变格法的形容词的副词词尾多为 – ter 或 – iter。因此，prudens 和 providens 所对应的副词为 prudenter 和 providenter。而副词在拉丁语中并不像形容词一样会伴随所修饰的名词或自身发生变格，其不存在变格法，主要是其所修饰的动词会依据时态和语气的变化发生变格。

最后，明智的形容词和副词的升级及比较级的变格。所谓升级，就是形容词和副词从原级上升到比较级，再上升到最高级的形式。而形容词和副词的升级词尾一般是"形容词的比较级用 – ior（阳性、阴性）和 – us（中性）的词尾，副词的比较级与中性形容词的比较级（ – us）一样。最高级的典型词尾（形容词）是 – issimus， – a， – um，但也有 – errimus 和 – illimus 等形式。副词的词尾则为 – issime， – errime， – illime。最高级表示'最、极、非常'"①。由此得出，两类明智的形容词和副词的升级如下（见表3）：

---

① ［奥］雷立伯（Leopold Leeb）：《简明拉丁语教程》，商务印书馆2012年版，第12 – 13页。

表3　形容词和副词的升级

升级＼词性	原级	比较级	最高级
形容词	prudens	prudentior	prudentissimus
	providens	providentior	providentissimus
副词	prudenter	prudentius	prudentissime
	providenter	providentius	providentissime

除此之外，根据第二点所讲，形容词会根据名词的词性变化或自身词尾格式发生变格，但副词则不会。由此推断出，形容词的比较级在具体运用时也具有一定的变格法。根据拉丁语的语法分析，明智的比较级的变格如下（见表4）：

表4　比较级的变格

	单　　数		复　　数	
主格	prudentior	providentior	prudentiores	providentiores
属格	prudentioris	providentioris	prudentiorum	providentiorum
与格	prudentiori	providentiori	prudentioribus	providentioribus
宾格	prudentiorem	providentiorem	prudentiores	providentiores
夺格	prudentiore	providentiore	prudentioribus	providentioribus

之所以如此详细地分析明智的语法形式，其一在于通过这种分析，回到塞涅卡的文献著作中，明晰所查询到的19种词汇的词性和词格。比如prudentes作为形容词的变格，一般表示复数主格或复数宾格。而in-或im-的词形（比如imprudentiam, imprudentia, inprudentibus, imprudentibus）则表示否定。这依据拉丁文常用的前缀，与英文中un-同源，表示否定（not）[①]的词义。另外，"prudentiaque"这个词既不符

---

① 参见［美］F. M. 韦洛克著，［美］R. A. 拉弗勒修订《韦洛克拉丁语教程（插图修订第6版）》，张卜天译，［奥］雷立柏审阅，世界图书出版公司北京公司2009年版，第428页。

合名词、形容词的变格,也不符合形容词和副词的升级,也不是其否定形式。对于这个词,我们可以将其看作是 prudentia + que 构成,这样一个划分结构,依据于维基百科对 - que 的分析, - que 发挥连词的作用,一般表示"和"(and, both…and, whether…or),"在古老和官方的语言中, - que 比 et (和) 优先使用,它区别于 et 表示更为紧密的联系"①。 - que 一般有几种用法,它被单独使用以连接同源意思的词。比如 Fames sitisque(hunger and thirst)即意为饥渴;也专门用于一些短语中,比如 Saepe diuque(often and for a long time)表示通常很久;用于比较级中,表示"越来越",比如 Plus plusque(more and more);也在代词和物主代词之间使用,比如 Me meosque(me and mine)。也被用在古老的公式中,Vivunt vigentque(they live and they flourish),表示他们活着,而且繁荣昌盛;也表示对比的意思,比如 Terrā marique(from earth and sea),表示从地球到海洋②。而塞涅卡文献中的用法——temperantia prudentiaque(temperance and wisdom)其实符合第一种,就是用以连接同源意思的词。

分析明智的语法形式,其二是为明智概念的语义内涵提供前提。也就是说,塞涅卡文本中所涉及明智的词义是什么?对于这个词义的解释是否符合我们之前所推出的词性和词形的变格呢?这就需要首先明确其词形、词性和词格的意义。然而,对于明智概念的词义解释,我们需要更为详细的分析,为此,我们将对明智概念的语义内涵单列为第二部分的重要内容。

二、"神意"、"预见"到"明智":塞涅卡明智概念的语义内涵

塞涅卡在文献著作中所使用的词 prudentia 直接表示"明智",这毋庸置疑。而 providentia 表示的是"神意、先见、远见或深谋远虑",其如何表示"明智"之意呢?这里我们从词源学、神意寓意、预见特性、人的明智四个方面来回应。

第一,从词源学上来看,providentia 与 prudentia 密切相关。根据拉

---

①② wikitionary. - que, http://en.wiktionary.org/wiki/ - que.

丁语的构词法，providentia 实际上是 prudentia 的原型词。根据《牛津拉丁语词典》的记载，prudentia 来源于 providentia 的缩写形式（contr. from providentia①）。关于 providentia 的构词法为：pro -（ahead，表示"在……之前"）+ videre（to see，表示看见）② = foresight/forethought/foreknowledge，即"谨慎；远见、远虑；预知；天命；神的照顾"③ 或"（practical undertaking or wisdom）实践理解或实践智慧，洞察力；（proficiceny）（在某一特定领域的）精通或熟练，实践性的把握；先知或预知（foreknowledge）"。④ 另外，providentia 也与希腊文的实践智慧或明智 phronesis（φρόνησις）密切相关，刘宇曾指出"providentia 来源于希腊文 pronoia（πρόνοια）⑤，其构词法为 pro（提前）+ noia（noos 思想）= forethought，意思是'提前想到'。即'预见、预知'，引申为'预先考虑，防备，小心谨慎'"⑥。可见，providentia 表示神意、先见或预见之意。总之，providentia 的构词法和词源追溯，都证实了其与表示明智的拉丁语 prudentia 和希腊语 phronesis 同源甚至同构。

第二，providentia 既表示神意，也表示预见，那么神意与预见如何相关呢？要解释神意与预见的相关性，我们尝试回归到神话寓意中进行分析。根据古希腊的神话人物，预见或先知最初表示神的智慧，比如雅典娜是智慧女神（Αθηνά），是智慧和力量的完美结合，雅典娜最大的智慧表现在她的技艺、艺术或手工艺上。而真正与预见或先知有关的是人类的救世主普罗米修斯（Προμηθεύς），其作为泰坦神的后代，名字就有"先见之明"（forethought）的意思。与之相反，希腊神话中潘多拉的丈夫厄毗米修斯（Epimetheus）的名字则表示"后知后觉者"。因此，普罗米修斯作为先知之神代表着神的智慧，而厄毗米修斯作为后知之神则代表神的愚昧。普罗米修斯之所以具有"先见之明"，是因为其

---

① *Oxford Latin Dictionary*, Oxford University Press, 1968, p. 1507.
② 信德麟主编：《拉丁语和希腊语》，外语教学与研究出版社 2007 年版，第 544 - 553 页。
③ ［奥］雷立伯（Leopold Leeb）：《拉丁语汉语简明词典》，世界图书出版公司 2011 年版，第 220 页。
④ *Oxford Latin Dictionary*, Oxford University Press, 1968, pp. 1507 - 1508.
⑤ 实际上，providentia 并不是来源于 pronoia，而是罗马人用 providentia 来翻译 pronoia，因为 providentia 符合拉丁文自身的构词逻辑。
⑥ 刘宇：《实践智慧的概念史研究》，重庆出版社 2013 年版，第 176 页。

能够觉察神的意愿并提前告知神或人类，能够对未来安排深谋远虑。在这个意义上，神意或神的智慧就是具有深谋远虑的先知或先见之明。

第三，既然预见或先见代表着神的智慧，那么，预见或先见之明的主体是否只有神呢？人的预见能力是否就等同于人的明智呢？事实上，除了神之外，人也具有预见能力。关于人的预见能力，亚里士多德曾就此论述过，提出预见能力并非神或人所特有的明智，"因为，凡是能辨清自己的善的人便会被称为明智的，人们也就会信任他去掌握自己的利益。所以，我们甚至说某些低等动物明智，譬如说那些对自己的生活表现出预见能力"①。可见，预见能力并不完全等同于人的明智，一方面，预见能力并不是人所特有的，如上所述，低等动物也具有这种能力；另一方面，预见能力并非人的明智的全部内容。亚里士多德在探讨明智时，就是从明智的人开始的，他认为"明智的人的特点就是善于考虑（善于考虑包含好的考虑、好的理解、和好的体谅三种品质）对于他自身是善的和有益的事情"。那么何谓神意？正如西塞罗在《论神性》中提及的："有限的自然物产下它们自己的种子，在各自的形式限定的范围内生长发育，而作为无限的宇宙整体的大自然则是一切自由和运动的源头，也是与其意愿和努力一致（希腊语称为 hormae）的行为的最初源泉，正如我们在自身的理智和感觉的驱动下采取行动。这就是宇宙本身的精神本性，把它称为神的智慧或神意（希腊语中的 pronoia）是很合适，它使世界得以延续，不匮乏，充满恩典和美。"② 饶是如此，预见能力并非人所特有，也不是明智的全部内容，"尽管可以说动物的 phronesis 就在于它的预知能力，但不能说人的实践智慧就在于这种能力，因为很明显，人的实践智慧主要是一种筹划和决断的能力，预知能力是对那种不可把握的事物的被动的预测。在这一点上，人绝然不同于动物"③。神意或天命仅仅表达的是人对于自然秩序的遵从，也不可能直接推导出人的明智。那么，人的预见和神意又如何等同于人的明智呢？

第四，人的预见或神意（prudentia 或 providentia）为何可以译为人

---

① ［古希腊］亚里士多德：《尼各马可伦理学》1148a28，廖申白译注，商务印书馆2010年版，第176页。
② ［古罗马］西塞罗：《论神性》，石敏敏译，商务印书馆2012年版，第85页。
③ 刘宇：《实践智慧的概念史研究》，重庆出版社2013年版，第176-177页。

的明智？这个问题承接了以上的讨论。这里我们要结合塞涅卡《论神意》(De Providentia) 的观点进行分析。塞涅卡的这篇道德散文，所涉及的主要问题是为什么尽管存在着神意或天命，好人还是会遇上不幸呢？在塞涅卡看来，神关心着人类，也让人们具有预见能力，但是预见不代表对于神意或天命的绝对服从。因为在他看来，好人的不幸只是神对于人的父亲一样男子气的爱，也就是说是神意或天命赐予人得以忍受磨难、锻炼品质的道德前提。"一帆风顺的繁荣经不起一击之力，而不断与自己的苦难搏斗的人由于经受磨难而变得坚强，不会向任何不幸遭遇低头。对好人最为喜爱的神明希望好人成为最最好的和拥有完满美德的，所以分派给了他们一个进行斗争的一生，这又有什么好奇怪的呢？"① 可见，灾难、不幸只是通过神意对人的一种锻炼而已，而这种锻炼正是好人的德性培育的实践方式。由此，人的预见能力并不仅仅是正确理解自己和神意或天命的关系，更重要的是引出了作为人参与实践的智慧。也就是说，人的明智与神的明智（神意或天命）通过人对于神意或天命的预见联结起来，并通过参与实践生活而实现。正如塞涅卡所说："那么作为一个好人意味着什么？参与命运大化。想到我们与宇宙一道向前运行，这真是令人感到无限欣慰。那命令我们活着和死亡的东西以同样的必然性把我们和神明联结在一起。同一个不变的历程同时承担着人和神明。"② 所以，好人不仅拥有对于神意或天命的预见能力，更要通过参与生活中的不幸来获得道德力量。正是在这个意义上，塞涅卡的预见和神意（prudentia 和 providentia）就包含了明智之意蕴。

然而，问题的核心在于，塞涅卡不只是用这些词来表达或表述明智，其在这些文献著作中如何界定"明智"一词？因此，接下来要解读塞涅卡在文献著作中对于明智界定的深刻意蕴。这就是第三部分的重要内容。

三、"生活智慧"：塞涅卡明智概念的语用特质

塞涅卡在文献著作中所运用的明智概念具有"生活智慧"的特质，

---

① [古罗马]塞涅卡：《强者的温柔：塞涅卡伦理文选》，包利民等译，中国社会科学出版社 2005 年版，第 327 – 328 页。

② 同上书，第 339 页。

一方面，本文结合明智在语境中的具体意蕴来阐释其"生活智慧"的指向；另一方面，根据塞涅卡的哲学导向和美德理论来证实其"生活智慧"的意蕴。

（一）明智作为一种"生活智慧"的语境意蕴

塞涅卡关于明智的语境意蕴，具体表现在以下几点：首先，他认为明智是人区别于动物的本性。因为动物不可能具有美德和邪恶，对任何事情不可能产生知识和理解，即"这世间没有哪一种受造之物，像人这样被赋予了精明、远见、慎重和深思熟虑；它们不仅被排除在人类的美德之外，它们也没有人类的邪恶。它们的整个结构，从内到外都异于人类；它们的'统治本源'也完全不一样"①。这一点与苏格拉底和柏拉图的想法一致。可见，这里的明智不仅仅包含了人区别于动物的特性，似乎也说明了作为知识的智慧与作为理解的明智的一致性。是否必然这样呢？根据塞涅卡文献著作的搜索与归类，其文献中大量出现 sapientia 及其变格形式（sapientiam, sapientium, sapientiae, sapiens, sapienter 等），其出现的次数和频率远远高于"明智"（prudentia 和 providentia）一词，而且这个词一般均译为智慧（的）（wisdom/wise）。由此可见，在塞涅卡的文本中，明智与智慧大部分是分开而谈的，明智指的是审慎、预见、深谋远虑等意思，通常情况下，明智和智慧的并置，当提及西方传统四美德——勇敢、正义、节制和智慧时，会运用"明智"（prudentia）这个词来指代智慧。之所以出现这样的情况，其实源于塞涅卡对于美德理解的与众不同。

其次，塞涅卡十分强调明智的行动传统，认为"至善就是顺应自然而生活；并且，自然要求我们既要做沉思默想又要身体力行"②。这一点也继承了西塞罗的行动传统。即"没有人会否认，只有在行动中才能验证德行的进步；与其终日苦思应当如何行动，不如适时地伸出手来，把信念变成现实。如此说来，假定这个有智慧的人并不是妨碍他自己行动的原因，假定这个人投身行动的人并不缺乏任何东西，那么，你

---

① ［古罗马］塞涅卡：《道德和政治论文集》，［美］约翰·M. 库伯，［英］J. F. 普罗科佩编译，袁瑜琤译，北京大学出版社 2010 年版，第 50 页。
② 同上书，第 236 页。

是不是肯定会允许他踏上他自己的旅程"①。可见，行动对于明智具有重要价值。

最后，塞涅卡还强调明智作为一种洞察力、深谋远虑等贯穿于人类生活实践的方方面面。"我们确实能够证明：不学习自由艺术也完全可以获得智慧；美德是习得的，但它不是通过学习七艺习得的。再说我有什么理由认为，一个不与书本打交道的人就永远成不了有智慧的人呢？要知道，智慧并不是躺在书本里。智慧引发的是真理，而不是词语——而且我也不能肯定，技艺不依赖外援是否便不可靠了。智慧绝不是什么微小而偏狭的东西，它需要很大的活动空间，它要回答的问题涉及自然和人类的各个方面，过去和将来的，有关永恒的事物和短暂事物的，还有关于时间本身的。"② 另外，"我们说学习哲学并运用哲学，用真理来检验它，就是这个意思——注意一个谨慎的人在死亡迫近，疼痛加重时能够勇敢地去对抗死亡，对抗疼痛。要从勇敢的人身上学习应该怎么去做"③。

由此可见，塞涅卡对于明智的理解，提出关于明智作为人的一种特性，具有行动传统，尤其提出明智贯穿于生活各个方面的解释，不仅继承了早中期斯多亚学派对于沉思生活的注重，同时也重视西塞罗所强调的政治生活的价值。归根结底，塞涅卡所谓明智其实就是一种"生活智慧"。这一点，具体而言表现在：①他认为明智的最高境界不再是政治智慧，而是符合人的理性本质的各种活动，无论享乐、沉思还是政治活动，都是相互交融、密不可分的。这一点不同于西塞罗的观点。也与亚里士多德主张沉思生活的观点不同。"生活分为三种，人们经常会问哪一种生活是最好的。第一种是沉溺于享乐；第二种是思辨和静观的生活；第三种是政治生活。……我赞成你的话，差别的确很大，然而，你却不能把一种生活和另一种生活割裂开来，只选择单独的一种。那沉思默想的人如果没有行动，也就无所谓沉思默想了；那投身政治生活的人如果离开了沉思默想，也就没有办法有所作为；还有那第三种人，尽管

---

① ［古罗马］塞涅卡：《道德和政治论文集》，［美］约翰·M. 库伯，［英］J. F. 普罗科佩编译，袁瑜琤译，北京大学出版社2010年版，第239页。
② ［古罗马］塞涅卡：《幸福而短促的人生——塞涅卡道德书简》，赵又春、张建军译，生活·读书·新知三联书店1989年版，第189-190页。
③ ［古罗马］塞涅卡：《面包里的幸福人生》，王坤、岳玉庆等译，中国宇航出版社2012年版，第218页。

我们一致对他们没有好感,他们也不赞同那游手好闲的享乐,他们要用他们的理性把那享乐的生活稳定袭来,因此这群酒色之徒也是要参与政治生活。……我的观点是,所有的学派都赞成沉思。别的人直接去追求这个目的,而对我们而言,它只是行程中的一站,而不是永久的港湾。"① ②这一点的理论根基在于对早期斯多亚学派所主张的沉思生活的一种回应。早期斯多亚学派的理论允许一个人从一开始就远离政治,而在塞涅卡看来,对于斯多亚学派的主张,并不是绝对的墨守成规,但也并不是坚决反对,而是给予其更加深刻的解读。他从两个方面解读政治生活与沉思生活(隐居生活)的关系:"首先,一个人甚至可以从少年时代起,就全身心地投入到对真理的凝视与沉思之中,探寻生活的道理,并且暗自践行这个道理。其次,每个人都有权利在履行完成公务的时候进行这样的沉思凝视;人生最美好的时光已然过去,他们完全有权利把心思转移到其他事情上。"② 可见,沉思生活固然重要,但仍无法完全脱离政治生活而存在。所以人的隐退生活必然建立在对社会和国家有贡献的基础之上。③当面临政治生活和沉思生活时应该如何进行选择?这就是生活智慧的问题。塞涅卡提出这种对生活方式选择的明智可以通过三个步骤完成,即:第一,需要"审察我们自身的自我"③。也就是说,选择的前提是一个人必须要正确地估价自己,因为我们往往会过高估计自己的能力。第二,"审察我们将要从事的事务"④。这就要求我们必须要估计我们自己正在从事的事务自身的可行性,也就是说,要进行我们打算尝试的事务与我们能力的比较,因为实践者要求能够承担或胜任这种工作。第三,"在我们从事那些事务时,审查那些我们因他们的缘故才去从事这些事务的人,以及我们要与之共事的人"⑤。这里的意思是,在对人的选择上我们还需要非常审慎,要考察他们是否值得我们将自己的生命的某个阶段贡献给他们。第四,"你还必须考察,你的本性是更加适合积极的事务,还是更加适合闲适的研究与沉思,你

---

① [古罗马]塞涅卡:《道德和政治论文集》,[美]约翰·M. 库伯,[英]J. F. 普罗科佩编译,袁瑜琤译,北京大学出版社2010年版,第240页。
② 同上书,第234页。
③④⑤ [古罗马]塞涅卡:《哲学的治疗:塞涅卡伦理文选之二》,吴欲波译,中国社会科学出版社2007年版,第44页。

必须转向你的天赋倾向指引你朝向的那个方向"①。可见，对于生活方式的选择，塞涅卡所主张的几点正是明智的具体表现，也是如何承担这种生活中种种责任的表现。从这个意义上说，塞涅卡所主张的融于生活中的明智，既不像早中期斯多亚学派所主张的坚定的沉思生活，更非西塞罗所主张的政治智慧的最高境界，因为塞涅卡的明智在具体的运用层面上更为广泛，就像亚里士多德所主张的智慧包含四种类型——理财智慧、政治智慧、立法智慧以及沉思智慧，而亚里士多德明确沉思的生活才是最高境界的生活。在这一点上，塞涅卡的明智思想更加具有普适性，更加平民化。这不仅根源于古罗马时期的实用主义倾向，更为重要的是，塞涅卡为任何一个人提供了明智生活选择的合理依据。为此，我们可以说，塞涅卡对于明智的界定都是运用到具体实践领域的，就如亚里士多德的明智界定一样。一方面，在于他反对早中期斯多亚学派的明智界定，即不认为智慧的存在可以完全替代明智。另一方面，其在某种程度上承继了西塞罗的明智界定，即都重视明智的行动传统，以及实践诉求和实用倾向。最后，其在一定程度上使明智的应用领域更为广泛和普遍。

（二）明智界定为"生活智慧"的哲学根基

之所以提出塞涅卡的明智就是一种生活智慧的主张，根源于塞涅卡的生活哲学的根基和应用伦理学的导向。

首先，塞涅卡所坚持的哲学导向不同于早中期斯多亚学派，而是一种生活哲学。①塞涅卡的文本写作不再是一种学究式的哲学反思，而是将斯多亚学派的理论精髓融于日常生活的安排和设置当中。塞涅卡"是把斯多亚学派哲学解释给那些通情达理的读者，告诉他们怎样把这道理融进他的或她的——生活"②。②塞涅卡的生活哲学不仅仅面向那种具有德行的智者，而且是面向大众的。即是"面对着那些并非十足完美，并且自知不能变得十分完美，却又诚心希望尽可能活得更好的

---

① ［古罗马］塞涅卡：《哲学的治疗：塞涅卡伦理文选之二》，吴欲波译，中国社会科学出版社 2007 年版，第 45 页。

② ［古罗马］塞涅卡：《道德和政治论文集》，［美］约翰·M. 库伯，[英] J. F. 普罗科佩编译，袁瑜琤译，北京大学出版社 2010 年版，第 8－9 页。

人,塞涅卡以潘尼乌斯为榜样,探讨的是这些人应当如何安排他们的生活"①。③塞涅卡的所有哲学著作,都是在追问存在于现实生活中的伦理问题,至于早中期斯多亚学派十分关注的逻辑学、物理学、形而上学以及认识论问题,他则很少顾及。④塞涅卡强调哲学应作为一种生活的向导,"哲学并非盛行的职业,从事哲学研究也不是为了自我吹嘘。哲学关心的不是词语,而是事实,研究的不是怎样在娱乐之中打发日子,也不是如何在清闲安逸之中排遣烦恼。它是要磨炼和锻造人的个性,整饬人的生活,规范人的行为,向人证明应该做什么和不该做什么"②。另外,塞涅卡提出哲学的使命也在于实现幸福生活,即"我所说的哲学不是那种让人们脱离社会生活,让神灵脱离我们的世界,把美德奉送给肉体享受的哲学,而是把高尚的行为看作善举的哲学"③。总之,塞涅卡所主张的哲学不再是一种只注重逻辑推理的形而上哲学,而是走向生活、指导生活并意图最终实现幸福的生活哲学。正是在这样一个基础上,塞涅卡的哲学才得到波特拉克的继承。

其次,塞涅卡的哲学著作都是以伦理学者的身份进行写作的,其所坚持的是应用伦理学的导向。①塞涅卡认为哲学的价值在于实用,塞涅卡在《论个人生活》一文中也明确提出哲学对于践行生活的价值和意义,其"不同于亚里士多德,斯多亚学派从一开始就坚持认为,哲学和科学的探究只有在对人类生活有用处时才有价值"④。塞涅卡认为哲学尤其需要探讨对于生活而言有用的和必要的知识。其引用了犬儒学派德米特里乌斯(Demetrius)的一句经典之言——"掌握几句有实用价值的哲学箴言比获得广博却没有实际价值的知识要好上不知多少倍"⑤。塞涅卡认为德米特里乌斯的观点正符合其应用伦理学的主张,即不仅关注伦理规则,也重视伦理规则在现实生活中的运用。所以研究塞涅卡的

---

① [古罗马]塞涅卡:《道德和政治论文集》,[美]约翰·M. 库伯,[英]J. F. 普罗科佩编译,袁瑜琤译,北京大学出版社2010年版,第8页。

② [古罗马]塞涅卡:《幸福而短促的人生——塞涅卡道德书简》,赵又春、张建军译,生活·读书·新知三联书店1989年版,第48页。

③ 同上书,第209页。

④ [古罗马]塞涅卡:《道德和政治论文集》,[美]约翰·M. 库伯,[英]J. F. 普罗科佩编译,袁瑜琤译,北京大学出版社2010年版,第228-229页。

⑤ [古罗马]塞涅卡:《强者的温柔:塞涅卡伦理文选》,包利民等译,中国社会科学出版社2005年版,第274页。

学者张静蓉曾引用策勒（Zeller）的观点对塞涅卡伦理学进行评论，指出塞涅卡的应用伦理学倾向，即"在后期斯多亚学派的发展过程中，有两种比较引人注目的倾向：一种倾向是热衷于对斯多亚学说作科学的说明，一种倾向于注重对该学派道德原则的传播和实际运用。塞涅卡的哲学研究活动，几乎完全聚焦于伦理学问题，他是偏重于该学派道德原则的传播和实际应用的著名人物"①。②塞涅卡的美德论继承了斯多亚学派的观点，认为"按照自然和谐一致的生活"就是美德。对这句话的理解，与早中期斯多亚学派的相同之处在于强调人的自然本性所具有的理性能力，使得人必须要遵从自然所赋予的天命或神意的法则。但有所不同的是，一方面，塞涅卡所强调的构成美德的理性能力不再是早中期斯多亚学派主张的"正确理性"，而是"完善理性"。所谓完善理性，其实就是将人的自然理性完美地运用于生活之中。如何将自然理性完美地运用于生活之中呢？需要三步：一是认识、遵循并坚持自然为人类生活所确立的并为我们所知道的自然法则，包括"保持良好的健康、维系舒适生存所需的充分的物质资源、创造良好的家庭生活、尽可能彻底地避免身体的痛楚等"②。二是需要树立一个牢固的信念，即"一旦你尽了自己最好的努力，不管外在的结果如何，对你来说那都是且只能是和应当肯定的"③。三是对于这个能力的修养和运用达到完美的人，过的是善而幸福的生活，而理性能力没有得到完善的人，就过着恶而失败的生活。③在塞涅卡看来，能够成为具备完善理性的人才可能具有美德。而实现美德的培育方式有两种，一种是教义（decreta），一种是规训（praecepta）。所谓教义，是指"伦理和哲学一般的命题形式，例如有关生活目的的定义、'好'和'不动心'的教义、'公正'的概念等"④。所谓规训，指的是"与个体或者个体层面相关行为的提议或者

---

① 张静蓉：《超凡脱俗的个体自觉——塞涅卡伦理思想研究》，杭州出版社2001年版，第1页。后半句对塞涅卡的评价引自策勒：《古希腊哲学史纲》，翁绍军译，山东人民出版社1982年版，第286页。

② ［古罗马］塞涅卡：《道德和政治论文集》，［美］约翰·M. 库伯，［英］J. F. 普罗科佩编译，袁瑜琤译，北京大学出版社2010年版，第14页。

③ 同上书，第15页。

④ 石敏敏、章雪富：《斯多亚主义（Ⅱ）》，中国社会科学出版社2009年版，第20页。

建议，采用的是命令或者禁令的形式，例如：'干！'或者'不许做！'"①。塞涅卡提出这两种教育方法虽然各不相同，但作为伦理学的整体构造，必然要将两者结合起来，发挥各自所长。正如他所说："美德被划分为两个部分——对真理的沉思和行为。通过学习（training）教会人沉思，且通过警戒（admonition）教会人行为。并且正当的行为包括不断练习和形成美德。但是，如果当一个人将去行动时，既要求助于教义（advice），也要求助于警戒（admonition）"②。可见行动和实践对于伦理学的重要性。正如塞涅卡所言："成为好人的过程是一种技能。……但是只有受过完整教育的人，通过不断实践被训练培养到完美程度的人，才能获得美德。我们天生就向往美德，但我们却不是生来就具备美德。除非你去培养它，不然的话，即使最好的人，也只具备获得美德的素质，而不具备美德本身"③。由此可见，塞涅卡所主张的伦理学是一种应用伦理学，所实现的美德是一种完善理性，是将自然理性完美地运用于生活之中的实用技能。这种技能区别于传统的手工技艺，比如七艺，而是一种生活艺术。所以，正是基于塞涅卡这种生活哲学的根基和应用伦理学的导向，我们才将其明智归纳为一种生活智慧。

结语　塞涅卡明智概念的传统归属

综上所述，如果说早中期斯多亚学派的明智回归到了苏格拉底和柏拉图的传统中，那么西塞罗实现了从苏格拉底传统到亚里士多德的不完全转型，而塞涅卡的明智则完全脱离了早中期斯多亚学派的理智主义倾向，走向古罗马实用主义和亚里士多德的实践哲学导向，创建了第三条出路——生活哲学。这第三条出路虽然并不如亚里士多德的二元德性论划分得那么清晰，但塞涅卡对于德性论的理解更加多元和融合。比如，他对愤怒、仁慈、善施、幸福生活、个人生活、贤者的坚强等的探讨都

---

① 石敏敏、章雪富：《斯多亚主义（Ⅱ）》，中国社会科学出版社2009年版，第20页。

② 参见 Epi XCIV. 45. [L－E－Ⅲ]. Lucius Annaeus Seneca. With an English Translation by Richardm. Gummere. Ad Lucilium Epistulae Morales. In three volumes（Ⅲ. 93－124），*The Loeb Classical Library*（077），William Heinemann，1925，p. 41.

③ [古罗马] 塞涅卡：《幸福而短促的人生——塞涅卡道德书简》，赵又春、张建军译，生活·读书·新知三联书店1989年版，第214页。

受到了明智的影响。他尤其强调明智需要贯穿于生活的方方面面才能发挥其价值。至关重要的是，他提出，明智其实也关涉完整生活的选择和幸福生活的塑造，在这个意义上，明智是作为一个人总体的善的考量，这一点与亚里士多德的明智相一致。换言之，明智"不是指在某个具体的方面的善和有益，例如他的健康或强壮有力，而是指对于一种好生活总体上有益。（所以，在总体上明智的人是善于考虑总体的善的人）"①。塞涅卡也曾提出："幸福之人是拥有判断力的人；幸福之人满足于当下的命运，无论它是什么，而且与环境友好相处。幸福的人乃是让理性决定存在的所有情况的价值的人"②。可见，塞涅卡所主张的明智离不开对人的幸福生活的整体考量，离不开人之所以为人的自然理性本质，但更为重要的是，离不开人们参与生活的行动力。正是在这个意义上说，塞涅卡的明智思想显然不能简单地归属于苏格拉底的明智传统。因此，我们可以说，塞涅卡的明智概念具有"生活智慧"的特质。

参考文献

1. Perseus Project Texts Loaded under PhiloLogic Greek and Latin Morphology Release. ［2009－07］http：//perseus. uchicago. edu/.

2. 塞涅卡拉丁文本网络资源. http：//www. thelatinlibrary. com/sen. html.

3. Epistles（道德书信）：

［1］（Latin－English）Lucius Annaeus Seneca. *With an English Translation by Richardm. Gummere, Ph. D of Haverford College. Ad Lucilium Epistulae Morales.* In three volumes（I. 1－65）. The Loeb Classical Library（075）. London：William Heinemann, 1925.

［2］（Latin－English）Lucius Annaeus Seneca. *With an English Translation by Richardm. Gummere, Ph. D of Haverford College. Ad Lucilium Epistulae Morales.* In three volumes（II. 66－92）. The Loeb Classical Li-

---

① ［古希腊］亚里士多德：《尼各马可伦理学》，廖申白译注，商务印书馆2010年版，第172页。

② ［古罗马］塞涅卡：《强者的温柔——塞涅卡伦理文选》，包利民等译，中国社会科学出版社2005年版，第350页。

brary (076). London: William Heinemann, 1925.

[3] (Latin – English) Lucius Annaeus Seneca. *With an English Translation by Richardm. Gummere, Ph. D of Haverford College. Ad Lucilium Epistulae Morales.* In three volumes (Ⅲ. 93 – 124). The Loeb Classical Library (077). London: William Heinemann, 1925.

[4]［古罗马］塞涅卡. 面包里的幸福人生［M］. 王坤，岳玉庆，等，译. 北京：中国宇航出版社，2012.

[5]［古罗马］塞涅卡. 幸福而短促的人生——塞涅卡道德书简［M］. 赵又春，张建军，译. 上海：生活·读书·新知三联书店上海分店出版，1989.

4. Moral Essays（道德散文）：

[1] (Latin – English) Lucius Annaeus Seneca. *With an English Translation by John W. Basore, Ph. D. of Princeton University. Seneca Moral Essays.* In three volumes Ⅰ: De Providentia. De Constantia. De Ira. De Clementia. The Loeb Classical Library (214). Boston: Harvard University Press, 1928.

[2] (Latin – English) Lucius Annaeus Seneca. *With an English Translation by John W. Basore, Ph. D. of Princeton University. Seneca Moral Essays.* In three volumes Ⅱ: De Consolatione ad Marciam. De Vita Beata. De Otio. De Tranquillitate Animi. De Brevitate Vitae. De Consolatione ad Polybium. De Consolatione ad Helviam. The Loeb Classical Library (254). Boston: Harvard University Press, 1932.

[3] (Latin – English) Lucius Annaeus Seneca. Translated by John Davie. *Seneca With an Introduction and Notes by Tobias Reinhardt. Dialogues and Essays*: On Providence. On Anger (Book3). Consolation to Marcia. On the Happy Life. On The Tranquillity of the Mind. On the Shortness of Life. Consolation to Helvia. On Mercy. Oxford World's Classics. Oxford: Oxford University Press, 2007.

[4] (English) Lucius Annaeus Seneca. Translated by Robert A. *Kaster and Martha C. Nussbaum.* Seneca Anger, Mercy, Revenge. Chicago and London: The University of Chicago Press, 2010.

[5]［古罗马］塞涅卡（Lucius Annaeus Seneca），著，约翰·M.

库伯（John M. Cooper），J. F. 普罗科佩（J. F. Procopé），编译. 道德和政治论文集［M］. 袁瑜琤，译. 北京：北京大学出版社，2010.

［6］［古罗马］塞涅卡. 哲学的治疗：塞涅卡伦理文选之二［M］. 吴欲波，译. 北京：中国社会科学出版社，2007.

［7］［古罗马］塞涅卡. 强者的温柔：塞涅卡伦理文选［M］. 包利民，等，译. 北京：中国社会科学出版社，2005.

［8］［古罗马］塞内加. 论生命之短暂［M］. C. D. N. 考斯塔，英译. 周殊平，胡晓哲，译. 北京：中国对外翻译出版有限公司，2012.

［9］［古罗马］塞涅卡. 塞涅卡三论［M］. 丁智琼，译. 合肥：安徽大学出版社，2005.

项目说明：

基金项目一：本文是由中山大学钟明华教授主持的2012年国家社会科学基金重大项目"社会转型中的公民道德建设工程研究"（12&ZD007）的阶段性研究成果。

基金项目二：本文是2014年国家社科基金青年项目"当代青年公益慈善意识培养与行为塑造研究"（14CSH016）的阶段性研究成果。

基金项目三：本文是2014年广东省哲学社会科学规划项目"尚报传统与社会善治研究"（GD14YZX01）的阶段性研究成果。

基金项目四：2014年广东省委宣传部"培育和践行社会主义核心价值观"课题"社会主义核心价值观宣传教育的途径与方法创新研究"（WT1431）。

名家专论

外毒素

民主和后期柏拉图

［加］托马斯·罗宾森（Thomas Robinson）／文
江璐／译　刘宇／校*

数百年来，有很多人试图一方面阐明民主制的最佳内涵，而同时又要避免那些如果对其完全放任便会出现的众所周知的主要问题。许多人一直把民主视为尤其像是热力学第二定律的政治版本（political version）的一种系统，且继续如此：如果没有任何制约，它会陷入混乱。自从两千五百年前原初的雅典伟大实验即我们当今所谓的参与式民主（participatory democracy）以来，出现过好几种政体（constitution）模式来应对这个众所周知的问题。

我们可以先来看"强人模式"（strongman model）的民主，一个例子是委内瑞拉已故的查韦斯先生。这种模式最显著的一个特点是有某一单个人的人格力量，这种人经常是通过公平自由的选举掌权，而且往往是高票当选。虽然那个强人执掌大权，但其权力并非绝对，如果他丧失了民众的支持，就会被通过选举选下台。

另外一个我称作为"自由生活或死亡"（live free or die）的模式，在美国很受欢迎。按照这种模式，政府越小越好，并且，每个公民应该享受到每一种自由，且与其他人对自由的合法诉求相互兼容。这种独特

---

*　作者简介：托马斯·罗宾森（Thomas Robinson），加拿大多伦多大学哲学系和古典语言系的荣誉退休教授，曾任多伦多大学哲学系主任，并担任过古希腊哲学协会主席、国际柏拉图协会主席等职，现任国际古希腊哲学协会名誉主席，研究重点为前苏格拉底哲学和柏拉图。其主要著作有 *Plato's Psychology*, *The Greek Legacy*, *Heraclitus: Fragments, A Text and Translation with a commentary*, *Logos and Comos* 等，并用诗歌形式翻译了萨福、索福克勒斯、欧里庇得斯和古罗马诗人卡图卢斯的著作，编辑以及合作编辑了多部古希腊哲学研究文献。

译者：江璐，中山大学哲学系讲师；校者：刘宇，西南大学马克思主义学院副教授。

的模式虽然很受欢迎，但也有其自身的问题，（因为它要）在对自由的诉求相互冲突的领域，满足所有人，比如说，当你所倡导的持枪自由与我不愿死于你某一次射击狂欢所导致的"意外伤害"的权利相互冲突之时。

在这两个极端之间有着一系列具有两者特征的不同类型的模式，而且常常是与这两者相连的。一个著名的模式是所谓的"市场"（market）模式（直到2008年都非常流行，但在这一年吸引力锐减，虽然现在又有东山再起的迹象）。在这个模式中，无论民主社会会不会受制于一个强势且往往具有超凡魅力的（charismatic）人性领袖，它很显然会心甘情愿地臣服于两个其他领袖中的一个或另一个，或是臣服于两者，它们中的每一个都很强大但不会都碰巧很人性。这两个领袖的第一个，从性质上来说是非常物质性的，也就叫做"市场"，其特点是要求人们完全服从其任性、堕落和几乎不可预测的行为，以及对人们因此而遭受的痛苦无动于衷。而第二个领袖则是上帝，他是**非**物质性的，而且，在前者——"市场"——处在其阶段性的狂躁状态时，他具有无限的能力可以为我们提供慰藉（但没有现金）。当前的美国是这种社会的好例子。而这种社会的一种后基督教形式则是玛格丽特·撒切尔的英国，其中，"市场"为最高统领，而对大多数人来说，慰藉人心的上帝却差不多从舞台上消失了。

还有三种其他模式与创建民主目标时所选择的道德原则相关。第一个是"德性"（virtue）模式，其中，社会的目标在于培养尽可能具备其可及的公民德性的公民。第二个模式则是"共同利益"（common good）模式，其中，社会的目标是整体利益，就算有时会牺牲掉一些个人的表面利益。第三个模式的驱动力则是约翰·斯图亚特·密尔的"不伤害原则"（no harm principle）。这可以被看作为"自由生活或死亡"模式的一种变种，不过此处强调既有**做**什么的自由也有**不做**什么的自由（freedom from as much as freedom to）。它不试图在公民中树立德性，而是满足于人们无论偏好都遵守法律并尽可能避免伤害他人。这当然在当今的一些民主政体中是一个非常受欢迎的原则，但如果想要让人满意地定义在不同情况下是什么构成了"伤害"，这仍是一个产生异议的源泉。

我提这些种类，是作为我的论文一个简短的导言。本文将讨论最早来描述并捍卫**柏拉图**认为最可让人接受且有机会实现的民主模式的一个尝试。那些读过他的《国家篇》但没读过《法律篇》的人，可能会感到惊讶，但我希望随着论述的进行，这种惊讶会渐渐消失。

我们一开始先说明《法律篇》与《国家篇》在不同的细节上有多么相似，而不用多花时间来讨论这个。

其他许多东西或许有所改变，但诸如他关于基础教育的思想，没有怎么变化，而且，教育一直是他理论的一个主要因素。关于他整体上目的论式的对待事物的看法，以及关于德性是一个好社会之目标，同样可以这么说；他在《法律篇》中与在《国家篇》中一样是一个功能主义者（functionalist），而这个学说涉及他讨论到的所有内容。这同样也适于他关于共同利益的整体看法，一个有德性的公民永远都会把共同利益看作是（在必要时刻）超越他个人偏好的目标。柏拉图在两篇对话中都说到，如果统治者采取"高尚的欺骗行为"（noble act of deception）鼓励他保持这一信念的话，那么，高尚的欺骗行动毫无疑问是合理合法的。

但在《国家篇》之后产生了很多变化，我现在要阐述这些变化，提出理由来说明为何会有这些变化，并尽我所能，以我们自己一直努力创造的心目中名副其实的民主，来评价这些变化的哲学、政治和社会价值。

最大的总体性变化在于《法律篇》所描述的社会之本体论地位（the ontological status of the society）。《国家篇》所勾勒的社会是纯粹模型式的（paradigmatic），而在《法律篇》中所描述的社会马格奈西亚城邦（Magnesia），指向一个现存的实例，在一个真正希腊人所居住的国家中。他把它称作为他的第二好的社会，但并不是以任何否定的意义来说的。这个名称不是与《国家篇》中的模型式的美好城邦（Kallipolis）相比对，而是与这个模型的**最佳示例**（first-best instantiation）相比对。他把这个示例局限于我们的想象中，因为这个城邦的居民必须是（以他的话来说）"诸神及其后代"。如果我们仅仅是以实践的可能性出发来谈论的话，马格奈西亚当然是有资格被称为他的**最佳**社会。

与那个模型的一个主要的制度性差异在于，他说，马格奈西亚将会是一个君主制和民主制的混合体。然而，君主的作用似乎完全在于与有幸发现他的"立法者"一道来构建社会。一旦完成这个任务，他就要从舞台上消失了。这个社会中哪一点是"君主制"的,这仍然是不清楚的,除非柏拉图仅仅是指,法律护卫者和夜间议事会似乎满足于一种往往与君主统治相关的惩戒性权力(disciplinary power)。但我们要记住,他们的成员也有任职期限,并且必须在离职时进行述职。这样,尽管这两个机构的成员当然是比当时任何一个雅典公民权力更大,但他们的任期是**有限的**,还必须对其在职期间的行动**负责**,那么,可以说,这两个事实也就使得这两个机构比乍一看更加符合基本的民主程序。

同样,关于通过恰当的配对和恰当的、高度专门化的教育而创立一个包括男女,并且跨几代人而持久存在的**统治者阶级**(class of rulers)的思想被抛弃了。马格奈西亚不像在美好城邦中那样是依照一个有德性的护卫者阶级的命令来治理的,在美好城邦中,法律是没有必要的,因为在这个社会中,没有反社会的行为或犯罪行为;马格奈西亚则是通过法律来治理的,其执行者并非出自某个**政治阶级**(*classe politique*),而是出自一般公民,且任期固定。

另一个差异是,教育是面向**所有**公民的,无论男女,而且由那些完成了社会统治角色的人来做,这并不是因为他们属于某个所谓的政治阶级,而是选举和抽签并用的结果(我们可以把这个理念称为"受约束的精英政治")。至于夜间议事会这个特别机构成员所接受的**更高**教育,是自愿进行的自我教育,他们学习那些其成员认为对于更深理解他们的职责所保障的法律而言有必要的学科。

还有一个变化是对于所有人包括统治者实行的私有财产制度,这样可以确保任何公民既不陷于贫困也不会占有过多的财富。

然而,另一个变化则是希腊人会觉得真正新鲜的东西,那就是法律序文(preambles of laws),有了它,所有公民将能够充分而细致地了解每个法律条款背后的道理。如果刑罚严厉,而且很多刑罚的确严厉,那公民们至少会明白为什么夜间议事会觉得这些刑罚应该如此的理由,而且会明白它们在国家整体利益中所服务的目的。

以上主要体现了柏拉图对于马格奈西亚的设想。与德性充沛的美好城邦不同,马格奈西亚的特点是具有很多反社会的、其实是犯罪性的行为,如前所述,而美好城邦中没有这些东西。

最后一个在《法律篇》和《国家篇》的设想之间非常大的区别是,这两个对话一致认为,德性是这两个社会的目标,但在两者中有不同的建基。在《国家篇》中，为其建基的不是一组神灵，而是超越神灵的东西——至善的形式（the Form of the Good）。在《法律篇》中，是神灵自己来做建基的，而且是特别的一个神，即那个神圣的棋手（Divine Chess - Player），世界之理性灵魂。这也就把马格奈西亚变成了一个不仅仅是君主制和民主制的结合体，而且也变成了一个神权国家，其中，它的国王，接着是其法律守护者，最终成为万物之王的代言人了。

除了这些领导者之外，谁还能获悉这神圣棋手的意愿呢？柏拉图说，其实每一个人都可以，他对此的看法在他对同性恋的讨论中明确表达了，那儿，针对我们行为的神圣意愿是**所有人**都可以从其周遭所见的自然世界的运作中推断（infer）出来的。

我用了"推断"这个词，而这又自然地引向了马格奈西亚的另一个特征：对持顽固无神论的人处以死刑，并且，更普遍的是，把不敬（impiety）这个概念扩展到不少公民会有可能被处决的地步（谁能猜到有多少呢？）。对无神论者处以死刑，这并不是一个新思想；许多希腊社会的法令中都包含这一条，包括雅典。新颖的是柏拉图对它的解释：一个人会被处决，是由于其顽固不化地拒绝通过观察**自然**所显明的清晰证据（这里，自然就是在天体周而复始的有序运动中所观察到的那样），由于拒绝接受权威对于诸神如何与我等关联的论证。

柏拉图最后用十二卷来阐述是什么构成了一个好社会，对此，如果要做最终评价，能说什么呢？可以从他认为这将是一个君主制（他有时更加普遍地称之为"独裁政体"）和民主制的混合体的观点开始。这样说，他提出了一个在古代有长久生命力的观点（作为所谓的混合政体的原型），而且从古代起其生命力蔓延不绝。我只是顺便提及此事；接下来我会一一展现我对柏拉图自己的混合政体版本诸特征的看法。

让我先列出《法律篇》中那些在我看来任何一个理性的行为者都可以接受的思想。

（1）共同利益。作为整体的共同体的利益将成为马格奈西亚的整体目标。

（2）通过选举获得职位，而不是通过属于某个所谓的"政治阶级"。

（3）问责制。任何官职，包括最高职务，都是有限任期，并且在离职的时候，要经受监察员的仔细审查。

（4）针对所有的公民，会有一个"量化"的财产体系，这样，任何理性的行为人都会情愿以最低个人财产拥有额的水平生活，而且，也情愿**放弃**所有会使得他超出了最高允许金额的财产。

（5）普及教育，不分男女。

（6）惩罚犯罪尽可能是出于纠正。

（7）在审判中会考虑可使罪行减轻的情况。

（8）每一条法律都要有一个解释，说明为什么会有这条法律以及在共同利益的框架下它要做什么。

在列举这些的时候，我当然明白在世界的各个地方，某些声称为理性行为人的人会强烈反对其中至少一项的价值。比如，有人认为个人自由比所谓的共同利益更有价值。还有人明显地坚持刑罚是为了报复这样的理论。也有人（万幸数目很少但却非常麻烦）认为，**女性**不该受教育。而又有一些人觉得，合法的财富积累不该有最高限额。我对此不发表意见，只是表示希望有这么一天持这些观点的人会发现他们观点的错误，同时，我也要重申我自己的信念，即柏拉图在这所有八点上，方向是绝对正确的。特别是财产理论在我看来很值得考虑，它确实含有让人积极努力改善自身的动力，同时也小心地预防着一个现代的灾难，即少数人越来越富而多数人却趋于贫困。现在让我们来讨论一下这个问题。在新的社会中，将会有机会平等（744b），但在财富积累上却**不**平等。

不过，重要的是，也不允许有赤贫（即完全的贫困），对财富则会规定一个上限。拥有基本的一份数额财产保证了一个相当好的生活，就算在与那些拥有四个数额财产的人相比之下，会被认为是贫困。拥有双份、三份或四份额度的财产对某些人来说，显然会有机会获得更多满足，但就算在最底层，也会有过得去的生活质量。最后，如果有人财富积累超过四个份额，他将依法要把多余的交付给"国家和国家的神灵们"（745a1 - 20）。柏拉图没有详述这一点，不过我们可以设想，上交给国家的一些多余财富首先是用来保持最基本的一份财产额度，以确保没有一个持单个额度的公民感到他生活的基本好质量受到削减。当然，柏拉图足够自信他的体系可以保护所有公民的这一基本的好生活质量，所以他说，要禁止**乞讨**，谁若试图乞讨就会被予以逐出城邦的惩罚，他用使人沮丧的语言说，这是因为，"我们的国土应该完全清除出这样的生物"（736c）。

这个设想下面的原则是"作为公平的正义"之概念,① 约翰·罗尔斯的读者会马上就认出它来。罗尔斯说,一个好的社会,是其中每一个理性行为者都愿意以其最少受益的成员的水平来生活的社会。② 而这显然就是柏拉图所要表达的。事实上,这个概念不仅仅是作为一种理想而是民主的,而且实际上也是民主的,因为它包括了激励每个人积累财富的动机,但这总是在共同利益的总体约束下进行的。

现在让我列出《法律篇》中会引起一个理性行为者想要向柏拉图提出异议的那些思想。

(1) 需要一个最高领袖来**设立**第二好的社会及其法律,而且**他的**统治显然是**无**时间期限的。

(2) 这样一个领导者,以及所有主要的执政角色,如法律的守护者,(显然) 必须是男性。

(3) 需要使用抽签系统来对法律的守护者进行最后一轮的拣选。

(4) 需要国家进行"有益的欺骗行为"。

(5) 认为艺术的首要目的是服务于国家。

(6) 需要利用对仁慈而不朽之神的信仰,作为公民德性的建基。

(7) 需要相信,自然世界在一些重要方面的运行是涉及行为的神圣意志之表达。

(8) 需要就上面几点设立相应的惩罚,比如对同性恋者要剥夺公民权利,并且对顽固的无神论者处以死刑。

(9) 保留奴隶制,作为城邦国家的基础。

表面上看来,柏拉图关于选举所有公职人员的谨慎规章,以及规定任职期限,而且还要审查这些官员**在职**期间的行为,这些看上去足以保障国家。并且,柏拉图在《法律篇》中对给予所有女性和男性教育的认可,显得能够确保有足够的女性和男性来参与国家所有不同职位的选举。就像他自己说的那样:不教育女子也就没有使用社会的一半资源。或是像另外一位领袖后来所说的那样:妇女能顶半边天。但是实践中,

---

① 参见 Mostafa Yousenie. Profile of justice in Plato and Rawls,*Philotheos* 9,2009,pp. 45 - 56。

② John Rawls. *A Theory of Justice* (revised edition),The Belknap Press of Harvard University Press,1999,and *Justice as Fairness. A Re - statement*,Harvard University Press,2001.

虽然他说过在马格奈西亚妇女们在40岁的时候可以被选择"担任公职"（*archas*）（785b），但此处的公职似乎并不包括国家的任何**主要**职位。比如，教育部长的职位，柏拉图将之描述为"国家最重要的高级职位"（765e），其地位相当于"家庭中的**父亲**"。柏拉图在提到法律守护者的时候，都明确地说是"男人"（*andrasi*，755b5）。而他们任期结束时，最重要的监察员也都是"男人"（*andras*，941a1）。而且夜间议事会的成员也显然是男性，因为这是由十个法律护卫者（统统为男性）、一位部长和人数不定的（男性）高级**祭司**①和一些低级成员组成，按规章，后者年龄在30～40岁之间，同样明显的是他们每一个都是男性，因为妇女在40岁之前是不允许担任职位的。剩下的唯一一个公民通过选举可担任的其他主要公职是顾问会（Advisory Council）。我们不能确定柏拉图是否意图让妇女成为其中的一部分，但很难让我们觉得有可能如此，因为那些最后合并使用抽签系统来选举其**成员**的人又是"男人"（*andra*，756e4）。如果再加上在马格奈西亚只有男性才有权拥有财产，而妇女仍然是要让男性亲属来安排她们的婚姻，那么看上去在马格奈西亚，与当时的雅典相反，女性几乎没有可能被赋予**公民地位**（814c4），虽然有些人认为柏拉图在这么说。②如果在第二好社会中对于妇女有任何政治上的突破，那也远远是在男性公民所享受的（政治权利）水平线下的。③

在《法律篇》中重点强调了高效率这个美德（在《国家篇》中亦

---

① 在《美诺篇》81a10中，柏拉图清楚地区分了男性祭司（priests）和女性祭司（priestesses）；"priest"不是一个可以覆盖这两种人的普通名词。也参见《法律篇》800b1，828b4，909d9；《斐德罗篇》244b1；《国家篇》461a7。在马格奈西亚，男性和女性祭司是按抽签选举的（759c），必须超过六十岁，并担任一年的职务。

② 在区分"城邦女成员"（*polidites*）和"公民"（citizens）时，柏拉图是在区分"住在城邦里的自由女性"和"公民"——公民是自由的，并且拥有**完整公民权之所有权利的男性**。参见的索福克勒斯的《埃莱克特拉》（S. *El.* 1227和 E. *El.* 1335），那儿没人会从"*polidites*"（前面译为"城邦女成员"）这个词中推论出所涉及的妇女拥有公民的特权，甚至还出于同志情谊还互相称作为"*polidites*"。

③ 虽然多处提到"男人"，这可能只是柏拉图不小心罢了，但这个说法显得并不可靠，因为有多种例子表明高级职位上是男人而且只有男人。在我看来，一个更加可靠的解释是女人的"获得职务"（785b5）指的就是她们参与"公众服务"，却没有专门说明这样的服务涉及哪些范围。一个例子比如说是在获选之后，担任马格奈西亚的婚姻委员会中的"女性监督"。但这和仅仅向男子开放的**重要**职位是不可相比的。

然），所以在许多人的眼里，柏拉图在顾问会的最后一轮选举中使用抽签制，似乎适得其反。他支持这个做法的论据是这会让马格奈西亚那些倾向民主的人高兴，他们会把这（就像当时的雅典那样）看作是一种健康的防护，可以防止一个自诩为"自然的"统治阶级的崛起。但是，这也是要付出代价的，那就是，在总是出席顾问会的人中，总有一部分成员，哪怕再有才能，哪怕代表了再广泛的平民意志（毕竟他们是通过标准的选举程序进入到最后一轮的），作为这个机构的成员而言，其才能可能也比不上很多在最后时刻目睹自己因抽签而丧失同样合法的候选资格的人。表面看来，这似乎差不多是保证了总有一部分很有才能的公民针对这个制度对他们的待遇会有持续的愤怒和反感情绪，也保证了可能会出现（那种）虽不反对但也不支持各部分之整体和谐的事情，而后者在柏拉图看来，是一个好社会的本质特征。

至于那些所谓的国家之"有益的欺骗行动"，《法律篇》中与此有关的问题与在《国家篇》中是一样的：高尚的目的，即共同利益，是否可以使得那种在很多人看来是把国家的公民当作不成熟的孩童对待的手段具有合法性呢，就算用意是好的？大多数人会继续说不，而且要求柏拉图笔下的统治者以他自己要求年轻人对待年长者的同等尊重（*aidos*）来对待被统治者。这种尊重无疑会在某些情况下（比如当一个正义战争形势不妙的时候）可以容忍对某些讨厌的真相**隐瞒**一段时间，或是（在同样的战争情况下）用积极的行动来欺骗**敌人**。但很少有人愿意向柏拉图妥协，认为会有一种情况允许一个国家来欺骗它**自己的人民**，使得他们以为那国家明知是假的东西为真。

但无疑柏拉图会回应说，确有这样的情况，也就是，当把国家明知只不过是故事的东西当作真相讲给公民有助于**国家利益**的时候。这也就是为什么他在《法律篇》中小心地谈论"**有益**"（*beneficial*）的欺骗行动。这是他论述的核心，我们必须就此与他讨论，主要因为这对他政治理论中的其他东西有着重要意义。

这主要看我们是否同意柏拉图用来描述国家或个人之美德的一个基本的比喻，这个比喻就是把两者的德性喻为**健康**（*health*）（或有效运作),而把两者的恶性(the vice)喻为**病态**(*ill*-health)(或是无效运作)。① 如果我们了解这个比喻的好处,特别是如果我们接受希腊人关于健康的看法,即把健康看作一个有机体各部分间的功能性平衡,那么,我们很可能会接受他的看法,即有德性的行为不言而喻就是有益的。(毕竟,除了精神错乱的人,谁会宁可选择**病态**而不要健康呢?)但是,如果这样一个人正主动采纳的信念和做出的选择妨碍他自己德性以及更广泛的国家德性——**如果他知道这一点**,他就是在不知不觉地选择他自己和国家的**病态**,而不是健康。所以,这个像医生一样的国家就需要一个纠正程序,即使病人不知道他生病了或趋向于生病。任何程序,不管多激烈或是多怪异,只要是达到了(或恢复了)病人的健康,就可以被接受。柏拉图提出,这样一种程序,就是讲述一个神圣棋手(a Divine Chess-Player)的故事。

但也有充分的理由来怀疑柏拉图这个比喻的恰当性,它建立在一种显得过于封闭性的对德性的理解之上。如果用我们**与其他人之间的关系**比用我们灵魂各部分的平衡来描述德性更好的话,用健康的比喻(在希腊人的理解中健康是一个有机体内在各部分间的平衡)来描述德性就马上会被视为误入歧途。同样,假定可以接受所有对获得这样的健康必需的手段,这样的讨论也会被视为无稽之谈。在某种情况下,对"治疗性欺骗"的使用,比如关于一个神圣棋手的故事,对柏拉图来说就是这样一种手段;但是,就像任何一个这样的"有益的欺骗"一样,这个手段如同支持它的比喻一样,是不恰当的。

讨论艺术的时候,同样的情况以相反的方式发生。这时,我们考虑的出于医疗的目的而**隐瞒真相**,这些真相可能会带来灵魂上的,以及更重要的会扩展为社会上的疾病。比如这个真相:恶人往往会获得成功,并在临死时还对其丑恶行径心满意足。但柏拉图声称,相信这些东西,以《国家篇》中的一个著名短语来说,就是相信"灵魂中的谎言"。并且,**这**是最为严重的疾病,即在人进行思维的自我(*logistikon*)之中的疾病。这样,在美好城邦或马格奈西亚中,都不允许在戏剧或诗歌中描绘一个坏人善终。而且还要教授这样的幸福定义,即幸福是灵魂的一种

---

① 关于在《法律篇》中他称作为"医学刑罚学"(medical penology)的详细讨论,请见 Trevor Saunders. *Plato's Penal Code*, Harvard University Press, 1991, pp. 139-211。

偕同德性共进的状态；在"幸福"（happy）一词的传统意义上，坏人看上去是"幸福"的，但在这个词的真实和柏拉图主义的意义上，他不是**真正的**幸福，实际上，他是所有人当中最不幸的一个，因为他整个灵魂都病了，还不自知。哪个理智的人会选择病态而不是健康呢？如此等等。

但是，这个思想也是非常有问题的。正如一个误导性比喻是柏拉图对德性定义背后的驱动力，也是他所谓的有时需要医疗性谎言背后的驱动力一样，这个同样的比喻现在是他对幸福（happiness，*eudaimonia*）定义背后的驱动力。这个幸福定义是以**有机体**（*organism*）的状态，而非以某种**情感**（*feeling*）来界定的，并且假定需要有时出于医疗的目的而压制真相。然而，在每一个例子中，柏拉图的目标通过使用私人语言而达到了，这种语言是如此私人，以至于他会最后否认**觉得**幸福是声称某人**是**幸福的充足理由，并且，期待**任何**一个人（除了他在《国家篇》和《法律篇》中精心挑选出来的对话伙伴）都就此相信他。

最后，我们来看柏拉图认为要整个国家昌盛所有公民都必须相信的东西的第三个例子。这时，我们讨论的不是医疗性的谎言，或医疗性的对真相的隐瞒，而是（放弃一切比喻）柏拉图确信为真的一组断言，但实际上，这些断言很有可能不是真的。我指的是这些断言：存在着关心我们且不会败坏的神灵；他们的存在可以通过天文观测和从中合理推导得以证明；他们通过自然的运作，即生殖，所给予我们的信息，在性行为这个领域，是正确行为的基础。

这些断言的基础是对宇宙中理性灵魂之临在的论述，柏拉图把这个灵魂与神相等同。然而这个论述表明他设想大宇宙中的圆周运动展现那里的理性之临在。但是，他充满信心来确立这一点时所用的证据却是毫无根据的；不幸的是，他在天空中所见到的圆周运动都不是圆形的，而是椭圆形的。至于他确信一个假定存在的非物质性的对象（灵魂）可以推动一个物质性的对象，很少有哲学家会同意这个观点，我对此报以理解。

当然，如果柏拉图只是在阐述他关于神学的私人观点的话，这一切都不太重要。但是，如同我们见到的那样，对无神论者和同性恋者来说，这一切的后果是灾难性的。

我并未评论柏拉图一直持有的一个信念，即需要奴隶阶层作为基础来支撑他心目中的最正义的社会，只是赞同他同代人智者阿尔西达马斯的突破，他提出，对思维健全的人来说，这是无法忍受的。

　　为了清楚陈述我的观点，我花了更多篇幅来论述我认为柏拉图思想中有问题的（更别说有时是令人震惊的）那些内容，而不是论述我觉得明显正确和值得赞赏的那些观点。我们看到，在这些内容中，有对普遍教育的需要、对担任公职者进行问责的需要、对纠正型而不是报复型刑罚的需要。如果我们可以把两组思想，值得赞扬的和有问题的，放到一起，并用一个名字来称谓已经阐述过的那些内容，我们或许会希望把这一整套描述成"大棒"（big stick）模式民主的一个简朴版本。其中，我们会认为下列要素是民主生活核心几个主要特征，比如全民教育、自由和公平的选举、公职的有限任期、在职行为的问责等等，都显著地是这样。虽然其中也有不少东西不是现代很多有思想的人愿意看到其实现的，我最后要强调的是，这些观念实际上已经成为那些自称为民主主义者的人们普遍意识中的一部分了。还有一些观念我认为应该成为这一普遍意识的一部分——财富积累的额度思想（我把它与罗尔斯的观点相提并论），以及所有法律要有易懂的序文。尽管这些观念伴随着一些有害的思想，但如果要追索民主理想的最佳示例，它们仍然是一个主要的贡献。

思辨与实践：解读西方哲学的重要进路

黄颂杰[*]

引言：为什么要从思辨与实践的角度解读西方哲学

长期以来我们满足于用唯物与唯心的斗争来解读西方哲学乃至一切哲学。唯物论与唯心论确实存在于西方哲学演化之中，尤其是在本体论和知识论的形而上学之中。柏拉图在《智者篇》（246b–c）中提到巨人与诸神的存在问题之争，一方把存在定义为有形体的东西，一方坚持存在为理性的无形体的东西，这里就蕴含着唯物与唯心的问题。但是，20世纪50年代我们从唯物论和唯心论来解读西方哲学史，主要是搬用苏联的，存在着一种简单化的倾向。把唯物论和唯心论直接地等同于阶级斗争、政治斗争，联结于革命与反革命、先进与反动的政治链条，一部哲学史就变成了两军对战的历史，形成一种贴标签、简单化的理解方式。20世纪80年代以来，上述状况逐步被消解。然而，消解了错误的东西并不等于建立了正确理解的进路。

西方哲学史，博大精深、历史悠久，我们应该全方位、多视角、多进路（Approach）去解读，才能有比较好的、完整的理解。除了从思辨与实践的角度，还可以从其他角度来切入，譬如俞吾金先生在《复旦学报》上发表过从相对和绝对的角度来理解西方哲学的文章。我们还可以从感性和理性、一和多、一般和个别等多种角度来进行理解。在当代，思辨哲学遭受严厉批判而实践哲学蓬勃兴起，越来越引起广泛关注，从思辨与实践的维度审视和解读西方哲学尤为重要。但是，究竟何

---

[*] 作者简介：黄颂杰，复旦大学哲学学院教授，博士生导师。

谓实践哲学？何谓思辨哲学？思辨哲学为什么遭到批判？实践哲学是否是西方哲学的出路？实践哲学是否将取代思辨哲学？学者们的理解并不一致，也没有深入展开讨论。为此，本文试图以史论结合的方式考察西方哲学史上思辨与实践这条进路的基本框架，辨明思辨与实践、思辨哲学与实践哲学之分，阐明从思辨与实践的维度解读西方哲学的道理，希望能对西方哲学的历史和未来有更好的理解和展望。

"思辨"，希腊词 *theoria*，意指心灵中关于实在的影像，来自希腊词 *theorein* 和 *theasthai*，前者意为"沉思"或"思辨"（contemplation or speculation），后者意为"注视"，给予沉思以视觉上的联系。"实践"，希腊词 *praxis*，意指行动或行为（action）。从词源上看，思辨的东西与理论的东西是一致的，而与实践的和经验的东西相对。① 因此，思辨和实践在某种意义上也可以说是理论和实践。

一、西方哲学的缘起：本原的求索

西方哲学缘起于对本原的求索，这种说法来自亚里士多德。在《形而上学》第一卷中，亚里士多德提出自己影响至今的哲学观：首先，哲学起源于惊异（或好奇，wonder）。他认为，人们是由于惊异（好奇）而开始哲学探讨的，起先是对身边各种困惑感到奇怪，继而逐步推进，对诸如日月星辰的变化和万物的生成等重大事情发生疑问。其次，哲学是一种"自由"的学说。哲学不为任何功利，不是迎合某种需要，是为学问而学问，因此是一种"自主"的学说。上述两点对西方学者影响很大。

早期希腊哲人对本原的追求是从认知出发的，包含着从纷繁变化、复杂多样之中寻求统一性、共同性（多与一）的形而上的意义，蕴含着对普遍性知识的追求。他们关于本原的求索所形成的看法（水、火、气、根、种子、元素等等）是思辨性的，所以，后人常把他们想象为仰望星空、沉思冥想的形而上学家，但他们的哲学思想还不足以称为思辨的或理论的哲学，因为他们还没有形成明确的进路和系统的理论，只

---

① 参见［英］尼古拉斯·布宁、余纪元编著：《西方哲学英汉对照辞典》，人民出版社2001年版，第791页条目"实践"，第947页条目"思辨哲学"，第993页条目"思辨"。

是凭借直观做出论断和猜测。

前苏格拉底哲学家中最值得关注的是巴门尼德。他把运动的世界和生灭变化的万物归为"非存在",否定其真实性。他要人们超越可感觉的变化无常的现象世界,用思想去认识变动后面的不变的真实的"存在",明确地把"存在"与"非存在"看作真实与非真实的对立,以及思想和感觉、真理和意见的对立。这种划分和对立对于理解西方哲学非常重要,因为它是西方哲学思辨之路的起点。他还在哲学史上开创了一种逻辑论证的方法,即通过逻辑推理来论证自己的观点,具有思辨色彩。黑格尔因此把巴门尼德看作西方哲学的真正的开创者。但是,巴门尼德的学说还有着浓厚的宗教神话色彩,常常借女神之口论述他的主张,就像黑格尔所说,哲学的"这个起始还朦胧不明确"[1]。真正引发思辨哲学之创建的是苏格拉底所提出的充满着实践意义的社会问题。

二、思辨与实践的交汇——苏格拉底与柏拉图的哲学

学术界通常认为,思辨哲学是西方哲学的传统,柏拉图是这种哲学传统的奠基者、典型代表。这种观点并不错。需要澄清的是:柏拉图创建的哲学并非纯粹的思辨哲学,而是思辨与实践交融的哲学,但其主要方面或者说其最后的走向是思辨的。

柏拉图和苏格拉底是直接的师承关系,他们的问题域和思路是一致的。苏格拉底的问题域非常清楚,就是要解救希腊城邦内争外患、民不聊生的政治危机。如何解救?进行道德教育。为什么?因为他认为,希腊城邦的动乱、战争等等,原因在于希腊人的灵魂出了问题。他批评雅典人"只专注于竭力获取大量钱财和声誉,却不关心思考真理、理智和完善你的灵魂"[2]。如何进行道德教育?苏格拉底认为,真正的德性应该是具有普遍性的知识。这里就提出了一个关键性、根本性的问题,即追求普遍性。如何求普遍性?就要诉诸理性,而非感觉。所以,苏格拉底非常反对智者派的思想,指出他们的理解都是感性的、肤浅的、包

---

[1] 黑格尔:《哲学史讲演录》第一卷,商务印书馆1959年版,第267页。
[2] 柏拉图:《申辩篇》29D-E,参见《柏拉图全集》第一卷,第18页。

含各种矛盾的。苏格拉底惯于采用问答法，通过诘难，使人们原来已经接受了的一般观念与具体事例发生紊乱、矛盾，以证明原有观念的错误，并力图从具体的事例中引申出普遍的原则来，这就是所谓的精神"接生术"。

柏拉图一方面继承了苏格拉底的问题域，即解救希腊城邦政治危机；另一方面也继承了通过理性求普遍性知识这条路，甚至也继承了问答诘难的精神接生术。但柏拉图并不局限于追求道德的普遍性知识，更要追求宇宙万物的普遍性知识，这就是所谓"理念"（idea, *eidos*）。"理念"既非存在于头脑中，也非存在于具体事物之中，而是自成一个世界，是永恒不动的。因此，柏拉图像巴门尼德一样，明确提出了两个世界的划分。这两个世界的划分，构成了思辨哲学最根本的基础。哲学所要研究的就是超感知的世界，因为通过感官获得的对变动不安的可感事物的认识不真实、不可靠，只不过是意见，凭借理智/理性得到的对理念的认识才是真实可靠的知识，因此，超越感知世界去追求超感知世界才是哲学。

在《理想国》中柏拉图提出了理念论哲学的基本框架、内容和观点。简单来说，《理想国》从城邦正义着手，进而转入个人灵魂正义，因为在柏拉图看来城邦正义根植于个人灵魂正义。通观全书，各卷都围绕正义问题展开，而每卷又都离不开灵魂说。柏拉图将灵魂视为复合体，包括理智、激情和欲望三个部分。灵魂三分说在西方思想文化史上具有经典性，是诸多学说的理论基础之一。[①] 我们甚至可以说，灵魂论是柏拉图哲学的诞生地和秘密。灵魂三分（智、情、意）对应于城邦里的三个等级（统治者、护卫者和生产者），进而对应三种德性（智慧、勇敢、节制）。人的灵魂的三个部分彼此协调、各司其职，就是正义；城邦的三个等级各司其职，也是正义。那么如何实现个人的灵魂正义呢？柏拉图在这里就转入对统治者和护卫者的教育问题，其中包括知识的学习和实践的锻炼等等。相对于当时流行于希腊的智者教育和传统教育，他所提出的教育培训制度是全新的，其教育理念的实质在于通过

---

① 柏拉图在《理想国》之后的《斐德罗》（《斐德罗篇》246A－B, 253B－255A）中，还对灵魂三分说作了一个十分生动的灵魂马车的比喻近代以来关于人的心理功能的智、情、意三分说，其渊源就在灵魂三分说。

层层递进的教育，让理性掌控人的行动，达到灵魂的正义，进而将德才兼备的人选拔出来，以确保城邦的正义。柏拉图之所以主张要让真正的哲学家成为城邦之王，执掌城邦统治权，就是因为这样的哲学家精通理念论，实现了灵魂的转向，堪称理性的化身，能使城邦走上正义之路。因此，哲学、教育、伦理、政治，在柏拉图的思想体系中是一体的，可以说是西式的修身齐家治国平天下。因此，教育是柏拉图将思辨（理论）与实践（政治、伦理）相结合的纽带、手段和路径，值得作为我们研究思辨哲学与实践哲学的一个案例。遗憾的是，国内学界还没有把柏拉图的教育哲学与他的政治哲学放在同样的高度来认识，没有对两者的相互关联加以研究。

柏拉图在《理想国》中提出的理念论的基调是两个世界（可感世界和可知世界/理念世界）的划分，以及相应的两种认识（意见和知识）和两种认识能力（感觉和理智/理性）的区分；更重要的是主张可感世界是不真实的，理念世界才是真实的，柏拉图的"线喻"和"洞喻"形象生动而又意味深长地展现了理念论的这一基调。① 但是，理念论割裂了个别、特殊与一般、普遍，或者说把一般、普遍从个别事物之中分离出来，变成独立的实体，凌驾于个别事物之上，这就不可能解决理念与具体事物之间的关系。这个问题包括两方面：一是理念与个别事物之间的关系（分离问题），二是理念与理念之间的关系（结合问题）。在《巴门尼德篇》中，柏拉图对理念论的困境和问题进行了自我批判，并认为要解决理念和具体事物之间的关系，必须首先解决理念之间的相互关系，这才是哲学研究要做的事。

为了解决理念之间的结合问题，柏拉图又提出了"通种说"，也就是关于最普遍的理念之间或者说最普遍的范畴之间能否和如何结合的学说。他提出了三对六个通种："存在（是）"和"非存在（非是）"，"动"和"静"，"同"和"异"。② 通种论超越了可见世界和感觉经验的层面，通过抽象的理性思维，进行逻辑的论证和分析，是纯概念的演绎推论。这三对六个"通种"最具普遍性，成为西方哲学史上最重要

---

① 柏拉图：《国家篇》477A—478E，《国家篇》514A—518E。
② 柏拉图：《智者篇》254 D—256 C，257B—258C，258B—C，256D—259A，259 A—B。

最基本的范畴。通种论为本体论奠定了基础，创立了范式，是西方本体论的典型。通种论又是辩证思维的运用和表现，在逻辑论证和分析中，在概念的演绎推论中，都贯穿着辩证法。柏拉图的本体论和辩证法的结合推进了思辨哲学的发展。

柏拉图的理念论无疑是思辨形而上学，但他在引导人们超越感性世界追求形而上的存在的原理和真理的同时，又引导人们投身于现实的社会政治。他所建构的思辨哲学体系包容了大量的实践哲学内容，理念论和伦理道德、社会政治理论是交融在一起的。譬如，柏拉图伦理道德和社会政治理论的核心是正义论，而正义论兼具思辨的和实践的层面，或者说涉及形而上和形而下两方面。一方面，正义根植于人的内在的灵魂，是理性居统治地位的灵魂的一种健康、美好的状态，正义是人的内在的德性，是合乎天性（自然），即合乎人的本性的。另一方面，正义也是外在的实践、行为，是要去做的事。通过实践、做，导致美德，"实践做好事能养成美德，实践做丑事能养成邪恶"[①]。在伦理道德和社会政治领域里，柏拉图是很重视实践的，在他看来，一个城邦国家的正义、德性，不是从人的灵魂的正义、德性之中推论出来的，是要通过城邦公民的行为实践来达到的；而一个人的正义、德性也不是现成地存在于灵魂之中的，也是要通过实践、行为去做到的。可以说苏格拉底和柏拉图在思辨和实践交汇的地方创立了西方哲学。

三、思辨与实践的划界及神学归宿——亚里士多德哲学

亚里士多德直接师承柏拉图，但其哲学并不起于挽救希腊城邦危机。身为帝师的亚里士多德虽然不能置身于政治之外，但他更多的是从事科学研究，他注重对自然的观察记录，收集证据，尤其是对动物学有浓厚兴趣并做了大量实验，通过对经验事实的分析得出理论结论。这一点使他的哲学与柏拉图的哲学有很大的分歧，并形成了其学术思想的独特个性。

亚里士多德是传统的西方哲学和思维方式的奠基者，也是第一个明

---

① 柏拉图：《国家篇》444E。

确地区分思辨与实践、思辨之学与实践之学的哲学家。他把思辨知识和实践知识看作两种性质不同的知识,两种不同类别的知识。① "理论(思辨)知识以求真为目的,实践知识以行动为目的。"② 理论知识的"求真"是指它"应该揭示是其所是(存在之为存在)和定义是如何存在的",③ 即它关乎事物的定义和本质;换句话说,理论知识的本原在于"是(存在)"本身以及认识和"是"是否相一致的问题,它的原因和原理存在于对象之中。所以,理论知识涉及的是真或假的问题,不造成善与恶的问题。与此相对,实践知识关乎人的行为活动,它的本原在实践者之中,即实践者的意志(意图)和选择,实践者要做的事(意图的对象)与他所做的事(意图的完成、结果)是同一的。④ 实践知识与实践者的选择相关,选择是一种经过思考的欲望,选择是否确当,这里有善与恶的问题。⑤ 所以,实践知识和理论知识两者目的不同,真理性也不同,理论知识的真理性是永恒的,因为它只和"是(存在)"本身相关,而实践知识的真理性则是相对的,即有时间性的,因为实践思考的真理要和正确的欲望相一致。⑥

亚里士多德指出,我们探索事物,探究"为什么",就是"在寻求原因,抽象地讲,也就是询问其本质"⑦。事物的生成无论是由于自然,或由于人工,都涉及形式与质料。亚氏明确地把形式看作事物的本质,质料则排除在本质之外。他把事物的生成过程区分为"思想"和"制作"两部分。从起点和形式进行的过程是思想,从思想的最后一步进行的过程是制作。形式即本质以及质、量等等要通过认识活动才能达到,是认知的结果,思想的成果,存在于制作者的灵魂之中。要进行制作就必须先认知、思想,必须先运用理性获得对事物的本质的认识,由制作者把它置于质料之中。这种看法对于推动科学研究和科学发展产生了巨大的影响,同时也把西方哲学引向重认识、重理性、重思辨、重理

---

① 亚里士多德:《形而上学》第六卷第1章,1025 b26—27。
② 亚里士多德:《形而上学》第二卷第1章,993 b19—25。
③ 亚里士多德:《形而上学》第六卷第1章,1025 b30。
④ 亚里士多德:《形而上学》第六卷第1章,1025 b21—25。
⑤ 亚里士多德:《尼各马科伦理学》第六卷第2章,1139 a24—29。
⑥ 亚里士多德:《尼各马科伦理学》,1139 a30。
⑦ 亚里士多德:《形而上学》第七卷第17章,1041a6—31。

论的路向。

形式质料说又和潜能现实说密切相关。亚里士多德认为，只有循着"一方面是潜在的质料，一方面是现实的形状或形式"这样的思路才能解释事物的生成问题。在生成的事物中把潜能变为现实的原因是制作者（动因），也是它们的本质。动因和本质因被亚氏结合起来，即形式。事物的生成就是从潜能到现实的过程。① 一切生成的事物都趋向本原即趋向目的，本原就是事物所为的东西，生成就是为了目的，而现实就是其目的，潜能正是为着达到这个目的。质料潜在地存在，当它现实地存在时已进入形式中。这道理适用于一切事例。"因为活动（ergon, action）就是目的，而现实就是活动；'现实'（energeia, actuality）这个词由活动衍生而来，并引向完全实现（隐德来希，entelecheia，即达到目的）。"② 从目的论来论述潜能和现实必然导致终极在先的第一推动者。"总是有一个第一推动者，这个推动者已经现实地存在着。"③

亚里士多德的第一哲学本来是关于是（存在）的理论，即求宇宙万物作为整体是其所是（存在）的道理。他认为，一事物被称为"存在"或"是"有多种意义：实体，数量，性质，关系，位置，时间，状况（姿势），属有，动作（主动），承受（被动）。④ 其中"实体"居首位，因为实体就是表示事物"是什么"或"这个"的。⑤ 正是由于实体这个范畴之为"是"，其他范畴才得以为"是"，所以，原初的单纯意义上的"是"必然是实体。⑥ 实体在定义、认识次序和时间上都是初始的（在先，第一）。这种以实体为核心的研究也就是亚氏的"是论"或"存在论"，后人称之为 ontology。在亚里士多德看来，从多重意义多种角度展现的实体可以是可感的生灭动变的（个别事物），也可以是可感而永恒运动的（天体），更可以是非感性的永恒不动的，也就是不被推动而能推动他者的第一推动者，是神。这样，本体论和神论就

---

① 亚里士多德：《形而上学》第九卷第 8 章，1049 b19—1050 a3。
② 亚里士多德：《形而上学》第九卷第 8 章，1050 a4—24。
③ 亚里士多德：《形而上学》，1049 b25—26。
④ 亚里士多德：《范畴篇》第 4 章，1b 25—2 a4，《论题篇》第一卷第 9 章。
⑤ 亚里士多德：《形而上学》，1028 a11—15，《范畴篇》第 4 章，1b25—2a4，《论题篇》第一卷第 9 章。
⑥ 亚里士多德：《形而上学》第七卷第 1 章，1028 a11—31。

在亚氏第一哲学（形而上学）中相通相融，既为科学也为神学开辟了通道。亚里士多德提出实体（ousia）这个概念本来是想走出柏拉图"理念论"的困境，克服柏拉图把事物世界与理念世界截然分割和对立的观点，但其归宿却与柏拉图走到了一起，并强化了柏拉图主义。

在长达2000年之久的西方哲学史上，实体、本质和本质主义虽然也不断地遭到怀疑和挑战，但终究还是占据着主导地位，并且形成坚韧牢固的思维方式，引导人们不断地求原因、求本质、求基础、求终极、求绝对。这种形而上的追求一方面促进了数学、自然科学以及西方文化和社会的发展，另一方面也造就了牢固的基督教的信仰和浓厚的宗教氛围。

四、思辨和实践的再划界及神学的道德归宿——康德哲学的现代变革

康德是西方哲学史上一位承上启下的关键性人物，他对西方哲学2000多年在本体论、认识论、道德论等方面的成就和局限进行了梳理和分析，进行了变革，为哲学指出了新的发展方向和思路。

康德的哲学变革是始于对理性本身的批判考察，通常称为"批判哲学"。在他看来，理性不仅是认识的能力和活动，而且也是实践的能力和活动，因此，他明确地把理性的功能和活动划分为认识和实践两个领域，提出理论理性（思辨理性）和实践理性之分。在认识领域理性作为思辨能力，以先天的知性范畴规整感性材料，构造知识，是为科学，同时也构造认知对象，为自然界立法，在自然领域建构起因果关联的必然王国；在实践领域，理性以自身具有的先天道德律规范人的行动，告诉人"应当"怎样做，达到善的目的，这是道德，是实践理性（意志）为人自己立法，也是向社会颁布规律，在实践领域建构起自由王国。

康德把人的理性置于首位，使之在认识活动和实践活动中处于积极主动地位，占据主导方面，其实是把主体、自我的能动作用和创造作用提到了新的高度，学术界因此称其为主体性哲学。康德还力图除去主体或自我的个体心理成分，使之超越个体心理，而代之以先验性，把主体性引向先验主义。认识的主体、意识具有独立于经验的先天的认识形

式，不同的认识能力或功能具有不同的先天的认识形式，这些形式具有普遍性必然性；正是由于这些先天形式，经验才成为认识的对象，才能构成具有普遍性必然性的数学和自然科学知识，所以认识的主体、意识是先验的主体、先验的意识。因此，心灵或自我不是心理实体，不是作为认识对象、经验对象而存在的，而是作为在知识和知识对象、经验和经验对象的建构活动中体现为一种能动的综合统一作用而存在的。但是，人类理性的自然倾向又总是想把"自我"或"心灵"当作对象，想知道个究竟，实际上这是人心中的先验的"幻相"。同样，人类理性也不满足于部分的、有条件的、有限制的经验对象，总要去追求完整的、无条件的、不受限制的绝对总体（整体）的"宇宙"，也就是理性企图超越经验、现象去认识自在之物的世界、本体的世界，这是人心中的另一类"先验幻相"；至于神或上帝，康德称之为纯粹理性的"先验理想"，即理性因自然倾向而去追求一切能被思维的对象的绝对统一，或者说追求"一切存在的存在"、"原始存在者"、"最高存在者"，但这个先验理想的对象只是概念意义上的最高实在，并不是客观的经验的实在，即同样也是理性的主观的思维的产物。

康德"批判哲学"立足于先验主义，凭借先验的认识形式和先验的道德律，一方面使得认识领域内科学知识得以可能，另一方面使得实践领域内道德成为可能，认识形式和道德律虽然各不相同，但都是理性本身所固有的。理性的认识功能和实践功能说到底就是向自然和社会颁布规律，人也就成了自然和社会的立法者。传统本体论所追求的最高实体、最终原因、终极存在都与灵魂、宇宙、上帝相关，而这三者是由于理性追求绝对的统一这种自然本性所产生的人的主观的思维之物，是先验的幻相，不是知识的对象，不属于人类认识范围，不是理论理性的功能所达到的领域，因此，本体论不是认知的问题，不能通过求知的途径来解决，而应是实践理性的对象，是实践领域的问题。因为意志自由、灵魂不朽、上帝存在虽然在认识领域内是"先验幻相"，但在实践领域内却是"实践理性的假定"，即是为了达到德性与幸福的统一（至善）人在实践、行动中所拥有的信仰或信念，这不是一般的经验的信仰而是"先验信仰"，即先验的幻相转变为先验的信仰。这样，康德就把传统本体论所要解决的问题从认识领域转向实践领域，从认识、求知转变为实践、行动，也就是引向为文明社会的人寻求如何行动的基础和根据。

这无疑为本体论乃至西方哲学的发展开辟了新的思路，本体论在康德哲学中得到了新的理解和解释。因此，康德在哲学上的变革分为两个方面：一是认识论上的"哥白尼变革"，指从传统的认识是主体符合客体，转变为客体符合主体；二是本体论上的，将传统哲学所追求的最终目标从认知领域转变为实践领域。

康德哲学无疑是西方哲学演进中的重大变革，但也有以下两大缺陷和不足：第一，康德所谓的实践主要指道德和宗教，这样理解的实践显然是十分片面和有局限性的；第二，康德对理性的批判实际上是划界和制定规则，其划界做得很出色，但是他把辩证法称为不合理的虚假推论，是"假象的逻辑"或"辩证的假象"，把对立的两面截然分割，互不逾越，不懂得对立的统一，因此，笛卡儿以来关于思维与存在、主体与客体的二元论观点所造成的困境并未被康德真正彻底解决。

五、思辨与实践的思辨式统一——黑格尔哲学

如上所述，康德通过对理性的批判考察划定了许多界限，黑格尔却反其道而行之，他处处都把分离的两面、对立的两端统一或同一起来，关键在于黑格尔把辩证法看作内在于思维规定之中的，而不是外加给思维的。康德看到了思维、理性在认识中的矛盾，从而揭示了以追求终极性为目标、以求知为导向的传统哲学的困境，他走到辩证思维的门口停住了，他看到了矛盾、对立，但不理解矛盾的统一、对立的统一，据此论证理性的限度，把矛盾、对立的双方划分为两个不同领域。黑格尔则运用辩证思维，不仅看到了理性、思维的矛盾，而且看到了事物的矛盾，把矛盾看作宇宙万物的真正内容和本质，看作事物及对事物认识的根本原则；他还看到了矛盾的统一，肯定了矛盾规律、对立统一规律的普遍性。因此，黑格尔把康德所留下的道道鸿沟都填平了，知性与理性、有限与无限、现象与本体、理论与实践都是辩证的统一。

黑格尔不反对康德对自我、主体的能动作用的发挥，但批评康德将这种能动作用看作主观的活动，他强调意识的能动作用是客观活动，即是"绝对精神"、"绝对理念"的活动。黑格尔的绝对精神（理念）是一种客观独立存在的宇宙精神，它是先于宇宙万物的永恒的实在，又是宇宙万物的内在本质和核心，万物只是它的外在表现。黑格尔强调，

"实体就是主体",绝对精神作为独立实体,既是客体又是主体,他试图以此改变主客体二元分立的思维模式;他又强调,绝对精神作为宇宙实体自身包含着矛盾,包含着否定性,因此它自己设定自己,自己实现自己,即"建立自身的运动"。所谓绝对精神的运动就是一系列纯粹概念(范畴)的逻辑推演,它们构成一个严密完整的体系。这个概念体系是现实存在的理由和基础,是(逻辑上)先于事物的,它们体现了宇宙万物的精神实质,既体现自然界和人类社会出现之前的演化,也体现自然界和人类社会的演化。黑格尔认为,精神或理念经过漫长的辩证运动不断丰富自身,最后在他自己的哲学中返回自身,达到自觉;他的体系是最丰富最具体最发展的哲学,它不仅吸取了以往哲学的成果,而且囊括了一切知识领域,把握了绝对无限的最高存在,达到了绝对真理。这就是说,在黑格尔看来,自古以来哲学家们孜孜以求的终极存在、终极真理已在他的体系中得以实现,传统本体论和认识论的基本问题都得到了圆满解决。

黑格尔对二元论的克服实际上是西方理性主义、实体主义发展到极端的表现。在他看来,人类理性的力量是无穷无限的,完全可以达到传统哲学所追求的终极的绝对的目标,本体论在他那里又成了对最高最终的存在和知识、真理的追求,这一目标仍属人类认识范围,而且在他的体系中得以实现。因此,从哲学体系、哲学形态上讲,黑格尔哲学把传统带向了高峰。从这个角度看,黑格尔哲学成了康德哲学转向的"逆转",即把西方哲学重新引向老路,是传统形而上学的"复辟"。那么,黑格尔哲学究竟是阻止还是推进了康德的哲学转向?在我看来,就黑格尔哲学的整个体系而言,他是在恢复和发展柏拉图主义传统,谈不上转向;而就黑格尔哲学的组成部分而言,已有许多地方突破了传统,尤其是黑格尔的辩证法,虽然在许多方面被用来批判康德哲学,实际上是在推动哲学转向。

辩证法应是推进哲学转向解决西方哲学危机、困境的锐利武器,但黑格尔未能做到这一点,因为他的辩证法与他的体系是内在地联结在一起的,而两者的结合是在逻辑层面上进行的,也就是逻辑学,表现为一系列概念范畴(体现理性实体"绝对精神")的辩证运动,只求逻辑上的圆满完成,而正是这体系的圆满性封死了他的辩证法,也使其本体论和逻辑学失去了生命力。人们在厌恶抽象的思辨的概念推演,反对黑格尔的本体论、逻辑学的时候，往往会将辩证法一起予以否定。许多现当代西方哲学家便是如此，他们对辩证法的意义和价值缺乏正确的认识和估价。而马克思在批判黑格尔哲学的同时吸取和改造了黑格尔的辩证法，这是他能在哲学上进行革命性变革的重要原因之一。除了上述辩证法之外，我们也要重视黑格尔的法哲学、政治哲学、道德哲学、历史哲学、艺术哲学、宗教哲学等等，虽然这些学科被黑格尔归入其体系中的"精神哲学"。我们谈论和研究当今哲学的实践转向和实践哲学时，黑格尔是一个不能回避的人物，他的"精神哲学"也是蕴藏着丰富的实践哲学资源的思想理论宝库。在许多现当代西方思想家的"实践哲学"中我们可以清楚地看到黑格尔的巨大影响，而且这种影响力还在扩大和深化。

六、思辨哲学的衰落和实践哲学的兴起——马克思和尼采的哲学革命

黑格尔之后，从19世纪中叶起，一部分西方哲学家逐渐认识到，2000年来力图通过认知的途径、建立一个包罗万象的圆满体系给本体论问题以最终解决的传统进路已走到了尽头。对传统西方哲学尤其是思辨哲学的不满、反对和批判的思潮逐步形成，其中最突出而有影响的代表就是尼采。但是，首先实现哲学上的革命性变革的是无产阶级的理论家、革命家马克思。马克思在对19世纪资本主义经济形态的研究分析批判中，首先毫不留情地批判了黑格尔哲学的唯心主义和神学品性。他在批判黑格尔"把世界头足倒置起来"之后，并没有循着传统本体论的思路去寻求超感知的"实在"，而是转向现实社会的政治经济领域，将物质资料的生产活动视作首要的、基本的实践，揭示了生产力和生产关系的辩证运动，创立了唯物史观，实现了哲学上的革命性变革。

人在马克思的哲学、经济学、政治学中居首要地位。但马克思也不像传统哲学家那样致力于探究人的抽象的本性或本质，而着眼于人的具体的社会存在。历史上许多思想家看到了人的社会存在的一面，但大多是在伦理道德的意义上来理解人的社会存在的；马克思则把社会存在理解为人类物质资料的生产方式，这是前人所未能达到的。马克思强调人和他的社会存在之间的辩证的互动关系：一方面人总是处于一定的社会

形态、社会结构之中的，而任何社会形态、结构都是以生产关系总和为基础的，人要成为什么样的人，要受制于他所处的社会物质生产方式；另一方面，生产方式又是人类自身活动的产物，生产力是由人所创造的，生产关系是人们在生产过程中相互作用所形成的。在人与物质生产方式的辩证关系中马克思特别强调生产关系是理解社会、历史和人的关键。因为人们正是通过结成一定的生产关系才构成社会，才会有对自然界的关系，才会有生产，也才会"再生产整个自然界"。生产关系是人的最基本的生存处境，也是揭示万物存在之真相、改变世界以达到人所需要之目标的前提和基础。

因此，马克思的唯物史观包含本体论理论，但马克思并没有使用本体论这个概念。我们不能将生产关系或社会存在或物质生产活动（实践）看作马克思哲学的"本体"，因为马克思并没有像传统哲学家那样去回答什么是本体，他与传统本体论的分歧并不在于以什么作为本体，而在于提出了探求存在问题的崭新的思路、方式、目的。在马克思看来，以往哲学家们所追求的只是对世界的存在做出各种各样的解释而已，他们的目的是理论性的，而马克思的目的不仅是理论上的，更重要的是实践的，是实际地改变世界的存在。要达到这一目的，人必须从自己的生存处境即生产关系的状况出发，必须立足于社会实践即社会物质生产活动，用辩证的方式和方法解决生存实践中的各种矛盾和对立，即人类通过实践不断地认识世界、改造世界，这是一个永无止境的前进过程。马克思创立的新哲学无疑是一种实践哲学。

尼采在对传统思辨哲学的颠覆性批判中也表现出实践哲学的倾向。尼采抨击超感知世界的存在，强调现实世界的真实性，一再强调人所立足的大地是唯一真实的世界。"上帝死了"不只是对基督教的批判，也是对整个西方形而上学的批判。尼采所谓的柏拉图主义是指由柏拉图制造的一套形而上学神话，其核心是：在生成变化的现象世界之外存在一个永恒不变的理念世界，现象世界只是一个虚假和低下的世界，理念世界则是一个真实和更高的世界，应该成为现象世界的原则或根据。尼采断言，这个柏拉图主义神话的历史是一个错误的历史，一个"真实世界"最终会变成寓言的历史。

在尼采看来，传统本体论所追求的终极实体、最高本质、超感觉的"真实世界"与基督教的上帝、彼岸世界在本质上是一样的，都是人的主观的虚构，这种本体论导致生命意志的衰败，而生命和意志对于作为肉体存在的人来说乃是最重要、最根本的。传统本体论哲学把理性看作人的本质、本性，乃至把理性看作脱离人的肉体而存在的精神实体，其结果是人和世界都成了无生命的抽象的存在，所谓理性的能动作用不过是制造了一大堆僵死的概念而已。与此相反，尼采把抽象的理性人还原为血肉相连的生命和意志的有机体，强调人在生存实践中的不断创造和超越，理性不过是人的生存实践的工具而已，这就否定了传统本体论的思路及其所追求的目标。但是，尼采着力的是破坏而不是建设，对于哲学今后的发展道路他并不明确。因此，虽然他取消了传统哲学关于二重世界的划分，把人从超感性世界引回感性世界，强调人自身的奋斗和创造，然而他却又让生命、权力意志、永恒重现、超人带上了形而上的色彩。许多外国学者把马克思和尼采看作同时代的传统哲学传统文化的叛逆者、变革者。其实这两种叛逆和变革之间具有根本不同的性质和含义。

七、实践哲学旨趣的多维展开——海德格尔和维特根斯坦

19世纪末20世纪初以来，社会的激变演化和科学的进步繁荣与哲学的滞后冷落形成强烈的反差。人们对传统哲学模式和问题的质难、批评形成了强大的思潮，本质主义、实体主义、绝对主义、基础主义、二元论，成了人们的攻击目标。从思辨王国走向生活世界则是20世纪反传统哲学家们的重要倾向。实践哲学在西方学术界越来越成为一股强大的潮流。实用主义、存在主义、伽达默尔的释义学、法兰克福学派等等都在某种程度和意义上具有实践哲学的特性，各种道德哲学、政治哲学、社会哲学、法哲学、经济哲学、宗教哲学、历史哲学、艺术哲学等等更是蓬勃兴起，越来越成为研究的热点。海德格尔的生存论和维特根斯坦的语言转向是其中的重要代表。

海德格尔反对传统哲学用二元分立的思维模式把有生命的人分解成肉体和精神两个实体，而且把前者看作是感性的，把后者看作是理性的，认为这是对人的曲解，这种曲解突出地表现在笛卡儿的"我思"哲学中。海氏与以笛卡儿为代表的传统哲学的一个根本性的分歧就在

于：在后者看来，人在本质上是"我思"，是理性；在前者看来，人在本质上是"我在"，是存在（此在）。从"我思"出发，人和世界、主体和客体是分立为二的，而且是静态的关系，旨在通过理性求得对世界的认知和理论；从"我在"出发，人和世界是同一的，并无主客体之分，而且是动态的关系，旨在去存在而展现世界和真理。

海氏并没有抛弃存在论这个名称，他称自己的存在论为"基本存在论"，试图以此与传统存在论划清界限，取而代之。他批评传统存在论名义上是探究存在，实际上只是关于存在者的理论，并没有深入到存在本身，不懂得存在与存在者之间的区分。在他看来，存在论即对存在的探究必须从对人的生存状态的分析入手。海氏对人的生存状态的分析特别强调人是"在世之中"的存在，人与他人的共同存在，即人必定要介入到世界之中，与世界、与世内存在者打交道，与物、与他人相交涉，人的这种生存方式决不仅仅是意识的活动，更重要的是实践的活动。他还用"烦"（操心，Sorge）来表达人的生存方式，人之为人正是在世界之中、在与人与物相交涉的实践活动之中展现自身，同时展现各种存在者，展现世界和真理，将人生、世界和真理融化为同一个过程。这既是一个人交涉、行动、实践的过程，也是一个认识的过程，同时也是存在之意义显现的过程。海氏虽然强调人与世界不可分，却又认为，人正因为介入（被抛入）世界、介入社会生活之中，所以就失去了自己的本真性，沉沦、异化，成为非本真的在世状态。应该说海德格尔是看到了生存实践、社会存在对于存在论的重要意义，但是，他并没有从社会物质生产活动方面来理解实践，没有从社会生产方式特别是生产关系方面来理解人和社会、和他人的关系。海德格尔"基本存在论"的实践性特征直接导致了当代西方实践哲学的兴起。

维特根斯坦则是西方哲学语言转向的领袖人物。他早期与罗素持有类似的观点，他的图像论也以语言和世界在逻辑上同构为前提，他的意义理论亦以指称对象为判别标准，但更加突出语言的作用，以可用语言表达（可说）和不可用语言表达（不可说）作为划界标准。前者指由事态或事实组成的世界，世界具有固定的逻辑结构或先验秩序，命题便是事态或事实的逻辑图像；后者指超越语言和世界的神秘之域，这不是实际存在的现实的领域，而是由维氏所设置的，因为在他看来，人类心灵都有超越语言、超越世界的冲动和倾向，这种超越的追求是人的天性，为的是满足和充实人生的意义，而这正是真正意义上的哲学的领域，所以哲学是不可说只可体验的。学术界将维氏的这种划界与康德关于现象界和本体界的划分联系甚至等同起来，这样看有一定道理。

维氏后期的反传统思想更加激烈，他强烈地反对追求普遍性和本质，认为语言和世界都并没有什么本质，他的意义理论也从指称对象转向生活实践中的使用，就语言的使用而言不存在不可说的问题，因而也不存在神秘之域，传统的本体界实际上也已被否定。维氏考察了一系列传统哲学问题，诸如实在、思想、时间等等，认为这些问题和争论都来源于哲学家们对语言表达式的误解、误用甚至偏见，造成理智的迷惑。因此，维氏将哲学归之于澄清语言、医治理智上的疾病，就好比给苍蝇指出一条飞出捕蝇瓶的路。这种倾向与传统本体论的立论基础和思路是背道而驰的，因为它的重要表现就是反对构造思辨的概念体系，打破两重世界的划分，使哲学返回生活世界，因而语言活动成了生活世界中最为哲学家们所关注的论题，也成了哲学家们反传统思想的一条重要路径。

八、在思辨和实践良性互动的基础上推进哲学的"实践转向"

思辨和实践本是人类生存状态的两个方面，或者说是人类生存的两种方式。缺乏思辨或缺乏实践都是人类生存的不良状态、不良方式。人类生存的这两个方面并非鱼和熊掌的关系，然而，要真正达到两者兼备或统一却并非易事。就人类个体而言，在有限的一生中往往会（或只能）偏重一方；就人类整体而言，这将是漫长而无限的过程，因为人类的思辨和实践是无止境的，两者的兼备和统一必定也不会停止在某一点上。

从西方哲学的源头看，无论是本原论还是本体论，都贯穿着对事物的普遍性的追求，而普遍性追求又与事物的个体性相关。这种追求都源自于人类生存实践的需要。因此，西方哲学的思辨之路从来就不是纯粹的，实践总是伴随着思辨一起行进，而且正是人类的生存实践推动着人类的思辨追求。思辨和实践的交织融合才使2500多年的西方哲学有血有肉丰富多彩，凝聚成人类永不枯竭的知识和思想的宝库。

实践哲学是近年来国内外学术界极为关注的研究领域，那么，实践哲学是否是未来哲学发展的方向呢？我倾向于肯定的回答，而且认为应当有两类形态：一是作为一般原理的实践哲学，二是分门别类的实践哲学。当代中国学术界很重视实践性，但实践哲学并不发达，甚至可以说尚在起步之中，因为我们对实践哲学缺乏深刻的研究和认识。我认为，首先要建构思辨和实践的良性互动。传统思辨哲学是该到"终结"的时候了，但这并不是抛弃，而是扬弃。实践哲学并非不要思辨、不要理论。实践、行动不应该是任意的、盲目的。实践哲学还是应当要有形而上的追求，要有超越性，超越个体、经验、感性等等。传统的理性主义、本质主义、绝对主义、基础主义、唯智主义等等应当批判，但理性、本质、绝对、基础、知识等等还是要的。将规律神秘化、绝对化、宿命化是不对的，但完全否定、抛弃规律也是不对的。重视差异性、不确定性、流变性是对的，但不能因此而否定同一性、确定性、稳定性。实践哲学与思辨哲学是相对立的，但应当（也可以）超越、克服这种对立，实现实践与思辨、理论的综合、统一、融合。

我国实践哲学发展不够的另一个重要原因与我们对哲学学科的分类和设置有关。按照我国哲学二级学科的划分和设置，除了伦理学，其他类别的实践哲学诸如政治哲学、法哲学、社会哲学、宗教哲学、经济哲学等等都被排除在二级学科之外。各种实践哲学是被附在马克思主义哲学、西方哲学、中国哲学三大二级学科后面的研究方向，按照我国现有的体制和规则，它们所得到的人力和财力资源明显地不如二级学科。如果能够对学科设置采取比较灵活的态度，即除了现有的哲学二级学科之外，再按各门实践哲学来设置二级学科，则必定会促进各门实践哲学的快速发展。实践哲学的发展和繁荣不仅是哲学的巨大进步，也必将促进、推动其他知识学科的进步和繁荣。事实上，各门知识学科（政治学、社会学、法学、经济学、宗教学等等）在构建、完善、发展、提升自身的理论时，总会诉诸哲学，总是自觉或不自觉地、程度不等地促使自身"哲学化"。而哲学面向各个实践领域中的各门知识学科，与各门知识学科结合融通，建立各门学科的哲学，进而提升自身、壮大自身，是实践哲学的必由之路。

作者附言：本文是中山大学实践哲学研究中心的同志根据我的讲课整理出来并经我阅读修改而成的。若有错谬，责任在我。实践哲学是我一直关注研究的领域；由于种种局限，我的想法、看法还很粗糙肤浅，很不成熟。提出来只是希望引起更多的关注、研究和讨论，以期抛砖引玉。

经 典 迻 译

诽谤法与新闻出版自由

[英] 约翰·斯图亚特·密尔（John Stuart Mill）/文
曲轩/译 吕春颖/校*

【译者导言】 这是一篇针对两部关于《诽谤法》的作品的评论，表达了18岁时已供职于东印度公司的约翰·密尔对新闻出版自由的看法。约翰·密尔承认自己的这篇早期作品完全是对其父詹姆斯·密尔相关思想的直接承继，但文中的许多观点也已初现《论自由》中约翰·密尔关于言论自由的经典论点。19世纪20年代，以边沁和詹姆斯·密尔为核心的英国年轻激进派所投身的多数政治活动都着眼于法律问题——特别是法律对言论自由的限制，因为这在当时被视为推动根本性政治进步的主要障碍，而压制对现存体制秩序的一切批判的《诽谤法》则自然成为热议的焦点之一。约翰·密尔在文中痛斥英国统治阶级为偏袒贵族的利益，不仅通过《诽谤法》剥夺民众言论自由的权利，而且还无视民众理性自有的是非判断力；同时强调，只有自由的讨论才能消解所谓的无知，而限制言论自由绝非能避免产生错误观点的良策。

原文标题为"Law of Libel and Liberty of the Press"（1825），全文选自 Collected Works of John Stuart Mill: Essays on Equality, Law, and Education, Volume XXI, ed. John M. Robson, intr. Stefan Collini, Toronto and Buffalo: University of Toronto Press 1984, London: Routledge & Kegan Paul, pp. 1 – 34, 所译部分为 pp. 1 – 17。

我们选作本文题目的这两份出版物具有重要价值，因此我们毫不犹

---

* 译者：曲轩，中山大学哲学系博士生；校者：吕春颖，西南政法大学马克思主义学院副教授。

豫地推荐读者加以精读。

第一份读物尽管在其扉页没有名字出现，却被认为是一个知名而可靠的人民之友的作品。[1] 它包括一系列的论文，除了最后一篇，其余那些自从在一份周报上刊出后近两年都曾发表过。它概略陈列了所谓诽谤法及其实施中所包含的诸多可憎之处，同时还简要评论了现已寂寂无闻的那些人身法案（the acts of a body of men），这些人曾以宪政联盟（Constitutional Association）之名而臭名远扬。我们不认为作者已彻底地探讨了该主题，但认为对其应该不吝赞美，因为他已按原计划在其无可避免地被限定的狭小范围内，探讨了如此之多且如此中肯。

曼斯（Mence）先生的作品因被宣传为致力于宪政联盟而吸引了我们的注意。对于以如此方式出现的一份作品，我们的读者没有机会知情或许是预料之中的事。然而，我们还未在精读的过程中进展太多，便发现曼斯先生并非一位低声下气地志在寻求内阁赞助的人，他没有满足于投身在使人类思想陷入永久束缚之中的那些目的，而是毫不畏缩地揭露现存体制的缺陷，甚至冒着断送自己职业成就的风险：他敢于充分而有力地坦言重大事实，而不论其被接受的程度有多么低，仅就这点而言，他已足堪大受赞赏，哪怕他是以远低于其所表现出的能力执行了自己的使命。

我们不是要对这两部作品之优劣做一种批判性审视，而是要抓住机会对它们所指涉的至关重要的主题发表观点：每当有任何一边的话语显得特别利于我们的目的之时，即为我所用。

我们的评论分为两部分：一部分会讨论一般性的问题，即在何种程度上，对新闻出版自由的限制可以被认为是为政治哲学的合理原则所担保的。在另一部分则将概观英国法律以及英国律师们的信条：我们保证会证明，如同曾经存在的最为专制政府的法律一样，英国法律也不利于新闻出版自由；因此，在这个国度里享有多大程度的自由，不是要基于法律的结果，而是要基于罔顾法律的结果。

上述一般性的问题常被以一种非常简单的方式来处理。事实上人们经常假定，首先，以任何其他的不特定方式从事新闻出版都是难以置信

---

[1] 弗兰西斯·普拉斯（Francis Place）这些论文（除了最后一篇），首次出现于 *British Luminary and Weekly Intelligencer* 1822 年 11 月 3 日至 12 月 22 日每周连载的扉页中。

的恶行；其次，基于这个理由，通过罚款和拘禁——如果不是通过更为确定无疑的、立竿见影的措施的话——来制止上述行径，就成为地方行政官的责任。

但是，《不列颠百科全书》（*Encyclopaedia Britannica*）增补本中的《新闻出版自由》（"Liberty of the Press"）一文的作者却给出了一例非常迥异的论证（这在以往从未被完整地、前后一致地完成过）；他指出了这一问题所真正开启的种种思考。我们没有比仿效他更大的雄心了。以此原则为指引，我们将力图阐明视自由讨论为敌的人们的诡辩，揭露他们的险恶计谋。

可能如此利用新闻出版是为了求得惩戒，我们绝非是要否认说：它能够被用于几乎任何一桩可以想见的罪行。

几乎没有一项权利不受它的侵犯，几乎没有任何政府工作不受它的干扰，有鉴于此，① 新闻出版不会被用作一种手段。事实上，新闻出版能够做出的侵犯行为，几乎与违法犯罪的整个领域共存。

然而，没必要为新闻出版业所犯下的每一种这类违反或干扰行为给出一个单独的定义，因为这会意味着重新撰写一次刑法典：首先把每一次侵犯作为在普通案件中发生的加以描述，然后对新闻出版作为特殊工具出现的案件再重新加以描述。

如果为了制止对权利的侵犯，就必须针对可能被用来制造诸多侵犯行为的手段的每一种工具给出单独定义，那么，刑法典将会不可穷尽。一般而言，工具或手段是一种非物质性的环境。侵犯本身以及对其可能的警戒程度，是考虑的主要对象。如果一个人陷入对生活的恐惧，被人夺取财源，那么他是否遭到手枪或剑器的威胁都无关紧要。在盗窃、诈骗或谋杀的情况下，并不必然包括对可能做出这些伤害的一切不同手段的叙述。对伤害本身加以准确地描述就足够了。目标是为了防止伤害，不但是在以这一种或那一种方式产

---

① 关于《新闻出版自由》（"Liberty of the Press" [1821]）一文（载于《不列颠百科全书》[第四、五、六版] 的增补本接近开头的部分），见詹姆斯·密尔《论文集》，第3-4页（James Mill. *Essays*. London: Innes, 1825）。约翰·密尔（J. S. Mill）使用的是后者而非增补本之中的。这篇非常宝贵的论文出自密尔先生——英属印度的史学家之笔。总的参考来自三卷本的《英属印度的历史》（*The History of British India*, 3 vols, Baldwin, *et al.*, 1817 [1818]）。

生伤害之时，而且是在以任何方式产生伤害之时。

就人身和财产而言，对容易侵犯权利的行为的一般性定义常被认为是充分的，而且所涵盖的运用新闻出版作为工具的情况，并不少于为了同样的目的而使用其他手段的情况。没有人基于有些情况被认为利于谋杀或盗窃的罪行，而考虑到一项特别的律法来制止新闻出版。有法律被用来制裁犯下谋杀或盗窃罪行的人就足够了，而不论他是否把从事新闻出版或任何其他事作为达成自己目的的手段。①

然而，对于某些特殊的行为，新闻出版就算不是唯一的，无论如何也是最有效的手段：其他的手段还包括对事实的公布和对意见的表达，新闻出版的用途就在这些条目之中，而这些是诽谤法所主要针对的。

不必诈称，"诽谤"一词在英国法律的用语中严格地限定于一个意思。它反而包含着许多行为，它们拥有多种多样的性质，彼此几乎没有相似之处，除了在被权威的法律解释者附加上去的处罚之中。一封索要钱财的恐吓信是一种诽谤，一张不雅照片是一种诽谤。然而，现在我们会将评论限定在关于发布事实和表达意见这些问题上。

先从后者讲起。如果地方官员被委托授予压制一切意见的权力，他可以依其才智宣称它们都是有害的——这一权力能够服从什么样的控制呢？怎样的措施可以抵制其滥用？因为如果没有一些措施，包括这一权力在内的所有权力必定会被滥用，而往往权力的滥用可以服务于权力拥有者的任何目的。

---

① 孟德斯鸠（Montesquieu）非常清楚地看到了意见和观点的表达可能作为一个适宜的惩戒目标的唯一情况，尽管他没有冒险去进一步把该信条延伸到涉及话语（*words*）之外的情况，言语仅仅在牵涉到所谓谋叛的情况时才成为惩戒目标。（*Esprit des Lots* [2 vols (Geneva Barrillot, 1748), Vol I, pp 313 – 14], Liv XII, Chap 12)。"行为不是天天都有的。许多人能够把行为具体指出。捏造事实进行诬告是容易被揭发的。言语要和行为结合起来才能具有该行为的性质。因此，一个人到公共场所鼓动人们造反即犯大逆罪，因为这时言语已经和行为联结在一起，并参与了行为。人们处罚的不是言语，而是所犯的行为，在这种行为里人们使用了这些言语。言语只有在准备犯罪行为、伴随犯罪行为或追从犯罪行为时，才构成犯罪。如果人们不是把言语当作死罪的征兆来看待，而是以言语定死罪的话，那就什么都混乱了。"（汉译参见孟德斯鸠《论法的精神》（上册），张雁深译，商务印书馆1961年版，第198页。——译者注）

英国的律师们夸口说，叛国罪的罪行是有明晰界定的：它是如此严格地被限定，而无任何歧义或武断的成分，因而无须法官做任何裁量。它们告诉我们，这是我们自由的主要屏障之一。这就意味着，如果由法官来判定什么应该是、什么不应该是叛国罪，那么，被政府厌恶的一切都会成为叛国罪。然而，为什么要求对叛国罪进行界定，而对于诽谤罪却没有要求？是政府对错误判决（misdecision）没那么多兴趣吗？是法官对政府的依赖程度较低吗？是专门陪审团的屈从性较少吗？又或法官和陪审团在审判诽谤罪时是天使，而在审判叛国罪时只是人？

很难断言，将宣告诽谤罪的权力交给法官，不仅仅是换个名义将其交给政府。然而，还有很多主题，其中政府感兴趣的那些至关重要的部分，却并非是民众应该认为是正确的那些，而是民众认为应该是错误的那些：因此关于这些主题，如果政府有权力的话，它会十分确信，要压制的不是错误而有害的观点，而是伟大而重要的真理。民众在政治方面应该持有奴性的观点，这是对统治者有利的——在宗教领域也同样——因此，如果政府有胆量的话，那它一定会压制一切关于政治或宗教的不够盲从的观点。对统治者有利的是民众应该相信统治者正在做的一切都是可能范围内最好的，因此无论人们产生的其他想法多么有见地，政府也会竭尽全力遏制倾向使人们产生此类想法的任何事物，遏制人们的任何责难。如果这些企图能够达成，如果可以遏制所有的责难，那么政府的支配地位——无论在何种程度上掠夺和压制民众——都会得到永远的保障。

非常明显的是，一个人一定是要么不够真诚、要么足够痴愚，才会否认这些：并且我们认为，没有人会公开断言统治者应该有权力压制可能被其称为有害的一切观点，即所有他们可能不喜欢的观点。那么，其中的限度应该在哪里？地方官员压制意见的任意裁量权（discretionary power）究竟应该止于何处？它能够被限定于只给他权力压制真正有害的观点，而不给他权力去抑制针对权力无限扩张的反对意见吗？

初看起来就显而易见的是，并无这样的界限可以设定。如果意见的发表仅仅因为它们是有害的而遭到限制，那一定有人会对意见的有害与否加以判断。显然，对于判定一个意见的有益与否，不存在确定和普遍的规则；并且如果有人被授权可以做出裁决，但却不受这样一种规则的约束，那这个人就是个独裁者。既然民众不可能采纳那些不被容许呈现在他们头脑中的意见,那么,决定哪些观点应该被允许或被禁止,就是在替民众选择意见。任何替民众选择意见的人都对民众的行为拥有绝对的控制力,还可能肆无忌惮地为一己之利而行使这些权力。

因此最为直接的推论似乎是,在有关意见表达的完美自由与绝对专制之间不存在中介物。每当你授予这个国家的统治者以任何权力去压制意见时,那么你就授予统治者**一切**权力;如果能够执行的话,压制意见的绝对权力可算得上比以往任何专制更加完全的专制,因为在实践中,没有在哪个国家压制意见的权力是完全不受限制的。

接着或许有人问,如果拥有任何压制意见表达的权力就等于拥有一切权力——既然大不列颠的政府在某种程度上确实有那种权力——那我们如何解释在这个国家里,事实上毫无疑问地还在相当程度上盛行着讨论自由呢?既然政府有权力消灭它,为什么还容忍它的存在?

原因何在?基于同样的理由,我们有着人身保护法令(a habeas corpus act),① 由政府把持着暂停或废止它的权力;基于同样的理由,有时还是允许陪审团对贵族希望处死的囚犯宣告无罪释放的;基于同样的理由,我们没有以能够被勒索的上限而被课以重税,进而无损于我们作为奴隶的有用性。贵族屈从于这些限制不是因为喜欢它们,而是因为不敢冒险弃置它们。这和不列颠宪法本身的道理是一致的。

甚至一个土耳其的苏丹(a Turkish Sultan)都受限于对现存叛乱的恐惧。在实践中,阻挠新闻出版的权力或许像其他所有权力一样,很大程度上也被公共舆论所控制,尽管其控制程度还远远不够,但它已然在大不列颠被如此控制着。然而,通过法律——尽管那些主张一旦符合律师们的需要时,他们也会无所顾忌地反对讨论自由——正如我们已经通过普遍原则表明,对任何可能影响贵族利益的主题加以讨论的自由,在这个国家却丝毫不存在,这点随即也会从最高法律权威的实际话语中得到证明。

然而,在讨论了限制新闻出版的后果之后,我们还要探寻任其放任自由之后可能的后果是什么,否则就不算完成这一基础性探究。

乍看起来,显然不论自由之恶会是什么,都不可能比限制自由所带来的罪恶更严重。如果民众自己为自己选择意见,有可能发生的最恶劣

---

① 31 Charles II, c 2 (1679).

的情况是，他们会选择错误的意见。但如所见，这种不幸不是偶然的而是无可避免的，假如他们允许任何其他人为其做出选择也是一样。在一个自由的国家里可能流行起来的那些观点，无论多么放肆，同样不可能会在有害的方面胜过作为统治者兴趣之所在的，因而也是其命令意志之所指的那些观点，因为再没有比那些倾向于使专制权力永存的观点更为有害的了。但这里会有一个巨大的差异。在一个自由的体制下，如果谬误和真理都会被公之于众，则长远来看真理绝不会无法战胜谬误。在一个压制体制下，权威所发布的那些谬误将是可能的情况中最为有害的，并且还不会容忍对其反驳。

　　真理如果被公平对待的话，终会战胜谬误而成为世人认可的观点。这一基于人之本性的最宽泛的命题，不论已在政治学、伦理学或神学的任一分支领域表现卓越的那些写作者有着怎样的政治倾向性，几乎都很容易得到他们的确证。该命题是限制自由的人们自己也不会冒险去争辩的。他们不断抗议的是，他们的意见应该无所畏惧地加以表达；在他们看来，这唯一的效果就是比以前更加凸现其无可反驳的确定性。但他们不会迟疑去惩罚那些因为假定自己的主张正确，就应被报以奖赏而非施以惩罚的人们。

　　但是，尽管那些最敌视讨论的人也并不否认，作为一个普遍命题而言，自由讨论倾向于揭示真理，但还存在一些主题，如果它们为人所信的话，对相关主题的讨论则会趋向于误导而非启蒙（enlighten）。这些主题都说的是：对统治者有利的是民众**应该**被误导；国家的政治性宗教，国家的政治体制，以及统治者的行为与特性。

　　关于其中的第一个主题，我们已经先行很充分地发表了看法，① 以至于现在我们应该基本限定在剩下的三点上，它们大体上可以归结为一点。

　　没有更重要的主题，没有人需要被告知：这么说的意思是说，不存在人们应该被正确告知的更为重要的主题。正如一个好的政府的稳定性完全依赖于其被民众认可是好的，因此，另一方面，一个坏的政府的改革也完全依赖于其被民众相信是坏的。民众塑造了其政府的好，这一评

---

① William Johnson Fox. "Religious Prosecutions," *Westminster Review*, II (July, 1824), 1-26.

估的正确性涉及民众的一切福利；因为恶政包含着能够使人类烦恼的一切痛苦；并且恶政就类似于这样的后果，它不必顾及一个好的政府被民众认为是坏的，还是一个坏的政府被民众认为是好的。

这样，我们就特别地制定了第一个原则，因为统治者关于这一主题所持有的话语意味着，民众把一个好政府认为是坏的实际上是一个最大的灾难，而他们把一个坏政府当成是好的却没有一点害处，或者至多只有微不足道的害处。但正如所见，两种情况的坏处其实是一样的；或者甚至于说，主要是因为其中一种情况导致了另一种情况才成为坏的：原则上讲，让民众应该把一个好的政府往坏了想是令人遗憾的，因为它可能引发对更糟糕的状况的顺从。

因此，如果存在任何主题，民众不可能把为自己选择意见的权力托付出去，而不冒最大的风险，那这便就是了。并且，如果这种权力无法稳妥地交给任何人，那就尤其不能将其交给国家的统治者们。

如果民众被迫隐然地接受来自一些人的观点，这些人感兴趣的或许是说服他们相信政府比实际表现得更糟，那么其后果会被公认是最大的不幸。恶评一个好的政府和赞扬一个差的政府是同等的罪恶。因此，如果把为民众指示关于政府的意见的特权交托给一些人，这些人的兴趣是说服民众相信他们的政府比实际上更好，那么不会有人一直认为这种伤害更小。无法否认统治者对此有浓厚的兴趣。那我们的推论是什么？或者毋宁说——如果统治者要承担为民众选择他们应当持有关于政府的何种观点，那么，一切暴政之恶将是永恒的——如何能规避这种推论？

然而，每当有人做出批判制度或责难政府的行为时，他们就会被统治者选择施以惩罚，除非统治者愿意在同样的处罚下对赞扬之词也加以限制。

禁言某种观点而鼓励另一种观点，当然是在做出选择。惩罚对统治者的责难，而对其赞扬却被容许，换句话说就是认同民众应该赞赏政府，而不论它的好与坏，并且要采取最有效的方式迫使民众如此去做。

不可能强烈要求用任何理性的异议来反对这种论证。事实上，有人可能会用苛责以示反对；但鲜有得出同等重要的结论，就算对于苛责来说，能提供的相关证明也太少。

当有人断言说，限制讨论就是在替民众作选择，并且如果允许统治者把意见指示给国民，而统治者却不仅乐衷于选择那些最为有害的观点，并且遵从自己的兴趣这么做了，那就可能只会提出一种异议。不能说束缚讨论就不是在选择意见，也不能说统治者对做出一个坏的选择没有兴趣。但可以说，民众对统治者的信任或许是静态的；并且，尽管统治者坦率承认自己乐衷于做出坏的选择，但他们可能会无视这一旨趣而做出一个好的选择。

当人们试图为有害的权力作辩护时，总会被驱使到如此荒唐的地步。起初，他们大胆否认滥用权力的可能性；当这无法维持时，他们继而奔向个体特性的庇护所并坚持着同样的执拗，即权力在他们的手里能够被信赖而不用担心会被滥用。这是对统治者暂时是其可能所是，并总是因其尽力付出而获得回报的一种恭维；但死去的统治者就没这么幸运了。过去，所有统治者都被容许在能够滥用权力之时加以滥用；但现在人们提出了异议。然而，这是即使无人存活于今世也会流行起来的一种论证：我们不可能被迫回到那个时代，认为统治者并非人类一样的受造物，而是可以摆脱误导他人的那些七情六欲。假如不受控制的权力可以存在并且不被滥用，进而除去英国的以及其他所有的宪制，就让我们回到那些贤明而可敬的祖先们的专制政治之下吧。但若人们在不受约束时会滥用其他一切权力，他们就会决心要滥用控制新闻出版的权力：如果统治者会利用一切其他方式去实施自己的专政，他们不会忽略一个如此简明而有效的权宜之计，即在统治者敢于的范围内，压制一切敌视权威之所及的观点。正如已被证明的，完全自由的讨论是其唯一的替代。

尽管用以反对自由讨论之原则的异议形式无限多样，但归根结底只是一种断言：民众没有能力形成正确的意见。事实上，这一假设受到所有专制统治的真假党羽们的大力支持。令人遗憾的是，统治者一直持续不断努力并成功地使人们相信，想要确保统治者使用权力不应该为了自己，而应该为了共同体，这种想法会带来最为可怕的灾难。带着这种认识，贬低他们力求奴役的人们已成为统治者一致的行径。如果民众被允许为自己的意见做出选择，便是宣称去选择最为有害而危险的意见。他们非常确信，不论是在为自己思考方面还是行为方面，民众都是完全无能为力的，他们只能保持对牧师和贵族的敬畏，否则会成为煽动内讧之人手中盲从的工具，被用来颠覆一切建制，使一切沦为最荒蛮的无政府的混乱状态。这是对诽谤法之公正性的一种实际说明。它制止了一切声张，甚至包括不利于贵族政治的事实；它给予传播以完全的放任，甚至对传播反对民众的各种不利的谎言也很是鼓励。这一阴谋也因此有了达成其目的所必需的一切。给狗一个骂名，然后绞死它，他们正在尝试对民众这么做。不论目标是为了通过常备军来压制民众，还是通过诽谤法来使民众缄默，动机始终是纯粹的慈爱，从贪婪的狼虎之口即民众之口中，解救出安分守己的那部分人也即贵族。

贯彻这种说法要借助民众的恐惧而非理性，否则略微反思一下就可以看出，就算认可了民众的无能也证明不了什么，或者至少无法中肯地证明什么。实际的结论也一样，即使民众的理性能力如此匮乏，以至于根本无法从谬误中辨识真理：既然除了让他们选择自己的观点，或者把选择权交给乐衷于误导民众的那些人，舍此再无他法。

一个无知的人即使是赌运气作决定，至少也可能有时正确。但如果他对统治者所选指令的一切意见照单全收，则往往是错误的，正是这样的做法有利于统治者，它才成为所有论题中最为重大的。

还有另外一个问题，它是不会被那些以民众的无知为奴役民众作辩护的人们所提出来的，即民众为何无知？因为对此问题只可能有一个答案，也即，如果他们是无知的，那恰恰是因为他们已然被制止讨论，而只有讨论可以消解无知。即使他们的统治者发现，民众的无知到了无可救药的地步会很方便，但我们有自由对这一结论提出异议，直到我们尝试适当的补救措施。这种补救也即指引以及关于指令的，讨论是最有力的手段。因此，讨论必然倾向于纠正自身的种种罪恶。因为这些罪恶来自对权威的一种过度敬拜，如果没有讨论的纠正性影响，那就不存在那种治愈，而病情持续得越久，就越发变得根深蒂固。

但是，民众无能为力去选择正确的观点——借助这种断言已经导致太多恐怖，那它自身又有什么依据呢？是历史吗？不是，因为历史证明的只是对应着已然允许民众为自己选择观点的程度，在这一程度下，他们已然是道德的、智慧的、幸福的；恰恰在那些煞费苦心让讨论之口缄默下去的国家里，民众一旦从习惯性的冷漠中觉醒，这些国家就证明了自身是最为无知而凶恶的。曾享有新闻出版自由的人们，不可能对法国大革命的过度行为有所歉疚。那么，是通过怎样的诡计，政府才使得对来自讨论的危险的一种模糊不清的理解，在缺乏考虑的那群人中广泛地传播开？通过利用有关人性的普遍规律，人们也由此倾向于恐惧任何不被他们所认识的，而且一般来说，其中最缺乏预见力的那部分人，也会感到最为恐惧。他们已经习惯于所遭受的罪恶,进而使其成为可容忍的,但因为他们无法预见后果,所以变化就是其恐惧和厌恶的对象。而且,尽管历史没有证明讨论会产生罪恶,但反过来,历史却有充分的证据证明它会产生变化:实际上不是发生在任何美好事物之上的变化,而是发生在一切不好的事物之上的变化——坏的法律、司法和政府。变化导致这些事实的改变,这正是它最为人们所久久渴求的原因,也是它让鼠目寸光之人感到恐惧的原因。

劝服那些冷静看待这一主题的人们来对此加以理解一点都不难。真正难的是平息人们的恐惧。我们无法信赖那些在我们看来总是把恐惧用错地方的人们。每当为了人类的利益而提议什么时,就没有比作为一种习惯的恐惧更让人恐惧的。通常,他们担心的是来自多数人而非少数人的并且是针对多数人的罪恶,在我们看来,具有如此担心的人是具有理性的恐惧(rational fear)的对象。

民众的无知仅仅是某种行为的一个托词,就算没有这样的托词,这种行为也同样一直被奉行。这出现在统治者自身的实践中,并且少为人所关注到。他们确实是说,关心无知之人的正途是保卫他们免受欺骗;现在,因为统治者不敢公开自恃毫无瑕疵,所以他们不能否认的是,可能在赞扬与责备两方面都存在欺骗。然而,对统治者和制度的赞扬已被给出了最为宽限的范围;只是限制了对他们的责难。每个人都可以自由地把政府及其官员说得比其实际上更好,并且说得多好都行;但是不管对于政府还是官员,人们无论以何种事实对其擅加指责却都会遭来灾祸!这看起来是否就像相信民众是无知的呢?不是!看起来令人恐惧的似乎正是民众那太过敏锐的目光。

在那些完全相信民众没有能力做出判断的人们身上,似乎无法很一致地提出纠正这种无能的策略,而是认为应该只为民众呈现一种单方面的陈述即可。通过偏听一方,判断的无能就被治愈了吗?通过将最智慧的头脑置于难以逃脱的被误导的境遇中,就纠正了无知吗?正当民众因无知而特别需要这些手段之时,却把民众的无知作为抵制其所作判断的借口,如果这不让人愤怒的话,那也会引人发笑。在其他国家里,政府认为民众不应该对公共事务进行裁决,因此,无论如何都坚决阻止民众对证据有所听闻。在这个国家里,公认的是民众应该做出判断;然而却主张民众应该偏听一边!

为了支持这一滔天谬论,除了关于民众之无能的重要假设,另一个问题习惯上一直被回避。即,民众讨厌统治者,并且强烈地倾向于对统治者及其行为做出不利的判断。正相反,这种假设是彻头彻尾的错误,即比起民众强烈的倾向性,并无事实证明经验的证据会更恒久地对统治者和制度拥有高于其所应得的评价。比起那些遥远而偶然的企盼,或许多数人对安逸的热爱才是人性中最为强势的原则,这种无与伦比的强势不断促使他们避免创新并安于现状:① 人人都着力安守着自己的胜利所得。有谁会因为一种被肆意抛弃的善和被接受的恶,而无视上百例不必被忍受的恶?那么,认为在公共事务中情况完全相反的观点不是与事实相矛盾吗?当然,对安逸的热爱也不是唯一持续的扭曲民众判断以利于统治者的。他一定以对真相熟视无睹的决心来看待人类,他能够忽视穷人对身份、地位和财富的过度崇拜,这种崇拜来源于人类习惯倾向于高估其所不具备的优势,这些都是亚当·斯密所枚举的关于可以名状的错误的道德判断之最丰富的来源。② 有这两条原则强势地站在一边,另一边只有理性与其对峙,民众必须在学会仅以统治者值得被尊敬的程度来尊敬他们之前,就具备非常高深的知识。据此,一切历史都承载着对这种恒久性的证明,即在全世界几乎所有的国家都遭受了最可怕的恶政的盛行;但拥护限制自由的人们确实可能受到的挑战是,从历史中找出民众起而反抗并推翻一个好政府的例子。

民众对其统治者的尊崇是如此强烈而持久,并且从未被消除,只要不是因为最难忍受的压迫。那么,随着文明的进步,像阻止所有其他有害的感受一样,对于想要做出阻止这种感受失控的行为的人,还有什么称号会是太过严厉的?谁还会拒绝一个发言和争辩的机会,来削弱民众对每个无论好坏的统治者的过度敬畏?谁还会把自由的空间给予那些会导致这种盲目崇拜及其后续的种种不幸的事物?永远!

尽管我们已经充分论述了有关宗教之言论自由的主题,但在此还是

---

① 这一结语常被哲学激进者具有讽刺意味地加以使用,它很可能是来自威廉·戈德温(William Godwin)所著的 *Things As They Are; or The Adventures of Caleb Williams*, 3 vols (London: Crosby, 1794) 的标题。

② *The Theory of Moral Sentiments* (1759), 6th ed. 2vols (London Strahan and Cadell, Edinburgh, Creech and Bell, 1790), Vol. I, p. 146 (Pt 1, Sect III, Chap III). 所提及的段落首次出现在这个版本中。

要引用先前被提及的文章中的一段话,仅仅为了说明对于同样适用于宗教的论证,我们已将其更为直接地指向了有关政治的陈述:

> 在多数国家,某些形式的宗教已被列于一个国家制度(institution)的基础之上。据此,出版自由应该同我们所见的一切其他国家制度一样彻底吗?如果有人说不应该,那他就也有责任说明,其中适用于其他制度的原则,却不能适用于此。
>
> 如我们所见,关于所有其他的制度,民众允许除了自己之外的任何人替自己来选择观点都是危险的。在宗教方面,没有比这更让人确信的了。
>
> 如果他们舍弃选择自己宗教观点的权力,那么他们就舍弃了一切权力。众所周知,可以使宗教观点依赖于对统治者之无限权力以及民众之极度堕落的完全笃信是何等轻松。消极顺从和非反抗的信条是一种宗教信条。允许任何一个人或一群人表达宗教观点应该是什么、不应该是什么,会使他们立刻变得专横。
>
> 这是如此显而易见,既不需要例证也不需要证明。
>
> 但如果这里的民众还是必须为自己选择观点,讨论就必须有自己的进程;我们已然证明的关于其他制度的同样命题,在此也是真实无误的;没有观点会因为通过引证对立面的证据而受到更大的抑制。①

作为众多论点之一,从允许政府为其国民选择宗教的危险性得出来的这一论证如此令人信服,其目的是让民众像在所有其他事务中一样,在宗教事务方面也能追从自己的理性。

关于这一主题最微不足道的异议,都被认为是一个致使不幸的少数生死攸关的完全充分的理由,在这样的一个时代里,不信神(infidelity)也应被视为犯罪可不是件美妙的事。但如今,比起因为一个人碰巧比自己更高或更低而想去惩罚他来说,一位国教教徒(a Churchman)不会更想去迫害一位加尔文教徒,或者一位加尔文教徒也不会更想去迫害一位国教教徒;不过的确很奇怪的是,有人会使自己如此盲目,以至

---

① 《论文集》(*Essays*, p. 34)中《新闻出版自由》("Liberty of the Press")一文接近结尾的部分。

于没有看到使自己对其他情况持宽容态度的缘由,也同样注定会让自己去宽容不信神。

处理了意见的表达,仍然需要考虑的是,是否在任何情况下都有充分的理由限制对于事实的陈述。必须承认的是,关于事实的情况和关于意见的情况并非恰好相似。为了真理而必须容忍错误的意见:因为不可能通过明确划界来区分意见的正误。没有相应的理由允许发表关于事实的错误言论。所声称的事实之正误并非意见的问题而是证据的问题:它可以稳妥地留给那些决定其他情况之证据事务的人们来决定。

然而,律师们坚称除了对谎言的惩罚以外,还应该有对事实陈述的其他限制:如其所称,存在着那么一些事实,即使它们是真实的也不应该被公之于众。这里需要注意的是,证明应存在对意见表达的完全自由的论证,同样也证明了应存在表达事实真相的完全自由。显而易见,所有真实的意见必然建基于事实;因此,如果统治者拥有——例如在任何国民及其自身行为方面——阻止民众知晓一切不适合向其公开的事实的权力,那么,实际上他们的确是替民众在相关的主题上选择意见,仿佛他们通过一个确定的法令完全取得了如此行事的权力。

仅有一种情况,或许会对允许真相被毫无保留地告知民众的适当性表示存疑。即,当事实丝毫不利于公众,而且被认为是在给私人个体带来烦恼时。必须允许以下这类情况,并且在这样的情况下会是可取的,即如果可以通过法律或专制权力以外的任何其他方式完成,那么就应该压制真相。然而必须考虑到的是,尽管有时候那些冒犯个人的真相也无益于公众,那也还存在其他最有利于公众的情况;有些真相让公众知晓会意义重大,这些恰恰就是令个体最为烦恼的、暴露了其罪恶和愚蠢的那部分真相。实际上,对于保守派的律师来说,他们不认为那些倾向于支持其权力或其雇主权力的信条是过分夸张的,他们坚称无论如何都没有权力去责难他人:这种做法属于司法机关的行为,个体没有资格执行;对罪恶与愚蠢的暴露并非一项为人类所谋的最为重要的福利之一,而是一种对优越性显而易见的、无正当理由的篡夺。① 我们希望至少会有保守派的律师能足够勇敢地公开声称赞同这样的信条。既然没有人能

---

① 参见霍尔特(Holt)关于诽谤法,*passim*(Francis Ludlow Holt. *The Law of Libel*. London Reed;Dublin:Phelan,1812.)。

被信任去决定哪些真相是有用的，哪些是无关紧要的，即压制双方所造成的不利后果，绝对会超过允许双方被知晓的后果；实际的结论则无须再述。

我们还必须注意一种频繁获得追索权（recourse）的转向，既然对自由主义观点的传播，已经致使承认针对讨论已被认可的同等程度的敌意不再安然无恙。我们所指的信条是应该允许**沉着**而**公正**的讨论，但嘲弄和谩骂则应受到惩罚。

最近这一信条已然流行起来，我们的大多数读者都很可能认为它是法律，因此，根据法官的**判词**（dicta）来看所言极是；但根据同一些法官的其他**判词**，这也是法律，即除"偏执"一词以外，任何讨论都是一种诽谤，甚或对周知事实的单纯陈述也是诽谤。

然而，作为如前所述的一个流行的信条，有必要对其说点什么：首先据观察，如果可以保障对论证的允许，就不会有容忍嘲弄和谩骂的危险，因为在所有重要的问题上，往往终究是论证的平衡性决定着多数人的决策。第一，从攻击手段（weapons）本身的本质来看：大部分谩骂和嘲弄的实施都局限在那些心思已定的人身上。他们可能刺激某种思想的狂热支持者，但并不被认为要彻底改变其思想。如果一个人不放弃来自坚定信仰的意见，就算因为持有这个意见遭到嘲笑或责备，也很少因此而放弃。这种方式通常只有一种效果，就是使那个人比以前更加顽固地坚持自己的观点。第二，因为如果可能对一边进行嘲弄和谩骂的话，那在另一边同样也可以；并且因为显而易见的缘故，反对虚假会比反对真相产生更大的影响。

其次，如果使用嘲弄和谩骂有例外存在的话，那为何这就是不偏不倚的？如果从这类攻击手段的使用中可以得到好处，为什么允许一些观点，而对另一些又有所保留？或者说当嘲弄和谩骂被用作对统治者不利的一方时，就仅仅是倾向于误导吗？否认责难的益处——这些益处可以被扩展到赞扬——与对责难的完全禁止是一回事，尽管前者的恶劣程度还不及后者。目前所产生的后果就是过分崇尚赞扬：这种倾向性使得民众过高地去评价统治者；就此来说，统治者能够高枕无忧地进行压迫。

例如，假设一位作者被允许直截了当地说政府或国会有失当的行为，如参加了不义之战；但如果他这么说了，并且还表达了愤慨，那他就应该受到惩罚。通过表达义愤他想让人们理解，在他看来这是罪恶深重的，并且其始作俑者是罪有应得的。如果他克制对义愤的表达，仿佛就是说，其中的罪恶并不深重，其始作俑者也不应受罚。那么，公众应该被告知一种罪恶的大小及其始作俑者是否犯罪，这难道是无足轻重的吗？我们完全同意曼斯先生关于这一主题自由主义式的主要观点："这不仅不是罪孽，而且是一种积极的职责，绝不要冷淡地谈论罪恶，语言中不带有正义而真诚的愤慨。我们的律法或所推想的诽谤法通过对行使这种职责的约束，鼓励了政府的各种恶习，还腐化并败坏了民众的规矩和品行。"（Vol 1，p. 162）

尽管这些罪恶是深重的，但还不是对嘲笑和谩骂的禁令所承载的最深重的那些；也不只是为了仅仅保障自己拥有这种攻击可以给予的任何优势，统治者才紧紧抓住镇压它们的特权。而是因为统治者清楚地认识到，如果允许自己镇压嘲笑和谩骂，他们就拥有了镇压一切不利于己的表达的权力。由谁来判断什么是恶言谩骂、什么是公平而温和的讨论呢？除了统治者自身没有别人：因为没有划定界限。所有的谴责都是恶言谩骂。进行谴责就是追究不当行为。任何过错都是不当行为，一个共同体的重大事务就这样被交由它来管控。如果说犯错就是将国家福利置于险境，那么，仍然让那些不能避免犯错的人们来掌权就是一种罪恶。因此，对一般性过错的归罪就等同于恶言谩骂，或许会被认为在使用恶言。对一个重大罪行的纯粹陈述本身就是恶言谩骂。这暗示着也意欲暗示着道德犯罪：如果没有做到这一点，那陈述就太不完美了。因此，如果没有对一切讨论都加以禁止，或者留给统治者去决定哪些讨论是应该受惩的、哪些应该被放任不管的，就不可能制止恶言谩骂。

问题是，是否应该禁止**失当的**（*indecent*）讨论？为了回答这一问题，我们当然必须要问清楚，失当意味着什么。

这一术语在英国诽谤法里占据如此显著的位置，却没有被界定吗？

英国立法者迄今没有很好地界定它，英国律师也常常对其激烈谴责，并在很大程度上对其加以滥用。因此"失当的"一词一直以来都是这样一个术语，法官并不难于在任何场合把任何自己不喜欢的都归于其中。"得体的"（Decent）和"法官所喜欢的"已然在相当程度上近乎同义。①

当法律禁止**失当的**讨论后，它们就通常是同义的了。

我们现在所揭示的信条，只是英国统治者出于特有的处境所作的转变之一，已然被迫诉诸追索权。

在公然支持专制的其他国家里，统治者对政府这一主题所公开宣称的信条是，对做出正确判断一事，民众完全无能为力，此一判断的专横性完全是无以名状的邪恶。在那里，这样的观点得到主张：民众没有任何权利提出任何针对政府行为的意见。除了服从以外，民众对于统治者便无其他可为。② 官员既然应该绝对地控制着其辖区民众的一切行为，就同样应该对民众的意见也有无限的权力。这一信条，如果再无其他价值，至少还是具有一致性的好处。

从1688年光荣革命以降，英国统治者的话语就十分相似。然而，在那个阶段建立了一个新政府，这个政府具有反对国王的群众基础，因此不可避免地会承认，民众应该被允许对统治者和制度进行评判。因为，要拒绝这一点，就是放弃了它自己的统治赖以建立的原则。但是，别的政府对此同样感兴趣，它渴望尽可能地压制对其行为的一切谴责。相应地，从那时起人们就一直寻求一种永恒妥协的办法。它被毫不含糊地得到承认：对政府和法律所有主题的讨论都应该是自由的。从来都是这样，彻底检查其政府行为的基本公民权是英国人与生俱来的；我们深深地珍爱着它，如果没有它，就无法保证好的政府……

---

① 见前文所引的《新闻出版自由》（"Liberty of the Press"）一文，载论文集（*Essays*）第30页。

② Cf. Samuel Horsley, Speech of 6 Nov., 1975, ed. H Horsley, *The Speeches in Parliament of Samuel Horsley*, Chalmers, 1813, pp. 167–168.

伯恩施坦与考茨基通信两封

［德］伯恩施坦（Eduard Bernsteins）、考茨基（Karl Kautsky）/文
练建玲/译　林颐/校*

【译者导言】 这里选译的两封通信节选自《伯恩施坦与考茨基通信集》（*Eduard Bernsteins Briefwechsel mit Karl Kautsky*）。《伯恩施坦与考茨基通信集》作为德国不莱梅大学和荷兰阿姆斯特丹国际社会史研究所的合作项目，受到国际马克思恩格斯基金会及艾伯特基金会的资助并由坎普斯出版社出版。该通信集共四卷，收录了伯恩施坦与考茨基从1879年至1932年间的959封通信。截至目前，除第一卷外，其余三卷均已出版。

1896年至1898年，伯恩施坦在考茨基所编辑的《新时代》上发表了题为《社会主义问题》的系列文章。在其中一篇名为《社会民主的斗争和社会革命》的文章中，伯恩施坦提出所谓的"最终目的是微不足道的，运动就是一切"的主张，在德国社会民主党内引起巨大轰动并遭到激烈的批评。为此，伯恩施坦写了《批评的插曲》一文给予回应。选译的第一封信是考茨基写的，写于1898年2月18日。考茨基在信中对伯恩施坦在《批评的插曲》中所表达的观点提出异议。第二封信则是伯恩施坦于1898年2月20日对考茨基的回复。伯恩施坦在回复中对考茨基所提出的异议一一进行了反驳。这也是两人第一次在私人通信中谈论观点上的分歧。随后，两人的分歧日益严重，并最终于1898年10月在德国社会民主党斯图加特代表大会上公开爆发。

本译文以坎普斯出版社2003年出版的德文版《伯恩施坦与考茨基

---

* 译者：练建玲，广东外语外贸大学马克思主义学院讲师；校者：林颐，天津工业大学马克思主义学院讲师。

通信集》（1895—1905）第三卷为蓝本，此外第二封通信还参照了徐洋先生的译文（参见《伯恩施坦读本》，殷叙彝编，中央编译出版社2008年版，第158-171页）。

第668封　卡尔·考茨基致爱德华·伯恩施坦　1898年2月18日

亲爱的爱德：

我还有很多话没对你说，但是我担心，就算我仅想把最重要的事情说完，我的时间也不太够。对于柏林，我最终还是失去了耐心。我本来希望，在这里可以减轻一下我的工作负担，这也是促使我来这里的主要原因，因为我干不了编辑工作。但是相反，在这里我的工作以及在时间上的损失比在斯图加特更甚，而那些本应该帮助我的威望人士也没有找到，因为——狄茨不愿意。他甚至固执地反对为我安排一个为期四周的助理。而我自己也不能强烈坚持，首先因为我也不认识这样一个我能确保的合适的人选。此外，因为所有的这些都只是一种尝试，我热忱地希望它能成功，但是并没有期望它能圆满完成。当我想休息的时候，狄茨只是简单地说我应该把事情交给他，他自己将会和林德曼一起处理。最后，我自然也和"雅各布"①一样，他就是在编辑部得病的。

尽管我花了点时间来发牢骚，但最重要的还是你的文章②。我已经对它做了排版，并且按照指示把校样稿寄给了你，同时请你看一下那些重要的改动。

你的文章③的命运表明，一直以来我们在《新时代》过的平静生活已经结束了。我们的或者至少你的文章现在已经被我们的朋友和敌人留意并阅读到了。然而可惜的是，这些关注使得每一个人都挑选出适合他们自己的东西。刚开始你的关于崩溃论的文章让我非常震惊。我甚至读了两遍才发现你所说的一切可以称得上有充分理由的。但是谁会把一篇

---

① 指卡尔·胡果·林德曼。——译者注
② 指的是伯恩施坦的《批判的插曲》一文，发表在《新时代》1897—1898年，第1册，第740-751页。——译者注
③ 指的是伯恩施坦的《社会民主的斗争和社会革命》一文。——译者注

文章读两遍？又有谁如此熟悉你以前的观点以致他知道应该如何来理解你的字句？事实上你的文章也可以这样理解：如果我们不利用其他东西，我们将毫无进展；如果我们想要取得政权，除了胡作非为之外我们将别无他选。这些反常的句子是后来添加上去的，它们仅仅是随口一说，因而很容易被忽视。

现在你将明白，对于一个正在参加竞选的政党来说，当人们说到它取得政权时它将会胡作非为，没有什么比这样的事情更加令人难受的了。然而你却提出，我们的鼓动家可以这么说，这只是你的个人观点。但是你要知道，你并不是什么无名之辈，而是教父级人物。

在你最早的文章中这些东西并没有多大改善。刚开始写得很好，最后得出一系列的结论，我对它们很感兴趣，其中的大部分我也很认同。但是这些结论如果以你的那种方式表达出来，将会在我们的人中间引起极大的不满，而我们的敌人也一定会火上浇油。

我知道你仅仅是想指出我们面对的那些困难，并警告我们，帕尔乌斯的文章是想给我们制造幻觉，但是你的这些确凿的字句并没有事实的支撑，而你本身所说的也不可信。我担心，如果按照这种印象去判断——这种印象在你以前的文章中随处可见，那么它就不再是自我批评了，而会导致对事情本身的质疑和怀疑。

引起这种印象的原因有三点。你已经指出，并不是所有的企业都能国有化或者说集体化，合作社的想法也被认为是过时的了，今天很多企业除了私人运营以外别无其他，因此，在一定的时期内我们还不能缺了资本家。这是一个很重要的想法，但是你却中断了。从形式上看，它确实是一种反对社会主义可行性的说法，而不是说，事情并不像人们想象的那么简单。如果这种批评只破不立的话，如果它没有带来政治建树的话，那么这种批评就将导致怀疑。

在我的《农业问题》一书的结论部分我也碰巧得出了同样的想法，但是我并没有停留在阐述这些困难上，而是研究这些困难是否和在多大程度上以及怎样才能通过事实的逻辑得到克服。当然是在有所保留的条件下，这些保留的条件也将是我们在未来没有出现其他可能改变发展进程的新因素条件下一直面对的。

第二点则涉及民主问题。我对民主也持批判的态度，我从未像比克利和李卜克内西那样美化群众。但是民主对于教育和提高无产阶级来说是必要的，这一点没有人会否认。在德国，民主从不缺乏对手。现在，在竞选斗争前夕，贬低工人进行自治的能力，正如你通过援引布拉奇福德及其他人的经过改编的说法那样，在我看来，这是非常不合适和犯了历史性错误的。无产阶级犯过很多错误，但是谁没犯过呢？这些错误正是进步的推动力。我们别无所有。工人中的优秀分子比其他阶级更占优势。

那时你所说的，人们偶尔也会说，但是现在所有的人都在等着看你将会说什么。因此你自己必须提防，不要随便地说一些可能会被用来反对我们的话。

最后第三点是关于你的革命观。在这里客观地说，我也不同意你的看法。在这里你远远脱离了目标。你不是仅仅反对帕尔乌斯关于大革命的观点，即按照雅各宾－布朗基的模式社会主义国家很快就能建立起来，你是要彻底地反对革命，为反对各种革命而斗争。你解释说在革命中最没用的人冲在最前面，一大群人中最有可能跟着傻子和像傻子一样的人。对于我们来说这是非常受欢迎的言辞。在竞选宣传中鼓动家会问：社会民主党是革命的政党吗？是，那么现在听一下伯恩施坦是怎么说的：革命就意味着德国的毁灭，意味着对民众的毫无意义的浩劫，意味着失败和随之而来的无产阶级自身的软弱无力。人们应该这样回答："这就是伯恩施坦的观点！"

然而，当一个人足够聪明而且看过你的文章的话，他就可以回答得更多。在革命中最无用的人总是冲在最前面，这是不对的。克伦威尔、米拉波和罗伯斯庇尔等等这些人并不是理想的人物，但他们一定是重要的人物，是比那些革命前期的政治家们重要得多的人物。

在我看来你犯了同帕尔乌斯一样的错误，就是以过去的革命为标准来评价未来的革命。他是以法国大革命为标准，而你则以1848年和1871年的革命为标准。正是埃里梯尔的革命浪漫主义，使得你变得如此盛怒。但是这里是批评埃里梯尔的地方，不适合讨论我们关于未来的看法。

你自己也说过，今天的民众已不同于《共产党宣言》时期的民众了。对于革命，这一点也是适用的。当你说所有地方的所有革命都可以按照巴黎革命来进行设想时，你不仅犯了历史的错误，还犯了地理的错误。巴黎的民众一直都是独一无二的。

你讨论过我们是否应该期待革命的问题，但是这是一个必需的问题。我们不需要将它和虔诚的愿望联系在一起。我们当然期望不发生革命就能达到我们的目标。问题就在于这是否可能。在英国是可以的，那么在德国是否也是如此呢？这当然取决于人们是如何理解革命的了。不管是你还是帕尔乌斯都对革命作了定义，但是这个词的含义永远是模糊的。

在这里我是在这样一种意义上使用"革命"这个词的，就是说这个词包含着暴力的政治变革的意思。"社会革命"不是指带来社会主义后果的政治革命，就是指没有意义的流行语。

现在我同意你的说法，就是在英国，社会主义社会的发展道路是可以没有革命的。在英国，社会革命是由大陆掌管的没有意义的流行语。

德国的情况则完全不同。德国需要一场政治革命，是为了赶上英国人的脚步，而不是为了社会革命，就是说不是为了社会发展的自由之路。资产阶级没有发起革命，无产阶级必将发起革命。难道你和贾斯特罗——我早已和他讨论过了——一样，相信如果在帝国国会里坐着两百个社会主义者的话，那么我们将得到一个社会主义的部门，社会主义由此开始和平发展吗？

之前我们有一百个代表，反对我们的斗争就爆发了，不是针对社会主义的，而是针对民主主义的。军事政变、选举权的废除、非常法等就出现了，这些都是刚刚发生的。没人知道，斗争将持续多久，它将采取哪种形式以及将怎样结束。但是我们不能按照可能性而是应该按照必然性在可预见的日子里推算革命，难道不是这样的吗？没有障碍的斗争。但是当德国人变得同现在的奥地利人一样兴奋时，当专横的统治激怒了头脑时，全世界工人的表态，游行示威，枪战和某些军队都将变得不可靠。如果那时的政府失去了头脑，大崩溃就很容易发生。

毫无疑问，我们由此陷入困境。我们将作为唯一的反对党去完成资产阶级的历史任务，而不是无产阶级的，也不是为了未来的国家，而是为了建立英国式的现行国家。这将是一个困难的处境。将会出现什么样的结果，党是否会失败，它是否——很可能——会分裂，这些都是无法提前预知的。最终党成了达到目标的手段，但不是自己的目标。政治革命带来了政党的革命化，新的政党产生了。当宪章运动因达到它的目的而消失时，我们不需要为它而哭泣。

我们是否应该期待革命，它将给我们带来成功还是失败，这就是我们德国的历史任务，我们要对这些必须完成的任务进行研究。

为此我们的任务并不是去败坏革命的名声。我们可能要和革命浪漫主义以及那些企图通过一次革命就能确定未来国家的幻想作斗争，无须去否认即将到来的革命的必要性和有用性。比起直接的反对革命，我们必须在我们的批评性著作中变得更加小心，而不是为其辩护。现在，正是这种批评，如果表达不够谨慎的话，很可能将会带来失望。

对的，失望。我可以对你说，你以前的文章从未产生过你期望获得的那种作用。我们的人中大多数对你很气愤，有些内容使得一些年轻人变得很犹豫和胆怯。

大多数人对你很气愤，因此你不可以胡作非为，否则的话将导致你的文章被大肆利用以反对我们。你在党的报刊上抱怨那些恶毒的论调，我并不同意，尽管这些事对我而言绝不是无关紧要的。如果你知道我们的人对于你的文章及其被滥用是多么的不高兴，他们私底下是如何不满地向我抱怨，以及我是如何被洗脑去接受这些东西，那么你就会承认，发表在报刊上的这些看法（除了帕尔乌斯之外的）是如此的谨慎克制。如果你回想起来，在类似的例子中人们是如何向福尔马尔开火的，你可能就会赞同我在处理这些事情时的情绪，正如人们在党报上对你展开批评，而你在党内曾享有极大的声誉。

你不必把帕尔乌斯看得太严重。他是一个俄国人，他的德语还没有好到能决定每次单独的表达所产生的影响。因为他喜欢旺盛的、活跃的风格，所以他说出来的所有话都比他想要表达的意思更为粗糙——这些本来是不应该说的，其实这些话并不粗糙。

我必须停止了。这篇长篇大论的简短意思就是：我请求你再次详细阅读这篇文章，并力求给它一种尽可能少地被我们的敌人所大肆利用的形式。平心而论，假如你做不到这些，那就尽可能地简短一些，并把讨论推迟到下一次，就是选举之后，当心智都平静下来的时候。此外，我相信，人们可以很好地批评崩溃论，而无须贬低民主，表达对革命的恐惧以及对合作社事业有疑虑。

我被允许删掉一个观点，即革命将带来最无用的因素。这并没有破坏上下文的关系。其他的就不能随便删了。如果要想把这些删去，那么就得改变其中的上下文关系了。如果你这样做的话，将会给我们所有人带来很大的风险。

我在你的文章后面发表了一篇关于殖民地问题的文章。最终的讨论使我很兴奋，现在所涉及的就是，在选举前直接给我们的人以积极的文章。随信附上一篇你感兴趣的文章。作者是我们的党员同志，现在正在政府仓库任职。

衷心地祝福你们所有人！

你们的　男爵

刚才来了一篇巴克斯的回复。是不是要在你的文章之前把它发表出来？你来定吧。

第669封　爱德华·伯恩施坦致卡尔·考茨基　1898年2月20日

我亲爱的男爵：

我已经收到了你的信，但是还没有收到我的文章的校样①。尽管如此我还是马上给你回信，因为对我来说最重要的是跟你达成谅解。我们之间存在着巨大的意见分歧，我并不想隐瞒这一点。如果我们不能消除这些分歧的话，那么我们至少应该努力把它们降低到最小的程度。

我的上一篇文章首先犯了这样一个毛病，就是我企图在一期刊物上结束整个论战。我讨厌在《新时代》上进行连载。当时我不得不回答如此之多的问题，以致我只能给予各个问题以极少的篇幅。因此有些回答可能比它实际的意思显得生硬一些。人们在争论中总是比在推论时表现得更为糟糕。我关于"崩溃论"的文章是以反对巴克斯为基础的，由此也受到了这种损害，当然它也是反对其他人的。然而，如果不是巴克斯提供了直接的诱因，我也会以其他方式把我的观点表达出来。尽管如此，我并不后悔这种生硬的形式。它把问题暴露出来了。如果仅仅只作暗示，不是得不到理解，就是遭到了误解，我不是到现在才注意到这一点的。我在以前的文章中以暗示的形式所说的话，始终没有得到重视，现在党的所有报刊都必须为这些事忙碌了。如果说它让我们的鼓动家感到某些不舒服的话，那么我对此表示遗憾，但是人们不应当夸大这

---

①　指的是第668封信中考茨基提到的已经寄出的伯恩施坦《批判的插曲》一文，后来发表在《新时代》1897—1898年，第1册，第740-751页。——译者注

些影响。在竞选斗争中所涉及的问题十之八九与我在这里所探讨的问题不同,例如,你所强调的而且客观地说是完全正确地强调的政治革命问题,就是被人们尽可能地回避了的,如果说不是被众所周知的空话所掩盖起来的话。竞选斗争就是拉选票,这是毫无疑问的,党在它的基干选民之外的人身上所倾注的注意力几乎与它的基干选民一样多。因此,与实际相比,资产阶级政党在竞选时多半表现得更加激进,而社会党人则表现得更为温和。简单地说,那些能干的鼓动家,他们更能把握在竞选时所涉及的问题(我指的是日常的实际问题),这些人很少会因我的文章而陷入窘境。我的文章只会给那些夸夸其谈的人造成困难。当然,我也乐意修改那些在论战中过于片面地否定的东西,而不是提出相关问题的困难和可能性来反对帕尔乌斯轻率的观点。

当然,对于下面这一观点我没有任何改变:正如我们今天在德国所看到的,工人运动作为组织起来的工人民主(Arbeiterdemokratie),对我而言,从长远来看比"无产阶级革命专政"更有希望。后者对于我来说是无政府状态,而且是其最糟糕的形式,即雅各宾主义的无政府状态。这种无政府状态一般来说是《共产党宣言》中所阐发的马克思主义最初形态的基础。马克思在《雾月十八日》中非常符合逻辑地将自己视为无政府党派,而将布朗基主义者视为无产阶级政党。尽管马克思和恩格斯后来在英国放弃了他们那时的观点,但是他们身上的雅各宾主义的特征几乎没有改变,有时还会非常突然地以极其生硬的形式爆发出来(恩格斯在最近一版的《法兰西内战》前言的结语中正是如此),毫不顾及在此期间所获得的经验以及政治和社会前提的变化。人们可以理解他们为什么这样做,但是没有必要模仿或者跟着他们一起这样做,因为当一种运动的既定形式被视为是不依赖于环境时,这基本上是与历史唯物主义相矛盾的。

如果我在这里详细探讨马克思和恩格斯不同时期在反对其理论的原初形式时所表现出来的矛盾,那么就有点扯远了;这对于你这样一位代表这个理论的更高的发展形式的人来说也没有必要。但是我必须提醒的是,那种观点,即认为似乎对社会进行社会主义的变革是由"无产阶级"——在《共产党宣言》中他们被视为是赤贫的无产阶级——在暴力起义中完成的观点,是与历史唯物主义的最粗糙的形态相矛盾的,更不用说与我们迄今从历史中所学到的东西相符合了。"社会夺取生产资料"这句话简化了形势,这种形势在最小的国家中都很难找到,更不用说在我们这样大的现代的民族国家中了。我经常注意到,至少在恩格斯那里(马克思对这一点的态度我不知道)在这一点上是存在矛盾的:他讨厌比利时和瑞士,因为它们不是最小的国家。有一次他盛怒地对我说,它们对历史都没有贡献。

你认为应当保护民主,使它免受我的伤害。哎呀,亲爱的男爵,不要对一个皈依者浪费你的火药了。你不知道,我是多么看重民主。我本来可以写文章很好地说明,而且我起初就是想这样写的:社会主义对我而言归根到底还是民主,是自我管理。我只是担心受到误解。但是我看到了民主的巨大困难——最大的困难之一就是上面提到的雅各宾主义。将军①曾不止一次反驳我的异议:我们不是民主主义者。由于这句话可以作各种解释,以至于人们可以对民主主义者或民主主义这样的字眼进行设想并且已经设想了那些我们事实上予以拒斥的东西,但是在将军那里却存在着一种更为深刻的对立,这种对立也许是以他的气质为基础,并且受到传统的支持:他是作为激进主义者憎恨民主主义的,或者说作为雅各宾派(这是激进主义在革命者那里产生的后果)而憎恨民主主义的。雅各宾主义与民主主义是对立的,这一点在整个现代的社会主义和人民运动的历史上都可以看到,在个人那里也可以看到。关于这一点我最近做了很多思考。人们也可以把这种对立理解为"自由主义"和"激进主义"的对立。在所有的党派中既有自由主义的特性,也有激进主义的特性。这取决于人们用哪种观点去看待那些问题、要求和斗争任务。我本质上是自由主义的,一直以来都是这样,但是这一点并没有妨碍也不会妨碍我有时对激进主义的**手段**产生兴趣。因此,不言而喻我并不是原则上反对将革命作为**手段**的。革命在一定的形势下可能是非常必要且值得追求的。在涉及德国那一点时你所写的内容,我在原则上是"完全"赞同的。但是有两点例外。第一,如你所说,"革命"这个词只是**政治**变革意义的标志,而我们的报刊和文献则经常在相反的意义上使用它;我们敬重有关政治革命的思想并将社会革命解释为——正如施特腾海姆有一次在《柏林马蜂》杂志上以玩笑的语气所评论到的——

---

① 指恩格斯。——译者注

"甜点"[什么是暴动（Auflauf）①，我的先生？就是你们的甜点]。当然你可以反驳我说，工人不会因此上当受骗。而我则是另一种看法：工人将会上当受骗。不是在这一方面，就是在另一方面，大多数是在两方面上当受骗，就是说被教唆对问题产生混乱的看法。第二，当工人的民主和资产阶级的民主作为死敌而对立的时候，在当今的德国发生政治变革就意味着推翻现行的统治力量，从长远来看这是不可能的。在我们这里现在正是这种情况。有时斗争使得这种情况不可避免。即使这种情况可以避免，而我们的理论文章却竭尽全力去使这些对立尖锐化。接连几周以来《新时代》都在唱衰资产阶级的民主，同时为无产阶级的完美无缺和全知全能大唱赞歌，在这种情况下，怎样才能说服民众相信，有必要与资产阶级的进步分子再次携手走得更远呢？我认为在德国发生的政治变革不可能把社会民主党以外的其他政党推上执政地位，而且相应的经济上的前提条件还远远没有成熟。一个联合政府，即资产阶级民主党和社会民主党的联合执政，是不可能由我们自己的追随者实现的。你批评我说我是根据已经发生的事件进行论证并忽视了地理上的区别。原则上你是对的，我越来越倾向于这种观点，即民族差异，那些历史的、扎根于气质和传统上的因素，它们所起的作用比我们和我们的科学导师当初所认为的要大得多，我自己本来也愿意指出这一点，在其他地方我也已经给出暗示了。但是巴黎和英国的例子确实具有有限的价值，因为即使不是所有的前提条件都符合，它们在很多方面还是具有很大的相似性，因此对它们做出类似的结论应该是允许的。我选择了在时间顺序上离我们最近的事情，如果我不想陷入想入非非之中的话，我必须遵循已经给定的事情。对此，我从这里和其他地方的宣传中得出了实践经验。我并没有低估（不是整个德国工人，而是）大部分德国工人的理论精神，同样我也很少抨击他们用于统治的纪律精神。但是我已经看得够多了，也经历得够多了，不会使自己对这些特性在一场革命中所起的反作用产生幻觉。今天很多事情在德国进展得如此顺利，是因为所谓的事所必然。假想某个时期，情形并非如此，而且那时人们处于反常的骚动之中，那时你将不得不向我承认，同那些构成今天社会主义运动核心力量的工人所展示给我们的相比，我们将看到"无产阶级"以一副完

---

① 德语"Auflauf"既有非法集会、暴动之意，又有馅饼之意。——译者注

全不同的面孔出现。当然这并不妨碍我们去宣传我们认为必要的那些东西，但是它必会促使我们为了使我们所追求的东西在尽可能有利的条件下出现而行动。而我关于"灾难"的期望所说的就是针对这一点的。我并没有"阐述"关于"期望"的问题，而仅仅只是简短地说了几句反对巴克斯和帕尔乌斯的话，就是说在给定的形势下我没有看到任何理由，为工人运动的发展进程由一场灾难而中断感到欢欣鼓舞，这样的结果对我来说是非常可疑的。我选用"期望"一词，是为了不给某些人提供反对《萨克森工人报》的材料。我毕竟不可能假设帕尔乌斯在宣扬政治颠覆。这就使得——正如我在信里所说的——我与帕尔乌斯的争论变得如此艰难，以致他可以从我的论证中推导出最极端的结论，并随心所欲地指责我，而我在指称他的论述时，却必须对每一个词进行反复斟酌。一边是斯库拉说"要顾及鼓动家"，另一边卡律布狄斯①则说"要顾及检察官"。你还要让我将双手捆住！如果我不再能指出革命的反面图景是什么，那么我怎么反驳那些将革命视为颠覆的无意义的幻想呢？我"诽谤"革命了吗？如果是这样，那么当拉萨尔斥责林登穆勒和卡尔伯时，他也诽谤了革命。

你举出克伦威尔、米拉波和罗伯斯庇尔的例子来反驳我。但是克伦威尔仅仅只是通过军事独裁巩固自己，不是通过民主，而是反对民主；至于米拉波，当革命导致群众的统治时，他却成了"叛徒"；罗伯斯庇尔在同革命狂热者的斗争中不断消耗精力，直到最后成为革命狂热分子和右翼分子的联盟的牺牲品。这顺便让我想起巴克斯关于克洛茨的一篇文章，你将在这篇文章中看到，罗伯斯庇尔是怎样受到这些人的尊敬的。我相信，如果巴克斯的文章今天用德语发表的话，他将获得我们六分之五的同志的欢呼掌声。人们并不理解罗伯斯庇尔处境的困难之处，却认为克洛茨的革命精神就是正确的。李卜克内西曾按特里东的榜样大骂罗伯斯庇尔！帕尔乌斯和现在的其他人正是二十五年前的李卜克内西。我坚持认为，比起马上发生颠覆并把政权转移到社会民主党手里，

---

① 斯库拉（Scylla）与卡律布狄斯（Charybdis）都是希腊神话中的女海妖，她们分别驻守在狭窄的墨西拿海峡（Strait of Messina）两侧。斯库拉拥有六头十二臂，藏身于悬崖下面的岩洞中，等待过往的船只，吞噬水手。而卡律布狄斯则拥有巨大的嘴，每天三次大量吞入海水，再把海水吐回海中，造成巨大的漩涡，所有经过的船只都难以逃脱被卷入漩涡而被摧毁的命运。——译者注

今天它作为强大的、坚决的、民主的工人反对派可以通过对所有政党和全部舆论所施加的压力而做出更多的功绩。我自然不能要求你同意这些看法，但是因为它就是我确定的信念，因此你得允许我有权把它说出来。

　　福格特博士以我的看法为基础，这一点我没有办法改变。我并没有在这种意义上说过民主制容不下天才，即在民主制中天才得不到发展，相反，只是鉴于某种情况（党的领导层）指出，通常民主制使天才的日子并不好过。正如人们可以设想每一条线都可以延长到无尽之中，人们也可以设想每一种思想可以无限发挥并从中得到最极端的结论。这一点没有人能避免。我本来还要给你写得更多的，今天这些就够多的了。总之，你的信让我感到很遗憾，因为我的1896年的计划还没有完成。本来一切可以更好的。我们祝福你们五个人。

你的　爱德

　　第五张纸①，刚才我完全忘记了布伦塔诺的事了。《社会实践》这本杂志我已经收到了，收到你的明信片时，我已经就布伦塔诺的文章起草了一篇回复，但这是为《社会实践》写的。现在我已经把它改得适合《新时代》用了，并把它用十字封条寄给了你。很显然，布伦塔诺是《每日纪事报》的牺牲品，为了从背后将胜利者拉下马而无耻地在斗争中说了谎。《每日新闻》则表现更好一些，它的工人专栏现在由船坞工人的一位前领袖克莱门特·爱德华兹主编，这些专栏也使得论战双方最终达成了一致。《每日新闻》编辑部和论战双方的通信往来的情况，布伦塔诺是一点都不懂的。

　　《社会实践》在指责其他社会改革家时将我视为他们的"同志"，这对我来说基本上是无关紧要的。首先我事实上就是一个社会改良家。我并不相信颠覆，政治性质的暴力冲突与我不相关，社会的革命只有通过改良，就是说一点一点地推进。社会革命的空话有什么用呢？结果只会导致与耶稣教义一样。区别仅在于，有多少社会改良，以及人们在什么情形下或者更确切地说怎样才能推动社会改良。其次，关于某位好心肠的改革家大肆利用我的话这种想法怎么会阻止我说出我认为正确的话呢？社会民主党今天为什么而斗争，在我的论述中并没有涉及这一点。

---

① 这里是指伯恩施坦所写的这封信已经第五页了。——译者注

工人为他们的斗争所需要的任何东西并不会因为我的论述而受到触动，他们的任何要求的分量也不会因此减弱。相反，在我反对大厦即将倒塌的假设时，我也增强了这些要求的分量。只要人们在一定的范围内保持克制，我感觉我就不会提出一个字的异议。

门德尔松前天给我寄了一份《标准》杂志上的剪报，是关于你的著作的书评。大多数都是简要的概括，但是都一致表示认同。所有这些人都表现得很有礼貌，尽管他们是通过你才认识社会民主党的。可惜我找不到那份剪报了，不过我一找到它，你就会收到它。它一定是在星期三的那期报纸上。星期三我们还顺便拜访了艾威琳①。我们发现她恢复得比我们根据杜西②信中的消息所推测出的情况更好一些。但是是否动手术以及怎么动手术，我们还不知道。

衷心的祝福！

你的 爱德

我用十字封条给你了寄一篇文章③，如果下期能登出来的话我将会非常高兴。

---

① 艾威琳（Avelung），马克思最小的女儿。——译者注
② 杜西（Tussy）是马克思最小的女儿艾威琳的昵称。——译者注
③ 指伯恩施坦的文章《论受排挤的工人的赔偿要求》。

异质性哲学园地

论三阶符号指谓的结构

赵映香[*]

【摘要】 徐长福教授原创的异质性哲学是一套关于实践的形上理论体系,其目的是通过反思理论与实践的反差或异质性来拯救实践。为通达这一目标,徐教授以意识为切入点,先对其进行生理学和病理学研究。意识分为自然的直观意识和人工的符号意识,而符号意识的基本运作方式就是指和谓——指出一个对象并加以述谓。符号指谓分为三个阶次:以个别词为主词、实在词为谓词的为一阶,主、谓词均为实在词的为二阶,以范畴词为谓词的为三阶。符号指谓的结构是符号意识的基本结构,可再分为意指结构和主谓结构;前者涉及符号与意识及对象的关系,后者涉及起意指作用的主词和起述谓作用的谓词之间的关系。笔者对一阶和二阶符号指谓的结构已有论述,本文接着阐释三阶符号指谓的结构,并用八个简单的图表呈现其间横向维度和纵向维度的经纬交织关系,以及同质和异质的关系。

【关键词】 异质性 异质性哲学 符号指谓 三阶指谓

有必要先回顾一下符号指谓的阶次。[①]

主词是个别词,谓词是实在词者为一阶符号指谓。个别词意指个别对象,在句子中只做主词,不作谓词,即它只表存在,不表意义,因而是绝对主词和绝对意义虚项。实在词意指存在于时空中的事物的类型,

---

[*] 作者简介:赵映香,大理大学马克思主义学院副教授。
[①] 徐长福:《拯救实践》(第一卷 意识与异质性),重庆出版社2012年版,第20、27、69页;赵映香:《论一阶和二阶符号指谓的结构》,载《实践哲学评论 第1辑》,中山大学出版社2014年版,第179–191页。

其自身既是普遍词又表实在意义。比如,"苏格拉底是人"和"苏格拉底是智慧的"等是一阶符号指谓,其中,"苏格拉底"是个别词,"智慧的"和"人"是实在词。

主词和谓词均为实在词者为二阶符号指谓。比如,"人是动物""人是理性的""智慧是德性""智慧是理智的"等都是二阶符号指谓。

三阶符号指谓有二式:①主词为非范畴词(包括个别词和实在词)而谓词为范畴词的三阶符号指谓,可称为"应用性三阶符号指谓"或"应用范畴式";②主词和谓词均为范畴词的三阶符号指谓,可称为"原理性三阶符号指谓"或"纯粹范畴式"。[①]

范畴词意指意义或范畴的共同类型或辞式,如在"苏格拉底是个别的实体"中,"实体"是范畴词,因为它并没有赋予苏格拉底任何时空规定性,即没有为其提供诸如多高、多重、长得怎样等信息,而只是为其提供范畴意义,即指苏格拉底这个对象是属于什么范畴。说它是实体就是说它不是偶性,而是一个不可再分的存在单元;"个别的"也是范畴词,说它是个别的实体就是说它不是普遍的实体等。

下面先论述应用性三阶符号指谓的结构,再论述原理性三阶符号指谓的结构。

一、应用性三阶符号指谓的结构

应用性三阶符号指谓(以下简称"应用性三阶指谓")可以分成两种:一是以个别词为主词、范畴词为谓词的应用性三阶指谓,二是以实在词为主词、范畴词为谓词的应用性三阶指谓。[②]

(一)主词为个别词而谓词为范畴词的应用性三阶指谓的结构

下面拿两个例句来说明此种应用性三阶指谓的结构。

[①] 徐长福:《拯救实践》(第一卷 意识与异质性),重庆出版社2012年版,第252 - 253、351页。

[②] 同上书,第252 - 277、305、351 - 378页。

例一：苏格拉底是个体。

在横向的主谓结构中，"苏格拉底"是绝对主词，"个体"是范畴谓词，系词"是"把二者连接起来。

在纵向的意指结构中，主词"苏格拉底"直接意指苏格拉底这个人，包括其殊相或个别图像和这个个别对象本身，这种直接意指也是特指；范畴谓词"个体"通过直接意指个体这个范畴或辞式，一方面现实地意指辞例"苏格拉底是人"中的"苏格拉底"所指的对象，另一方面潜在地意指着同类的其他辞例中个别词所指的对象。在这里，其具体的范畴意义为：在指谓关系中只做主词不作谓词的个别词所指的一个独立不可再分的存在单元，这一意义由一阶指谓辞例来例示。如图1所示：

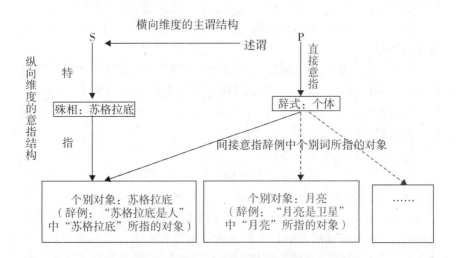

图1 应用性三阶符号指谓的结构：苏格拉底是个体

从图中我们可以清楚地看出：谓词"个体"归给主词"苏格拉底"的范畴意义是否属实或恰当，不能像在一阶指谓中那样靠直接的直观认定，而要靠曲折的直观认定，即通过对范畴谓词"个体"所下属的辞例的分析来加以认定。具体做法为：通过把主词"苏格拉底"放到范畴谓词"个体"所指的具体辞式——在指谓关系中只做主词不作谓词的个别词所指的一个独立不可再分的存在单元——中加以演示来认定。

例如，要知道"苏格拉底是人"是否为真，只要看看"苏格拉底"

所指代的个别对象身上有没有先前例示而来的"人"所指的共相或图式的意义对应物，若有就说明述谓属实、指谓连接正确，反之就不属实、不正确。可是，要知道"苏格拉底是个体"是否为真，仅仅直观到"苏格拉底"这个对象是不够的，还必须看到主词"苏格拉底"跟该对象之间的指代关系，并在辞例中比较"人"跟它在苏格拉底身上的直观对应物之间的指述关系。只有这些关系都演示清楚了，把"个体"归给"苏格拉底"是否恰当的问题才能解决。其所以存在这种差异，在于"个体"不是一个可直接呈现的图式，而是一个范畴或一个意义关系的辞式。

另外，若用实在词去述谓非范畴词，述谓所针对的只是非范畴词所意指的对象，反之，若用范畴词去述谓非范畴词，其针对的就不是主词所意指的对象，而是意指结构。这样一来，就造就了一阶和二阶指谓的主词只有一个单一系列的属种谓词，三阶指谓的主词却有多个属种谓词系列的景观。

例如，只要说出上述例句"苏格拉底是个体"，那么，"个体"范畴的内在结构就必定会把"苏格拉底"的意义结构开显出来，从而就可以说"苏格拉底是一个实体"、"苏格拉底是一个对象"、"苏格拉底是一个绝对主词"等。

例二：苏格拉底是具体的。

在这个句子中，横向的主谓结构是：表偶性的范畴谓词"具体的"对主词"苏格拉底"进行述谓。由于主谓之间也是异质性的关系，所以二者之间的连接是否恰当也就需要曲折的直观认定。首先看主词"苏格拉底"所意指的对象是否存在或是否真有所指，若有或存在，再把主词"苏格拉底"放到范畴谓词"具体的"所意指的辞式中加以演示来认定。

在这个句子中，纵向的意指结构为："苏格拉底"通过意指苏格拉底在说话人头脑中的殊相或个别图像来意指苏格拉底这个个别对象，此为特指；"具体的"通过直接意指具体这个偶性的辞式——我们说某物是具体的，意思是指它在指谓关系中是特殊的或可感的——来现实地意指辞例"苏格拉底是人"中的"苏格拉底"所指对象的具体性，并潜在地意指同类的其他辞例中个别词所指对象的具体性。

比如，在辞例"苏格拉底是人"中，"苏格拉底"这个主词意指苏格拉底这个特殊的、可感的个别对象，因此是具体的；"人"直接意指人这个属的共相或图式来间接意指苏格拉底，同时也潜在地间接意指柏拉图、亚里士多德等，因此它是相对抽象和普遍的；所谓"苏格拉底是具体的"就是指像苏格拉底这样的事物相对于他的抽象属而言的存在状态，即具体性。

在这个辞例中，"苏格拉底是人"这句话的直观属实起到了前提性的作用，但这句话的目的却不在于表明"苏格拉底"确实是"人"，而在于表明"苏格拉底"所意指的苏格拉底确实是"具体的"。这里的直观是双重的：一重是对"苏格拉底"所指对象的直观，一重是对"苏格拉底是人"这一辞例的"直观"；前者是本来意义的，后者是类比意义的。如图2所示：

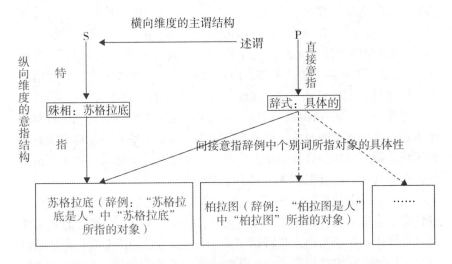

图2　应用性三阶符号指谓的结构：苏格拉底是具体的

（二）主词为实在词而谓词为范畴词的应用性三阶指谓的结构

主词为实在词而谓词为范畴词的应用性三阶指谓，比如，"人是属"、"人是抽象的"、"智慧是偶性"、"智慧是思维的"，等等。下面逐一分析这四个例子。

在"人是属"中，横向的主谓结构是：表范畴意义的谓词"属"

对表实体属的主词"人"进行述谓。"人"可称为实体属词,"属"可称为范畴种词,系词"是"起着把二者连接起来的作用。在这里,虽然二者之间是属种关系,具有同质性,但由于主词是实在意义单元而谓词是范畴意义单元,也就是说,其间具有纵向维度的异质性关系,因此其间也不能完全通约。

让我们比较"人是动物"和"人是属"。一方面,"人"与"动物"是属种关系,"人"和"属"也是属种关系,这种关系从逻辑上保证了谓词对主词述谓的恰当性,即无论"动物"还是"属",其所归给"人"的意义都必定能够在"人"所意指的图式中找到对应物。但另一方面,由"动物"归给"人"的意义是具有时空特征的,该意义可在"人"的个例中直观到。相比之下,"属"所归给"人"的意义则是不具有任何时空规定性的,只能从对"人"这个词语的使用实例或辞例中分析出来,尽管这种分析也会溯及该词的实在意义以至直观个例。"属"在这里的范畴意义是"以个别事物为其成员的最低的类"。可把主词"人"放到属的辞式中加以演示来认定,只有这一关系演示清楚了,把"属"归给"人"是否恰当或属实的问题才能解决。

另外,当以实在词为应用性三阶指谓的主词时,范畴谓词所针对的也不是主词所意指的对象,而是意指结构,所以,实在主词也可能有多种属种谓词。例如,只要说出上述例句"人是属",那么,"属"范畴的内在结构就必定会把"人"的意义结构开显出来。

纵向的意指结构为:"人"直接意指人这个属的共相或图式,以及间接意指苏格拉底、柏拉图、亚里士多德等个别对象;"属"直接意指属这个辞式,并现实地意指辞例"苏格拉底是人"中的"人"所指的对象,以及潜在地意指着同类的其他辞例中普遍词所指的对象。如图3所示:

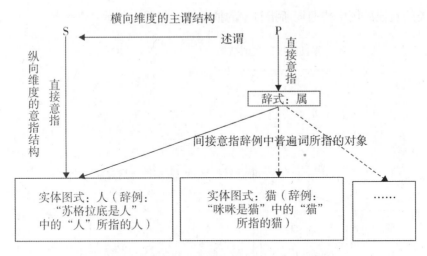

图3　应用性三阶符号指谓的结构：人是属

在"人是抽象的"中，横向的主谓结构是：作为偶性的范畴谓词"抽象的"对主词"人"进行述谓。由于主词是实在词，谓词是作为偶性词的范畴词，所以二者之间具有双重的异质性的关系：一是作为属的"人"与其偶性"抽象的"之间的异质性；二是实在意义与范畴意义之间的异质性。既然如此，二者之间的连接是否恰当或属实也要曲折地直观认定。首先看主词"人"所间接意指的对象是否存在或是否真有所指，若有或存在，再把主词"人"放到范畴谓词"抽象的"所意指的辞式中加以演示来认定。

我们说某物是抽象的，意思是指"它是概念的、普遍的、即在指谓关系中，它能够述谓不同的主词"。比如，在"苏格拉底是人"中，主词"苏格拉底"直接意指苏格拉底这个人，谓词"人"直接意指人这个实体属的共相或图式，间接意指属下诸如苏格拉底、柏拉图等众多个别对象，也就是说，"人"作为属词可以陈述不同的主词，或可以不只述谓一个个别词，只有这一关系演示清楚了，把"抽象的"归给"人"是否恰当或属实的问题才能得到解决。

在"人是抽象的"中，纵向的意指结构为："人"直接意指人这个实体属的共相或图式，进而间接意指苏格拉底、柏拉图、亚里士多德等个别对象；"抽象的"直接意指抽象这个偶性辞式，并现实地意指辞例"苏格拉底是人"中的"人"所指对象的抽象性，以及潜在地意指着同类的其他辞例中普遍词所指对象的抽象性。如图 4 所示：

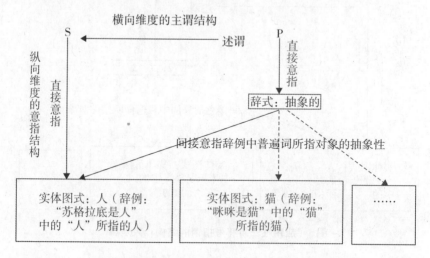

图 4　应用性三阶符号指谓的结构：人是抽象的

在"智慧是偶性"中，横向的主谓结构是：范畴种词"偶性"对偶性属词"智慧"进行述谓。此句与"人是属"具有同样的道理，即虽然二者之间是属种关系，具有同质性，但由于主词是实在意义单元而谓词是范畴意义单元，因此它们之间也不能完全通约。

当以实在偶性词为应用性三阶指谓的主词时，偶性范畴谓词所针对的也不是主词所意指的对象，而是意指结构，所以，实在偶性主词也可能有多种偶性属种谓词。例如，只要说出上述例句"智慧是偶性"，那么，"偶性"范畴的内在结构就必定会把"智慧"的意义结构开显出来。

在"智慧是偶性"中，纵向的意指结构为："智慧"直接意指智慧这个偶性属的共相或图式，以及间接意指苏格拉底、柏拉图、亚里士多德等身上的智慧的特性；"偶性"通过直接意指偶性这个辞式——依附于个别事物而存在的性质、数量、关系等特征——来现实地意指辞例"苏格拉底是智慧的"中的"智慧"所指的智慧，并潜在地意指着同类的其他辞例中偶性词所指的偶性。如图 5 所示：

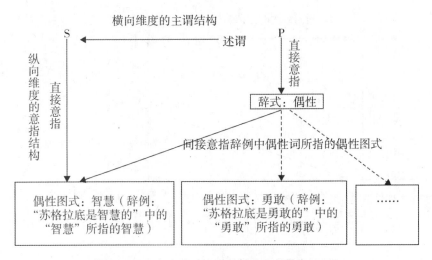

图 5　应用性三阶符号指谓的结构：智慧是偶性

在"智慧是思维的"中，横向的主谓结构是：偶性谓词"思维的"对偶性主词"智慧"进行述谓。由于主词是实在词，谓词是作为偶性的范畴词，所以二者之间具有双重的异质性的关系：一是作为属的"智慧"与其偶性"思维的"之间的异质性；二是实在意义与范畴意义之间的异质性。既然如此，二者之间的连接是否恰当或属实也要曲折地直观认定。首先看主词"智慧"所间接意指的个别对象身上的智慧特性是否存在，若存在，再把主词"智慧"放到范畴谓词"思维的"所意指的辞式中加以演示来认定。

在"智慧是思维的"中，纵向的意指结构为："智慧"直接意指智慧这个偶性属的共相或图式，以及间接意指苏格拉底、柏拉图、亚里士多德等个别对象的智慧；"思维的"通过直接意指思维这个辞式——靠符号来运作的意识，有别于靠直观来运作的意识——来现实地意指辞例"苏格拉底是智慧的"中"智慧"所指对象的思维特征，并潜在地意指着同类的其他辞例中相关偶性的思维特征。如图 6 所示：

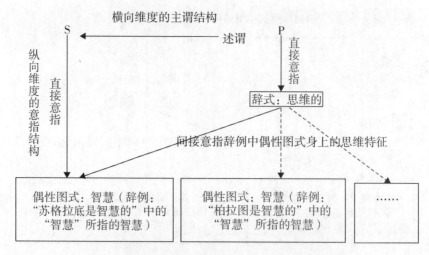

图6 应用性三阶符号指谓的结构：智慧是思维的

二、原理性三阶符号指谓的结构

原理性三阶符号指谓（以下简称"原理性三阶指谓"）的主词和谓词均为范畴词。① 下面拿两个例句来说明此种三阶指谓的结构。

例一："个体"是范畴词。

在这个句子中，横向的主谓结构是：谓词"范畴词"对主词"个体"进行述谓。"个体"可称为属词，"范畴词"可称为种词，系词"是"起着把二者连接起来的作用。从原则上讲，由于主谓词之间是属种关系，所以二者连接的恰当性就可以逻辑推定。然而，实际情况却很复杂，其原因在于：任一范畴词都具有不止一个属种谓词系列，且范畴之间存在指谓循环关系。这样一来，一方面，致使原本同质的关系异质化；另一方面，主谓词之间的异质性关系也有同质化的情况。上例中的范畴词"个体"就具有不止一个属种谓词系列，我们除了可以说"'个体'是范畴词""'范畴词'是词语"外；还可以说"个体是范畴""范畴是观念"；也可以说"个体是对象""对象是东西"等等。这些

---

① 徐长福：《拯救实践》（第一卷 意识与异质性），重庆出版社2012年版，第252–277、304、351–378页。

不同系列的属种谓词之间是异质的。

范畴之间存在指谓循环关系的情况是：比如，在"'个体'是范畴词""个体是范畴""个体是存在"这三个句子中，这三个谓词分开来看都是"个体"的属种词，但合起来看却没有一阶和二阶指谓那种单向的被包含与包含的关系。验证起来，似乎既可以说"范畴词是范畴""范畴词是存在"，也可以说"'范畴'是范畴词""范畴是存在"，还可以说"'存在'是范畴词""存在是范畴"，它们之间俨然是互为属种、互相包含的循环关系。不过，仔细分析后发现，这三个谓词虽然都述谓"个体"，但所述谓的结构内容其实并不相同。比如，"范畴词"所述谓的是"个体"这个范畴词，"范畴"所述谓的是"个体"这个范畴，"存在"所述谓的是"个体"这种对象。另外，这几个谓词彼此互为属种也是其结构内容彼此交错的结果。比如，"范畴词"所述谓的是"范畴"和"存在"这两个范畴词，"范畴"所述谓的是"范畴词"和"存在"这两个范畴，"存在"所述谓的是"范畴词"和"范畴"这两种对象。

进一步分析还可发现，并不是所有的范畴词之间都具有这种互为属种、互相包含的循环指谓关系。比如，如果反过来把做主词的"个体"用作谓词，把做谓词的以上三个范畴用作主词，那么，所造出的句子就是不通的，即显然不能说"范畴词是个体""范畴是个体""存在是个体"。这就是说，这三个范畴词各自的任何结构内容都不可能被"个体"这个范畴词的任何结构内容所包含。总之，在原理性三阶指谓中，指谓之间的同质和异质关系是非常复杂和抽象的。这就要求指谓过程的每一个环节都要小心推导，多方例示。

纵向的意指结构为："个体"直接意指"个体"这个辞式，间接意指辞例"苏格拉底是人"中的"苏格拉底"一词，以及意指着同类的其他辞例中意指个别对象的词语。在这里，其具体范畴意义为：在指谓关系中表特指而被述谓的个别词；"范畴词"直接意指范畴词这个辞式，间接意指如"个体"、"谓词"等这些范畴词的辞例中意指着个别对象及其类型的词语。在这里，"范畴词"的具体范畴意义为：它是表范畴意义的普遍词，范畴意义指的是语言使用的各种类型，亦即范畴；"谓词"的具体范畴意义为：在指谓关系中表泛指而述谓主词的普遍词。如图7所示：

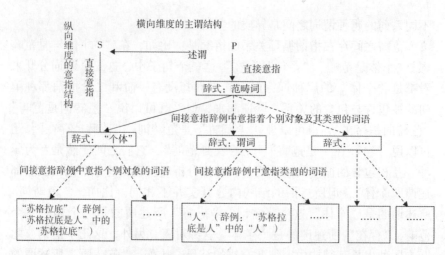

图7　原理性三阶符号指谓的结构："个体"是范畴词

例二：个体是自立的。

在这个句子中，横向的主谓结构是：谓词"自立的"对主词"个体"进行述谓。"个体"可称为属词，"自立的"可称为偶性词，系词"是"起着把二者连接起来的作用。从原则上讲，由于主谓词之间是异质性关系，所以二者连接的恰当性只能靠曲折的直观认定。然而，实际情况也是很复杂的。我们还是在例句中来说明这种复杂性，先把例句"个体是自立的"拓展为"个体是自立的事物"这个例句，在这个例句中，"自立的"是"个体"的偶性谓词，它们是异质的。但在"'自立'和'个体'都是表范畴意义的范畴词"中，这两个异质范畴词又都以"范畴词"为属种谓词，从而间接结成了同质性关系。这种情况在一阶和二阶指谓中都是难以设想的。不过，这种关系表面上看是悖理的，但实际上并非如此，原因也就在于其间存在结构性错位。比如，当"自立的"充当"个体"的偶性谓词时，二者借以关联的结构内容是其各自所意指的对象："个体"意指个别事物，"自立"意指事物的状态，因而它们是异质的；而当"范畴词"充当它们共同的谓词时，二者都仅仅作为词语类型而得以并置，其差异性的结构内容暂被略去不计。针对这种特殊情况，范畴律要求通过必要的辞例分析来确保间接的、曲折的直观认定。

纵向的意指结构为："个体"直接意指个体这个辞式，间接意指辞例"苏格拉底是人"中的苏格拉底,以及意指着同类的其他辞例中个别词所指的对象。在这里,其具体的范畴意义为:在指谓关系中主词所意指的个别事物;"自立的"直接意指自立这个辞式,间接意指诸如"个体"、"属"等这些范畴的辞例中个别实体词所意指的个别对象的自立特征,以及实体属种词所意指的类型。"自立"的具体意义为:一种相对于个别事物及其类型的偶性而言的存在状态;"属"的具体范畴意义为:以个别事物为其成员的最低的类。如图8所示:

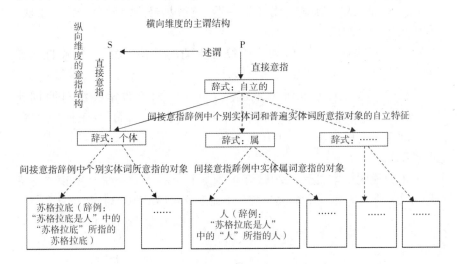

图8 原理性三阶符号指谓的结构:个体是自立的

结　语

本文通过文字加图表的方式把三阶符号指谓结构的横向主谓结构和纵向意指结构及其关系,以及其间的同、异质性关联形象地呈现了出来。从呈现的情况来看,三阶符号指谓结构既清晰明了又有规律可循,这说明异质性哲学对三阶符号指谓及其结构的划分和论证也是完整且合理的。这就为分析意识现象、揭示理论思维的问题,以及进而拯救实践做好了前期准备。另外,从一阶、二阶和三阶符号指谓的整体来看,符号指谓结构纵横维度的存在和关联,使异质性哲学与其他哲学有了一个原则上的区别,并具有了方法上的优势。异质性哲学的理论原则是:执持符号指谓去看符号指谓与自然直观的关系,以及意识和对象的关系。这样一来,这一理论原则就强有力地约束着符号意识的言行:一方面,符号意识除了要接受逻辑法则的约束外,还要接受直观法则的约束;另一方面,符号意识除了要靠逻辑推定的方法外,还要依靠直观认定的方法。当然,这一方法亦将适用于异质性哲学本身。

参考文献

[1] 徐长福. 拯救实践(第一卷 意识与异质性) [M]. 重庆:重庆出版社,2012.

[2] 赵映香. 论一阶和二阶符号指谓的结构 [M]. 实践哲学评论:第1辑. 广州:中山大学出版社,2014.

[3] [英] 尼古拉斯·布宁,余纪元. 西方哲学英汉对照词典 (*Dictionary of Western Philosophy*:*English – Chinese*) [M]. 王柯平,等,译. 北京:人民出版社,2001.

项目说明: 本文受到2013年度国家社会科学基金重点项目"马克思主义实践哲学的语言转向研究"(批准号:13AZX003)的资助。

论认识个体的两个维度

叶甲斌[*]

【摘要】认识个体有两个基本的维度，即普遍与特殊关系的维度以及整体与部分关系的维度。这两种维度既有明显区别，也有诸多相似。本文试图结合图表分析上述认识个体的两个不同维度，在此基础上，进一步探讨在认识个体过程中的物理粒子和总体性整体的问题。

【关键词】个体　普遍　特殊　整体　部分

认识个体[①]有两个基本的维度。第一个是从个体普遍化至属种及更高层次的维度。这个维度是理论认识的着力点，因为由特殊到普遍的认识之后，理论就可以获取统辖特殊的普遍性。这符合人类认识的经济性，也因此潜含理论认识的种种病灶。第二个是从个体的范围[②]不断扩展以至于到达总体[③]的维度，这个维度主要关涉个别事物之间的整体与

---

[*] 作者简介：叶甲斌，中山大学哲学系博士研究生。

[①] 个体的英文为 individual，它源自拉丁文 individuus，意为"不可分割的"。"该词是波埃修斯用来翻译希腊词 atom，'不可切割的'或'不可分割的'，其意为一个单一的、特定的存在物或单位；它不可能再现实地或从概念上加以划分，除非其认同得到改变。"具体参见尼古拉斯·布宁、余纪元编著《西方哲学英汉对照辞典》，人民出版社 2001 年 2 月，第 491 页。本文的个体（individual）概念与此不同，它既包括物理的规定性，即占据着特定的时间和空间，其整体可以被感官直接把握的物质实体，又包括语言的规定性，即它可以用专名和代词指代，尤其是可以用普通专名如"张三"加以指代。

[②] "范围"在文中特指物质实体的时间和空间的界限。范围大的事物与范围小的事物可能具有时空上的"包括"关系。与此对应，文中所用的整体与部分关系限于讨论本文所要探讨的个体即物质实体的关系问题。

[③] 最终的总体即世界或宇宙，它无所不包、无所不有。一般的总体指整体范围超出直观视域的对象。"总体化"指认识对象的范围不断扩展，逐渐超出直观的过程。"总体性"指对象的整体范围超出人的直观视域这种性质。

部分的关系，它始终不能脱离个别事物而到达普遍的层次。关于认识个体的前一维度，徐长福教授的《拯救实践》（第一卷　意识与异质性）做了细致的分析；对于后一维度，该书在第六章"意识的问题域"中也有详尽的探讨。本文旨在结合图表分析这两个认识个体的不同维度，在此基础上，进一步探讨物理粒子和总体性整体等相关问题。见图1。

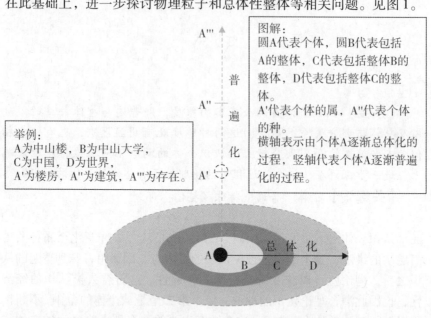

图1

上图中，个体A与整体B、C、D之间是部分与其整体的关系，它们具有被包括与包括的关系；个体A与A′、A″、A‴之间是特殊和其普遍对应物的关系，即个体与其普遍的属种之间的关系。这两个维度是人类思维把握个体的基本方式。它们在很多方面都十分相近，因此容易造成混淆。它们都是从个体出发，认识不断扩展的过程。更进一步，图1中横轴表示的由个体出发认识对象的范围不断扩大这一过程，与竖轴表示的由个体出发认识对象外延不断扩展的过程相似。由于逐渐远离直观①，认识可靠性随着范围的扩大或外延的扩展不断减弱。值得注意的

---

① 本文的"直观"指"人通过感官对于对象的直接意识"，"这里需要强调的是实现这种直接意识，不等于只靠感官，它是一套复杂的天生就有的认识机能综合起作用的结果"。具体参见徐长福《拯救实践》（第一卷　意识与异质性），重庆出版社2012年版，第2页。

是，认识个体的整体与部分的关系跟普遍与特殊的关系之间也存在重要差别。首先，整体与部分的关系关涉的对象是时空中的存在物，因此，在逻辑上，它们是可以直观到的（虽然事实上，由于单个人的直观能力有限，人们只能直观到某些对象的部分而非整体），然而普遍与特殊的关系的对象，只有特殊的个别事物才可能直观到，普遍事物无法被感官直接把握，毋宁说是理智的认识对象。其次，整体与部分的关系的对象存在于时空之中，而普遍与特殊关系的对象既可以在时空之中①，也可以在时空之外，例如具有普遍与特殊的关系的属和种都不存在于时空中。最后，整体与部分的关系双方具有时空范围上包括与被包括的关系，而普遍与特殊的关系双方具有的是内涵与外延上包含与被包含的双重关系。前者比如中山楼包括其中某个会议室，它们只在时空范围上具有特定的包括关系。后者比如"楼房"在外延上包含"中山楼"，"中山楼"在内涵上包含"楼房"，它们具有内涵与外延的双重关系。个体的内涵包含其属种，因此可以"例示"它的属种，例如"中山楼""是"一个"楼房"，但是，组成整体的部分却不如此，例如"中山楼"无论如何也不能"是"一个"中山大学"。

一、认识个体的第一个维度——整体与部分的关系

结合本文图1，在横轴上，认识从个体出发，对象的时空范围不断扩大。直观有一定的时空限制，如果认识对象的时空范围增大，相应的直观难度会不断增加。这就使得认知可靠性越来越成问题。如果要认识中山楼，人们可以直接观察中山楼，从而得知它的基本信息。倘若对上述信息存有疑惑，只要认真观察，甚至多次观察，很多问题就会迎刃而解，因为它可以被清楚地直观到。然而，倘若对中山大学的认识产生疑惑，问题就棘手得多。作为认识对象的中山大学，它的时空范围非常广，要想直观到中山大学的整体相当困难。即便熟知中山大学某些部分，也很难对它做一个严格的论断。因为这些事物只是中山大学的有限部分，无法为关于中山大学的论断提供充足的信息。按此推理，有数百

---

① 事实上，普遍与特殊关系只有"特殊"的对象才有可能是时空中的存在，即具有广延的物质实体，而"普遍"的对象不在时空之内。

万平方公里国土和十多亿人民的中国，它的时空界限已然超出人们一般的直观范围①，仅凭极其有限的直观认识来论断整个中国，困难可想而知。

事实上，认识个体的难度不仅与个体的时空范围直接相关，还与个体各个部分的复杂性程度有重要联系。相关的复杂性科学理论对此有专门研究，本文暂不赘言。一般说来，一个事物的部分之间差异越大，它的整个生成和运行系统就越复杂，认识它的难度也就随之加大。由此可见，对整体的认识之难不仅在于整体的范围往往超出直观，而且还在于部分之间的异质性。如果认识对象的时空范围远远超出直观视域，那么它的部分之间的异质性就难以发现。倘若无法确切考察各个部分，而部分与部分之间充斥着异质性，那么轻易对整体统一论断就显得非常草率。倘使关于该整体的不可靠论断付诸实践，很可能会给实践带来意想不到的后果。

本文图1的横轴表示认识从个体到总体难度不断增加的过程。结合上述分析可以看出，事实上，即使认识中山楼也不简单②。相比之下，认识中山大学就困难得多，因为中山大学的范围超出了一般的直观范围，并且它包括的部分之间具有高度的异质性，既有复杂的组织机构，又包括其中的建筑和师生。正因如此，如果对中山大学的认识出了差池，要了解问题的究竟就非常复杂，很难落实到直观层面。同理，对中国的认识更是不易。从古至今，以整个中国为对象的理论可谓汗牛充栋，但它们非但不可能穷尽中国这个对象包括的各个部分，甚至考察其中大部分地区也几乎不可能，这是以中国为研究对象的理论争论不休的重要原因。倘若时空范围进一步扩展到世界（或宇宙），认识的整体与部分的关系这一维度便走向了极致。在此，世界囊括一切事物而成为一个无所不包的"总体"。世界是一个终极"总体"，人类的理智必定无法实现对它的全面认识，正因如此，关于世界的认识注定是一宗难解的悬案。

---

① 人们可能会说，对中国的直观可以借助地图来实现。"地图"是它所代表事物的某种标示，直观到地图固然有助于认识相应的事物，但这绝不意味着直观到该事物本身。

② 认识个体的困难至少有两个方面：一个是它的个别偶性之无穷，另一个是它的组成部分之杂多。

二、认识个体的第二个维度——普遍与特殊的关系

本文图1的竖轴表示，由个体普遍化到它的属，由属进一步普遍化到种，种普遍化到范畴的领域。① 在上述过程中，从个体普遍化得到属，属即图式②。在属的层面，人们能够形成比较标准的图式，它对应一类个体，可以从个别直观中加以例示。例如，"楼房"的图式意指具体的每一个楼房，后者是"楼房"这个类的个例。属进一步普遍化就到了种，即意式。意式无法形成种的标准图像，然而同类图式有其"标准值"，即意式。它可以用图式来例示，因此也就可以从个别直观中抽象而来。③ 例如，在"建筑是人工的"这个句子中，"人工的"偶性可以从"楼房""平房"等属所包含的个例中寻求例示。由种普遍化就到了范畴的领域。范畴没有经验内容，因此与图式和意式相区别，它是同类意义的"标准型"，通过词语在指谓关系中的实际用法加以例示。

个体在普遍与特殊关系这一维度中外延不断扩大，最终进展到范畴领域。这与个体在整体与部分关系中不断扩展到总体的链条类似。例如，由个体"中山楼"到"楼房"，再由"楼房"到"建筑"，最后由"建筑"到"存在"。在认识"中山楼"时，由于在一阶符号指谓中，主词直接意指某个直观对应物，因此可以直观认定对它的述谓是否属实。例如，在"中山楼是现代化的楼房"这个句子中，通过直观可以认定"中山楼"是否具有"现代化"的偶性，是否属于"楼房"这个属。在认识"楼房"时，虽然"楼房"本身并不直接意指某个直观对

---

① 本章的分析借助《拯救实践》第一卷的术语，因此其中讨论的属、种和范畴等概念以该书为准。在该书中，属包含个体，它指图式，是一类个体的"标准型"；种包含属，它指意式，是一类属的"标准型"；范畴不同于图式和意式，它没有经验内容，指符号指谓本身包含的意义类型。具体参见徐长福《拯救实践》（第一卷 意识与异质性），重庆出版社2012年版，第228-237页，第254-257页。

② 关于属概念，需要厘清属词、属（图式）和对象三者的关系。属词指符号层面，属或图式指意识的层面，对象指外在的客观事物。种词、种（意式）和对象三者的关系亦是如此。

③ 参见徐长福《拯救实践》（第一卷 意识与异质性），重庆出版社2012年版，第255页。

应物,但是它意指图式,因此可以在个别直观中加以例示。例如,在二阶符号指谓"楼房是多层的建筑"中,可以在个别的楼房中加以例示,看它们是否符合"多层的"偶性。不过,"楼房"与"建筑"之间具有实体属种的关系,也就是具有可逻辑推导的同质性,这意味着无须付诸直观也可以从主词"楼房"推定它的谓词"建筑"。在一阶符号指谓中,主词是指代个别事物的个别词,因此它与普遍的谓词有着天然的鸿沟,必须通过直观认定才能将二者结合为严格有效的一阶句子。

"建筑"是种词,它对应的是意式,它无法像"楼房"那样形成一个标准的图式。不过,意式指某类图式,因此可以借助图式的个例来实现间接的直观认定。例如,在"建筑是人工建设的存在"这个句子中,通过考察"楼房"、"平房"的个例,可以间接地直观认定"建筑"是"人工建设的"这一论断是否属实。上述句子是一个以实在词为主词、范畴词为谓词的三阶符号指谓中的"应用范畴式",对它的考察就与二阶符号指谓有所差别。在二阶符号指谓中,主词与其属种谓词皆为实在词,但是此处主词"建筑"仍为实在词,而其谓词"存在"一方面与"建筑"具有属种关系因而具有同质性,另一方面由于它本身是"范畴意义单元",没有经验内容,因此与表实在意义的主词"建筑"之间不能完全通约。

如果进一步对存在进行追问,那便到了三阶符号指谓的"纯粹范畴式"。在"存在是范畴"或"存在是概念"的句子中,作为有待述谓的主词,"存在"是相对意义虚项。由于范畴词之间存在意义结构上的相互错位,"存在"没有类似一阶和二阶符号指谓的标准的属种谓词,而是可以用不同的属种谓词去述谓"存在"。因此,上述述谓的恰当与否不能仅凭逻辑推定,还需辅以直观认定。以范畴词为主词的三阶符号指谓中,直观认定相当曲折。图式和意式有经验内容,范畴则没有经验内容,它要以指谓关系中的实际用法加以例示。①

与从整体与部分的关系这一认识个体的维度相对应,上述分析反映了认识个体的普遍与特殊的关系这一维度,伴随着从个别词到属种词再到范畴词的过程,直观认定也经历了从直接到间接再到曲折的过程。值

---

① 参见徐长福《拯救实践》(第一卷 意识与异质性),重庆出版社2012年版,第268－269页。

得注意的是，普遍与特殊关系在实体属种之间具有同质性的特征，明显区别于整体与部分关系的认识个体的维度。见图2。

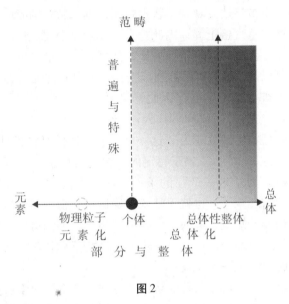

图2

三、物理粒子："第二性"的个体

上文对个体的分析，默认个体是人们生活中遭遇的个别事物。这让人不禁疑问，个别事物中可以分成更为个别的部分吗？这些更为个别的部分也是同名同义的个体吗？就中山楼来说，中山楼包括各个部分，各个部分又包括更基本的部分。倘若按这个思路一直分解下去，那么必然会遭遇到分子是不是个体、原子是不是个体的问题。由此看来，依据某种标准以严格规定何者为严格意义上的"第一"个体，这在理论上是不可能的，因为它涉及时空规定性本身。这正如古人所见："一尺之捶，日取其半，万世不竭。"① 上述疑问表明有必要对自然科学的物理粒子做一番考察。

现代自然科学的发展依赖实验的发现和验证，诸多物理粒子的发现

---

① 芝诺悖论也表明了处在时空中事物具有无限可分性。

亦是如此。可以说，借助实验设备的观察是科学发现物理粒子的重要手段。如此说来，观察某个物理粒子的存在与看到某个人的存在并无二致，它们都可以被整体直观到。物理粒子占据着特定的时间和空间，它的整体可以被感官直接把握，因此符合个体的物理规定性。

然而，在个体的语言规定性方面，物理粒子虽能借助实验设备以确切指出，即可以用"这""那"加以指代，但是它并无普通专名，并且事实上也无法被分别地命名。因此严格说来，它不是本文意义上的个体，毋宁说是"第二性"（secondary）个体。

首先，物理粒子缺少成为"这一个"的普遍的指称条件。① 物理粒子能够称作"这一个"，依赖于特定的实验设备，也就是相关的实验设备提供了指称它为"这一个"的条件。如果不借助相关实验设备，就不可能直观到物理粒子，也就无从谈起确切指称物理粒子，正是在这个意义上，物理粒子缺少普遍的指称条件。相反，人们可以不依赖其他设备就可以独立地指称中山楼。进一步说，确切指称物理粒子所依赖的正是严格意义的个体——实验设备。

其次，物理粒子具有独特的认识论特征。在自然科学实验中观察到的物理粒子都是有限的，但科学家往往依据对这些个别粒子的研究而断言该类粒子的特征。例如，自然科学的不同物理粒子其普遍性各不一样，但是，科学家不会在某次实验结束后宣布"本次实验观察到的个别物理粒子 A 和 B 具有如此这般的特征"，而会说"本次实验观察到的某类物理粒子具有如此这般的特征"。② 换言之，在此，某个物理粒子不仅被当作"这一个"粒子，还同时"代表"某类物理粒子，即便它们在某种实验环境中也可能被确切地指出。在讨论物理粒子的句子中，几乎没有一阶的符号指谓，如"这个分子是如此如此"或者"某个分子是如此如此"，而是直接从二阶的符号指谓开始，如"某类分子是如此如此"。在这个意义上，这些粒子"代表"似乎和图式一样典型，代

---

① 斯特劳森在谈论基本殊相时，曾简要论及物理粒子的问题。他通过对指称事物时可确认性的相互依赖关系来界定个别事物是否为基本殊相。参见斯特劳森《个体》，江怡译，中国人民大学出版社 2004 年版，第 28 页。

② 人们在日常生活中也有意无意地做类似的判断，将特称判断的内容变成全称判断。这种命题转换是同一个逻辑，然而实际效果却有较大差别，尤其联系到社会科学研究和自然科学研究的实际情况。这里面的个中原因暂不详述，但明显与物理粒子的本身特征有关。

表一类粒子。然而，物理粒子归根结底能够借助实验设备观察到，可以在特定的条件下被确切地指出，这区别于完全不可直观到的图式。

四、总体性整体的问题

"总体性整体"指用普通专名指代的整体，它的范围远远超出了直观视域。与上文分析的物理粒子正好相反，总体性整体是以普通专名指代的整体，符合个体的语言规定性，然而，由于它的范围远远超出了直观的能力所限，无法凭借感官直接把握其整体，因此不符合严格意义上的个体的物理规定性。由于总体性整体的上述特征，凭借局部的有限直观而对总体性整体所作的论断，其可靠性尤其值得怀疑。

应当说，整体大都要作为一个部分参与到更大的整体中，因此总体性整体是出现在整体与部分关系序列上的必然结果。同时，总体性整体也是人类社会实践需要的使然，作为社会性的存在，人往往以某个角色（或部分）参与到不同的整体中开展实践。总体性整体与人类的实践生活紧密相关，正因如此，对它的分析非常重要。

从普遍与特殊关系的维度看，总体性整体也由普通专名指代，这与一般的一阶符号指谓没有区别。不过，"中山大学"意指的对象难以付诸直观，因为它的整体超出了人们的直观视域，人们只能直观到它的某些部分。①

在"中山大学是美丽的大学"这个一阶符号指谓中，"中山大学"所意指的对象是否具有"美丽的"这一偶性无法完全地直观认定，因为即使直观到中山大学的某些部分是"美丽的"，不能因此就推断中山大学整个具有"美丽的"偶性。严格说来，这只能说中山大学的某些部分具有"美丽的"这一偶性。一阶符号指谓尚且如此，那么直观认定难以落实的情况下，二阶和三阶符号指谓更是问题重重（如图2右上方阴影所示）。因为在普遍与特殊关系的维度上，符号指谓的阶次越

---

① 正因如此，以指代总体性整体的普通专名为主词的符号指谓尤其需要谨慎考察。"超指是最迷惑人的指代。超指的对象在整体上超出了直观视域，但在局部上却可以有直观的显示。这样一来，就容易造成一种错觉，仿佛超指就跟亲指一样。"徐长福：《拯救实践》（第一卷 意识与异质性），重庆出版社2012年版，第320页。

高,直观认定就越复杂。例如在二阶符号指谓"大学是传授知识的机构"中,直观认定作为属词的"大学",只能到它的个例中寻求有限的例示,例如看"中山大学"是否具有"传授知识的"偶性,是否属于"机构"这个种。但是,一般而言,个别的大学,如"中山大学",其范围大都超出直观,这意味着直观个别的大学以有限例示"大学"这个属相当困难。如果符号指谓进一步上升到三阶,相较于一阶和二阶符号指谓,它的直观认定过程就更加复杂。

如果总体性整体的范围越来越大,总体性程度越来越高,完全直观它的难度便随之增加。普遍与特殊的关系和整体与部分的关系这两个认识维度重叠的区域,就是总体性整体为个例的高阶次符号指谓。要想对它"循名责实"愈加困难。理论家在阐发总体性整体为对象的各种社会理论时,不仅会专门研究某个特殊的总体性整体,而且以对诸多总体性整体普遍有效为自身理论诉求。这就是说,其理论构造的标准句式是以某类总体性整体对象为主词所指的二阶和三阶符号指谓。结合上文分析可知,由于构成理论的命题难以付诸全面直观认定,也就难以找到确凿有力的直观事实支持或反对某个理论,这也是该领域众说纷纭、莫衷一是的重要原因之一。

总体性整体往往以普通专名指代,似乎与张三、中山楼等个体[①]并无区别。正因如此,在实践中,它成为单一的实践主体,所有的部分贯彻它的实践意图,按它的实践规划来行动。如果总体性整体的各个部分之间充满各种异质性,在无法确切直观的情况下,总体性整体的实践理据往往只是凭借其中某些部分得出的有限认识,这暗含着后续实践的种种潜在风险。

鉴于总体性整体认识上的限度,以及在实践上的重要地位,对总体性整体的认识要尽可能地落实到可以直观的个体上,因为它不是一个严格意义上的个体,而是一个包括众多个体的整体。从认识上来说,个体是认识总体性整体的基本单元,同时也是总体性整体在实践中异质性生发的根源。这不意味着要取消总体性整体,事实上也不可能做到。而是说,有必要为认识总体性整体提供一条消极的准则:认识任何总体性整

---

① 仿罗素"伪装的摹状词","总体性整体"更像是"伪装的个体",由更为基本的个体组成。

体，至少不应忽视其"剩余部分"①。对认识总体性整体而言，它并非一个充分条件，照此行事并不能保证必然产生预期的实践效果，但不照此行事则很可能出现意想不到的实践效果。设立这条原则的首要目的不在于要求在认识上穷尽异质性，而是提请注意总体性整体中的剩余部分，为异质性留有余地。

结　语

本文以结合图表的方式，首先分析了认识个体的两个不同的维度——整体与部分的关系和普遍与特殊的关系及二者的同异。在此基础上，接着讨论了物理粒子和总体性整体的问题。物理粒子虽然符合个体的物理规定性，但不具备个体的语言规定性，并且它具有独特的认识论特征，因此不是严格意义上的个体。文章随后着重探讨了总体性整体的问题。一方面，由于总体性整体以普通专名指代，它的某些部分可以付诸直观，因此总体性整体的问题相当令人迷惑；另一方面，总体性整体与人类社会的实践活动紧密联系，所以显得尤为关键。通过分析总体性整体这一问题域，文章最后提出了一条认识总体性整体的消极准则：认识任何总体性整体，至少不应忽视其"剩余部分"。

参考文献

[1] 徐长福. 拯救实践（第一卷　意识与异质性）[M]. 重庆：重庆出版社，2012.

[2] [英] 斯特劳森. 个体——论描述的形而上学. 江怡，译. 北京：中国人民大学出版社，2004.

[3] [英] 尼古拉斯·布宁，余纪元. 西方哲学英汉对照辞典[M]. 北京：人民出版社，2001.

项目说明：本文为2013年度国家社科基金重点项目"马克思主义实践哲学的语言转向研究"（批准号：13AZX003）的阶段性成果。

---

① 还应该注意到在认识中的其他"剩余"，如某个实体的"剩余偶性"，某个属的"剩余个例"等。忽视这些"剩余"是认识过程中问题频发的重要原因，因此应当提请注意认识个体中的"剩余偶性"、"剩余个例"和"剩余部分"。

对"铁路部门延长车票预售期"事件的异质性分析

杨艳姗[*]

【摘要】 本文围绕2014年末中国铁路总公司延长火车票预售期这个事件进行考察,尝试运用异质性哲学的方法分析整个事件的前因后果,并由此论证异质性因素在理论转化为实践的过程中所起到的巨大作用。本文首先对"车票预售期延长"这个方案的设计理念和实行效果进行了对比,进而归纳了此方案在实践过程中出现的四组反差;其次分析了导致这四组反差产生的四个方面的异质性因素;最后,本文通过对异质性因素所产生的张力进行解释说明,创新性地对这个事件的后续发展进行了预测。

【关键词】 车票预售期延长　反差　异质性因素

生活中,实践活动的初衷和其结果常常会出现出人意料的反差。尤其当实践主体较为庞大或是涉及公共领域时,这种反差带来的影响尤为巨大,甚至会波及与其相关的其他实践活动。2014年末,我国铁路部门实行的"车票预售期延长"方案就是上面所说的这样一种实践。该方案的情况大致是这样:2014年11月15日,中国铁路总公司发布消息称,从2014年12月1日起,互联网售票、电话订票的预售期将由目前的20天逐步延长至60天,自12月6日起,全部购票途径的预售期都将维持60天。[①] 然而这个方案的实践结果并没有如其预期的那样顺

---

[*] 作者简介:杨艳姗,中山大学哲学系本科生。

[①] 京华时报:《2015年春运火车票预售期延长至60天引争议　网友:变数太大更难买到票(附2015年春运火车票预售期时间表)》,2014年11月16日,http://askci.com/news/2014/11/16/82749 waal.shtml。

利。本文接下来的部分将会对这个事件的决策初衷和实践的实际结果进行阐述和对比,并归纳出四组最主要的反差。

一、"车票预售期延长"方案的初衷和结果

根据我国的国情,每逢春运,铁路客运系统必定会面临巨大的压力,同时也会造成乘客返乡或出游的巨大压力。因此,铁路部门"车票预售期延长"这个方案的出台,无疑直指2015年春运。铁路部门设计此方案的理由可以归纳为以下四点①。第一,很多乘客希望延长车票的预售期,想要更早地购买车票以方便出行。第二,铁路总公司经调查研究认为,我国目前已经具备延长车票预售期的条件,并且通过借鉴国外火车票售票方式和我国其他客运交通工具的售票方式,铁路公司认为这个方案将会是一个与国际客运系统接轨的重要举措。第三,铁路公司希望通过这个方案缓解抢票高峰期出现的拥挤状态,并减少售票系统发生的诸多故障。第四,铁路公司希望能让旅客提前安排出行计划,以便尽早地掌握春运期间的客流情况,从而获得充足的时间来调配运力,例如考虑是否需要增加列车班次。

从方案的实际结果来看,它并没有达到铁路公司预期的效果。首先,从乘客的角度来看,延长预售期的确给那些能够提前做好日程规划的旅客提供了方便,然而却并没有真正解决"一票难求"的现象,甚至在某种程度上给更多旅客增添了负担。这个问题在下文中有进一步的说明。

其次,铁路部门提出的"与国际接轨"这一目标也没能通过延长预售期得以实现,本文第二部分将对其原因进行深入分析。

再次,铁路部门希望借此方案减少抢票高峰期出现的各种问题,但从实际情况看来,延长预售期实际上只是提前了抢票高峰期,并没有切实解决拥挤等问题。对于高校学生和一些底层劳动者来说,他们的放假时间并没有那么早就确定下来,因此即便预售期提前,他们也很难买到适合自己日程安排的票。所以为了避免车票被抢光,许多乘客只得提前

---

① 张中卓:《火车票预售期延长看铁总与国际接轨》,2014年11月19日,http://news.huochepiao.com/2014-11/201411199583713.htm。

囤票,即一次性购买不同日期的同一车次的车票①。如在某研究院的季先生,就曾一次性购买了连续十几天的车票,想等到时间确定下来后再退掉其他的票②。这让许多人不得已地成为"黄牛党"。对于更多人而言,"计划赶不上变化"的事也绝不稀少,提前两个月制订计划反而增加了计划的不确定性因素,这使得提前购票的旅客往往避免不了日后退票或改签的情况。

最后,铁路部门希望通过提前预售期尽早地掌握春运期间的客流情况,获得充足的时间来调配运力。然而从第二点中我们就可以看出,在大部分乘客"上有政策,下有对策"的囤票行为下,铁路部门并没有获得真实的客流信息,相反,他们获得的都是夸大的甚至虚假的信息,因此这也就与铁路部门想合理调配运力的初衷相矛盾了。

另外,外界对这个方案也有各种各样的担忧。例如公安部门担心黄牛党的东山再起,而旅行社方面则担心会面临订票困难等状况。可见这件事影响涉及的范围之广,不仅仅只关系到铁路部门和乘客。本文的第三部分将会进一步对这些问题进行说明和分析。

通过对比"车票预售期提前"方案的决策初衷和实际结果,我归纳出四组主要的反差,具体如下:

1. 决策初衷是满足乘客的需求,为乘客出行提供便利;然而实际结果却给更多乘客带来不便。

2. 决策初衷是通过借鉴国外火车运营策略和国内其他客运交通工具的售票形式,从而优化我国现有的火车票售票方式,并实现与国际接轨的目标;然而实际上新政策并没有达到优化的效果,更谈不上与国际接轨。

3. 决策初衷是通过延长售票期消解抢票高峰,解决"一票难求"的问题;然而实际结果却使高峰期提前,还导致了后期退票改签高潮的产生。

---

① 齐慧:《火车票预售期提前囤票现象增多——买票难如何缓解》,2015年1月8日,http://paper.ce.cn/jjrb/html/2015-01/08/content_228000.htm。

② 第九软件网:《抢票难于上青天,火车票提前60天预售是好是坏?》,2014年12月24日,http://www.dqsoft.com/zixwn151323.html。

4. 决策初衷是通过提早售票来预先掌握春运高峰期的客流情况，从而制订高效的客运方案；然而实际结果却是铁路部门在"囤票"行为的误导下获得了虚假的客流信息，由此制订出的错误运输计划反而造成了对铁路运输资源的巨大浪费。

这四组反差，无论是对决策者还是被决策者，即对铁路部门和乘客双方来说，都是意想不到的。本文第二部分将围绕这四组反差，使用异质性哲学方法来深入分析其内在原因。

二、对反差产生原因的异质性分析

根据第一部分归纳出来的四组反差，我将从四个方面就其形成原因进行分析。四种原因可以分别归结为四个方面的异质性因素，即：
（1）我国铁路系统与其他发达国家铁路系统之间的异质性；
（2）我国铁路系统与其他客运交通系统之间的异质性；
（3）不同乘客群体之间的异质性；
（4）铁路部门和乘客之间的异质性。
接下来我将一一对这四点进行详细的分析说明。
（1）我国铁路系统与其他发达国家铁路系统之间的异质性。

在本文第一部分中提到，铁路部门希望通过这个方案使中国的铁路交通与国际接轨。与国际接轨的第一方面，是希望与发达国家的铁路售票方式接轨。德国火车票的预售期一般为92天；日本的列车票提前预约时的价格有优惠；而在法国不同类型的列车的预售期甚至可达到三个月、六个月或八个月不等。这几个发达国家的火车列车票预售期更长，与之相比，我国仅提前60天预售，看起来已经算是保守了。但是我国与西方发达国家之间存在着难以忽视的异质性，这是导致我们的决策与结果产生偏差的一个重要原因。纵观这些典型的国家，他们的人均铁路座位数量远远高于中国，这是运力之间显著的差异。此外，我国与这些国家在文化传统方面还有一个重要的异质性因素，那就是春运。春运使得固定的、匮乏的运力与短期内形成的大量需求产生矛盾，使我国的铁路售票方式更加不能轻易与其他国家的售票方式相提并论。总而言之，正因为我国和其他国家在铁路系统方面存在诸多异质性因素，所以若是以同质的思维对待这两者,也就是在忽视这些异质性因素的情况下坚持在我国实行其他国家的铁路运营方式,那么它们之间的异质的因素就会影响实践,实践结果就会因此离我们的初衷越来越远。

(2)我国铁路系统与其他客运交通系统之间的异质性。

与国际接轨的第二方面,就是希望火车运营模式能与更国际化的高端交通工具的运营模式接轨。具体来看,铁路部门这次施行的新购票制度似乎在一定程度上模仿了航空客运的购票制度。从源头上来说,航空的购票预售期之所以较长,是由于飞机本身的受众就比火车、动车的要"狭窄"。所谓的受众"狭窄",就是在社会自然发展中不知不觉形成的"高门槛"。许多消费水平不是很高的民众,更愿意去选择火车而不是飞机。这种受众的差异性就导致了购买飞机票不容易出现像购买火车票时那样"一票难求"的情况。而且为了形成机票售卖商之间良好的市场竞争,预售期越久越能给顾客提供多元的售票运营商的选择,这样的竞争很好地降低了飞机空座率,有利于提高运作效率。相反,火车这种"门槛"非常低的出行方式,无论提前多久开始预售,在春运这种高峰期里也很难降低运行压力。所以可以看出,航空客运和铁路客运两者之间具有异质性,它们有着自己独特的性质,在社会运作中扮演着不同的角色并起着不同的作用。因此,它们各自的运作方案并不可以互用,否则就等于把两种异质的事物用同质的理论进行预设,此时异质性的力量就会给实践带来强大的阻力,从而瓦解了决策者的理论预期[①]。

因此,铁路部门在制定新政策时,不仅要学习其他国家或者其他客运交通系统的成功案例,同时更要重视我国铁路系统自身的特殊情况,不能被那些"先进的"、"与国际接轨的"想法掩盖了实践的初衷。这是对国内异质性因素的充分尊重,也可以减少意想不到的反差的产生。

(3)不同乘客群体之间的异质性。

每个人的需求和实际情况都不一样,调和每个人的"口味"是难以想象的。铁路部门的决策所付诸的实践是一个总体性实践——这个实践涉及普罗大众,参与者几乎涵盖社会上的所有人。在本文所讨论的这个案例中,实践主体可大致分为作为决策方的铁路公司以及作为被决策

---

① 徐长福:《拯救实践》(第一卷 意识与异质性),重庆出版社2012年版,第58-60页。

方的乘客。这一小节将分析的是乘客内部的异质性因素。

一个决策之所以是好的，不仅在于它具有好的目的，而且还在于它有好的手段和结果。对每个人来说，什么是好的售票方式，这在不同观念下或是身处的不同情况下都不一样。对那些能提前定好行程计划的人来说，"提前预售期"这个方案是利大于弊的；但对于另一些很难提前确定行程计划的人，如学生群体和农民工群体等，这个方案无疑增加了他们的负担。这样对于后者来说，"延长车票预售期"的"好"落实到他们身上时就变成了"坏"的因素。所以"好"这种东西在总体性实践中名目繁多，因人而异，并不存在一个可以把所有的这些"好"统摄起来的理论。这样一来对于一个实践的多种理论或者方案就会出现，这些众多的方案就是异质性斗争的结果，注定了方案之间无法妥协。那么方案的选择就非常重要，因为选择涉及决策者要把力量中心往什么方向转移，要着重这个利益群还是着重那个利益群，是要偏向广大学生和农民工还是偏向节假出游的旅游大众。也正是因为不同的乘客群体有不同的利益倾向，所以在决策出来之后，才会有那么多不同的声音，有赞扬的，有无所谓的，也有愤怒的。

也就是说，方案之间存在的异质性因素体现了被决策的各个群体之间的异质性因素。在我看来，因为难以确定出行时间的群体较之能够确定出行时间的群体而言，数量更为庞大，因此这个群体在实践中所产生的异质性力量对决策预期的"杀伤力"更强。另外，同一个群体中的成员也许拥有相似的心理，比如大学生和底层劳动者，由于不能确定自己的具体返乡时间，又害怕等到能够确定时再买车票会无票可买，所以他们才会一窝蜂地进行囤票。对于能够确定出行时间的人而言，他们本不必急着买票，但当看到别人开始囤票时，他们难免也会产生类似的焦虑心理，从而不得不加入到提前开始的抢票高潮中。也就是说，一个特定群体的成员有着相似的心理，他们的行动是可以预判的。但在整个实践总体中，不同群体之间的心理冲突会激化异质性因素的作用，并以意想不到方式改变着实践结果。

(4) 铁路部门和乘客之间的异质性。

不仅被决策者内部会存在异质性因素，而且在决策者和被决策者之间也存在着异质性。这种异质性使得决策者在决策过程中对被决策者一方缺乏完整全面的了解。每一个总体性实践都会涉及许许多多的对象，因此在针对总体性实践做出决策时就难免会有对象被决策者忽略，即虽然"当事"却又"缺席"。在这个"提前预售期"的事件中，铁路部门在做出决定之前只关注到小众的意见，即一些能够确定出行时间并且有能力对铁路部门提出意愿的人，这点在上文铁路方面提供的第一条设计理由中就可以看出。在决策过程中，铁路部门也没有把各个方案事先公布出来让大众评论和选择。也就是说，虽然决策的初衷是为乘客的利益着想，但绝大部分乘客仍然在事件中缺席，由此也就导致了后期乘客群体的诸多不满。

在总体性实践中，由于当事者众多，涉及的异质性因素很复杂，因此将决策按初衷付诸实践就变得十分困难，所以实践的最基本要求就是回归到"当事者有其权"①的观念上来，把充分的选择权利和发表观点的权利落实到与实践相关的个人身上，在实际中就是人人有权参与决策。这种涉及广大人民群众的总体性实践，决策方更应该有"当事者有其权"的这种意识，因为它尤其容易造成某一方"当事者"的缺席。"当事者有其权"相当于总体性实践中的伦理底线。在这条伦理底线上，决策方需要做到"明察"、"倾听"和"兼顾"。"明察"是指铁路部门在决策时要充分关注这些容易"缺席"的群体。将这些群体纳入讨论的好处之一就是有利于"倾听"，而"倾听"能知晓不同群体的利益，从而让决策方更容易做到"兼顾"。总的来说，决策方在制定政策的时候要认识到不同群体之间诉求的差异性，既要尽可能地考虑到每个群体的利益，又要对政策针对的主要群体有所侧重。不过，在总体性实践中真正落实"当事者有其权"绝非易事。目前最有效的方式就是尽量大范围地进行调查研究，充分听取各方的声音，借助先进的"大数据"等方法来弥补缺席方意见的缺失。事实上，现在有许多关乎公众利益的决策项目，在调查方面做得并不到位。它们往往只在调研了小部分群众的意见后就宣称已充分听取了民意，这导致决策在实践过程中出现各种各样的不必要的问题和怨言。因此，不仅要通过调查听取民众的意见，调查的范围、深度也是非常重要的。当然，即便做到了这一点也不意味着实践就会一帆风顺，任何决策都有可能产生或多或少不好的结果，我们对此也要有"结果不似预期"的心理准备。

---

① 徐长福：《拯救实践》（第一卷 意识与异质性），重庆出版社2012年版。

另外还需注意的是，在"车票预售期提前"这个事件中，缺席的当事方不仅仅是乘客。本文的第一部分提到了其他群体对"车票预售期提前"事件的担忧，如公安部门对票务安全的担忧以及旅行社对订票压力的担忧等。这些是实践过程中出现的新问题，而这些新问题其实也是各种异质性因素作用的结果。公安部门和旅行社其实也是这个实践的缺席方，他们是在决策过程中非常容易被忽视的群体。正因如此，他们在实践过程中所反映的意见更加让人意想不到。

三、对该事件后期发展的预测和解释

上文讨论了"车票预售期提前"对各个群体造成的前期影响，接下来我将通过分析异质性因素的运动和转移来对该事件作进一步的预测。

从一方面来说，每个实践活动所带来的影响都是延续的、层出不穷的，事情的发展不会因为产生了一个意想不到的结果而停滞。从另一方面来说，异质性的因素又不仅仅只在某个特定的实践过程中发生作用，它还会随着情况或环境的变化进行转移或"变异"。也就是说，异质性的力量并非一成不变，它与周围环境的关系是"牵一发而动全身"的。火车票预售期提前的事件，现在看来是给大部分旅客增加了压力，但在我的预测之中，这种压力后期必定会转变为运营方自身的压力。由于旅客的囤票行为加上铁路部门不切实的客运安排，越临近客运高峰，出现大量退票的风险就会越高。这样一来，铁路方在退票和改签方面的工作量也会相应增加，需要对客流量进行重新评估。另一方面，逐渐习惯了新政策的大众反而会成为"得心应手"的一方，这将使得压力中心逐渐转移到决策方身上。由此可见，在对一个总体性实践进行设计时，如果没有审慎地对待各种异质性因素就做出决策，那么这些异质性因素所产生的张力不但会瓦解该设计的理论初衷，还有可能不断变异或扩大成为决策者自身的麻烦源泉。那么，决策者不得不再次设计并筛选新的方案，而新的异质性力量必定又会在其中发挥作用。

异质性的存在是无法消解的，这表现在异质性因素所产生的力量是在不断运动和转移的。如果试图去消解异质性，把不同的事物融合成同质性的东西，那么就很有可能导致出乎意料的结果。不管是总体性的实践还是个体性的实践，都摆脱不了异质性因素的影响。一个决策，无论它的出发点有多好或多高尚，如果忽视了异质性因素的作用，那么它的实践结果往往都会偏离其预期的目的。当然，导致结果不似预期的因素可能还有很多很多，但可以确定的是，异质性是其中最根本的因素，它无时无刻不影响着我们的实践，给我们带来难以预料的结局。

异质性存在的必然性似乎意味着，即使铁路部门在做出决策之前考虑到了前文所分析的那些异质性因素并就此做出调整，也无法避免各种各样新的异质性因素在实践中起作用。然而作为实践主体，我们并非只能消极地承认种种异质性因素。正如前文提到的那样，在总体性实践中各方必须持有最低的伦理底线，即"当事者有其权"。这个原则在目前看来应该就是解决公共政策实践难题的最基本的途径。

四、结语

本文围绕"铁路部门延长车票预售期"事件展开，集合了多方观点，并对这些观点进行了深入的解读，同时也融入了我自己对这个事件的所思所想。这篇文章最主要的结论就是：异质性永远存在，不可调和；趋向同质，必定激发异质的冲突；异质性因素所产生的张力在运动和转移过程中会不断导致新的矛盾的产生。通过从异质性哲学角度对这个事件进行分析，我希望能使这个研究方法在现实生活中得到重视和应用，并且让关乎民生的各种总体性实践在这里得到借鉴和启发。文中尚有许多不足之处以及尚未解决的问题，我希望它们能在今后得到进一步完善和解决。

批评与对话

"人民主权"如何真正落实

——读于幼军《求索民主政治》

贺 来*

  摆在面前的这部叫作《求索民主政治》的著作,是一本厚重的、催人深思的著作。说它"厚重",不仅是由于它篇幅之厚,长达四百五十页,更因为它讨论的主题之凝重,思考之深入。
  阅读此书,有一种在漫长旅途中跋涉的独特体验。全书包括六个部分:"中华古代政治文化与当代民主政治相近的思想元素及表达方式"、"西方民主政治的源流发展及主要成果"、"马克思主义民主理论的形成发展、基本内涵及其对西方民主思想的继承超越"、"中国共产党人探索实践新民主主义民主和社会主义民主的理论成果与经验教训"、"改革开放新时期政治体制改革和民主政治建设的进展成效与问题困惑"、"推进政治改革和民主政治建设的若干思考",可以说,这其中的每部分都是一条曲折幽远的"道路",而所有道路的交叉和重合处,正是本书的书名所昭示的:求索民主政治。
  按照作者说法,这六大部分"力求按照'马中西'融合重铸的思路,在马克思主义民主理论指导下,从现实国情出发,继承中国传统政治文化的优秀成分以及近百年来中国共产党人探寻和建设民主政治的成果和经验,借鉴西方民主先行国家体现政治文明进步的一切成果,努力求索民主进步大道。为突破目前政治体制改革之'瓶颈'、推进中国特色社会主义民主政治建设出一份微薄之力",可见,该书既要深入反思与总结中国传统政治文化、西方文化和马克思主义关于民主政治的一切

---

* 作者简介:贺来,吉林大学哲学社会学院教授、院长,教育部长江学者。

有价值的思想成果,又要直面当代人类和中国的民主实践,探求中国民主建设的现实道路,可见其理论视野十分宏阔。

但是,穿过这宏阔的视野,就可以发现,有一个核心问题贯穿全书,构成作者思考和探索民主政治的基本问题意识和重大思想关怀。这一问题就是:"人民主权"究竟如何能够落实?

这一问题之所以成为本书的核心问题,基于作者对于民主实质的理解。作者认为,在当代社会,民主是一个分层次的概念,主要表现为国家政治制度民主、社会意识即观念形态的民主和公民民主权利三个层面,而贯穿在这三个层次,构成它们最深刻底蕴的就是"人民主权"的独立地位,所谓"人民主权"所表现的是民主的实质:"民主的实质根本特征是人民当家做主,必须在国家政治和社会治理中真正体现人民是国家主人的精神和原则。"在作者看来,是否能够体现和落实人民主权,这是区分民主与专制、现代与前现代、文明与野蛮的根本标准与试金石。

把民主的实质理解为"人民主权",作者最为关心的问题于是成为:"人民主权"的原则如何才能真正落实?究竟使"人民主权"原则沦为形式而难以得到切实表现的深层原因是什么?如何才能真正使"人民主权"不停留于高头讲章的堂皇叙事而体现为每一个普通个人都可以享受到的实际权利?虽然纵贯中西马、横越上千年,但这些问题构成了本书最为深切的关怀。

对中国古代政治文化的总结和反思是本书的第一部分。作者总结了中国古代政治文化中与现当代民主思想相近或相通的思想元素和表达方式,肯定了"以民为本"、"仁政德治"、"以法治国"、"无为而治"等的思想相对于暴虐施民的君主专制所具有的进步意义,认为其可以作为当代政治文明、政治文化的思想来源和文化营养之一。但作者没有像时下一些人把上述思想不加批判地尊崇为现代民主的先声,而是非常清醒地指出:"中国四千多年君主专制统治形成的政治文化,伦理道德和典章制度等,其基本特质是行君主专制,缺民主基因。虽有'民主'一词,并无民主之意;纵有民本思想,却无民主意识。"(第70页)在中国古代政治文化所有的思想内容中,"以民为本"无疑是最基本的内核,对此,作者十分中肯地指出:"以民为本"与"主权在民"、"由民做主"的现代民主思想相去甚远,主张主权在民的民主思想与主张主权在君主或少数统治者的专制主义，二者泾渭分明，断然混淆不得。因此，"民本思想"与"主权在民"体现了两种在性质上有着根本区别的政治理念与政治实践，以前者来代替后者，是对民主政治的严重误解与偏离。只停留于前者的水平，把民主仅仅理解为"重视民众作用，听取民众呼声和为民做主"，而不是在政治体制上切实落实和体现"人民当家做主"的"人民主权"原则，那么，我们就将永远处于与现代意义上的民主政治"对面不相识"的境地。

那么，"人民主权"的民主原则究竟如何避免成为纸上谈兵的虚语空文而得到真正的落实呢？对此问题的回答，是事关现代民主政治得以可能实现并区别真假民主观念和制度的关键。

围绕着这一重大问题，作者对西方民主政治的源流发展及主要成果、马克思主义的民主理论进行了深入系统的探究，对这一问题做出了明确的回答。

西方民主政治经历了一个漫长的发展过程，作者把它区分为古代民主、近代民主与当代民主三个基本阶段。古希腊无疑是古代民主的典范，它创立了城邦民主制，已经体现出"主权在民"的根本特征。但这是一种在"小国寡民"条件下的民主制，它所实行的"直接民主"有可能导致"多数人的暴政"，如果运用不当有可能陷入与民主精神和民主原则相背离的悲剧。如何找到防范"多数人的暴政"的制度安排，是它留给后人的重大课题。西方民主思想在近代欧洲文艺复兴与启蒙运动中得到了飞跃式的发展，洛克、卢梭、孟德斯鸠等启蒙思想家明确地建立了以"人民主权"为核心的现代民主理论，并在以美国为代表的国家付诸实践，成功地在一个大国构建起民主共和国的政治制度，在人类历史上产生了巨大而深远的影响。书中把西方近代民主政治的主要思想成果概括为五大方面：天赋人权、人民主权、分权制衡、实施法治和保障人权。"二战"之后西方民主政治思想再一次经历重大变化，纳粹德国法西斯独裁体制的崛起，推动人们深刻反省民主制的缺陷，以进一步完善和发展民主理论与实践。作者对西方民主政治在20世纪下半叶的重大成果、基本制度体系和主要运行体制进行了系统总结。作者认为，当代西方民主政治取得了三大成果，一是把尊重和保护人权写进了国际组织文件，成为国际社会的普遍共识；二是普选制得到完善并在欧美国家普遍建立起来，在世界产生广泛影响；三是完善了权力制衡机制，建立起了相应的法律制度。西方民主政治形成了由五大制度构成的基本制度体系，即代议制度、普选制度、多党竞争制度、分权制衡制度和司法独立制度；西方民主政治五大运行机制，即参与机制、竞争机制、制衡机制、监督机制和法治机制。所有这些制度、运行机制和所取得的成果，都体现出西方民主政治试图落实它所承诺的"人民主权"原则，尊重个人并保护少数人的权利、涉及人民利益的决策需人民充分协商后做出决定，保护每个人的基本权利和参与社会政治、经济和文化生活的机会，等等。作者肯定，西方当代民主理论和实践的一大贡献就在于"人民主权"这一民主的内核"不仅仅停留在抽象的理论和原则的层面上，而是在制度上设计安排了一整套保障民意能够影响政府决策和政策制定的原则及严密的程序。任何政党、政治家的从政活动都必须遵从统一制定的'游戏规则'，否则就要'出局'。民主政治的正当性在于大家都公认和必须遵守的决策原则和决策程序"（第123页）。

作者强调，要切实落实"人民主权"的理念和原则，我们必须借助他山之石，对西方政治文化借鉴吸收，为我所用。但这并不意味着无条件肯定当代西方民主政治达到了完美状态，作者认为其无论在思想理论还是制度及实践上都存在缺陷和弊端。而这些缺陷和弊端，最根本的就体现在"人民主权"原则并未得到完全、彻底的实现，金钱干预甚至操纵政治，在人权、自由、平等、博爱和人道主义等价值观上对国内国外实行双重标准，少数精神与民粹主义畸形结合的倾向等，使得人民的意志、愿望、权利等不能在政治制度层面充分地得到体现，民主政治的实践与"主权在民"的理念之间仍存在距离。

但是，西方民主理论、制度和实践所存在的不完美并不意味着民主的失败，相反，它从一个特殊的角度更进一步确证了民主不可替代的重大价值。"民主"理论与实践的不完美所表明的只是我们在寻求真正的"人民主权"的道路上还需继续前行。正确的态度是在充分吸收而非拒斥包括西方民主理论和政治实践在内的积极成果的基础上，努力创造超越西方民主理论的中国民主新理论、新道路和新模式，寻求政治文明的新境界。

众所周知，马克思主义是占据中国社会主导地位的指导思想，中国的民主政治建设与之有着不可分割的内在关联。因此，探讨马克思主义与民主政治之间的关系，对于中国民主政治的道路有着十分特殊的意义。本书对马克思主义民主理论的形成和发展进行深入的梳理,对马克思主义演变过程中民主理论的成败得失和思想遗产进行了系统的总结,其中,作者对马克思主义民主理论基本内涵和精髓的提炼,特别值得引起我们的高度重视和关注。作者认为,马克思主义民主内涵和精髓主要体现在六个基本方面:第一,民主的实质和根本特征是人民当家做主,必须在国家政治和社会治理中真正体现人民是国家主人的精神和原则,人民民主是马克思主义民主理论的核心;第二,人民是国家主人和人民当家做主原则,必须体现在公民享有选举、监督和罢免国家工作人员的权利;第三,自由、平等、人权等是民主国家公民的基本权利,是建设社会主义民主应科学继承的思想价值;第四,社会主义民主应该是比资本主义民主更进步、更高级的民主,受客观条件制约需逐步从低级向高级发展;第五,社会主义民主的发展方向和最高境界是实现一切人的自由发展和全人类的解放,必须在社会主义运动的各个阶段自觉坚持这一理想目标和核心价值;第六,无产阶级政党的建党原则是民主制,实行党内民主是共产党的本质属性规定。

  从这些内容可以清楚地看出,虽然马克思主义与西方民主思想在出发点和哲学基础上有着诸多不同,但在把民主的本质把握为"人民主权"这一根本性问题上,二者不但不矛盾,而且是内在相通的,用作者的表述,二者是"批判继承和创造超越"的关系。马克思主义与西方民主思想的区别仅在于,它认为西方的民主思想还不够"民主","人民主权"的理想还没有得到令人满意的实现,它要求比西方民主思想更充分、更深入地落实"人民主权"原则。具体而言,在"民主的主体"问题上,它要求比西方思想涵盖更广大的、社会生活中的绝大多数成员;在"民主的实现方式"问题上,它要求更切实地实行人民共和制,通过代议制、普选制、监督制和罢免制等形式体现人民的意见;在"民主权力的运行"等问题上,它要求以更积极有效的方式,对政治权力进行合理分置、互相制衡和有效监督;在"民主的核心价值观"方面,它要求更加彻底地贯彻自由、平等、人权等价值理想。一言以蔽之,"社会主义民主应该是比资本主义民主更进步、更高级的新型民主,体现在更能广泛、充分、真实地实现人民主权,更自由、更平等、更民主、更尊重和保护人权以及法治更健全,而不能相反或不逮"(第198页)。

以上是从"中西马"的交叉理论视野中探讨如何使"人民主权"这一民主的本质得以落实。在这一切做完之后，还有一个问题需要回答：当代中国的民主政治建设的现实实践，究竟如何能够落实上述"人民主权"的民主理想？我们在落实"人民主权"的民主原则方面，曾出现什么严重的失误并有什么深刻的历史教训？改革开放以来，我们的民主政治建设取得了什么进展并面临什么严重的挑战？中国的民主政治未来的思路和方向究竟应如何确定？

作者以大量的第一手文献为根据，对中国共产党人探索实践新民主主义民主和社会主义民主的理论成果和经验教训进行了十分深入的分析。

无论是"五四新文化运动"时期，还是土地改革时期、抗日战争和国共三年内战时期，"封建主义"、"帝国主义"和"国民党专制政治"这些要反对的敌人决定了高举民主大旗、倡导民主启蒙、反对专制政治成为共产党人的重要思想主张，这在毛泽东等人所创立的新民主主义理论中得到最清晰、最系统的表述。作者引述毛泽东《新民主主义的宪政》的演讲："宪政是什么呢？就是民主的政治"，"我们现在要的民主政治，是什么民主政治呢？是新民主主义的政治，是新民主主义的宪政。它不是旧的、过了时的、欧美式的、资产阶级专业的所谓的民主政治；同时，也还不是苏联式的、无产阶级专政的民主政治"。除了新民主主义的构想，以毛泽东为代表的共产党人还对什么是民主、在中国为什么要实行民主以及能否实行民主等问题上，提出了许多在今天仍富有启示意义的精辟见解。例如关于在中国为何要实行民主的问题，毛泽东说道："民主政治是发动全民族一切生动力量的推进器"，"只有让人民来监督政府，政府才不敢松懈。只有人起来负责，才不会人亡政息"，关于中国能否实行民主的问题，毛泽东驳斥了当时有人所主张的中国"民智未开，民主应该缓行"的论调，认为中国百姓完全具备与民主政治相适应的素质和能力，他说道："我们的经验证明，中国人民理解民主并且要求民主。它无须经过长期的实验，或者教育，或者'监护'。中国农民并不愚蠢，和每个人一样，他很精明地关心他的权利和利益。"

中国共产党人不仅形成和提出了上述新民主主义思想以及力主在中国建立民主制度，而且以陕甘宁边区为"试验田"，展开了民主政治的大胆实践。其中，在陕甘宁边区实施直接选举的民主制度、提出并实施政权建立的"三三制"原则、在政权中贯彻党政分开的思想原则等等，即是这种实践最有代表性的成果。

很显然，上述中国共产党人所取得的成就，其秘密就在于它在理论和实践上体现了"人民主权"的原则，这使得中国共产党人在当时成为"民主"和"自由"的象征，感召和引导着人民打倒专制独裁，争取自身解放。正因为此，无论在抗日战争时期还是在国共三年内战时期，中国共产党人都得到了人民群众、社会各界和各民主党派的普遍认同，获得了最大限度的支持和拥护，并因此最终战胜了专制独裁的国民党政权，取得了全国的胜利。

难能可贵的是，本书没有回避新中国成立后很长一段时间里我们国家在探索社会主义民主政治建设过程中所经历的严重挫折与深刻教训。作者对1957年反"右"斗争至1966年"文化大革命"前夕、1966年5月"文化大革命"开始至1976年10月"文化大革命"结束这两个时期民主政治所遭受的灾难性命运做了令人唏嘘同时又令人深思的痛切反省，虽然时光已经过去近50年，但这种反省仍然可作为我们今天进行民主政治建设的一面警世之镜。

作者用"探索建设社会主义民主政治的理论和实践误入歧途、曲折坎坷"来概括1957年到1966年这段时期中国的政治生活。反"右"斗争扩大化、用处理敌我矛盾的方式处理人民内部矛盾，严重破坏了社会主义民主政治；庐山会议及反右倾运动，粗暴践踏了党和国家民主政治的原则和制度；阶级斗争扩大化的理论，使"左"倾思潮在国家政治生活中占据主导地位；等等。这一切逻辑发展的顶点就是把中国人民拖入深重灾难的"文化大革命"。作者用"社会主义民主政治建设陷入困境，出现内乱"来描述"文革"期间国家的政治生活，作者强调，决不能把"文化大革命"简单地视为探索社会主义民主道路过程中的失误，而应当把它视为"封建专制主义、法西斯主义和极端的民粹主义以'民主'、'文化革命'的名义借尸还魂，泛滥成灾，是极"左"错误思潮与民粹主义结合的产物。"（第256页）应该说，作者这种分析和评价是实事求是的精辟之见。

对于上述我们国家在民主政治建设过程中所遭受的严重挫折，本书没有采取简单的否定态度，而是以面向未来的开放态度，呼吁我们对它采取理性反思的严肃态度，把历史的灾难转化为今天和未来中国民主政治建设的政治智慧和精神财富。为此,一个重大前提是切实把灾难当成灾难,深刻总结灾难的根源。在本书中,作者从三个方面进行了深入的分析。首先,作者敏锐地指出,专制主义和"左"倾错误思想是我国建设社会主义民主政治的主要障碍和破坏因素,在中国特殊的政治文化环境中,专制主义和"左"倾错误思潮往往相互借用,以"革命"的面貌、组织的名义,成为一种极其可怕而又具有欺骗性的反民主力量。鉴于这一历史教训,作者提醒人们:我们今天进行民主政治建设,专制主义和"左"倾错误思潮是比资产阶级民主的局限性更危险的敌人,如果让其与民粹主义结合,"文革"的悲剧就有可能以新的形式重演。其次,苏联政治体制模式对我国民主政治的干扰也是导致上述悲剧的重要原因之一,其影响至今没有得到彻底清除,作者这样概括这种政治体制的特点:这是一种"党和国家实行高度集权垄断、以党代政、极少数人独断专行的领导体制;民主和法制缺失或形同虚设,公民的民主权利、尊严和权益得不到真正体现和有效保护;党和国家缺乏民主科学决策、接受人民监督和自行纠错及追究决策错误责任等体制机制","党的各级领导事实上成为享有特权的阶层,监督机关、执法机关及国家安全机关成为维护少数领导人个人权威和剪除异己的工具"。(第262页)最后,阶级斗争扩大化和无产阶级专政下继续革命的思想理论,严重脱离中国国情。在一个现实生活中找不到资本主义的国家进行"无产阶级与资产阶级两大对抗阶级的生死斗争",这是何其荒诞之事,"搞社会主义革命,不知道资产阶级在哪里?就是共产党内",结果党内对形势和工作的不同认识被施以"两大阶级生死斗争"的政治大棒,使国家政治生活陷入了万劫不复的深重灾难。作者痛切地总结道:"对这一理论连同'文化大革命'一道,必须从总体上彻底否定和抛弃!"(第270页)

那么,这一切的深层实质是什么呢?一言以蔽之,就是"人民主权"这一民主的根本被无情地遗忘和践踏了。作者这样说道:"按人民主权原则建立起国家政权的相当长时期里,未能相应建立起真正和充分体现人民当家做主的政治体制机制,未能使人民当家作主的原则从国家法律制度和政治体制机制等各个层面得到全面保障和落实。……人民当家做主的原则被虚化,人民群众难以切身感受到自己是国家的主人;人民意愿的真实表达,缺乏直接、畅达的途径;人民意志对各级党政领导机关决策的影响,也缺失了体制机制的保障。"(第271页)无论是毛泽东个人,还是中国共产党人,都把争取人民的权利作为自身奋斗的理想,但是,由于没有找到实现人民权利的具体途径和体制机制,结果是恰恰使人民权利被忽视和被伤害。这无疑是一个巨大的历史悖论与悲剧。

要克服这种悖论和悲剧,唯一的选择是切实把"人民主权"这一民主政治的精髓在中国人的现实生活中普遍地、真实地和彻底地予以落实和实现。这是中国民主政治建设的根本方向。

作者充分肯定了我国改革开放30多年以来民主政治建设所取得的重要进展,这集中体现在与历史上计划经济和高度集权年代相比,人民享有的民主权利越来越多,法治水平不断提升。这是巨大的历史灾难所换取的来之不易的历史进步。但作者的眼光没有停留在已经取得的成绩上,而是面向未来,十分清醒地认识到我国民主政治建设中存在的主要问题,认为这些主要问题不解决,"人民主权"的民主原则最终将无法得到真正的落实。

该书从五个方面对此展开了分析。作者首先指出,我国政治体制中权力过分集中的总病根尚未根除,官僚主义、特权及权力腐败愈演愈烈。从执政党与国家机关关系看,权力过分集中于前者;从党际关系看,民主党派尚未充分发挥参政党的作用;从中央与地方关系看,权力过分集中于中央;从"一把手"与领导班子关系看,权力过分集中于前者;等等。这些都表明邓小平曾痛切反省的"权力过分集中的总病根"并没得到遏制,"绝对的权力导致绝对的腐败"的挑战依然十分严峻。第二,党政不分、以党代政问题依然存在,尚未完成从以党代政到依法治国的根本转变。第三,选举制度不健全并流于形式,甚至以细节安排阉割了民主的精髓与灵魂。作者列举了直接民主选举的范围过窄、在选举中经常只安排等额选举或差额比例太少、选举质量较低等诸种表现,强调必须对选举制度进行改革创新,才能从体制机制上保障人民的基本权利。第四,依法治国无论是立法还是执法均不够完善,使公民某些权利因缺乏制度保障而难以真正落实。第五,党内民主建设存在不少问题和差距,未能充分发挥对于社会民主的示范带动作用。每一个关心中国民主政治建设的人都应该承认,作者对上述问题的分析是富有洞察力的。

面向未来,中国的新一轮政治体制改革与民主政治建设究竟应该朝哪个方向推进,这是每一个关心中华民族命运的人都在思考的重大问题。在本书中,作者围绕着这一问题,提出自己的系统思路,并提出了需要重点突破的基本方向。作者认为，未来中国的民主政治建设，应该把握好四个重要原则。第一，要以更真实、更充分、更健全地实现人民当家做主原则，作为推进政治体制改革和民主政治建设的出发点和最高依归。这是民主最为根本的精神，也应是社会主义的根本精神。在这一意义上，民主政治的建设与社会主义的建设是完全统一的。第二，紧紧抓住"权力过于集中"这一政治体现的"总病根"展开攻坚战。这是中国民主建设必须破解和突破的最根本的瓶颈。第三，按照丰富完善基本政治制度，改革创新政治体制机制和健全加强法治的基本思路，力争在六个方面突破拓展：即积极主动、循序渐进地推行普选制；形成决策权、执行权和监督权既相互分离制约又协调有效运转的权力结构和运行机制；从权利制约权力和权力制约权力两个方面，改革创新各级党政、司法机关的机构设置、职能配置和体制机制；进一步转变政府职能，把政府的宏观引导与市场在各类资源配置中发挥基础作用有机结合起来；进一步改革完善社会分配、利益调节、社会保障、公民权益诉求和权利保障等方面的体制机制与法律制度；在维护全国政令统一的前提下，理顺二者的权力、责任和事权，形成二者之间合理的权力与利益格局。第四，积极稳妥地推动新一轮政治体制改革和民主政治建设，探索一条社会主义民主政治与人类政治文明共同进步、协调发展的新路。以上述基本原则为指导，作者认为，下一步的政治体制改革与民主政治建设必须力求在如下三个方向重点突破。一是以改革党内选举制度和保障党员民主权利为重点和突破口，改革创新党内民主制度，推动党内民主建设；二是推进党政分开，实现党的执政方式从以党治国到依法治国的根本转变，探索党的领导、人民当家做主和依法治国统一起来的方式途径和机制体制；三是落实邓小平的战略构想，积极稳妥、循序渐进地推进普选制，以切实体现和保障人民主权。

不难发现，上述作者对"四大原则"与"三大突破口"的阐明，所关注的核心和焦点仍在于通过观念变革和体制机制创新，使"人民主权"这一民主的灵魂能够得到切实的安顿和落实。在这里，作者既表现出对中国社会政治现实的敏锐观察和深刻认识，也表现出对于中国民主政治建设高度的理论责任感和思想勇气。它启示我们："人民主权"的落实既是每一个中国人真正有尊严的幸福生活的基本保障，也是中国民主政治建设未来的希望之所在。

民主终结了吗

——评于幼军先生《求索民主政治》

程广云 戴木茅*

《求索民主政治》（以下简称《求索》）是于幼军先生的近著，作为一名学者型官员，他对中国的民主进程有着基于自己行政实践而形成的独特思考，从这一角度说，本书具有相当重要的现实意义。但是既然本书是一本学术著作，笔者更愿意从学理角度展开商榷，只有这样才更符合其行文逻辑，也更利于理性地争辩、说理。

《求索》共包括七篇札记、一篇结语，其思路可以概括如下：民主政治概念的三层次辨析（国家政治制度、意识形态、公民权利）、民主政治理论的三方面来源（中国传统文化、西方政治源流、马克思主义）、民主政治实践的两阶段展现（新民主主义和社会主义民主实践、改革开放时期民主实践）、一篇总结思考。

先谈书中对于民主政治概念的界定。正如于先生所说，"'民主'一词，是一个内涵歧义丛生、外延莫衷一是的概念"（引言），虽然他试图条分缕析地向读者展现民主的三个层次，但不得不说的是，他的划分标准模糊了民主的表现形式与价值追求之间的区别，由此导致书中列举的"政治制度—意识形态—公民权利"的并列关系缺乏逻辑一致性。具体说来，"政治制度—意识形态"属于同一层次，它们是民主的表现形式，即民主在哪一领域中体现出来。笔者曾写过一篇文章[①]论述社会

---

* **作者简介**：程广云，首都师范大学哲学系教授、主任；戴木茅，河北大学政法学院讲师。

① 程广云：《从名词体系到动名词体系——唯物史观的一个完整表述》，载《哲学研究》2015年第1期。

的五种基本结构：自然结构、经济结构、社会结构、政治结构、文化结构。在这五种结构中，除了自然结构，民主在另外四种结构中都可以有所体现，比如经济制度中的民主、社会制度中的民主。至于"公民权利"，则是民主的价值追求。民主本是一个中性词，仅指人民决断自身事务的方式，但是随着近代民主观念的发展，保护公民权利成为其中的应有之义，这使得人们在评判民主行为时有了好坏善恶的标准。

次谈民主政治理论的思想史考察。本书将民主理论的来源归结为中、西、马三方面，这是我国学界在理论联系实际分析问题时的典型思路，于幼军先生作为曾经的党内高官，愿意花大量篇幅论述西方民主思想，体现了他的开放和包容。不过纵观书中论述脉络，还是有一些有待商榷之处。

在梳理中国古代政治文化与当代民主政治的关联时，他犯了"论点先行、证据后至"的错误。札记一通过寻章摘句的方法找出古典文本与当代民主相近的表达方式，比如，作者称"先秦《尚书》记载'监于先王成宪'，已含有今天称之为宪政的死刑雏形。《礼记·礼运》的大同社会思想，比欧洲思想家提出的乌托邦思想早了一千多年"。（第1页）作者从以民为本、仁政德治、依法治国、无为而治四个方面入手，通过相似语句对比，比较乐观地得出结论，认为"中国古代政治……可为今天构建中国特色社会主义理论和政治问题提供营养和借鉴的思想元素和表达方式"（第4页）。在这里，于书的问题不在于结论，而在于得出结论的过程，他对结论的概括太快了，太容易了，从而忽略了中国文化是一个系统。要知道，虽然中国典籍中有类似民主的元素，但是这些元素在传统文化系统中究竟处于何种地位，还需要仔细考察。更重要的是，为什么一定要从传统中开出现代民主？难道不从老祖宗那里找到今日行动的根据，我们就失去了行动正当性？如果民主是一种值得追求的价值，就算传统中没有相关因素，我们在今天的政治生活中塑造出新的民主方式又有何不可？

在论及西方民主政治源流时，本书陷于宏大叙事的泥潭。从古希腊、罗马到文艺复兴、启蒙运动，再到当代民主政治的发展，上下两千余年，作者论述广泛、涉及人物众多，但是对于他们的观点则有匆匆带过之感。在分析评价中，作者将西方传统做了简单的优缺点二分，这又难免有主观判定之嫌。思想是一个复杂的系统，在某一特定历史条件下，优点、缺点常常相伴而生，可以说，正是由其优点而带来了某些缺点。比如制衡机制与决策效率，在一定范围内容忍低效率是民主所必须付出的代价，如果单纯追求高效率，那么民主很可能受到破坏。因此，当我们试图减少某些消极影响时，能做的只是依照思想的内在逻辑，在历史背景中加以改变，而不是依据人为的观念设计进行全方位的变革，否则在强行消除消极影响时，可能连优点一起丢掉了。

在分析马克思主义民主理论时，作者称赞马恩理论，认为"马克思主义民主理论，是对包括西方民主思想在内的人类政治文明以往成果的继承和超越"（第129页）。笔者赞成他注意到马克思对于黑格尔市民社会与国家关系的批评，文中指出"马克思充分肯定黑格尔把两者（市民社会和国家）区分开来的正确性，同时把被黑格尔头足倒置的两者关系倒过来"（第135页），但是笔者认为对于马克思和黑格尔之间的界限应该做更深入论述。马克思主张社会主义，反对国家主义，他虽然批判资本主义，但是并不主张以国家力量去控制资本力量，而是主张以社会力量去控制资本力量。至于黑格尔则完全相反，他是国家主义者，认为国家是绝对理念的体现，是家庭和市民社会普遍利益的代表，并得出国家决定市民社会的结论，由此蕴含了极权主义的危险。另外，在讨论马克思主义民主理论时，不可忽视第二国际的意义，尤其是伯恩施坦、考茨基、卢森堡、普列汉诺夫等人为维护社会主义民主而做出的努力，很遗憾，书中对于这一内容未予重视。札记三中于先生批评了列宁的某些观点，认为"列宁既在总体上继承发展，也在某些方面偏离了马克思、恩格斯的民主理论"（第147页）。这种"偏离"主要指的是列宁"建国伊始忽略了民主制的原则，过于强调集权，乃至建立起高度集权的政治体制，则与民主的精神原则相悖"（第152页）、"布尔什维克在十月革命胜利初期建立无产阶级专政的过程中，曾出现过不当和过度使用暴力之处"（第153页）。这些观点是中肯的。

再谈两阶段民主政治实践。在论及新民主主义和社会主义民主实践时，《求索》赞扬了新民主主义的经验，尤其是新中国成立初期的宝贵实践（第233页），并对1957年至1978年之间的错误的民主政治建设提出批评。对于改革开放新时期的政治体制改革和民主政治建设，作者称赞邓小平的改革路线，同时委婉地指出20世纪80年代末至90年代初经济、政治改革实际上处于停顿状态，并指出目前政治体制和民主建设的主要问题表现在权力集中、权力腐败、党政关系尚未理顺、选举制度流于形式、党内民主尚有差距等诸多方面。可以说，作者对于目前民主现状的批评和反思是深入且富于魄力的。关于民主实践，笔者更希望强调的是，民主建设首先是制度建设。革命战争年代，共产党人将民主当成宣传动员人民的策略，而未注意到制度建设。当时民主只具有工具性价值，也就是说，如果有更好的动员人民的方法，民主是可以随时弃之不用的。到了邓小平改革时期，邓比毛进步的地方在于，他看到民主制度建设的意义，正如作者所说："他（邓小平）全面深入地阐明了中国为什么要进行政治体制改革，怎样进行政治体制改革以及政治体制改革的方向和原则等一系列重大问题，形成比较完整、系统的政治体制改革思想和民主法制建设的思想，初步奠定了建设中国特色社会主义民主理论的坚实基础，为我国政治体制改革和民主政治建设指明了方向。"（第277页）不过比较遗憾的是，邓的民主制度建设依然是策略性运用民主，正如邓所说"不管黑猫白猫，抓住老鼠就是好猫"。如果我们一直将民主作为一种策略，而不是将其建立在稳固的制度保障上，民主追求的价值——对人民权利的保护就很难得到落实。

在全书的第六篇札记和最后的结语中，于幼军先生谈到自己对于推进政治体制改革和民主政治建设的若干思考，以及针对中国民主建设提出的建议，这两部分是全书的点睛之处，某著名图书网站也正是以此部分内容为主要卖点，宣传称"于幼军最新力作！震撼提出中国实现普选制民主政治的步骤和日程表！"。在笔者看来，札记六最值得称道的是作者对党的改革的重视，在他设想的新一轮政改和民主建设的重点突破和深化拓展方面中，有三处指向党，它们分别是推进党内民主、推进党政分开、加快发展党际民主和协商民主，这一系列设计方案充分体现出党的改革直接关系我国政改命运。另外，作者在书中指出"中国民主实现人民主权的重要载体和根本途径是普选制、分权制衡制、监督制和罢免制"（第439页），这与其说是政治见识不如说是敢于说话的政治勇气。

总之，于幼军先生的《求索民主政治》是体制内的官员对于民主的思考，虽然理论上有些欠缺，但是对于实践的意义不可忽视。

作为治疗的哲学

—— 关于"福柯研究"课监狱教学实习的理论思考

杨玉昌[*]

【摘要】 哲学作为一种关于世界和人生的基本理论，对于人类现实生活中大量存在的病态现象是否具有一种治疗价值？笔者结合多年来在讲授"福柯研究"课的过程中带领哲学系学生去监狱进行实习帮教的经验对此问题进行了探索，认为传统宗教和哲学中关于罪的认识、后现代哲学对于传统的解构、福柯关于规训的思考等都可以用以治疗服刑人员中广泛存在的心理和精神问题，并引导其走出困境。哲学治疗对于当代社会的意义既在于合理的建构也在于合理的解构，只有将两者正确地结合起来，才能推动人和社会的良性互动，和谐发展。

【关键词】 哲学治疗　罪　纠结　规训

自从 2006 年开始在中山大学哲学系讲授专修课"福柯研究"以来，我结合该课程中对福柯的《规训与惩罚》的教学，几乎每年都会组织学生去广东省女子监狱实习，对服刑人员进行帮教活动。这些教学实习让我对作为治疗的哲学有了一些切身的认识。

所谓"哲学治疗"是指运用哲学理论对人进行精神治疗，以期解决人因遭遇各种问题而引起的精神困惑。生活中有许多人常常会因遇到各种问题而引发精神危机，需要哲学治疗。如果说心理治疗的意义在于帮助患者缓和乃至消除心理和精神病症、恢复健康、过上正常的社会生活，那么，哲学治疗的意义就在于帮助人解决其所遭遇的精神价值问

---

[*] 作者简介：杨玉昌，中山大学哲学系副教授、中山大学实践哲学研究中心研究员。

题，使人成为一个身心和谐的人。哲学系的学生在接受哲学训练之后，可以尝试用哲学帮助人们解除心理和精神疾患，克服精神危机。其实，所谓正常人与心理疾病患者、精神疾病患者之间，就像心理疾病患者与精神疾病患者之间一样不存在一条鸿沟，因而正常人也可以从这种心理治疗和哲学治疗中获益。首先，生活中并没有完全意义上的正常人，每个人总是或多或少存在着这样那样的心理和精神问题，需要程度不同的治疗；其次，即便是在各方面都可以说几乎是"正常"的人，由于其自身以及其所处的环境总是处于变化中，尤其在现代社会常常是处于急剧的变化之中，因而他也并不能保证自己一直"正常"下去，他也就需要了解一下所谓不正常的人的病症及其治疗情况，从而避免自己得病以及知道得病后的一些应急之方，就像医学上要事先给虽没患病却有患病风险的人打预防针一样。本文拟结合近年来我带学生所进行的监狱教学实习活动对哲学在社会生活中的治疗价值做一探讨①。

一、关于罪的思考

提到监狱，人们几乎马上会联想到罪。事实上，许多监狱服刑人员的法律和心理问题实际上都与他们的"罪人"的身份是分不开的，所以有必要首先思考一下罪的问题：什么是罪？罪从何而来？如何认识罪？这些问题看起来很抽象，可是一旦结合实习经验进行思考就会感觉它们其实都是活生生的。换句话说，与服刑人员的接触使我们不能不展开对罪的问题的思考。

不同于某些西方国家的监狱管理思想受到宗教很大影响，中国的监狱管理思想是马克思主义的，但不可否认，宗教中对于罪的看法有助于我们认清现实中罪的意义。与中国传统中儒家关于人的本性持性善论而相对忽视罪不同，基督教认为人有原罪，人作为罪人必须向上帝"忏悔"，通过信仰耶稣获得救赎。也就是说人是处于罪的状态，但人仍需

---

① 我曾于 2014 年 10 月 9 日在中山大学实践哲学研究中心举办的第 20 期"逸仙实践哲学研习会"上做过关于本文的报告，会后在听取与会老师的意见的基础上做了一些修改，在此表示感谢！另外，我编著的《作为治疗的哲学》（陕西人民出版社 2014 年 7 月出版）集中反映了本课程的教学实习成果。

要并存在着希望。这也恰好道出了监狱的存在原因、性质和作用。人从伊甸园到尘世，从社会到监狱都是罪的结果，人可以选择从前者到后者，却不可以选择从后者到前者。这就是说，人可以自由地犯罪，但却不能自由地从罪回到无罪，因为人在犯罪之后就成了罪人，必须接受对罪的惩罚，从能动变成了被动。伊甸园与尘世，社会与监狱之间存在着一条鸿沟或者说一道高墙。在前者中人是自由的，但也需要服从禁令或规则，一旦违背就会被驱逐到后者中，失去自由。然而，尘世和监狱又都是临时性的，只是一个中介，而不是最后的归宿。基督教认为尘世生活只是一个过渡，世人将因自己的表现和上帝的意志而或沦入地狱受到永久惩罚，或得救而升入天堂永享荣耀。监狱存在的目的是要将一个监狱人重新改造成一个社会人。因此，监狱既是惩罚的机构，同时又是改造或矫治的机构。惩罚是必要的、必然的，反映了社会规则所要求的正义，但改造或矫治才是最终的目的。罪是根深蒂固的，但也并非毫无脱罪的希望（获救或出狱并非取决于罪人，但与后者的努力及表现有关）；改造或矫治是困难的，需要坚持。

人在犯罪之后就会陷入一种罪的状态。这是一种什么样的状态呢？我们一般人难以体会，只有在亲身经历或接触后才能有所认识。学生们初次进入监狱后就发现服刑人员中有着很多共性：她们大都感到自卑、孤独、脆弱、恐惧乃至绝望。很多人在咨询中会流泪，"哭甚至是一种常态"，"在讲课时，许多服刑人员只是目光呆滞地望着前方"。学生们在刚开始时对自己作为一个学生受到服刑人员如此尊敬感到很吃惊，但随即明白彼此之间的确存在着身份上的差异：我们是自由的，而她们不是。"跟她们接触我发现她们都拥有一种相似的心态，就是彷徨和无助，我感觉到她们都会自觉或不自觉地给自己贴上了一个'标签'，一个罪人的'标签'，因而就会感觉自卑，感觉比不上别人，感觉总会受到别人的歧视，等等，想问题的时候也总是会往负面的方向去想。"有位服刑人员担心自己出狱后会被人在背后指指点点，看成坏女人。正因为服刑人员处于这种绝望的处境之中，所以她们才热切地期望着外界的帮助，正像溺水的人要竭力抓住哪怕手边的一根稻草一样。社会中人与监狱服刑人员之间虽然隔着一道高墙，但双方其实非常需要进行一种沟通。作为社会中人，我们不能只是将服刑人员推进监狱，同样也有责任向他们伸出援手，给他们带来重生的希望。这就首先要求我们正确认识将我们与他们隔离开来的罪。

从宗教和哲学中可以大致归纳出对于罪的三种认识。

第一，罪作为人意志堕落的结果，需要上帝的爱的救赎。基督教就持这种观点，把爱（上帝）作为一个绝对的价值标准。"爱是恒久忍耐，又有恩赐。"① 耶稣说："有人打你的右脸，连左脸也转过来由他打；有人想要告你，要拿你的里衣，连外衣也由他拿去。"② "要爱你的仇敌，为那逼迫你们的祷告。"③ 人不仅要爱家人、爱朋友，而且要去爱敌人、爱罪人。这是一般人所做不到的。爱是无限的付出，与代表原罪的贪欲截然对立，爱是对原罪的克服。爱作为一个绝对的价值标准十分严厉，毫不妥协，为人所难以企及，但也正是因为如此，爱才成为人的一个终极理想，令人在现实中无法自满和放松。有一个咨询学生对服刑人员说要对别人宽容时，没想到后者说："你对别人宽容，可别人对你不宽容"，学生说自己顿时语塞。面对相似的困境，有一位同学却耐心地说服了对方：" '作为服刑人员，大家在这里处处小心，保护自己是很正常的，因为她们害怕受伤害。如果我是你，我不会去在意别人是否在用冷眼看我，而是给别人更多的微笑，用真诚的笑容打破他人的防线，拉近彼此的距离。想要别人对我们友好，首先我们就必须对别人友好。您说是这个理吧？'服刑人员笑了笑，点了点头。"其实这里同学所说的正是耶稣的"金律"："你们愿意人怎样待你们，你们也要怎样待人。"④ 人在面对罪、死亡等难以克服的困境时常常渴望一种来自更高力量的支持，这是很自然的。一些国家有牧师帮助罪犯进行忏悔，中国传统中也有请僧侣帮助罪人忏罪的做法。处于绝望中的人需要一种希望，否则生存就成了问题。宗教为人提供了一种绝望中的希望。在罪面前，无人能够称义，但人却可以"因信称义"。有同学在对案例的思考中也提到了宗教："基督教长老说希望是人的根本"、"凡人畏果，菩萨畏因"。宗教体现了脆弱的人的一种绝对依赖感，或者说对绝对的一种绝对依赖感。对于人与人的关系追踪下去，往往会发现宗教所关注的人

---

① 《哥林多前书》13：4-8。
② 《马太福音》5：39-40。
③ 《马太福音》5：44。
④ 《马太福音》7：12。

与绝对的关系问题。

第二，罪源于人的欲望，而欲望是自然的，因而从某种意义上说罪有其自然性。这种态度恰与前一种态度形成对照。我们应该用自然的态度来看待罪，死亡不是罪的结果（对于罪的惩罚）而是生命的一部分。这样我们也就无须把罪诉诸一个高于人之上的绝对价值标准去评判。尼采的"生成的无辜"和道家的"道法自然"所体现的就是这样一种态度（当然两者也有区别，这里暂不讨论）。尼采说："没人把人的特性给予人，上帝不能，社会也不能，他的父母和祖先也不能，还有他自己也不能。……人是必然的，人是一段厄运，人属于整体，人身处整体中，——不存在任何东西可以判决、衡量、比较和责难我们的存在，因为这意味着判决、衡量、比较和责难整体……不过除去整体什么也没有！没人再得负责，存在的类型不再允许被归诸第一因，世界既非知觉，也非作为'精神'的一个统一体，这才是伟大的解放，——生成的无辜这样才能重建……"① 尼采试图消除人的所谓原罪，要求人从此开始证明自己能成为什么。尼采在撤去人对上帝的责任的同时赋予了人以"成为你自己"的新的责任："我们要成为自己——新颖、独特、无可比拟、自我立法、创造自我的人！"② 尼采相信的是赫拉克利特的"一切皆流""无物常住"，他解构了西方哲学和宗教传统中占据支配地位的理性、信仰，恢复了一直被忽视和压抑的感性、身体、欲望的地位，由此击中了西方哲学的核心问题，对于传统具有颠覆性的意义。尼采抓住了人身上无可消除的自然性的一面，感性、身体、欲望等都是人固有的一部分，对它们的否定就是对人的否定，恰是这种否定从某种意义上构成了对人的犯罪。"生成的无辜"就是要肯定人的自然性，要人纯洁地生成于大地之上，而不是在原罪或良知的重压下呻吟。尼采的观点的积极意义在于它有助于解除罪可能带给人的良心重压，使人能不断面向未来，面向自己的可能性去生成。从学生所咨询的许多案例中"罪人"标签和负罪感对服刑人员的身心所产生的巨大负面影响来看，这一点是十分重要的。尼采是一个了解原罪的人，他从帕斯卡等基督徒的身上看到了罪造成的负面后果（帕斯卡因此放弃了自己最杰出的才

---

① 尼采：《偶像的黄昏》，卫茂平译，华东师范大学出版社2007年版，第87－88页。
② 尼采：《快乐的科学》，黄明嘉译，华东师范大学出版社2007年版，第310页。

能）。当然，尼采的态度如果推向极端也会产生消极的影响，因为人身上除了感性、身体和欲望的方面之外，还有着理性、灵魂和道德的方面，毕竟人是社会动物，而社会是需要一种秩序的，这种秩序不可能只是基于自然，尽管它也不能完全违背自然。

第三，罪是由于人的欲望失去了理性的控制而造成的，因而人应该加强理性来防止罪的发生，纠正罪的后果。这种看法可以说是介于前两种看法之间。首先，它像第一种看法那样相信罪的存在，但不同的是它没有把罪绝对化，把罪变成原罪，而是同时相信人自身具有克服罪的能力，即人能够通过理性认识来消除罪。苏格拉底和孔子都是这一看法的代表。前者相信人的错误是源于无知，只要人有了正确的知识，就能够摆脱恶，"德性即知识，罪恶即无知"，"无人有意为恶"（这与基督教认为人的意志在堕落后本身已经成为恶的，即成了魔鬼撒旦的俘虏形成对比。在基督教看来，由于原罪的缘故，无人能通过知识得救），在此，罪在严格意义上说并不是罪，而只是可以改正的"错误"。苏格拉底要求人"认识你自己"，认为只要人正确认识了善、正义等，就可以避免犯错误。每个人都天生有着关于善、正义等知识，只需要通过启发就可以使人获得这些知识。"知识即回忆"。教育并不是从外面灌输给人，而是像助产婆一样起到一个引导的作用。孔子也相信"仁"是每个人都具有的，"为仁由己，而由人乎哉？"①，他主张"以直报怨，以德报德"②。后儒相信人皆可为尧舜。从这种观点看来，知识具有一种逻辑的必然性：知道是对的，就必须去做，知道是错的，就不能去做。这样教育就被置于首要的地位。苏格拉底和孔子对人性都有一种内在的信任，相信人可以凭自己的学习和修养而成为善人。他们在这一点上与基督教认为人要得救最终需要神的救恩区别开来，而与第二种看法对人自身的信任有一致之处，只不过它所相信的不是人的感性欲望而是人的理性良知。这两种态度都是基于人，而不是基于神，因而都是内在的，而不是外在的。与第二种看法不同的是，这种看法对人仍有一种善的理想，在这一点上它与第一种看法又是相似的，只是这种理想被认为是人可以通过自己的努力能够达到或至少能够不断接近的。第三种看法在

---

① 《论语·颜渊》。
② 《论语·宪问》。

服刑人员咨询的过程中也有所展现。如有的服刑人员说自己犯法是因为不懂法，以亲身经历对咨询同学强调普及法律宣传的重要性。也有的现在认识到自己的毒品犯罪害了许多人，甘心服罪和接受改造。许多服刑人员的犯罪是因为贪欲造成的，这种贪欲可以被认为是一种以恶为善、以假为真，即缺乏真正的知识而造成的。表面上看来，他们都是在用各种非法的手段（诈骗、暴力等）作恶犯罪，但他们在这样做时仍自以为是在追求善，至少认为这样做对自己是好的，是有利可图的，而追求好的和有利的意图本身并不是错的。监狱对于服刑人员的改造或矫治正是基于这样一种对于罪的根源的认识而实行的，因为如果人在本质上就是恶的，不可救药的，改造或矫治也就无从谈起。当然，改造或矫治能否取得成功，是否又会引起新的问题也是值得思考的。

人是复杂的，人的罪尤其复杂。关于罪的上述三种认识都只是三个药方，需要结合具体情况对症下药。总体而言，对罪的三种认识分别反映了人身上的神性、兽性（自然本能）和人性（理性良知）。基督教肯定了人的神性而忽视甚至试图消除其兽性和人性，尼采和道家肯定了人的兽性（自然本能）而忽视甚至试图排除人的神性和人性，苏格拉底和儒家肯定了人的人性（理性良知）而忽视甚至试图摆脱人的神性和兽性。由于人是三种属性的综合体，因而上述三种对人的认识各有所偏，由此造成分别依据它们所展开的实践具有悲剧性。因此，我们应当同时肯定人的神性、兽性和人性，正确运用三种对罪的认识来治疗由于偏执一端而产生的问题。比如服刑人员中有的因内心怀有深重的负罪感而陷于绝望，有的因各种外在压力（如家庭的问题、监狱的规训等）而总是惴惴不安，对于他们可以采用尼采和道家对罪的认识即自然疗法来为其"减负"，恢复其生命活力和对自己的信心；有的服刑人员是因冲动而犯罪，缺乏自我控制能力，不能服从监狱的管理，处理不好与其他服刑人员的关系，对于他就可以利用对罪的宗教认识和理性认识及其相应的治疗方式来加以治疗。

二、纠结的根源与根治

许多学生在对服刑人员进行心理咨询的过程中都提到了"纠结"一词，如"她总是无法抒发出自己的情绪，只好一个人在那里郁闷和纠结";"她一直重复说:'这个问题纠结在我心里很久了。'""有些问题只能一直压抑在心中,一直纠结着,却又无法解开,渐渐成为极大的负担"等。那么,什么是纠结?服刑人员都在纠结着什么?纠结的根源是什么?如何才能解除纠结?

简单说,纠结就是一个人的心理活动被某一问题或事件所控制,就像试图解开一个死结却始终无法做到,从而处于一种彷徨不安的状态。服刑人员处在一个与外界隔绝的封闭环境中,生活又是单调重复的,他们的思想往往会固执于某件东西,仿佛人的大脑作为一个思想的加工厂在失去了原料来源的情况下就会自己主动制造出一些幻想的替代品——从某种意义上说这也是监狱的目的之一。福柯曾说:"单独因禁是一种积极的改造手段:'使犯人陷入孤独,他就会反省。由于他单独面对自己的罪行,他就会逐渐痛恨这一罪行。如果他的灵魂还没有被邪恶所泯灭,那么他在孤独状态中悔恨就会来侵扰他。'"① 许多服刑人员的忏悔、内疚都是在这种孤立的环境中被迫不断进行自我反省的结果。在这里,时间似乎已经停滞了,人不再是生活着的,而是处于反省的状态。由此看来,监狱是一个脱离日常生活的场所,因而人在这里出现的不正常的心理状态,如果换一个角度看就是"正常的"。监狱中服刑人员之间紧张的人际关系至少也可部分归因于监狱的环境,因为失去自由而心情压抑,所以一件小事,都可能会被无限放大,成为各种吵架和争斗的导火索。

服刑人员的"纠结"令人联想起西方哲学的历史,这两个看似完全不相干的现象存在着惊人的相似性。泰勒斯被认为是西方哲学史上第一个哲学家,有一个传说说他有一次因为夜观天象而掉到了一口枯井里,受到一个姑娘的嘲笑:"你连地上的事都看不清,还想知道天上的事呢?"细想一下,这个故事颇值得玩味。姑娘的话其实正击中了泰勒斯的要害:人的任务首先是要走好地上的路,而不是去试图了解天上的事。天上的事正是诱惑泰勒斯的一个陷阱。监狱里的服刑人员和泰勒斯都是因为脱离了日常生活而掉进陷阱里的,区别只在于前者是被动的,即因被关进监狱而不自觉地陷入"纠结",后者却是主动的,即因为思

---

① [法]米歇尔·福柯:《规训与惩罚》,刘北成、杨远婴译,生活·读书·新知三联书店1999年版,第265–266页。

想在纠结"天上的事"而掉进井里。泰勒斯的"水是万物的始基"是西方哲学史上的第一个命题。这一命题从一开始就将世界与作为世界本原的东西区别开来，它要为不断变化着的世界寻找一个不变的始因或目的。这就像把世界悬挂在一个固定的东西上面，使世界获得一个稳定的起点（阿基米德点）。这样一来世界也就随之下降到从根本上说是虚假的并不真实存在的地位。实际上，这样一种对始因的寻求从一开始就是由于脱离现实世界（人的世界）而上升到另一个理想世界（神的世界）才产生的。神的上升与人的下降成正比。这与服刑人员在监狱中固执于某种想象的、实际并不存在的问题是相似的。古希腊哲学在柏拉图、亚里士多德之后逐渐走上怀疑主义道路。柏拉图主义学派的许多学生因苦于找不到真理而选择了自杀。查士丁曾在海边徘徊，要自杀时，遇到了一个人告诉他某地有一种被称为基督徒的人不怕死，他认为这些连死都不怕的人一定会有真理，于是就放弃了自杀的念头去找他们，从此皈依了基督教，成为第一个基督教神学家。可见，从崇尚理性的古希腊哲学转向推崇信仰的基督教并不是像人们通常所认为的那样是从光明沦入黑暗，而是有着古希腊哲学中固有的困境和人的生存需要等原因。理性的哲学家为了生存而不得不从理性跳向信仰。在苏格拉底的审查下，人不能再像过去处于无知状态时那样仅依靠本能而生活，而要依靠知识（真理）而生活，问题在于人又没有知识（真理）。苏格拉底本人已经为陷入这种困境的人指出了一条道路："只有神才是最聪明的。"基督教正提供了这样一条出路，在人因为求知而获罪的情况下，人能够凭信仰从罪人变成蒙恩的人、赐福的人、得救的人，他不再像原来那样生活，也不用去自杀，现在他"住世而不属世"，有了希望。监狱中的服刑人员和苏格拉底式的哲学家都只是在反省生活而并未真实生活，他们就像掉进了一个深渊，感到自己非抓住什么东西不可，所纠结的不可解决的问题就是他们所抓住的东西，而这样的东西与其说是他们的救生稻草，不如说是他们的绝望的标志。

如果说服刑人员的"纠结"与西方传统哲学家所陷入的形而上学困境相似的话，那么，学生们对服刑人员所做的心理咨询则类似于西方现代哲学家对传统形而上学所做的解构。其实西方传统的形而上学及其研究方式从休谟开始就已经陷入了危机，在休谟看来，因果律都是没有确定性的习惯而已，习惯才是人生的伟大指南，是人的真正的教师。许多现代哲学家都继承了休谟这种从思想到生活的转向。马克思说:"哲学家们只是用不同的方式解释世界,而问题在于改变世界。"① 这句话后来被刻在他的墓碑上,可以说是代表了他所开启的最重要的现代哲学变革。马克思反对传统哲学将认识置于首要地位(亚里士多德认为思辨是人最大的幸福),要求代之以实践,认为"社会生活在本质上是实践的。凡是把理论导致神秘主义方面去的神秘东西,都能在人的实践中以及对这个实践的理解中得到合理的解决"②。与此异曲同工的还有孔德开创的实证主义和叔本华开创的意志主义。有趣的是,他们都是在学院之外完成自己的哲学变革的,代表着哲学开始从学院走向社会生活,这与哲学从苏格拉底到柏拉图和亚里士多德逐渐从市场退回到学院之中正好形成对照。20 世纪哲学家维特根斯坦把哲学当成一种需要治疗的疾病,在他看来,哲学问题往往是由于思想脱离实际"空转"而形成的:"让我们操心的那种迷乱发生在语言仿佛是在空转的时候,而不是在它正常工作的时候。"③ 机器的空转是一种能量的虚耗,机器看似在工作,而实际却没有在工作。思想的空转也是如此。监狱中的服刑人员的种种心理纠结与此相似,看似在想问题,其实却因为脱离生活而没有任何实际成效。服刑人员其实也都是正常的人,有着各种各样的能力,但他们的能力却因为身处监狱而无法充分施展出来。尼采说:"罪犯的类型是不利条件下强者的类型,一种被弄成病态的强者。他缺少荒野,某种更自由和更危险的自然和生存方式,而在这样的生存方式里,一切强者进攻和防卫的本能,是合法存在的。他的德行受社会排斥;他那随身带来的最活跃的冲动,立刻同起压抑作用的情绪、狐疑、恐惧、耻辱等交织在一起。但这几乎是促进生理蜕化的药方。""正是在我们那驯化、平庸、被阉割的社会里,一个来自山岭或者大洋冒险的天然之人,必然地堕落为罪犯。"④ 女服刑人员的种种纠结也是一种生命力的虚耗。她们在监狱里不能做、不能看,而只能想。这种想只能是一种

---

① 马克思:《关于费尔巴哈的提纲》,载《马克思恩格斯选集》第一卷,人民出版社 1972 年版,第 19 页。

② 同上书,第 18 页。

③ [奥] 维特根斯坦:《哲学研究》,陈嘉映译,上海人民出版社 2001 年版,第 132 页。

④ [德] 尼采:《偶像的黄昏》,卫茂平译,华东师范大学出版社 2007 年版,第 170 - 171 页。

病态。

维特根斯坦说陷入哲学困境就像这样一种情况:"一个人在房间里想要出去,却又不知道怎么办。想从窗户跳出去,可是窗户太小;试着从烟囱爬出去,可是烟囱太高。然而只要一转过身来,他就会发现,房门一直是开着的!"这个比喻与禅师的一些对话很相似,如禅师对询问如何才能解脱的学生说:"谁缚汝?"人们往往生活在对过去、未来的种种恐惧之中,就像生活在一个监狱之中不得自由,但其实这种种恐惧都是源于人的想象,是人自己主动制造出来的。人只是生活在现在,现在是人唯一能抓住的,他因为遗忘和忽视了这一点而去思想过去和未来。因此,禅师要求人们放弃大脑的过度思维,"活在当下",过去的已经过去,需要及时放下,未来的还未到来,不需要提前忧虑。"不执着于过去,也不期望于未来。"过去心不可得,现在心不可得,未来心不可得。禅师说:"莫造作。"一位学生对因总是想着提前出狱而焦虑的服刑人员说:"用一个平常心去对待,或许这样更有利于自己每天的心情和行为,从而有一个意想不到的效果。当然,我不是要你放弃提前出狱的追求,只是不要逼迫自己去强求,要努力,但是能坦然接受一个最后的结果。"其实这样的话对于我们这些社会人也是同样适用的,生活中有多少人都在"强求"并因此而陷入痛苦中甚至酿成悲剧呢?所谓"自作自受"。从唐诗、宋词、元曲等中国古典文学作品中可以知道,道家、佛教(尤其是禅宗)对于纠治历史上儒家过于强调"入世"的偏颇,保持人的心理平衡起到了很大的作用。如果我们深入到民间就会发现即使在今天,中国一般老百姓的生命态度中仍贯穿着儒释道的思想,即便它们作为一种宗教形态已大为衰落。

三、规训的意义

福柯关于监狱的著作中一个关键词就是"规训"。到底什么是规训?福柯为什么要发明这个词?他说规训(discipline)是能使肉体运作的微妙控制成为可能,使肉体对权力永久服从的一种方法。规训是近代产生的一种特殊的权力技术,是权力干预、训练和监视肉体的技术,其核心是规范化,在时间、空间上对个体进行编排、限制,在行为、精神上对人体进行分配、组合与训练,达到对人体的精心操纵,由此造就

"驯顺的肉体"。"'规训'既不会等同于一种体制也不会等同于一种机构，它是一种权力类型，一种行使权力的轨道。它包括一系列手段、技术、程序、应用层次、目标。它是一种权力'物理学'或权力'解剖学'，一种技术学。"① 可见，规训具有管教、惩罚和知识技能训练两种含义，这两种含义都跟"知识—权力"有关。受尼采的影响，福柯对权力问题的思考发生了一个转变：他不再讨论"权力是什么"而是关心权力"以怎样的方式被行使"。随着这一问题视角的转变，福柯对权力问题提出了一系列具有颠覆性的新看法。首先，他认为启蒙时代不仅继承了古罗马共和国体现的自由，同时也继承了罗马军团那种理想的纪律模式。这样他就对原来启蒙运动所谓脱离中世纪蒙昧时代的"进步"观念提出了质疑，揭示出了一向被忽视的"进步"中所包含的"黑暗"面。在他看来，中世纪牧师的权力并没有像人们通常所认为的那样随启蒙的到来而消失，相反它被改头换面，演变成了一种针对个人进行规训的"新牧师权力"。"'启蒙运动'既发明了自由权力，也发明了纪律。"② 惩罚的方式从传统权力对肉体的酷刑转变为对人的灵魂、思想的改造和矫治，这是一种"普遍的惩罚"或"温和的惩罚方式"。规训权力具有隐蔽性、普遍性、精微性和生产性。规训的目的是造就"驯顺而有用的肉体"，生产出社会所需要的"人口"。"惩罚艺术的目的既不是将功补过，也不是仅仅为了压制，它进行五个阶段的运作。它把个人行为纳入一个整体，后者既是一个比较领域，又是一个区分空间，还是一个必须遵循的准则。它根据一个通用的准则来区分个人，该准则应该是一个最低限度，一个必须考虑的平均标准或一个必须努力达到的适当标准。"③

尽管规训并不是实习的重点，但学生们在实习过程中还是对监狱中的规训现象留下了深刻的印象。首先，监狱的外观虽然没有小说影视中那种阴暗的色调，但监狱中不可避免的高墙、电网，由武警战士把守的铁门、哨塔等仍在提醒着前来的访客这是一个什么地方。这些直观印象

---

① [法] 米歇尔·福柯：《规训与惩罚》，刘北成、杨远婴译，生活·读书·新知三联书店1999年版，第241–242页。
② 同上书，第249页。
③ 同上书，第206页。

中就包含了"规训"的两个最重要的含义：惩罚与训练。隔离代表着惩罚（失去自由），学校则象征着训练。在实习活动中，大家对规训有了进一步的接触，比如一进入授课大厅，就看到已经坐得整整齐齐的服刑人员，她们以极其热烈的掌声欢迎学生们。在授课过程中，不少学生注意到她们之间虽然年龄差异甚大，但都穿着一样的服装，留着一样的短发，在讲课老师问有没有听明白时都大声回答："明白了。"在上课过程中有狱警不断来回巡视着，呵斥着那些听课开小差的人。在咨询中有的服刑人员说自己近来因一些小事被扣了不少分，担心自己不能提前出狱；有的将自己犯罪入狱过程中在其看来不合法的种种遭遇与法律规定的程序列出来，以表达自己的不满；也有的说自己总想反抗狱警，因为有些要求明明自己做不到；等等。可见规训使服刑人员表现出两面性：作为被体制化的人和作为其个性的人，这种两面性是分裂的，她们在接受严格的规训后失去了个性而成为一个抽象的人，而她们在咨询中则显示出"每个人都是鲜活的人，都有自己关心、害怕和忧虑的问题"。电影《肖申克的救赎》中有这样一句话："刚入狱的时候，你痛恨周围的高墙；慢慢地，你习惯生活在其中；最终你会发现自己不得不依靠它而生存。那就是体制化。"服刑人员必须接受和习惯监狱里的"规训"，即使他们不能做到也要假装做到，但出狱后到社会上不再有外来的强力限制时，他们是否会在某些情况下突然爆发？即使仍然有效，他们戴着这副沉重的锁链又该如何重新做人？这是监狱所面临的一个管理上的悖论，也是改造和矫治所要研究的课题。

　　有一位学生在谈到改造和矫治的问题时认为对服刑人员应该采取"矫治"而非改造。在她看来，改造是用一种类似"小学教育模式"的统一思想行为标准来对实际上在各方面都存在着很大差异的个体进行规训，而矫治则是针对每个人的具体情况进行有针对性的教育，就像医生给病人看病一样对症下药。的确，庸医用同一种药来治不同的病，只有良医才能对症下药。狱方也意识到了目前的改造模式中存在的问题，说效果不够理想的原因是在实行教育时学员人数太多，彼此年龄和文化程度等差异甚大，需要进行更有针对性的教育，但这实行起来困难很大。其实，福柯所说的"规训"不仅指用同一种标准来要求不同个体，也包含了针对不同个体进行区分、划分等级、进行定位等。"在某种意义上，规范化力量是强求一律的。但由于它能够度量差距，决定水准，确定特点，通过将各种差异相互对立而使之变得有用，它也有分殊的作用。人们很容易理解规范力量是如何在一种形式平等的体系中起作用的，因为在一种同质状态中（这种状态就是一种准则），规范导致了各种个体差异的显现。这既是实用的要求，也是度量的结果。"① 因此，规训具有总体化和个体化两种效果，福柯既反对总体化同时也反对个体化，它们都是对个体的一种"榨取"。个体具有生成性、过程性、不确定性、可能性，而总体化和个体化则具有固定性、组织性、程序性。

福柯说："我看问题的关键不在于没有约束的文化是否可能或值得向往，而在于一个使社会发挥功能的约束性的系统是否为个人留下了改造系统的自由。"② 福柯详细阐述了规训权力，而对抵抗却很少论及，虽然他也说过哪里有压迫哪里就有反抗。在福柯以及其他一些后现代思想家看来，一个只有权力压迫的社会是不正当的，而一个试图消除一切权力压迫的社会也只能是一个乌托邦，我们所能做的只是尽可能使权力呈现多元化和流动化，从而使权力压迫不至走向极端，为个人自由留下空间。技术的进步的确会带来对人的控制的加强。比如有学生说自己到哪儿都要带上手机，一会儿没带就心里发慌，担心有人找不到自己，结果有时分不清是自己带手机还是手机在带自己。不过，技术是一把双刃剑，它同时也给人带来便利和自由，比如游戏固然让许多人（尤其是学生）着迷，难以自控，但它也给许多人提供了锻炼智力和释放压力的渠道，所以只看到其中一面是片面的。尽管规训权力很强大，几乎无处不在，但抵抗仍然是可能的，因为技术的进步也让人有了更多的选择可能和发挥空间。如果如尼采所说，存在作为一个整体只是权力意志，人就只能处于权力的永恒轮回之中，压迫与抵抗都只是权力意志的表现而已。理性作为权力意志的工具，同样体现了权力意志。这样，人的思想和行为也就失去了绝对的标准，人所能做的只是尽力把握好自己的命运，就像一艘出没在波涛汹涌的大海上的小船一样。

---

① ［法］米歇尔·福柯：《规训与惩罚》，刘北成、杨远婴译，生活·读书·新知三联书店1999年版，《规训与惩罚》，第207－208页。
② ［法］米歇尔·福柯《权力的眼睛——福柯访谈录》，严锋译，上海人民出版社1997年版，第128页。

结语

  在关于监狱教学实习的哲学思考中可以发现两个世界的张力，即人所追求的永恒世界与人所生存其中的生成世界之间的张力，前者赋予后者以存在的意义和目的，同时又对后者形成压迫，后者需要前者所赋予的意义和目的，同时又反抗前者的压迫。这样就形成了两种具有相反性质的哲学治疗：永恒世界对生成世界的治疗和生成世界对永恒世界的治疗，也就是哲学的建构性治疗和解构性治疗。一方面，人是社会共同体的一员，而社会共同体的存在需要一种秩序和规则，建构性治疗就是通过理性或信仰建构一种理想的秩序和规则以同化个体，抑制其私欲，造就一个井然有序的世界；另一方面，人作为个体又是处于不断生成变化之中的，人的欲望及其满足是不可避免的，解构性治疗就是通过肯定人的自然性，解构社会所加给人的僵化的制度和规则，恢复人的生命活力，推动社会的发展。从这样的双重视角看，一方面，罪犯破坏了社会通常的秩序和规则，理应受到惩罚、规训和矫治，也就是通过将这些"异人"与社会相隔离，将其重新改造或矫正为常人来维持社会的正常运转；另一方面，在现实生活中，所谓现存社会秩序和规则不一定都是合理的，也不一定都符合人的自然本性，其中有许多需要加以改变的地方。罪犯对现存社会秩序和规则的冲击推动了对其中一些不合理的东西的质疑和改进，有某种正面的意义。我们可以通过对罪犯的考察透视现代人和现代社会中广泛存在的一些问题，思考解决这些问题的方法。这表明哲学治疗对于当代社会的意义既在于合理的建构也在于合理的解构，只有将两者结合起来，确立一种建构性的解构，或解构性的建构，才能避免社会因执着于建构或解构而产生的弊端，才能促进人和社会的良性互动，和谐发展。

作为治疗的哲学

——基于神学的回应

曹 坚[*]

  《作为治疗的哲学》一文在作者心中作为"治疗的哲学",主要针对心理和道德层面,具有很强的伦理关怀,与社会生活息息相关。"监狱教学实习"是想让哲学课堂内外的"理论思考"开花结果,以期通过师生的"帮教活动",解决犯人"因遭遇各种问题而引起的精神困惑"或"引发的精神危机",说到底就是解决"价值问题",使他们成为"正常的"或"身心和谐的"人。这憧憬是乐观的、预设的,也是将自己置于高位而俯视高墙内诸生命的。

  作者虽然承认"生活中并没有完全意义上的正常人,每个人总是或多或少存在着这样那样的心理和精神问题,需要程度不同的治疗",似乎应了时下流行语:我们都有病,但有点小恙的自己和病入膏肓的犯人相比是有本质区别的,那就是医生虽不是绝对健康,却知道如何预防,且能给人治病,妙手回春,因而是信心满满,自认为可以掌控大局的。另外,我们该怎样理解"正常"的判断标准:是人所处之主流社会或大多数人的认可?是所谓的普世价值?或者这一标准本不应由人来订立?作者也意识到,"由于其自身以及其所处的环境总是处于变化",这种由人订立的标准缺乏绝对性。

  实际上,我们和犯人并没有本质的区别,都被囚禁在此生这一无形的监狱中,都有待拯救。这种囚禁非指来自外在的法律和习俗等的约束,而是生命状态和人性自身的脆弱和缺陷所致,它需要人首先意识到

---

[*] 作者简介:曹坚,中山大学哲学系教授。

并否认这种脆弱性和先天不足,继而寻求一种终极指引,再而依靠这种指引,并辅以自身的努力。问题的关键在于,什么能成为终极的指引或根治的药方,而非五花八门的辅助药。显然,要得到根治的效果,人的努力必须与终极的指引相合,即在精神上完全信靠它,在行动上完全配合和遵循它。

一、关于罪的思考

罪有内在的和外在的之分。内在的罪又有人先天所共有的和个人后天独有的之分。外在的罪是触犯社会法律和规范引起的或大或小的过错,易被察觉、衡量和惩处。内在的罪当中,个人后天独有的罪通常是在个人成长过程中形成的不良甚至邪恶的价值观、思维方式和品德。它没有明确的量化衡量标准,因而难以被察觉和应对,但通过一定时间的相处和观察,基本可以捕捉它们,正所谓"路遥知马力,日久见人心"。由于是后天养成的,人们希冀通过教化和训练手段克服消除它们,并认为由此可以有效预防外在的罪。在探讨罪的来源时,人们往往到此为止。可惜事与愿违,后天形成的罪却无法彻底和恒久地通过教化和训练所获得的理性加以克服。正如伊波利特·泰勒曾说的,这样的理性只是"后天获得的脆弱品质"。它不牢靠,因为"幻觉、谵妄、躁狂全都守候在我们的门口",随时都会闯进来。这正是为什么说人无完人,只要是人就会犯错,即使他/她是高尚的、有能力的、教养好的人。这样,我们就有必要关注人先天所共有的罪,即人性当中必然存在且无法消除的消极因素。正是这些消极因素使得一切后天的教化和训练不牢靠,让理性脆弱,无法抵挡守候在门口的幻觉、谵妄、躁狂等等,最终无法防止跌倒。面对这些人先天所共有的罪,哲学出于人的理性作为,必然只能起到辅助治疗的作用。所以面对人先天所共有的罪,我们首先必须承认它们的存在和丑恶,意识到它们的毁灭性危害和人陷其中的痛苦无助,然后谦卑地将自己降到尘埃,放眼人自身外以寻求终极的指引,求得最后的解脱。

第一,罪指的是人的悖逆,需要上帝之爱的赎价才能最终挽救人于死地。一方面,神爱世人,无论人的情形怎样,神的爱就像《路加福音》中在家门口的老父亲,总是在等候浪子回头。在人间,我们能找到自然的爱,但找不到超越的爱,唯有朝向神才能找到这样的爱和安慰,也只有效法神的形象,与神同在才能把这种爱施放到人间,使自己从被神爱转向主动爱神和人。另一方面,神的爱不应单单被人理解为怜悯、恒久忍耐和恩赐,也同样应该被理解为神的公义圣洁。神对罪的惩罚同样表现了神的爱,正如神借亚述和巴比伦对以色列和犹大的惩罚被理解为一种管教。

第二,死亡绝不是生命的一部分,而是与生命势不两立的,是对生命的终结。犹太—基督宗教给人的希望在于,死亡不是神的最终计划,尽管它是神惩罚罪的手段。神正是要让人在面对死亡的绝望中去寻求神赎人的罪,使人复活并得永生;同时认识到对罪顺其自然必然是死路一条,且万劫不复。正因为"消除了人对上帝的责任",尼采的所谓"新的责任"、"超人"、"成为自己"缺乏标准和永恒,无非是自欺欺人,没有了积极意义。人类的问题,不是"罪可能给人的良心重压",而恰是缺乏"罪给人的良心重压"。否则,希特勒也不至于对尼采有好感。

第三,许多罪的发生并不是"人的理性失去了对欲望的控制"。理性只是一种工具和手段,它可以同时被善意或恶意使用。所以,以为加强理性便可"防止罪的发生,纠正罪的后果"是错误、误导和危险的。这样,不仅可以避免人们对理性的膜拜,也可防止人们夸大知识和经验的作用,也就能让人正确思考为何官员贪赃枉法、教师误人子弟、医生见死不救了。苏格拉底强调人要正确认识善和正义,而善和正义的化身和代表不是人而是神,只有神的启示才引向真理,才能使人获得关于善和正义的知识,才会使人具有美德。的确,敬畏神才是智慧的开端。得神的智慧,而非人的理性,才能有效减少罪的发生。

人的理性不等于人的良知,尽管它们都是神赐予的。人的自由意志是神赐予的,人独有的,由人的神性、兽性和人性共同影响,就看最终哪一方占上风。基督教看到人的神性,但并非试图消除人的兽性和人性。相反地,犹太—基督宗教恰恰是充分认识到人的兽性和人性的不可消除和致命危害,才能解释和宣扬神性对人得救的重要性。此外,犹太—基督宗教也绝不试图消除人的自然欲求。相反地,它宣扬信徒在合理欲求的满足中认识神,认识神的恩慈、智慧和律法,并学会感恩,这些在圣经的智慧文学中都有淋漓尽致的表达。

二、纠结的根源与根治

人类一直以来都在想方设法解决纠结的问题。今天出个哲学家 A，明天出个哲学家 B，常常被人引用，以为真理，可问题从来没有减少过。人类的物质文明进化日新月异，可道德进化几乎为零。人类屡次砸碎一个旧世界，然后建立一个新世界，之后又打破，周而复始。人之所以永远摆脱不了纠结，正是因为一心只低头看地上的路，而不抬头了解天上的事；或像泰勒斯，只关注天上的事，而没有看清楚地上的路。恰当的方法是一只眼看地上，一只眼看天上，如同《圣经·智慧书》的启示：用属灵的智慧过俗世的生活。这样，人便可以逐渐排解纠结。一方面，在此世的生活中明了神的启示；另一方面，用神的旨意引领此世的生活。苏格拉底也好，查士丁也好，都因为"从理性跳向信仰"而走出纠结的困境并获得新生，他们是让人羡慕的。那些在纠结的深渊中绝望的人讥讽宗教信仰为鸦片或救命稻草是可笑的、可怜的和可悲的。鸦片也好，救命稻草也好，宗教信仰若给人生的希望，那么它叫什么毫不重要。有宗教信仰而得内心安宁、喜悦、感恩和乐观的生活，如果这样的生活"只是在反省生活而并未真实生活"，那它一定好过在纠结中绝望的所谓"真实生活"。

三、规训的意义

到底什么是规训？代表欲望的肉体是不可能对任何一种权力做到永久服从的，哪怕是神的律法和诫命也无法让最虔诚的信徒做到永久和完美地服从神的权威，因为引人悖逆的罪性或原罪是不可消除的。同理，福柯所说的，能达到这种效果的规训是不存在的，他不过在痴人说梦。但也因为人无法靠修身成圣，无法靠理性和人生阅历的积累做到随心所欲而不逾矩，所以规训才对每个人有了终身的必要和意义，正所谓没有规矩不成方圆。而规训要起到有效地约束和教化作用，前提是它要被左右肉体的灵魂所真正接受。这种接受必须是自愿和彻底的，不仅能认识神性的来源，更重要的是这种接受要出于以自我观察和实践为基础的道德论证和心悦诚服。能够让灵魂如此接受的规训一定出于神（或被神化）的绝对权威和力量。而福柯说的规训，其作用是脆弱的：一旦权力式微，或诱惑足够强烈，人性的软弱或罪性必然摧毁靠规训、技术、干预、监视、教育、奖惩等长期培养起来的习惯，偏离权力体制或机构企图苦苦经营的轨道。在对权力的思考上，如果尼采对福柯的影响是使后者不再讨论"权力是什么"，而是关心"权力以怎样的方式被行使"，那么尼采就让福柯走偏了。若没有对"权力是什么"有正确的认识，它一旦落入邪恶和伪善之手，以完美的纪律模式得以行使，人们是没有分辨能力的，盲从和助纣为虐便成了荣格所说的"集体无意识"的惯性，最终带来的就只有失败甚至毁灭，正如近现代德国的情形。

如果说从传统权力对肉体的酷刑转变为对人的灵魂、思想的改造和矫正是一种进步，那么关键在于明白需要改造和矫正的是什么，以及什么可以作为参照标准。无疑，需要改造和矫正的是人及其恶的方面。既然人无完人，人的理性也靠不住，那么可以作为改造和矫正的参照标准的就不能是人或人为之物，而应该是完美之神及其旨意。至于完美之神到底是否存在，这是另外的问题，不属这里讨论的范畴，关键在于：只要人类及其历史无法证明自己是完美的，无法证明人类理性和所谓普世价值可以解决人类的所有问题，那么超越人类的神灵便有其市场。借季羡林的话说，人类对死亡的恐惧是孕育宗教的土壤。

所谓"庸医用同一种药来治不同的病，只有良医才能对症下药"很容易麻痹人。以大多数人的核心利益为名，社会趋于漠视或牺牲此外的少数人群及其利益，甚至在他们妨碍或威胁大多数人利益的时候，对他们轻则规训改造重则斩草除根。这大多数人往往代表着健康、正常和伦理道德的土壤，他们的问题便容易被忽略和正当化。梦想的"对症下药"只不过是只见树木不见森林。其实，人类自身的顽疾是无法通过自身医治的，他们当中产生不了良医，治愈不了人的根本问题。需要找到人类共有的顽疾，并寻找根治它的良医，即神。当那大多数人或他们支持的精英阶层充当"良医"的时候，被视为病人的那少数人是没有福柯向往的"改造系统的自由"的。然而，当这个系统不是人类而是完美之神确立的话，在人类社会内部，任何一个人类群体对另一个人类群体的治理便有权利和自由进行监督、提出挑战并参与改进，因为绝对权威既然属于神，那么任何人和阶层不可能享有偶像的地位，不再被人供奉，他们本质上都亟须神的拯救，都应该跟随神，充当神的仆人。

结语

唯有引入神学思考，才谈得上人所追求的永恒世界与人生存其中的暂时性世界之间的张力。在这一点上，即使无神论者罗素也不得不承认："除非你假定有一位神，否则追问人生目的，是毫无意义的。"[①]前者赋予后者以存在的意义和目的，同时又对后者形成压力；后者需要前者赋予的意义，同时因人性使然又试图摆脱前者的压力。这两个世界虽有张力，但也有平衡协调，即用属神的智慧过世俗的生活，这样才能在神的掌权和人的权利之间形成合力。神性的世界和人性的世界之间，唯前者能对后者治疗或拯救，而后者唯有接受治疗的份，两者是主被动关系，这样，治疗或拯救才有可能实现。人的欲望及其满足唯有纳入这样的目的和关系中才能言其正当性和适当性，才能遵循永恒不变的规则即神的律法，才有益于协同建立神性的理想秩序，推动社会的良性发展。从这样的视角看，世俗社会中，罪犯和精神病人所破坏的某一社会的人为秩序和规则，不能等同神性的理想秩序和规则，是否应该受到惩罚、规训和治疗，是否应该通过其他人的改造来维持这一社会的运转就不可一概而论了。人性的世界的是任性的世界（即使以理性的名义），是需要一种绝对标准来规范和约束的，是没有指望而需要治疗和拯救的，是不能与神性世界相提并论的。如果认识不到这点，人性世界永远只会迷信自己的哲学理性，头疼医头脚疼医脚，永远不肯谦卑下来、反省和忏悔，接受超越的神为根治者。

[①] 转引自华里克（Rick Warren）《标杆人生》（*The Purpose Driven Life*），PD 翻译组译，上海三联书店2010年版，第3页。

论推进实践哲学研究的五对必要的区分

黄其洪[*]

【摘要】 当下中国的实践哲学研究取得了一些重要的学术成果，但是，它还处在开创阶段，在一些基础性和前提性的概念上，学者们还没有达成基本的共识，还处在自说自话和纷争不息的状态。有鉴于此，为了推进实践哲学研究，需要做五对必要的区分：按照实践主体的不同，区分为经验的、道德的和本体的实践；当人们在本体的层面上使用实践概念的时候，由于本体预设的不同，他们的实践哲学也可区分为生存论的实践哲学与超验论的实践哲学；从实践哲学的讨论与具体的实践情境和实践行为的关系来看大致可以分为形式的实践哲学与质料的实践哲学；就一种实践理论所反思的对象是否涉及一般意义上的实践本身这个问题而言，可以区分为元实践学与部门实践哲学；就道德的实践哲学而言，我们可以按照道德的实践哲学的善恶判断的标准的不同对这些道德的实践哲学进行分类，区分为结果论的实践哲学和动机论的实践哲学。

【关键词】 实践哲学 本体的实践 超验论的实践哲学 质料的实践哲学 元实践学

近十五年来，首先是在马克思主义哲学研究领域出现了实践哲学的研究热潮，这既要归功于实践唯物主义讨论的深化，又要归功于经典西方马克思主义和当代国外马克思主义的引入，在这方面的代表人物有俞吾金、王南湜、丁立群和徐长福等学者。其次，在西方哲学研究领域由

---

[*] 作者简介：黄其洪，西南大学马克思主义学院副教授，西方马克思主义政治学研究所副所长，西南大学马克思主义理论研究中心研究员。

于对现代西方哲学特别是现象学和分析哲学的大力译介和深入研究，受西方学界的影响，一些西哲研究的学者也把目光投向了以应用伦理学和政治哲学为代表的西方实践哲学，这方面的代表人物有龚群、姚大志、洪汉鼎和何卫平等学者。最后，在中西比较的视野中，一些研究中国哲学的学者基于对中国传统哲学独特精神的领会，力图在与西方实践哲学传统的深度对话中重构中国的实践哲学，代表人物有杨国荣、沈青松、郭齐勇和陈来等学者。就这样，在这十五年间，中国哲学界三支最为重要的研究队伍不约而同地把目光投向了实践哲学研究。实践哲学研究已经成为当代中国哲学界一个重要的话题，而且在这方面，也取得了一些极为重要的学术成果。但是，客观地说，中国当下的实践哲学研究还处在开创阶段，在热闹喧嚣的背后隐藏着深深的理论危机和多样的理论困惑，在一些基础性和前提性的概念上，学者们还没有达成基本的共识，还处在自说自话和纷争不息的状态。有鉴于此，学者们在谈论具体的问题之前，先对自己将要使用的基本概念做清晰的澄清和清理，这样的工作就显得尤为重要。

在笔者看来，为了推进实践哲学的研究，有几对基础的区分必须面对，只有对这些区分有了充分的自觉，我们的实践哲学研究才可能在有扎实的概念前提和自觉的方法论的基础上往前推进。当然，实际上存在的重要区分可能还有别的方面，笔者此文只是一个初步的尝试，如能起到抛砖引玉的作用，那也是一件欣慰和荣幸的事情。

一、经验的、道德的和本体的实践

实践的基本含义是行动，按照亚里士多德的看法，实践这种行动有两个基本的特征：一是它自身就是目的而不指向自身之外的某一结果；二是实践活动面对的对象是经验变动的材料而不是永恒不变的对象。①第一个特征使实践这种行动与以沉思为代表的理论行动有相似特征，但是第二个特征又使它不同于理论行动。它的第二个特征使实践这种行动同创制有相似之处，但是它的第一个特征又使它区别于创制。虽然对一个具体的人而言，实践活动往往是整体的，也就是说它是人的身体

---

① Aristotle. *The Nicomachean Ethics*, Oxford University Press, 2009, pp. 25, 28.

(body 或 flesh)、理性（reason 或 ration）和精神（sprit 或 soul）协调运作共同参与的行动，但是事实上身体、理性和精神三者之间往往不一定协调，而且对一个单一的实践活动来说，在这三者之间往往偏重于某一方而遮蔽了其他两方①。人的实践行为是如此，而对人的实践行为的反思也是如此，也就是说，不同的人在使用实践这一概念的时候往往强调的点是不同的。有的人强调实践概念的身体维度，从而认为身体的行动是实践的主要成分，其他的维度都要从属于这一成分，甚至有人认为实践就是身体的活动而不包含其他的活动。在哲学史上，一些庸俗的马克思主义者就持这种观点。我把这种意义上的实践看作是经验的实践。经验的实践把身体看作是实践的主体，从而遮蔽了实践中理性的和精神的维度。

也有一些人认为实践不仅仅是身体的行动，还包含了理性的行动，而且这里的理性主要指的是道德德性，在理性的算计中道德德性起到了重要的规范作用。理性在意志行为中的应用，是对利益的算计，因而它直接关涉道德。当然在这一派观点中也有所区分，一部分人强调普遍的道德命令对理性算计的绝对强制，这实际上是把个别和一般、特殊性和普遍性对立起来的独断的弥合，这一派以康德为代表②。另一派认为理性算计的过程中个人的理性和普遍的道德法则之间并不存在着截然的对立，个人的理性追求通过文化教养可以达到和普遍的法则之间的情感一致从而实现个别性和一般性、特殊性和普遍性之间的有机沟通。这一派观点要么强调道德直觉，如休谟所做的那样③，要么强调实践智慧，如亚里士多德所做的那样。但是二者都特别强调文化传统对个体实践行动的规范作用。无论是康德式的实践概念，还是休谟式的实践概念，抑或是亚里士多德的实践概念，它们都认为实践的主体不是身体，而是理性，特别是道德理性，因而我们可以把这种实践概念叫作道德的实践概念。

其实，亚里士多德的实践概念含义是非常丰富的，除了如上所说的道德层面的含义之外，亚里士多德在一些文本中，比如在《尼各马可伦理学》第一卷和第十卷中、在《政治学》的第一卷中，他都认为实

---

① 参见黄其洪、蒋志红《论实践概念的三个层次》，载《现代哲学》2009 年第 2 期。
② 参见康德《实践理性批判》，邓晓芒译，人民出版社 2003 年版，第 46、53 页。
③ 参见休谟《人性论》，关文运译，商务印书馆 1980 年版，第 165 页；潘华志《休谟与〈人性论〉》，人民出版社 2010 年版，第 76 页。

践的主体不仅仅是理性，更为重要的是精神和灵魂，因为只有精神和灵魂才追求幸福，也才自知自己是否幸福，而所有的实践活动最终的目的是为了赢获幸福。因此，亚里士多德的实践概念还包含着第三个层次，这个层次的行动主体是精神，它与人的生命存在的终极价值相关，关涉人存在的总体性和整体性①（遗憾的是，在英美学界，对亚里士多德的实践概念，人们往往只强调它的道德层面的意义，而忽视这个层次的意义，一旦如此，就容易把亚里士多德解读为一个唯名论者和经验论者，从而肢解了作为整体的亚里士多德）。我们把这个层次的实践叫作本体的实践。在西方哲学中，除了亚里士多德之外，黑格尔、海德格尔和伽达默尔的实践概念也属于这一层次。当然即使是对于本体的实践概念而言，内部也有所区分，关键在于作为行动主体的精神是主观精神还是客观精神抑或是绝对精神。海德格尔强调的实践主体是主观精神，伽达默尔强调的实践主体是客观精神，而黑格尔强调的实践主体是绝对精神，它包容了主观精神和客观精神，并在此基础上有一个更高的提升，因而是一种大全的实践活动。

当我们按照行动主体的不同自觉地区分了实践概念的三个层次之后就会发现，英美分析哲学大多数人所讨论的实践都处在第一个层次上，葛兰西、卢卡奇、A. 施密特和布尔迪厄等西方马克思主义者所讨论的实践概念已经进入到第二个层次，而现象学和解释学所讨论的实践概念是属于第三个层次的。在黑格尔之后，还保留着大全式的实践概念理想的可能只有怀特海一人②。就中国学界而言，以艾思奇为代表的传统的马克思主义哲学教科书所讨论的实践属于第一层次，20世纪八九十年代以高清海先生为代表的实践超越论者所讨论的实践已经进入到第二层次，而自觉地在第三个层次进行讨论的学者还比较少见，杨国荣先生是这方面的一个代表。

二、生存论的实践哲学与超验论的实践哲学

在笔者看来，无论是在西方哲学中还是在中国哲学界，当人们在本

---

① Aristotle. *The Nicomachean Ethics*, Oxford University Press, 2009, pp. 25, 186.
② 参见怀特海《过程与实在》，李步楼译，商务印书馆2012年版，第8、16页。

体的层面上使用实践概念的时候，由于本体预设的不同他们的实践哲学也有基本的区分：一种实践哲学虽然也是在本体的层面上使用实践概念，但是由于他们所讨论的实践主体要么是人的主观精神或者灵魂，要么是属人的客观的精神，而不关涉超验实体的精神，在他们眼里并不存在超验的实体，或者即使存在超验的实体，人这种有限的理性存在者也是无法知道它的。所以，对他们来说，能够明证性地体验到的就是人的主观或者客观精神的行动。尽管这种人的精神的行动也关涉世界整体、人与人之间的关系、生命的价值和意义，但是这些都是以人的生存为中心而展开的思考，因而我们可以把这种实践哲学叫作生存论的实践哲学。生存论的实践哲学按照其讨论的范围的不同又可以分为两种：一种主要讨论的是人内在的主观情绪或者欲望、情感等的活动，我们可以把这种生存论的实践哲学叫作主观的生存论实践哲学，海德格尔是其典型代表[1]。另一种其起点虽然也是主观的精神，但是它更多地强调主观精神与客观存在的文化、道德、伦理和文本世界的对话和沟通，因而具有较强的客观色彩，我们可以把这一类实践哲学叫作客观的生存论的实践哲学，伽达默尔和哈贝马斯是其典型代表[2]。在中国哲学中，如果我们把儒家哲学看作是一种生存论的实践哲学的话（请注意，在笔者看来，儒家哲学不仅仅停留在道德层面，而且已经深入到本体层面），那么，程朱理学可以被看作是客观的生存论的实践哲学，而陆王心学可以被看作是主观的生存论的实践哲学。从这个角度看，海德格尔与王阳明的对话将是很有趣的论题，只可惜，在这方面，除了张世英先生1997年发表在《学术月刊》上的文章[3]之外，几乎还没有什么重要的研究成果出现，特别是对大多数搞中国哲学专业研究的同志来说，似乎还缺乏

---

[1] Francois Raffoul, David Pettigrew. *Heidegger and Practical Philosophy*, State University of New York Press, 2002, p. 31.

[2] 参见殷杰、郭贵春《理性重建的新模式——哈贝马斯规范语用学的实质》（上），载《科学技术与辩证法》2001年第3期；杨礼银、朱松峰《论哈贝马斯的"实践话语"理论》，载《国外社会科学》2008年第3期；高瑞华《从实践理性到交往理性——论哈贝马斯的交往理性理论》，载《社科纵横》2014年第2期。

[3] 张世英：《进入澄明之境：海德格尔与王阳明之比较研究》，载《学术月刊》1997年第1期。

这种理论自觉，这不能不说是一种遗憾①。

在本体的层次上讨论实践概念的实践哲学中，还有一类认为实践行动的主体最终是超验的实体，虽然这种超验的实体的活动要以人的主观精神活动为中介和手段，但是最终要回到超验的实体本身的活动。在这种哲学看来，存在一种最高的精神，这种精神既是主体又是实体，它能以纯逻辑的方式自己思考自己，自己推进自己的实现，而且这种超验实体能够借助有限的主观精神和客观的社会世界的力量来实现自己的自我规定。这种超验的实体的精神活动不仅具有强大的逻辑层次感，还具有强大的历史感，它能够实现逻辑对现实物质世界的宰制，人的存在的历史、主观精神演变的历史和客观思想演化的历史都从属于这个历史②。这个精神的行动要通过特定世界历史民族内部由欲望和激情所带来的斗争以及由这些斗争所推动的法律和伦理的建构的演变来实现。所以，这种超验实体的精神活动既离不开主观精神的活动，又离不开客观精神的活动，但是它又超越和整合这两种活动。我们把这种实践哲学叫作超验论的实践哲学，黑格尔是这种超验论的实践哲学的典型代表。

在笔者看来，尽管超验论的实践哲学在黑格尔之后已经式微，遭到现代哲学各种流派的批判③，但是它仍然在宗教哲学中和一些具有实体论倾向的现代哲学家那里被继承下来④。这种实践哲学也许会有这样那

---

① 到目前为止，进行海德格尔与中国传统思想家比较研究的学者大多是研究西方哲学出身的学者，从中国哲学训练开始的学者还比较少见。即使是这些西方哲学的研究者，也主要是比较海德格尔与道家思想、海德格尔与先秦儒学的关系。张世英先生在比较海德格尔与陆王心学方面反而成为开拓者，对这一点我们不得不高度重视。

② 参见黄其洪、贺庆国《论黑格尔历史哲学的三条基本原则》，载《太原大学学报》2011年第1期。

③ 代表现代哲学主流的几大哲学运动都是从批判黑格尔的哲学开始登上历史舞台的：马克思的哲学是如此；以尼采和叔本华为代表的意志主义哲学是如此；以克尔凯郭尔为先驱，以海德格尔和舍勒为中轴，萨特、波伏娃、雅斯贝尔斯、加缪等人将其推向顶峰的存在主义哲学是如此；胡塞尔开创的现象学运动也是如此；而由弗雷格、罗素、维特根斯坦等人开创的分析哲学运动还是如此；甚至对黑格尔很有好感的以伽达默尔、利科为代表的哲学解释学运动也存在对黑格尔的批判；而以德里达、福柯、利奥塔、鲍德里亚等人为代表的解构主义更是猛烈地攻击黑格尔。黑格尔似乎已经声名狼藉，似乎变成了过街老鼠，变成了人人痛打的落水狗。

④ 蒂里希、马塞尔、麦克林等宗教哲学家，查尔斯·泰勒、桑德尔、怀特海等人继承了黑格尔的许多思想要素。甚至在20世纪90年代之后，在分析哲学阵营也出现了向黑格尔的转向，欧美学界最近二十年有一股复兴黑格尔的潮流。

样的缺点，比如会带来所谓的形而上学的恐怖①，对固守感性经验的个体有一种神秘主义②，等等。但是它至少有三个优点是值得重视的：一是它为人具体的身体实践和道德实践提供了确定不移的价值根源，从而不仅为实践提供了规范的标准，而且还为实践提供了深层的内在动力；二是它可以避免实践哲学讨论中的形式主义，为实践哲学的讨论提供充分的质料因素，从而为具体的实践行为提供操作性的范导性原理；三是它可以避免由于主观的意见和有限的视野所带来的相对主义，并进一步克服由相对主义所带来的虚无主义，而相对主义和虚无主义恰恰是现代性的重要症候，因此这种实践哲学对于我们超越现代性具有重要的借鉴价值。

当然生存论的实践哲学与超验论的实践哲学的区分也可以用另外一对名词来代表，那就是无神论的实践哲学和有神论的实践哲学。因为生存论的实践哲学实际上是以人类个体或者人类整体的精神作为行动主体，是典型的人本主义，这种人本主义或激进或温和地会走向无神论。而超验的实践哲学却是以超验的实体精神作为行动的主体，这是以承认存在超验精神的神为前提的，所以它是一种独特的有神论，一种理性神论，而不是人格神论。在现代性的病症已经充分暴露的今天，无论是在东方还是在西方都需要重新理解这种实践哲学的价值，给它以应有的位置。而事实上，自 20 世纪 90'年代以来，在美国出现了黑格尔实践哲学复兴的潮流，在中国也有越来越多的 70 后学者把目光投向了黑格尔。笔者坚信在中国建构自己的哲学现代性过程中，黑格尔超验的实践哲学将发挥它积极的基础性作用③。

三、形式的实践哲学与质料的实践哲学

无论是在西方还是在中国，从实践哲学的讨论与具体的实践情境和实践行为的关系来看，实践哲学大致分为两种：一种实践哲学仅仅讨论什么是实践、实践的基本要素是什么，以及无论对哪一种具体的实践行

---

① 波普尔、哈耶克和克拉科夫斯基是对形而上学的恐怖进行猛烈批判的代表人物。
② 马克思、恩格斯和赖欣巴哈是这方面的三个代表人物。
③ 参见黄其洪《现代西方哲学的三种范式与中国现代化的路径选择》，载《中共山西省委党校学报》2006 年第 6 期；Huang Qihong. "On the Four Basic Resources of Chinese Philosophical Modernity", *Building Community in a Mobile/Global Age*, 2013, p. 39.

为在实践过程中都需要遵循哪些基本的原则，但是它们不涉及具体实践情境的具体实践内容，也不提供具体的操作方式，我们可以把这一类实践哲学叫做形式的实践哲学；另一种实践哲学，不仅要讨论什么是实践、实践的基本环节和要素是什么，以及实践活动需要遵循的一般原则等问题，而且还要讨论具体实践情境的构成、实践主体应该遵循的具体原则以及实践的基本结构等问题，因而涉及实践的质料的问题。当然，由于实践活动总是一方面由行动主体出发，另一方面又关涉对象世界和规范世界，因而，实践的质料最后都要关涉心理的系统和价值的系统，因此这样的实践哲学总带有一定的整体性特征。我们把这种实践哲学叫作质料的实践哲学。

形式的实践哲学在西方的典型代表是康德，而在中国，徐长福教授是典型代表。在西方哲学史上，这种形式的实践哲学虽早已有之，但是作为一种典型而蔚为大观却是在 20 世纪分析哲学出现之后，它往往强调对实践行为进行逻辑和语言的分析，因而，我认为又可以将它叫作分析的实践哲学。康德的实践哲学当然要涉及道德的实践概念，但是，康德的实践哲学与休谟、密尔、边沁等人的道德哲学不同的原则性差别就在于康德在直接谈论意志问题之前对意识和意志行为的形式特征有一个先验的演绎过程[①]，通过这种先验演绎，自由意志中包含的形式规则被发掘出来，成为具体的道德实践的指导原则。康德的实践哲学重点分析的是在人的实践行为中理性运用的一些基本规则，主要强调两条：一是道德自律原则，也就是说人的意志行为的出发点应该是自己的主观意志，而不是他人的或者某个团体的意志，意志自己给自己立法；二是普遍性的原则，也就是说个体的主观意志的选择应该合乎普遍的道德准则，他把这种符合看作是伦理的义务，认为只有符合这种伦理义务的意志选择才是道德的，否则是非道德的，用他的话来说就是，使自己的道德意志同普遍的道德准则一致。至于在特定的实践情境中，哪些道德准则是普遍的、是应该被遵守的，这些道德原则是否具有历史性和民族

[①] 参见康德《实践理性批判》，杨祖陶、邓晓芒译，人民出版社 2003 年版，第 38－46 页；康德《道德形而上学原理》，苗力田译，上海人民出版社 2005 年版，第 142－144 页，也可参见邓晓芒《康德〈道德形而上学奠基〉句读》，人民出版社 2012 年版，第 144－160 页。

性,这些问题都在康德实践哲学讨论的范围之外①。也正是因为看到了这一点,黑格尔才反复批评康德的实践理性是一种形式主义②。

与此相类似,尽管徐长福先生在揭示实践的异质性、自然直观的异质性以及发现范畴律等方面做出了极为重要的理论贡献③,但是他对实践问题的讨论也停留在形式层面,也就是说他提供了一套可以避免实践走向同质化、避免实践被理论理性所宰制或僭越的防御性措施,但是对于如何实现不同理论之间的非逻辑符合,在不同的实践情境中如何使实践行动的发生和实践的目的达到一致,这些问题都在他讨论的范围之外。因而,在笔者看来,他的实践哲学虽然具有重要的理论价值,但是也属于形式的实践哲学的范畴。通常说来,形式的实践哲学防御性大于建构性,理论性大于操作性,是关于实践的哲学,而非直接介入实践的哲学。如何建立一套建构性的和有质料的实践哲学,在不伤及消极自由的前提下进一步确立人的积极自由,使二者相得益彰,并进一步将这种实践哲学的原则推广到处理国际关系的范畴中,这些问题仍没有进入徐先生的视野。由于徐先生警惕超验实体和形而上学的恐怖而完全否认质料的实践哲学建构的可能性,这不能不说是一种遗憾④。

与形式的实践哲学相对的是质料的实践哲学。它一方面关涉人的德性和心理,要深入考察人的情感、欲望、需求与理性道德原则之间的关系,另一方面又关涉具体实践本身所隐含的规范性意涵,从而或多或少

---

① 参见康德《实践理性批判》,杨祖陶、邓晓芒译,人民出版社2003年版,第67-71页;也可参见宫睿《论科思嘉对康德人性公式的回溯论证》,载《世界哲学》2014年第4期;叶秀山《人有"希望"的权利——围绕着康德"至善"的理念》,载《世界哲学》2012年第1期。

② 参见黑格尔《法哲学原理》,范扬、张企泰译,商务印书馆1961年版,第26、162页;也可参见郭大为《黑格尔的"第三条道路"——〈法哲学原理〉的合理性与现实性》,载《世界哲学》2012年第5期;A. W. 伍德《黑格尔对道德的批判》,载《世界哲学》2013年第3期;还可参见张盾《黑格尔对康德哲学的批判和超越——从马克思哲学的视角看》,载《哲学研究》2008年第6期。

③ 参见徐长福《拯救实践》(第一卷 意识与异质性),重庆出版社2012年版,第一章、第五章和第六章;也可参见张守奎《异质性哲学及其创新——评徐长福教授的〈拯救实践〉(第一卷)》,载《哲学分析》2013年第4期;马万东《休谟法则和拯救实践》,载《求是学刊》2013年第4期。

④ 参见黄其洪、蒋志红《西方批判性唯名论传统与中国传统的当代结合》,载《江海学刊》2014年第5期。

会指向存在或意义的本体。质料的实践哲学可能在开放性上不如形式的实践哲学,但是在秩序性和稳定性上却超过形式的实践哲学。在西方,亚里士多德的实践哲学①、黑格尔的实践哲学②、海德格尔的实践哲学③和伽达默尔的实践哲学④都是典型的质料的实践哲学。而在中国,杨国荣先生的实践哲学构想,特别是在《人类行动与实践智慧》一书中所呈现出来的对实践哲学的思考是典型的质料的实践哲学⑤。

在笔者看来,无论是经验的实践概念还是道德的实践概念抑或是本体的实践概念,当人们在不同的层次上进行实践哲学反思的时候,都可能出现形式的实践哲学和质料的实践哲学的区分,因而存在着形式的经验概念的实践哲学、形式的道德概念的实践哲学和形式的本体概念的实践哲学,也存在着质料的经验概念的实践哲学、质料的道德概念的实践哲学和质料的本体概念的实践哲学。在疗治性和防御性方面,形式的本体概念的实践哲学(也可以叫做形式的元实践学)功能最强;在建构性和操作性方面,质料的本体概念的实践哲学(也可以叫作质料的元实践学)功能最强,其他的在二者之间。

四、元实践学与部门实践哲学

在笔者看来,就一种实践理论所反思的对象是否涉及一般意义上的

---

① 参见徐长福《是与善的分类及其意义——从亚里士多德哲学中开出"元实践学"的尝试》,载《南京大学学报:社会科学版》2006年第3期;刘玮《亚里士多德伦理学的两个起点:Endoxa 与良好的教养》,载《世界哲学》2011年第2期。
② 参见郁建兴《黑格尔的自我意识理论与实践哲学基础的真正确立》,载《哲学研究》1999年第9期;Ludwig Siep《黑格尔实践哲学的现实性》,载《现代哲学》2010年第2期。
③ 参见邵华《论海德格尔对康德实践哲学的解读》,载《现代哲学》2008年第6期;张汝伦《海德格尔与实践哲学》,载《哲学动态》2005年第2期;李卓《海德格尔对亚里士多德实践哲学的继承和发展》,载《北方论丛》2009年第2期。
④ 参见张能为《伽达默尔的解释学与实践哲学》,载《安徽大学学报:哲学社会科学版》2011年第5期;张能为《伽达默尔的实践哲学与生活世界》,载《高校理论战线》2013年第3期;陈雷《试论伽达默尔实践哲学的逻辑建构》,载《南京社会科学》2001年第6期。
⑤ 参见杨国荣《人类行动与实践智慧》,生活·读书·新知三联书店2013年版,第一章和第五章;也可参见黄颂杰《关于实践哲学的三个问题——从杨国荣教授的新作〈人类行动与实践智慧〉说起》,载《哲学分析》2014年第2期;刘宇《实践智慧与实践思维中的范畴错误——从杨国荣教授的实践智慧理论谈起》,载《哲学分析》2014年第2期。

实践本身这个问题而言，存在着一种基本的区分：一种实践理论直接指向什么是实践、实践的基本要素和含义、一切实践所应遵循的一般原则等问题，因而它们往往从语言和逻辑的角度对实践展开分析，这种理论我们可以把它叫作元实践学①。当然，即使是元实践学内部也存在着诸多的区别，一种元实践学不仅对实践进行形式的反思，而且还会对实践的具体原则和具体情境进行反思，我们把这种元实践学叫作质料的元实践学，杨国荣先生的实践哲学是这方面的典型。另一种元实践学只考察一切有效的实践行为所应遵循的最低限度的形式规则而不去反思使这些实践行为能够有效的积极的内容规定，更不去反思与具体的实践情境相关的伦理法则和操作措施，我们把这种元实践学叫做形式的元实践学，徐长福先生在《拯救实践》一书中表达的就是这样一种形式的元实践学。

还有一种对实践的理论反思，它所针对的不是一般的实践行为，而是具体领域的实践行为，而且从这些具体实践行为的反思中，它力图赢获的也不是普遍的形式规定而是具体的形式规定，由这种实践理论所反思出来的实践原则只适用于某一特别的实践部门，而不适用于别的实践部门，也就是说，这种实践理论反思的对象是有限的实践部门，它所赢获的实践理论也是有限的理论。我们通常把这种实践理论叫作部门实践哲学，比如在当代中国比较兴盛的管理哲学、经济哲学、法律哲学和道德哲学等等。部门的实践哲学往往能够提供操作性比较强的建议，甚至可以量化和公式化，因而在注重数字管理的资本主义经济运行中起到了越来越重要的作用，但是它的缺陷在于它几乎没有意义和价值的反思维

---

① 国内第一个系统地提出"元实践学"概念和理论的学者是中山大学哲学系的徐长福先生。徐先生最早在2005年6月完成了《是与善的分类及其意义——从亚里士多德哲学中开出"元实践学"的尝试》（该文正式发表在《南京大学学报：社会科学版》2006年第3期上）的写作，在此文中第一次提出了"元实践学"概念，所指的是对实践概念进行形上分析的知识部门，是比经验的和道德的实践概念更基础的实践反思。2006年4月，徐先生完成了《〈拯救实践：元实践学探赜〉导言》（该文正式发表在《江海学刊》2006年第3期上），"元实践学"概念进一步成型，但是，徐先生自己独特的元实践学在此文中还没有提出。2006年12月，徐先生完成了《元实践学与异质性理论——对一套实践哲学研究方案的说明》一文的写作，该文后来在《现代哲学》2007年第1期上发表。此文成为徐先生独特的异质性哲学的一个正式的宣言。徐先生在这三篇文章中强调，"元实践学"这一术语指代的是一种在形上的层面反思实践问题的理论努力，元实践学可以有多种，而不是一种，他自己提出的异质性哲学的第二部分只是元实践学的一种形态。

度，从一种特定价值和意义的设定出发，而对这种被当作前提的意义和价值缺乏前提的批判和反省，所以，容易被意识形态化。不仅如此，这种部门实践哲学还缺乏总体性的眼光，只见树木不见森林，对人的被肢解、物化、异化等现象缺乏批判能力，这种部门实践哲学被应用得越广泛，人的异化和物化现象就会越严重。从这个角度来看，这些部门的实践哲学或多或少成为资本主义意识形态的附庸而缺乏超越性，对此我们应有充分的警惕①。

当代中国同其他国家一样，部门的实践哲学研究比较兴盛，也得到了来自于政府和民间的资金支持。但是元实践学的研究却相对沉寂，只有极少数人在这方面做出了积极的贡献，而杨国荣先生、俞吾金先生、徐长福先生和王南湜先生等人是这方面的杰出代表。新一代的学者要想推进实践哲学研究，特别是元实践学研究，应充分吸取他们的积极成果。在笔者看来，实践哲学的真正推进要依赖于元实践学的发展，因为元实践学为部门的实践哲学提供基本的概念工具、基本的方法论反思和基本的形式的和质料的规范性原理，离开了元实践学反思的部门实践哲学虽有其存在的现实理由，但却无存在的坚实的逻辑根据。就目前实践哲学发展的总体格局来看，以徐长福先生为代表的形式的元实践学，以杨国荣先生、俞吾金先生和王南湜先生为代表的生存论的质料的元实践学，是当代中国两种重要的元实践学发展路径，值得我们关注和期待。而笔者正在开拓的超验论的质料的元实践学也敬请大家关注。

五、结果论的实践哲学与动机论的实践哲学

如上所述，当人们在本体的层面上使用实践概念的时候，由于本体预设的不同，他们的实践哲学可以被区分为生存论的实践哲学和超验论的实践哲学。而就道德的实践哲学而言，尽管在许多具体的问题上它们彼此之间存在着重要的分歧，但是由于道德的实践哲学总会和一定的价值判断和善恶标准相关，因而我们可以按照道德的实践哲学的善恶判断标准对这些道德的实践哲学进行分类。虽然具体的善恶标准可能也存在

---

① Nicholas Lobkowicz. *Theory and Practice: History of a Concept from Aristotle to Marx*, University of Notre Dame Press, 1967, p. 283.

着分别，但是对一种道德的实践行为来说究竟是从其动机来判断善恶还是从结果来判断善恶却有着泾渭分明的差别。如果一种实践哲学从一个实践行为的结果来判断它的善恶，那么我们可以把这种实践哲学叫作结果论的实践哲学，而从实践行为的动机来判断善恶，那么我们可以把这种实践哲学叫作动机论的实践哲学。

一般说来，动机论的实践哲学强调实践的普遍的和绝对的道德命令，它不考察实践活动所面临的复杂而多样的背景，而只考察一种实践活动所应遵循的普遍道德法则，要么是对这种道德法则的形式规定，要么是对这种道德法则的实质规定，但无论是哪一种规定，动机论的实践哲学都表现为力图通过对意志动机的自动约束来达到好的实践目的，就它作为一种道德的实践哲学而言，表现出一种清教徒式的对道德命令的恪守[1]。当一个人具有强大理性能力的时候，也就是说这个人的理性足以控制他的情感、欲望和需要的时候，这种动机论的实践哲学将起到积极的作用，甚至可以根除对社会的罪恶。但是，对绝大多数的普通人来说，理性能力都没有强大到可以控制欲望、情感和需求的程度，道德的软弱现象普遍存在[2]。因而，这种动机论的实践哲学在实际操作的过程中往往失效。

结果论的实践哲学认为行为的动机不足以构成判断一个行为的善恶的标准，判断一个行为是否为善，关键看这个行为所带来的结果是否是善的，而行为的结果不仅关涉到行为的主体本人，而且还会关涉到行为的相关者，关涉到行为的对象和行为的背景，所以从结果的角度来衡量行为是否为善将具有更多的社会历史的客观性，具有更多的公共性的维度。在不同的历史时代会有不同的善恶标准，所以对同一个行为结果在不同的历史时代会有不同的善恶判断。因此，结果论的实践哲学相比于动机论的实践哲学更强调社会性、客观性和历史性，更强调公共性的法则。而一个实践行为的结果如果脱离这个实践行为所产生的社会背景、民族背景，便无法做出实事求是的判断。这就意味着结果论的实践哲学不能是形式的实践哲学，它必须涉及实践的质料。它或多或少和形而上的实践概念相关，至少是以形上的实践概念为背景。也就是说，结果论

---

[1] 参见康德《道德形而上学原理》，苗力田译，上海人民出版社2005年版，第46页。
[2] 参见黄显中《意志软弱：是什么与为什么》，载《江西社会科学》2009年第2期。

的道德的实践哲学是一种历史化的以形上的实践概念为背景的实践哲学。所以我们认为结果论的道德的实践哲学是走向形上的实践概念的中介①。

　　改革开放之前,在中国的道德的实践哲学反思中,以目的论的实践哲学为主,而在改革开放之后,基本上是以结果论的实践哲学为主②。这在一定程度上反映出中国时代的变迁,反映出市场经济重视结果而不重视动机的基本特征,但是正像结果论的实践哲学存在着缺乏内在的明证性和绝对标准一样,市场经济的推进也给中国社会带来了许多道德上的困境,这集中体现在相对主义和虚无主义的困境上。笔者认为为了克服市场经济所带来的这些弊病,除了要重建形而上学之外,还需要重建形上的实践概念,打通实践哲学与形而上学的二元分立。而杨国荣先生在这方面所做的一些积极探索是值得我们称道的。至于我们所力图重建的形而上学是思辨的形而上学还是具体的形而上学③,是承诺了超验实体的形而上学还是没有实体的形而上学;我们所力图重建的实践哲学应该是生存论的实践哲学还是超验论的实践哲学,这些是有待进一步商榷的问题。就笔者的个人偏向而言,超验论的实践哲学和承诺了超验实体的形而上学更有利于克服虚无主义和相对主义,是更有前景的思考方向④。

　　总之,为了推进当代中国的实践哲学研究,我们的学术共同体有必要对以上的这些基本区分有充分的自觉。当然,还可能存在其他的基本区分。通过对这些区分的明确界定,我们的分析和思考才具有扎实的概念基础和稳定的内容,而不是在误用概念基础上的混乱的逻辑推论。否则,中国的实践哲学研究将继续处于自说自话和低级重复建设的状态。我们期待着一个实践哲学研究新时代的到来,期待着中国哲学家在这方面做出更加重要的理论贡献。

项目说明: 本文属于国家社科基金后期资助项目"时间与实践——一种生存论的元实践学导论"的成果,项目批号:14FZX017。本文也得到国家留学基金的支持,项目批号:201406995067。

---

① 参见黄其洪、蒋志红《论实践概念的三个层次》,载《现代哲学》2009年第2期。
② 参见龚群《当代中国社会伦理生活》,四川人民出版社1998年版,第56页。
③ 参见杨国荣《具体的形上学与当代中国哲学》,载《哲学分析》2011年第4期。
④ 参见黄其洪《休谟主义的胜利:我们时代的精神氛围》,载《天津社会科学》2005年第5期。